Vergessen und Erinnern

Historische Reflexion und Aufbau der
deutschen Erinnerungskultur aus der
länderübergreifenden Perspektive

遗忘与记忆

多国视野下的
历史反思与德国记忆文化建构

孟　虹／主编

中国人民大学出版社
·北京·

Vergessen und Erinnern: Historische Reflexion und Aufbau der
deutschen Erinnerungskultur aus der länderübergreifenden Perspektive

Forgetting and Memory: Historical Reflection and the Construction of
German Memory Culture from a Multi-national Perspective

此论文集为国家社科基金重点项目"德国联邦议会与'记忆文化'建构研究（1990—2015）"（16ASS003）的阶段性研究成果

  战后德国历史反思，既有自外向内的"纽伦堡审判"和"再教育"运动，也有自下而上的 1968 年"学生运动"对于父辈在二战时期作为的责问。1970 年代初勃兰特的"华沙一跪"，书写了由西向东和解的新篇章。1980 年代中期联邦德国总统魏茨泽克将二战德国"败北之日"宣告为德国人民摆脱纳粹统治的"解放之日"，更是掀开了德国历史反思的崭新一页。1990 年两德和平统一后随着历史见证者的逐渐离去，"文化记忆"理论的提出，原有"克服过去"和"清算过去"开始被旨在以史为鉴、面向和平未来的"记忆文化"取代，且视角与内涵不断拓展和深化，由此也引发了包括中国在内的全球范围的"记忆热"。然而，不同国家在二战期间的作用和境况的不同，认知与反思视角也会有差异，由此引发新的冲突和争议。此种情形下，记忆文化已被公认为是影响欧洲与全球未来可持续性和平发展的四大重要因素之一。

  本论文集收录了来自中国和德国、法国、美国、俄罗斯、匈牙利、波兰等国的国际关系、历史学、政治学、文化学、社会学等领域的专家学者的论文，重点围绕"遗忘与记忆""战争与和平""反思与展望"等主题，结合历史与现实、内政与外交、集体记忆与国家认同、国别区域视角与全球视角，分析探讨战后德国历史反思路径和多元化记忆文化建构的特点与成效，以及德国历史反思模式对于欧洲乃至中国记忆文化建构的影响。

目前，国内结合德国和国际最新发展，多视角地阐述德国历史反思对于其国内外政策影响的论著尚为缺乏。本论文集通过展现国内外专家学者的相关最新研究成果，可以有助于我们更加深入全面地了解战后德国发展及影响其外交关系的历史因素，为中德跨文化理解与合作进一步夯实智识基础并拓展新的思路。本论文集可供国内研究世界史、欧洲史、德国史、国际关系和德国问题的专家学者与工作在第一线的外交人员，以及高校相关专业的莘莘学子研究和学习参考使用。

在实施联邦制和议会民主制的德国，联邦议会主要以联邦议院为代表，联邦参议院仅为在联邦层面代表各州利益的机构。因此，在本论文集中，通常使用"联邦议院"来代表"联邦议会"，特此说明。本论文集是多位中外学者共同合作的产物，涉及内容丰富，人名、地名众多，尽管我们已经做了很大努力，但因水平有限，包括文稿翻译中必定存在不妥之处，在此敬请诸位读者批判指正。

序 言

　　德国文学家莱辛说："历史不应该是记忆的负担，而应该是理智的启迪。"中国更是自古就有"前事不忘，后事之师"的圣贤智慧。2019年是德国的"超级纪念年"。100年前，《魏玛宪法》出台；80年前，第二次世界大战在欧洲大陆爆发，而这场战争不仅给世界带来了巨大灾难，最终也导致了德国的再度分裂；70年前，《德意志联邦共和国基本法》颁布，在德意志大地上先后成立了西部的联邦德国和东部的民主德国，1990年10月3日两德才重新和平统一。自此以来，德国开始从冷战的前沿发展成为沟通东西欧洲和新老欧盟成员国的重要纽带，不仅继续携手法国推进欧洲一体化的发展，且通过不断拓宽反思历史视野，积极促进以和平为宗旨的记忆文化的建构，从而日趋发展成为具有全球责任意识的旨在建构世界和平新秩序的重要国家。2019年也是德国的"超级选举年"，不仅全德各地举行欧洲议会大选，在西部德国不来梅和东部德国萨克森、勃兰登堡和图灵根也先后举行了地方选举。但同时我们不应忽视，近年来随着全球潮流日益增强，德国的民族主义和民粹主义对德国的政治版图、内外政策和欧洲局势也产生了确定的影响。

　　为此，中国人民大学国家社科基金重点项目"德国联邦议会与'记忆文化'建构研究（1990—2015）"课题组在外国语学院的大力支持下，携手中国德国史研究会、中国欧洲学会德国研究分会、《德国研究》编辑部、《欧洲研究》编辑部以及德国阿登纳基金会北京代表处、德国赛德尔基金会北京代表处于 2019 年 11 月 15 日—16 日在中国人民大学联合举办了主题为"战后德国记忆文化建构发展"的国际专家论坛，邀请来自国内外的专家学者共同分析战后德国历史反思路径和当今德国建构多元"记忆文化"的成效，并从政治、经济、历史、文化等多视角探讨了德国经验对于全球记忆文化建构和中德关系发展的影响。

论坛具体分主旨报告、专家对话、专题报告和研究生学术沙龙延伸部分等四大环节。

11 月 15 日上午，中国原驻德大使梅兆荣教授和德国议会制与政党史委员会主席、波茨坦大学历史学院教授多米尼克·盖伯特（Dominik Geppert）首先发表主旨报告。梅大使以"历史记忆中的中德关系变迁"为题，梳理了中德历史上建交、断交和复交的曲折发展历程，指出层出不穷的全球性挑战要求全球性治理，德国成为我国实现"两个一百年"目标的长期稳定的合作伙伴不仅符合需要，也具有现实可能性。盖伯特教授结合战后联邦德国建都波恩后的发展，围绕"民主是建设者：联邦德国议会大厦、政府建筑与记忆文化"主题，分析了联邦德国创建后四个发展阶段的建筑特点，指出与波恩的政府建筑相比，两德统一后的柏林新政府建筑被赋予了更多新元素，使得这座具有浓厚历史气息的城市更富有现代感。

在接下来的专家对话环节中，来自中德两国的六位专家学者结合各自的专业视角和实际工作经验，就"集体认同与文化记忆对德国内外政策的影响"展开热烈讨论，对话由国家社科基金重点项目"德国联邦议会与'记忆文化'建构研究（1990—2015）"负责人、德语系孟虹主持。

中国国际问题研究院欧洲研究所所长崔洪建研究员结合历史文化

因素对中德政治互信构建的影响，指出中德双方应以"理解的同情"为原则去接受历史记忆的差异性，以求同存异为方向来塑造现实相处的共同性。

巴伐利亚原州联邦和欧洲事务国务部长及巴伐利亚州总理府社会事务部长艾米莉娅·穆勒（Emilia Müller）女士分析了2019年东部德国地区选举结果及极右翼民族主义和民粹主义势力再度抬头的根源，指出对记忆文化的研究是从历史中吸取经验教训，是一种探讨德国和欧洲未来不可或缺的方式。

中国社会科学院欧洲研究所副所长、中国社会科学院国际合作局原副局长田德文研究员结合反思极右翼思潮历史，强调中德应从欧洲"对抗"的历史中吸取经验，秉承开放包容、互利共赢的合作思维方式。

同济大学德国研究中心主任、《德国研究》副主编郑春荣教授阐释了历史记忆对德国外交政策的影响。他指出，历史记忆可以通过多种方式影响政府的外交政策，诸如通过对基本利益的表达、对世界的感悟、对行动可能性的感知和评价，但同时强调因历史记忆和行动方式的多元化而不应把历史记忆对外交决策的影响绝对化，且需要注意历史记忆在特定的情势下会被重新诠释，从而自身发生变化并因此形成与传统不同的外交决策。

中国人民对外友好协会欧亚部吕宏伟副主任重点介绍了近年来中国对外友好协会举办的中德交流活动及其兼顾的历史因素，说明了民间外交在中德跨文化交流进程中所焕发的勃勃生机。

德国海德堡大学政治学研究所所长塞巴斯蒂安·哈尼施（Sebastian Harnisch）教授分析了当代德国外交政策中历史记忆和经验的作用机制特点，指出联邦德国的记忆文化与其他国家一样，也以记忆和遗忘为特征，历史教训的意义归因，尤其是纳粹德国的暴力与灭绝政策在社会和政治上一直存在争议，联邦德国的外交政策也直接受其影响，早期采取和解与赔偿政策及推行"军事克制文化"，两德统一后将阻止种族灭绝作为外交政策的指导思想之一，开始对外派遣国防军参与维和行动，在欧债危机后借鉴 1920 年代末的历史教训推出"德国稳定文化"，并随着德国历史反思获得的自信的增强，"记忆文化"开始成为德国文化输出的一大重点，但也再次引发了批判性的反思。最后，六位专家还就"记忆文化"的概念鉴别、德国记忆文化的特点及其对于中德关系发展的影响，阐述了自己的观点。

11 月 15 日下午，来自中、德、法、俄、波、美六国的专家围绕"二战及战后和解与历史认知变迁"做专题报告和展开讨论。

在上半场的讨论中，《德国记忆场所》三卷本主编、柏林-勃兰登堡科学院院士艾蒂安·弗朗索瓦（Etienne François）教授探讨了"德国和法国：两种不同又互相依存交融的欧洲和全球记忆文化"。他不仅借助几大特征概要地归纳了德国和法国记忆文化的差异性，还阐述了两国记忆文化之间的密切依存关系，并具体说明了其共同点，进而强调指出没有一种记忆文化是孤立存在的，无论是法国和德国的历史，还是两国的记忆文化，为了更好地加以理解，均须将其置于欧洲和全球的语境之中。

波茨坦原德国历史研究所所长、美国北卡罗来纳大学康拉德·贾劳斯（Konrad Jarausch）教授通过提交论文的方式，就"徘徊于官方自我批评与私人道歉之间：美国对于德国历史反思的推动作用"阐述了自己的观点，指出在战后初期及 1960 年代和 1970 年代，美国对于德国官方批判性历史观的形成起到了必要的推动作用，但对于公民个人的历史反思的影响并不充足，认为德国人真正的转型还是需要通过自我反思直面罪责才能得以实现。

英国诺丁汉特伦特大学历史学比尔·尼文（Bill Niven）教授通过

发来视频参会，就"德国和英国对于第二次世界大战的回忆"阐述了自己的观点，指出随着 2005 年柏林大屠杀纪念碑的落成，德国"克服过去"的进程似乎达到了顶峰，但自此以来一股逆流正在德国的记忆文化界逐渐兴起，尤其是二战期间德国人自身遭受的苦难日益得到重新关注，对于历史的回顾拓展至斯大林主义与纳粹之间关系、国际视野下的大屠杀、对于第一次世界大战的反思以及德国对 1960 年代出生的一代人和二战中服预备役一代人（Flakhelfer）的批评；不可忽略的更有德国选择党的快速发展及其对纳粹历史轻视所产生的对于今日德国记忆文化建构发展的负面影响。

俄罗斯科学院欧洲研究所德国研究中心主任弗拉迪斯拉夫·贝洛夫（Vladislav Belov）教授从俄罗斯的角度对德国记忆文化进行了分析，指出若将德国的记忆文化视为个人和社会对待过去与历史的方式，则可以从对象、主体、信息形式和纪念场所的角度来进一步细化说明，并重点梳理了民主德国的记忆文化建构历程，分析了苏联政权对于分裂的德国的影响，认为在德国统一 30 年的背景下，需要对现联邦德国中的原民主德国地区的记忆文化展开批判性的评论。

德波合作基金会执行主席科尼利厄斯·奥赫曼（Cornelius Ochmann）重点介绍了基金会成立 30 周年来的发展历程与特点，指出基金会的任务从最初处理因两德统一和东欧局势变化所带来的早期贷款债务问题，拓展至促进德波两国人民的沟通与合作；基金会的资金来源从最初的德波两国政府拨款，在波兰加入欧盟后又增加了欧盟相关基金的资助；项目重点也随后不断拓展，除了青年交流、文化合作和共同文化遗产保护外，近期也更加重视跨文化对话，普及邻国的语言、文化与历史知识，促进批判性历史反思和构建共同的旨在促进和平与理解的国家记忆文化，从而为两国人民的沟通和了解及谅解服务。

在下半场的讨论中，原上海同济大学德国研究中心和中德人文交流中心副主任、现任上海外国语大学上海全球治理与区域国别研究院"欧洲文明研究特色研究生班"负责人胡春春教授首先对德国战后反思提出了新的研究视角，指出记忆文化研究范畴应拓展至对一战爆发和演变及其影响的分析。

原北京师范大学历史学院、现山东大学历史文化学院孙立新教授从"德意志特殊道路"与"欧洲内战"两个命题入手，比较了左、右派历史学家的历史认知观的变化。

华东师范大学范丁梁博士就"1970—1980 年代联邦德国纳粹历史政策的策略与困境"发表了自己的看法，指出 20 世纪上半叶动荡的政治社会氛围，在德国人中催生出一条密集的代群序列；不同代群成员的核心经验不同，自我身份认同构建的决定性要素不同，其对待纳粹历史的立场和方式也不同，从而在相关代群人员出任执政党和政府核心人员后，对于国家的历史政策也直接产生了影响，如 1969 年上台的社民党推行以批判和反思为主基调的历史政策，采取以"民主"求认同的策略；1982 年联盟党上台后将正常化的目标更推进一步，采取了以"民族"求认同的策略；1989 年至 1990 年的变革从根本上改变了德国历史政策的局面，但德国人集体身份认同的建构迄今仍然悬而未决。

上海同济大学客座教授、德国驻上海原总领事芮悟峰（Wolfgang Röhr）教授结合最新发展对德国战后赔偿问题进行了深入分析，指出德国对记忆文化和战争赔偿的态度颇为自相矛盾，一方面全面承认大屠杀犯下的罪责，尝试推行规模巨大的赔偿措施，并对二战罪责和在战争中犯下的罪行态度明确，但另一方面鉴于索赔群体的不断扩大和德国财力的有限，联邦政府对待遭受损失和迫害的单独群体的赔偿问题退缩到纯粹的司法论证，不得不将其对记忆及其处理的开放态度与严格拒绝进一步的财政索赔结合起来，尤其是不再提供直接的经济赔偿。

德国罗斯托克大学历史学史蒂芬·克鲁兹贝格尔（Stefan

Creuzberger）教授对第二次世界大战后联邦德国和民主德国对于东部灭绝战争遗产的处理进行了对比分析，指出德国对造成约 2 700 万苏联公民丧生的远征苏联的记忆在二战刚结束时就具备一个明确无误的独特点，但由于冷战而高度政治化却长期未得到学界的足够重视，造成了苏联受害者与犹太人大屠杀的受害者不同，仍远未充分扎根于德国人的集体记忆中。他指出，对于这一群体的研究，将拓宽德国和欧洲记忆文化的视角。

11 月 16 日上午，专家们围绕"历史反思、政治教育与民主政治文化的建构"和"记忆文化、德国外交政策走向与中德关系"两大主题进一步展开了深入讨论。

孟虹首先就"德国联邦议院对于历史记忆和政治教育的影响"做专题报告，重点结合文化记忆理论，分析了德国人民代表机构联邦议院的建筑设计、艺术作品所具有的特殊文化记忆和历史、政治教育功能，以及联邦议院作为历史纪念日活动举办方和举办地及民主政治实践教育场所的独特作用与深远影响。

原柏林自由大学青年教授李可嘉（Katja Levy）以联邦议院有关重建柏林城市宫的辩论为切入点，结合德国当代著名哲学家尤尔根·哈贝马斯的公共领域理论，对普鲁士时期的宫殿初建到魏玛共和国时期再到二战后及两德统一后的历史及其功能变化进行了分析，阐述了涉及柏林城市宫重建的公共辩论在不同阶段的特点和辩论参与者的不同论点，以此显示德国联邦议院辩论与社会话语之间的紧密关系以及单独个体在其中可施加的影响。

南京大学王涛教授围绕"大数据视野下'记忆场所'的内涵与研究趋势"主题，利用文献计量学，通过基于词向量、主题模型等大数据对比方法，分析了中国知网和美国数据库有关历史记忆和记忆文化研究现状的统计说明，指出了中外记忆文化未来的新趋势是数据记忆的新观点。

汉诺威莱布尼茨大学施蒂菲·罗巴克（Steffi Robak）教授介绍了历史记忆与文化遗产研究的概念化，以及教育背景下文化遗产建筑研究的概念化内容。

中国社会科学院中德合作中心主任杨解朴研究员着重阐释了记忆文化与德国在欧洲一体化中的作用。她指出，在战后德国及其他欧洲国家对历史反思基础上发展起来的欧洲共同体（欧盟）逐步发展成为建立欧洲认同、消解民族主义的重要方式；在欧洲联合的过程中，德国作为两次世界大战的发动者和战败国，通过修复创伤性的历史记忆，改善与周边国家的关系（德法和解、德波和解），促进经济振兴，开始走上正常化发展道路；近期欧债危机、乌克兰危机以及难民危机的爆发，国际社会赋予德国更多的机会承担起欧盟的领导责任时，德国的记忆文化对其在危机中的角色和作用发挥也产生了不同的影响。她认为，在民粹主义、民族主义、保守主义席卷欧美国家的今天，记忆文化将对德国的国家角色产生何种影响，尤其值得深入探讨。

在下半场会议中，山东大学移民研究所所长宋全成教授探讨了德国难民问题的今昔及其影响，指出二战后的联邦德国曾经有三次难民涌入的浪潮；在不同的历史时期，联邦政府分别采取了难民安置与海外迁移相结合、接纳难民、欢迎难民到收紧难民政策等不同的社会政策，从而使得德国成为接纳国际难民的光辉典范和非传统意义上的现代移民国家；但目前面对民粹主义、恐怖主义、反全球化思潮和极右翼政党在欧洲的崛起，德国无疑也将不得已进一步收紧难民政策。

匈牙利布达佩斯安德拉什大学梅拉尼·巴莱（Melani Barlai）博士就"德国记忆文化引发匈牙利冲突文化：难民危机与德国形象在匈牙利的变迁"通过视频阐述了自己的观点。她结合阿莱达·阿斯曼的文化记忆理论，从记忆文化的三个维度分析了 1989 年至今匈牙利的德国形象的变迁，指出时值"泛欧野餐"和奥匈边境开放 30 周年之际，需要探讨的一个核心问题是匈牙利政治精英对两德统一和东欧转型的历史记忆是否转化成为一种政治冲突文化。

中国现代国际关系研究院研究员、中国欧洲学会德国研究分会副会长孙恪勤教授围绕中国对国际环境的认知问题分三大阶段进行了具体分析，指出中国对国际环境的认知，直接影响到中国对德国的政策和中德关系的发展。

中国外交学院熊炜教授结合德法关系历史记忆，就德法合作的欧盟领导权模式问题发表了自己的看法。他指出，权威是国际关系领导权研究的一个巨大难题，新近的理论探讨了权威在国际关系领域，通过法理、交换、传统、声誉等多种来源而建立的可能性，凸显了权威变化与国家实力消长的非同步性；德国在欧盟的领导权之所以被广泛讨论和关注，正是因为战后德国本应是一个缺乏足够权威以担任欧盟领导的国家。

北京外国语大学德语学院于芳博士从历史反思观阐述了对中德人文交流的看法，指出近年来中德人文交流发展的框架条件在不断完善，但需要在微观、中观和宏观层面上进一步促进各领域的跨文化交流，以期获得更为丰硕的成果。

最后，弗朗索瓦教授和本次论坛的发起人孟虹对两天来的会议进行了总结。弗朗索瓦教授对于此次论坛给予了高度赞扬，认为论坛独具特色，是他多年来收获最大的一次国际学术活动，接触到了众多来自不同国家和专业的重要专家，大家围绕会议主题回顾过去、面对现在和展望未来，进行了广泛深入和热烈的讨论。孟虹向与会专家学者介绍了课题的核心内容和进展情况，并对各专家学者的积极参会和精彩发言表示感谢。

11 月 16 日下午，国际专家论坛的延伸部分、中国人民大学外国语学院 2017 级小语种研究生班围绕"历史记忆与德国记忆文化的建构——基于德国、法国、俄罗斯和日本视野"主题举行了第七届学术沙龙活动，其中俄语系王施展同学和德语系方鑫同学分别就"正视历史的痛点：普京时代二战文化记忆建构""德国记忆文化视角下的二战强制劳工及其赔偿问题"做了专题报告。

本次国际专家论坛呈现出跨语言、跨学科、跨文化、跨国界、前沿性和系统化等特点。三位中德同声翻译的高质量翻译，也为来自不同国家的专家学者用中文和德文进行顺畅交流提供了有力保障。中国人民大学副校长杜鹏教授、时任外国语学院院长郭英剑教授、中国欧洲学会德国研究分会会长顾俊礼研究员和时任中国德国史研究会会长郑寅达教授以及德国驻华大使克莱蒙斯·冯·葛策（Clemens von Goetze）等参会致辞或发来贺词。其中，时任中国德国史研究会会长郑寅达教授在致辞函中指出，跨越民族与国家的界限，开展跨国、跨学科研究，是当下德国史研究的新方向；此次会议让来自世界各地的专家学者有机会齐聚一堂，共同交流学术研究的最新成果。中国欧洲学会德国研究分会会长、中国社会科学院欧洲研究所顾俊礼研究员用简单的 16 字，赞誉此次国际专家论坛呈现了"群贤毕至，少长咸集。百花齐放，百家争鸣"的独特景象。北京大学李维教授、天津师范大学王亚平教授、德国阿登纳基金会北京代表处首席代表温泽（Michael Winzer）先生、德国赛德尔基金会北京代表处首席代表刘小熊（Alex Birke）先生等参与主持了此次国际论坛活动。参加论坛活动的还有来自外交部、中国社会科学院、中国国际问题研究院、中国现代国际关系研究院、中国外交学院、中共中央党校（国家行政学院）、北京大学、北京外国语大学、北京理工大学、对外经济贸易大学、北京师范大学以及南京大学、同济大学、浙江大学、山东大学、华东师范大学、天津师范大学、江苏科技大学等近 20 个中方机构的专家学者和院校师生。对于此次会议，《中国社会科学报》、中国社会科学网、《北京周报》中德文版等媒体先后进行了报道。

　　本论文集收录了 2019 年多数与会专家学者为论坛撰写的论文。此外，还收录了课题组 2017 年举办的"德国大选背景下的民族主义、民粹主义与记忆文化建构"专题学术会议、2018 年"历史记忆与文化国家建构"智库论坛中涉及战后德国历史反思教育和中国抗战记忆文化建构的论文各一篇。本论文集分为"战争与和平——有关两次世界大战的认知与战后和解之路"和"记忆与反思——集体认同的重塑及其对于德国内外政策的影响"上下两篇。论文集获得会议协办方、德国阿登纳基金会北京代表处的出版印刷资助，现经由中国人民大学出版社出版。我的多位学生参与了论文集的翻译工作，他们是杜哲、方鑫、黄超谟、李萌娣、李晓琳、宋子灵、王丹妮、张子荷、赵伯璇等。在此，我首先特别感谢各位与会专家学者的专业奉献和大力支持，感谢各中德合作方的大力支持和同学们协助筹办会议及翻译论文，包括原柏林自由大学同仁李可嘉女士及课题项目助理于南的大力支持，从而使论坛得以圆满举行。我也尤其感谢阿登纳基金会北京代表处及项目经理徐迎老师等鼎力相助，中国人民大学出版社编辑崔毅老师、吴冰华老师认真负责，使各位专家学者的精彩观点和相关最新研究成果能通过此论文集得以留存，为今后更加广泛深入的学术交流提供重要的学术记忆与研究文献。

孟　虹

2021 年 8 月 1 日于人大明德国际楼

目录

上篇 战争与和平——有关两次世界大战的认知与战后和解之路

下篇　记忆与反思——集体认同的重塑
及其对于德国内外政策的影响

Teil I: Krieg und Frieden—Erkenntnisse über die beiden Weltkriege und Wege der Nachkriegsversöhnung

Teil II: Erinnerung und Reflexion—Der Wiederaufbau der kollektiven Identität und ihre Auswirkungen auf die deutsche Innen- und Außenpolitik

上 篇

战争与和平
——有关两次世界大战的认知
与战后和解之路

1. 历史记忆中的中德关系变迁

梅兆荣[*]

摘要：谈起中德关系，中德之间历史上先后有三次建交、两次断交和一次复交，都衬托出当年的时代背景与中国的地位和处境。中德双方的关系变迁，反映出三个问题：一是西方价值观攒动的外交继续作祟；二是"零和博弈思维"作怪；三是受制于美国和独立自主性的欠缺。对此需要保持清醒头脑，但也不要以偏概全，对中德关系持悲观态度。要有思想准备，随着中国从站起来向富起来和强起来发展，中德关系中摩擦难免会增多，但不可忽视的是推动两国互利合作的潜力和动力也会发展。纵观世界全局，德国仍是中国可争取并与之合作的力量。

关键词：中德关系，冷战，全球化，合作互利，历史记忆

　　* 作者简介：1934 年生，1951 年至 1953 年在北京外国语学院学习英语，1953 年被选派赴莱比锡卡尔·马克思大学攻读日耳曼语言文学，1956 年进入中国外交部，先后在外交部苏欧司和西欧司以及中国驻德意志联邦共和国大使馆工作。1985 年至 1988 年任外交部西欧司司长，1988 年至 1997 年任中国驻联邦德国大使，1997 年至 2003 年任中国人民外交学会会长兼党组书记，1993 年至 1998 年任第八届中国人民政治协商会议全国委员会委员，2004 年至 2016 年任中国外交部外交政策咨询委员会委员。在 2004 年退休后，兼任中国国际战略学会副会长、国务院发展研究中心世界发展所所长、上海复旦大学特聘讲座教授、中国国际问题研究院特聘研究员。

"记忆文化"对我是一个生疏的研究领域。顾名思义，我想起了习近平总书记 2018 年在中共中央外事工作会议上的重要讲话。他说，把握国际形势，要树立正确的历史观、大局观和角色观。

就是说，一要回顾过去，总结历史规律，展望未来，把握前进方向大势；二要透过现象、细节把握本质和全面，并抓住主要矛盾的主要方面，避免在纷繁复杂的国际乱象中迷失方向，舍本逐末；三要在冷静分析各种现象时把自身也摆进去，即在中国同世界的关系中看问题，弄清楚我国在世界格局中的地位和作用，以便科学制定我国的对外方针政策。

我注意到，总书记把"正确的历史观"置于"三观"的首位，似乎从一个侧面说明了"记忆文化"的重要性。基于这样的认识，我尝试以历史记忆为基础，简要地阐述中德关系的变迁和我的感悟。由于时间与篇幅所限，仅粗线条、标题式地讲要点，不展开细述。

一、曲折复杂的建交历程

谈到中德关系，我不由得回忆起中德之间历史上有过三次建交、两次断交和一次复交，且都衬托出当年的时代背景与中国的地位和处境。三次建交，就是指 1861 年清政府与普鲁士所代表的德国、1949 年新中国与德意志民主共和国（民主德国）、1972 年与德意志联邦共和国（联邦德国）的建交。

第一次建交完全是普鲁士强加于清政府的，也是德国参与瓜分中国的开端。后来德国武力占领胶州湾，把青岛建成德国的海军基地和"模范殖民地"是其后续行动。第二次建交比较简单。第二次世界大战之后，德国于 1949 年分裂为两个独立的德意志国家。中华人民共和国在德国东部的民主德国成立之后，即由双方外长通过互致电报确认相互承认并建交。第三次建交是指 1972 年 10 月 11 日中国与德国西部的联邦德国的建交。双方外长在北京签署只有一句话的建交公报，反映了双方顺应时代潮流，跨越冷战的鸿沟，排除各种干扰，成功架起了一座通向友好合作的桥梁。但不能不指出，通向中国与联邦德国建交的道路曲折而漫长，皆因受美、苏两个超级大国的阻挠或影响。具体而言就是：联邦德国与新中国都成立于1949年，但当时联邦德国受美、英、法管制，直到1955年才获得完全主权。当时，我国中央政府曾向联邦德国发出愿意与之建交的信号，但德方未予回音。直到1964年，联邦德国实现"经济奇迹"后，经济界强烈要求开拓中国市场，政界一些人主张利用中苏矛盾，由此促成了中国和联邦德国在中国驻瑞士大使馆开始外交接触。但在美国政府强大的压力下，联邦德国总理艾哈德即发表声明称：不打算与中国建立外交关系和签订协定，也无意给中国提供商业贷款或采取其他行动。中国和联邦德国之间的第一次外交接触就此夭折。

1969年勃兰特政府上台后，在东西方关系趋向缓和，美国总统尼克松决定打开通向中国的大门，在中国在联合国的合法席位得到恢复的背景下，勃兰特政府在推进其"新东方政策"的同时，也表示愿同中国"正常化关系"，但慑于得罪苏联，影响"新东方政策"的实施，遂内定"先苏后华"的顺序，即在《新东方条约》完成后才同中国建交。后来，《新东方条约》已获得批准，并开始付诸实施，联邦德国打算1973年加入联合国，需要已是安理会常任理事国的中国的支持，勃兰特政府才在反对党基民盟和联合执政伙伴自民党的推动下，确认同中国建交的时机已经成熟。不难理解，两国建交的曲折道路对我们是有很多启示的。

所谓"两次断交"，第一次是第一次世界大战爆发后，日本占领胶州湾及山东铁路，借口这是"德国的领土"，当时的北洋军阀段祺瑞政府遂于1917年对德宣战。一战结束后，《凡尔赛和约》竟决定将德国在山东的"利益"全归日本，中国作为"战胜国"得到的却是"战败国"的待遇，引发了中国人民的强烈抗议，后来导致了著名的五四运动的爆发。第二次断交是1937年"卢沟桥事变"后，希特勒德国为推行其联日反苏的战略，顺应日本的要求，于1938年5月12日承认"伪满洲国"，6 月召回在华军事顾问和驻华大使，并于 1941 年 7 月承认"汪伪政府"，中国国民党政府遂于"珍珠港事件"后对德宣战。

所谓"一次复交"，就是 1919 年 9 月 15 日北洋政府宣布结束对德战争状态之后，战败的德国为了摆脱外交孤立处境并确保其在华利益，不得不接受中方提出的两国关系平等、德国放弃一切在华特权的要求，并在此前提下双方于 1921 年 5 月 10 日签署恢复和平状态和中德外交关系的协议。据说，这是鸦片战争后旧中国同西方签署的第一个平等条约。

二、稳步发展进程中的矛盾与博弈

截至 2019 年，中德建交已有 47 个年头。这期间，除勃兰特因著名的纪尧姆间谍事件而于 1974 年引咎辞职，在中德关系中没有留下多少痕迹之外，施密特、科尔和施罗德三位联邦总理对华政策积极、明确，中德关系除因中国 1989 年政治风波后西方集体"制裁"中国而受到严重干扰外，总体上各有建树和特点，并有以下共同之处：一是不同程度上具有联中制苏的战略思路，特别在施密特和科尔当政时期较为明显；二是民族统一问题上相互理解和支持，中国是唯一自始至终支持德意志民族统一的大国，德国对此给予高度评价并表示感激之情；三是尽管当时中国和德国在意识形态、社会政治制度上差别比较大，但双方都践行了相互尊重、求同存异的原则，互不强加于人，着重互利共赢的务实合作；四是经济上致力于互通有无，德国承认中国是需要帮助和支持的发展中国家，并支持中国改革开放，希望中国强大起来，为德国提供更大的市场，并在亚洲和世界事务中发挥更大的稳定作用；五是德国内部在对华态度上存在不同意见和派别，一有机会便显露出来，但由于三位联邦总理作为主要掌舵者对华友好，态度坚定，总体上把握住了对华发展互利合作的大方向。

中德关系在中国 1989 年政治风波后曾因西方集体"制裁"而跌入低谷，两国之间既有尖锐激烈的斗争，也有冲破重重障碍取得的突破性的重要成果。科尔总理当时静观事态发展变化，伺机逐步改善对华关系，其中最引人瞩目的举措是：1990 年邀请钱其琛国务委员兼外长于 1991 年访德，后因中间有人在接待规格上设置障碍而延迟到 1992 年才成行；1993 年科尔总理主动提出访华并邀请李鹏总理于 1994 年回访德国；1994 年李鹏总理访德期间，科尔又以赫尔佐克总统名义邀请江泽民主席于 1995 年访德并表示他也将于同年再次访华。需要指出的是，邀请钱其琛、李鹏访德在当时均属冲破"禁区"的举措，访问期间充满惊心动魄的尖锐斗争，但访问意义重大，效果良好。还需要指出的是，从 1989 年 6 月至 1996 年底围绕制裁与反制裁以及人权问题、涉藏问题和售台潜艇问题，两国之间展开了激烈斗争，尖锐程度前所未有。我当时身处风口浪尖，对此深有切身体会。但最后两国关系重新恢复正常，我们双方都取得了胜利。

三、默克尔时代的新挑战与机遇

2005 年末，默克尔在大选中获胜，接替施罗德担任联邦总理。当时德国一位资深学者告诉笔者，"若要了解默克尔的对华态度，必须了解她的履历，她是一个反共主义者"。之后不久，笔者读到《经济周刊》主编巴隆撰写的一篇短评，内称："对默克尔来说，中华人民共和国不过是放大了的前民主德国而已"。果然，她上台后的对华态度与其前三任不同，主要表现在：一是强调"价值观外交"，借人权问题对华说三道四；二是 2006 年参与决定欧盟第六个对华政策文件，基调与前五个对华政策文件明显不同，把中国定位为"欧洲未来十年的最大竞争者"，并攻击中国的对非政策；三是倡议建立跨大西洋经济伙伴关系，旨在制定共同标准和规则，以对付新兴国家；四是 2007 年在慕尼黑安全会议上再次攻击中国的对非政策"破坏了欧洲的对非政策"；五是 2007 年 9 月示威性地在总理府会见西藏分裂主义头目达赖，导致中德关系再次跌入低谷。

2008 年国际金融危机和 2009 年欧洲主权债务危机相继爆发，欧洲经济受到严重冲击，对华合作需求上升，而中国对欧盟的困境表示了同情、鼓励和支持的态度，力所能及地购买了部分受困国家的债券，加之中德经济的互补性凸显，诸多因素促使默克尔的价值观外交有所收敛，利益驱动的务实政策逐渐上升，并吸取教训，避免损害中国的核心利益。2010 年 7 月，默克尔第四次访华，双方商定"全面推进战略伙伴关系"并建立政府磋商机制。对默克尔十分了解的那位德国资深学者又告诉笔者："现在默克尔对华推行务实政策，但她没有忘记反对共产主义。此外，她还是一个坚定的大西洋主义者。"2014 年，两国关系升级为"全方位战略伙伴关系"，双方政府联合发表了《中德合作行动纲要：共塑创新》文件，为两国在更高水平上扩大和升华合作开辟了前景。但没过多久，随着中国经济的快速发展，科技竞争力增强，国际影响力上升，特别是中共十八大决议的外溢效应凸显，德方对发展两国高新技术合作的兴趣明显下降，对华技术转让政策卡紧，并出台对华贸易保护主义措施。尤其突出的表现是 2016 年欧盟出台的、德国积极参与制定的第七个对华政策文件，对中国的发展妄加评论和攻击，对欧盟成员国与中国的合作制定了一系列"规矩"，强调要对中国推行西方的"普世价值"。与此同时，一些德国政要相继发表形形色色的"中国威胁论"，突出"中国对西方是威胁"，不仅在经济上、地缘政治上，而且在意识形态上，把中国定位为"是伙伴，也是竞争者和对手"，质疑"16＋1 合作"是"分裂欧洲"等等。2019 年下半年，德国媒体围绕涉疆、涉港问题大肆歪曲报道，抹黑中国，德国外长还公然会见乱港头目黄之锋，干涉中国内政。

德方的上述负面表现，反映出三个问题：一是西方价值观驱动的外交继续作祟；二是零和博弈思维作怪；三是受制于美国，独立自主性欠缺。对德方的负面因素，我们必须保持清醒头脑，但也要避免以偏概全，对中德关系持悲观态度。虽然随着中国从站起来向富起来和强起来发展，中德关系中摩擦还可能增多，但推动两国互利合作的潜力和动力也会发展。纵观世界全局，德国仍是中国可以争取和合作的重要伙伴，主要依据是：德国虽然在意识形态和政治理念上与美国相同或有共同点，但难有推行全球霸权的野心和实力；作为出口型大国，难以离开不断扩大开放和购买力日益增强的中国大市场；层出不穷的全球性挑战要求全球化治理，中德在一些重大问题上仍有不少共同利益；中德之间没有历史遗留下来的纠葛，也不存在现实的地缘政治冲突温床；德国内部不是铁板一块，德国经济界多数希望同中国继续发展互利共赢的合作，客观、理性地看待中国的力量和声音也不少。总之，德国成为中国相对稳定的合作伙伴，不仅符合双方利益需要，也有现实可能。

2. 德国和法国：两种不同又互相依存交融的欧洲和全球记忆文化

艾蒂安·弗朗索瓦[*]

摘要：论文围绕三大部分展开。第一部分借助几个特征来概述德法记忆文化的差异性：法国是一个自中世纪起国家和民族紧密结合的国家，而德国相反，尽管德意志民族也是一个自中世纪起就存在的古老民族，但直到 1871 年才形成民族国家；法国是一个高度中央集权国家，德国自中世纪起就是一个联邦制国家；法国的记忆文化从 19 世纪初期起就以一种正面的"建国神话"为基础，德国记忆文化则自 1945 年起以一种极端负面的"建国神话"为基础。第二部分强调说明德法记忆文

---

* 作者简介：1943 年出生于法国鲁昂（Rouen）；1961—1969 年在南锡（Nancy）和巴黎学习历史、地理、哲学、法国文学、拉丁语和希腊语；毕业于巴黎高等师范学院。1984 年在南特大学获得博士学位，论文主题涉及科布伦茨作为 18 世纪诸侯国都；1986 年在斯特拉斯堡大学获得大学任教资格，论文主题为 17 世纪和 18 世纪帝国城市奥格斯堡中新教徒和天主教徒的共生。研究重点：16 世纪至今的德国历史（政治、社会、文化和宗教维度）；德法和欧洲历史；德国和欧洲的记忆文化。教研经历：1970—1979 年及 1986—1989 年在法国南锡任助理和讲师；1979—1986 年在德国哥廷根"法国驻德国历史使命团"任职；1989 年被任命为巴黎第一大学早期现代史教授（潘塞翁-索邦）；1991—1992 年任柏林科学院研究员；1991—1999 年任柏林德法社会科学研究中心"马克·布洛赫中心"创始主任；1999—2006 年担任柏林工业大学现代史教授；2006—2008 年为柏林自由大学现代史教授。柏林-勃兰登堡科学院院士。出版物：31 本专著和论文集，约 350 篇论文，主要用法语和德语撰写。最新论著：2017 年在巴黎与托马斯·塞里尔（Thomas Serrier）联合出版《欧洲，我们的历史》；2019 年与托马斯·塞里尔在达姆施塔特共同出版《欧洲：我们历史的现在》（3 卷本）。

化之间的密切依附关系。这不仅是由两国间众多战争及其共同后果所致，也是众多经济、社会和文化相互影响的结果。第三部分说明两国记忆文化的共同点，从基督教、人文主义和启蒙运动的深刻印记，到法国大革命遗留的政治民族文化，再到二战后德法和解和两国对建设欧盟的决定性贡献。无论是德法历史，还是两国的记忆文化，都同时处在更广阔的欧洲与全球关联中。换言之，没有一种记忆文化是孤立存在的。为了更好地理解记忆文化，我们必须将它置于欧洲和全球的语境之中。

关键词：记忆文化，德法关系，法国大革命，世界大战，战争与和解

对"记忆文化"或"集体记忆"和"记忆政策"（英语：memories, memorial politics，或 politics of history；法语：mémoircs, politiques mémorielles；波兰语：polityka historyczna；俄语：historičeskaja politika）的学术研究，在欧洲由来已久。它最初始于圣奥古斯丁（Augustinus, 350—430）的《忏悔录》，其中给出了记忆的最佳定义，即"过去的现时"①。在欧洲中世纪，记忆政策始终对作为"记忆宗教"（Gedächtnisreligion）的基督教产生着影响，尤其是通过礼拜（Liturgie）中具有核心地位的精神徽章（geisitge Orden）来表示对"记忆"的尊崇（结果是现今欧洲对于记忆文化的定义，无非是最初宗教定义的世俗化延续）。② 在 20 世纪，集体记忆和记忆文化才开始成为文化学和社会学的研究对象。其中，法国社会学家、哲学家莫里斯·哈布瓦赫（Maurice Halbwachs，1877—1945）的研究，尤其是其专著《记忆及其社会框架》发挥了决定性作用。③ 随着过去数十年的"记忆繁荣"（memory boom），对集体记忆和记忆文化的研究主要在法国学者皮埃尔·诺拉（Pierre Nora）和保罗·利科（Paul Ricoeur）、德国学者扬·

---

① Augustinus：*Confessiones*，X，8 ff.

② Otto Gerhard Oexle (Hrsg.)：*Memoria als Kultur*. Göttingen，1994.

③ Maurice Halbwachs：*Les cadres sociaux de la mémoire*. Paris，1925；德语版：*Das Gedächtnis und seine sozialen Bedingungen*. Berlin，1966。

阿斯曼（Jan Assmann）和阿莱达·阿斯曼（Aleida Assmann）的论著中得以贯彻。① 在德国，阿莱达·阿斯曼对于"记忆文化"的定义，尤其在两德统一后产生了决定性影响，本文的论述也主要以此为依据。

所有研究都表明，国家框架构成了集体记忆和记忆文化的关键性框架；与此同时，国家记忆文化将自己视为独特和规范性的，有时甚至是无法比拟的。② 但同时，文化学和社会学研究也证实，民族国家的记忆文化是与其他国家的记忆文化相互交融的。这点尤其适用于欧洲国家，始于德国和法国。即它们都具有欧洲和全球维度，因而唯有进行相互对比，分析其交融之处，并最终将其置于一个更广阔的语境之中，才能分析和理解之。③

一、两种截然不同的记忆文化

在有着密切联系的德法两国之间，首先引人注目的也是其差异性。为了更好地阐明这一点，我将结合 2019 年 11 月，即我们北京论坛召开

---

① Pierre Nora（Hrsg.）: *Les lieux de mémoire*，7 Bände. Paris，1984，1986，1992；德语版：Pierre Nora（Hrsg.）: *Erinnerungsorte Frankreichs*，mit einem Vorwort von Etienne François. München，2018。Paul Ricoeur: *La mémoire，l'histoire，l'oubli*. Paris，2003；德语版:*Gedächtnis，Geschichte，Vergessen*. Paderborn，2004。Jan Assmann: *Das kulturelle Gedächtnis*. München，1992. Aleida Assmann: *Der lange Schatten der Vergangenheit*. München，2006.

② Etienne François，Jakob Vogel，Hannes Siegrist（Hrsg.）: *Nation und Emotion：Deutschland und Frankreich im Vergleich*. Göttingen，1995；Monika Flacke（Hrsg.）: *Mythen der Nationen：ein europäisches Panorama*. München/Berlin，2001；*Mythen der Nationen：1945 Arena der Erinnerungen*，2 Bände. Mainz，2004. 也可参考一个有关对比德国、英国、波兰和西班牙的国家与欧洲记忆文化关系的有意思的调研：Jürgen Gerhard（Hrsg.）: *Kollektive Erinnerungen der europäischen Bürger im Kontext von Transnationalisierungsprozessen*. Wiesbaden，2017。

③ Etienne François，Thomas Serrier（Hrsg.）: *Europa，notre histoire*. Paris，2017；德语版：*Europa，die Gegenwart unserer Geschichte*，3 Bände. Darmstadt，2019。涉及此前的历史发展，需提及另外两本书：Pim den Boer，Heinz Duchhardt，Georg Kreis，Wolfgang Schmale（Hrsg.）: *Europäische Erinnerungsorte*，3 Bände. München，2011，以及 Etienne François，Kornelia Kończal，Robert Traba，Stefan Troebst（Hrsg.）: *Geschichtspolitik in Europa seit 1989*. Göttingen，2013。作为我与托马斯·塞里尔主编论文集的补充，最后还要提及随后不久在法国出版的论著：Christophe Charle，Daniel Roche（Hrsg.）: *L'Europe，Encyclopédie Historique*. Arles，2018。

的那个月份，举一个具体例子。在法国，11 个法定节日有两个是在这个月。第一个恰恰是 11 月 1 日。它首先涉及天主教"万圣节"，该节日自 9 世纪以来一直用以纪念所有已知或未知的圣徒（而第二天是对所有逝者的纪念日）。1802 年，即法国大革命后不久，自中世纪以来将法兰西国家视为基督教-天主教国家的定义被大革命废弃，法国政府通过一项教廷协定，即涉及天主教在法国地位和作用的法律，决定将 11 月 1 日设为法定节日。即使 1905 年政教正式分离后，也未曾发生改变。迄今，这一决定依然有效。然而，自 19 世纪以来，法国天主教徒的比例急剧下降。如今，生活在法国自认为天主教徒的不足 60%。而德国相反，11 月 1 日并不是国家法定节日。但这并非因德国的基督徒比例低于法国（57% 的德国居民自称是基督徒），而是因为 16 世纪新教改革废除了对圣人的狂热崇拜，以及新教徒占德国基督徒的一半。此外，德国是一个联邦制国家。由于各教派的地理分布各不相同，只有在天主教徒占多数的联邦州，即巴符州、巴伐利亚州、北威州、莱法州和萨尔州，才将 11 月 1 日作为"万圣节"来庆祝。一个世纪以来，法国还有第二个法定节日，即 11 月 11 日，用以纪念 1918 年 11 月 11 日的停战，即法国及其盟国对德意志帝国的胜利。不言而喻，对德国来说，11 月 11 日不是节日，因为几乎没有一个国家会出于对一场惨败战争的记忆而设立一个节日。然而在德国，在此前两天有一个核心记忆日，但其本身因如此矛盾而不可能被确定为法定节日：11 月 9 日。它让人首先想起 1918 年在柏林两度宣布共和国成立，一边是议会制民主共和国，另一边是斯巴达克共产主义共和国；1923 年希特勒和埃里希·冯·鲁登道夫（Erich von Ludendorff）策划失败的慕尼黑军事政变；1938 年国家支持下针对犹太人的"水晶之夜"；最后是 1989 年柏林墙的倒塌。

　　法德记忆文化的差异，与两国之间的结构性差异密不可分：法国是一个自中世纪以来国家与民族一直相连的国家，因此出现了这一情况，即民调显示，三位历史上最有名的法国人为：夏尔·戴高乐、拿破仑和路易十四，分别属于 20 世纪、19 世纪和 17 世纪。德国自中世纪以来成为一个民族，但 1871 年后才建立起民族国家，结果是民调中最有名的三位德国人除了马丁·路德外，康拉德·阿登纳和维利·勃兰特是属于 20 世纪下半叶的，原因在于他们是纳粹专制的反抗者，他们对与负罪累累的德国历史进行决裂做出了决定性贡献，并对战后新德国的建设和发展起到了推动作用。自中世纪以来，法国一直是一个高度中央集权的国家（因此，它有一个更加统一的记忆文化），而德国相反，自中世纪以来一直是一个联邦制国家（因此，出现了联邦一级的记忆文化与地方或区域层面的记忆文化互补的格局，如 11 月 1 日是否为节日的案例所示）。自 19 世纪初以来，法国的记忆文化基于一个积极的"建国神话"（Gründungsmythos），即对"法国大革命"的记忆，凸显其成就和荣耀：1789 年 7 月 14 日攻占巴士底狱，同年颁布《人权和公民权宣言》，三色旗，《马赛曲》，以及法兰西共和国成功战胜了 1792 年欧洲所有君主国针对它的阴谋。这种积极的记忆仅边缘性地涉及这场革命的负面维度，如恐怖袭击，或 1792 年 4 月法国自行宣战的事实，或是对诸如发生在旺代（Vendée）反革命起义的残酷镇压。相比之下，自 1945 年以来，德国的记忆文化基于一个极其负面的"建国神话"（纳粹专制、二战和大屠杀），让人想尽可能地与之脱离。这种"建国神话"的负面性自 1980 年起，尤其是两德统一以来日趋突出。这种强化与广泛流行的自我批评式信念有关，即再怎么强调纳粹主义对德国记忆文化的核心意义，也不为过，以及大屠杀是人类历史上最恶劣的残暴形式。此外，这反映出德国记忆文化与基于真正的民族自豪感的法国记忆文化不同，至少在联邦层面，以内疚感和责任感为特点。其中，希特勒被视为德国记忆中提及最多的、最熟知的但也是最负面的历史人物。①

　　这种有关记忆文化的巨大差异，不仅与两国官方对历史和记忆政策的立场与表述有关。法德两国的民调结果，也同样证实了这一点。此

----

　　① 在德国官方记忆文化中，并没有任何形式的民族自豪感。然而，自豪感却间接反映在大多数德国人的普遍信念中，即他们的祖国在批判性反思历史、经济发展所取得的成就和民主政治文化方面，堪称世界典范。

外，它们仍然对两国的政治文化、历史教育和历史研究产生着深刻影响。为了更清楚地说明这一点，我想指出另外两个差异。第一个差异涉及两国的首都。巴黎历史悠久，其历史可追溯至罗马时代，其风貌特点是中世纪、近代早期和现代的特征，正如 2019 年 4 月哥特式建筑巴黎圣母院大火时可以观察到的激情戏剧在全国范围内蔓延。因此，巴黎的纪念碑和博物馆展现了整个法国乃至世界的历史与艺术，从古代到今天。柏林相反，是一座在 13 世纪，也就是说是在巴黎圣母院建成时，才开启其历史的城市。1701 年，柏林被提升为普鲁士王国的首都（当时它仅有 35 000 名居民，而巴黎有 500 000 名居民）。1871 年起，柏林才成为德意志帝国的首都。不仅如此，柏林还是一座在二战期间遭受大规模轰炸和破坏的城市，其建筑、纪念碑和博物馆大多源于 19 世纪、20 世纪和 21 世纪。它首先被视为一座现代的、当代的和未来的城市。

第二个差异涉及殖民史在两国集体记忆中的地位。随着洪堡论坛即将在柏林开幕，将展出非欧洲的艺术品和物品，引发了人们对于其中许多来自原德国殖民地、主要是非洲的艺术品来源问题的热烈和高度批判性的讨论。由于在这场辩论中，德国殖民史被视为纳粹独裁统治的史前史（Vorgeschichte），因此产生了极为负面的记忆，尽管事实上殖民史在德国历史上相对边缘，且时间跨度有限。法国的情况则大不相同，它的殖民史可追溯至近代早期，涉及全球范围，并一直持续至 1962 年。然而，与德国的记忆不同，法国对殖民史的记忆虽然也大多消极，但更有差异性，且最为重要的是更具有当代性。事实上，它与阿尔及利亚战争的创伤性群体记忆有关，与前法国殖民地的欧洲居民戏剧性地返回法国有关，与许多海外领土（以前是殖民地，居住着 300 万人）是今日法国的一部分有关，最后也与出生在前殖民地、现已大多数成为法国公民的数百万法国人有关。[①]

---

① 涉及这一主题，最有影响力的法国历史学家是 1950 年在阿尔及利亚出生的本杰明·斯道拉（Benjamin Stora），参见 Benjamin Stora：*La gangrène et l'oubli：la mémoire de la guerre d'Algérie*. Paris，1991；也可参见他的其他论著：*La guerre des mémoires．La France face à son passé colonial*. Paris，2007。该书源于他与蒂埃里·莱克勒（Thierry Leclère）的对话。

　　总而言之，我们面临着两种不同的记忆文化，其差异性也体现在语言方面。在德国，其记忆文化的独特性乃至频繁提及的典范性被尤为突出强调，以至于"记忆文化"（Erinnerungskultur）一词无法直译成法语——尤其是因为这一术语本身模棱两可，一对一地直译就更难了：有时它只是被用来指集体记忆（kollektive Erinnerungen）——在这个意义上，它是一个描述性或分析性术语；然而，它常常被用来表示作为德国人应该且必须牢记的事件，在这个意义上它又是一个明显的规范性术语。另外，人们在法国使用"mémoire"（单数）和"mémoires"（复数）来指代集体记忆，以区分德语的"集体记忆"（在描述-分析性意义上）和"记忆文化"（在描述-分析性意义上或规范性意义上）。1990年代末，当我的柏林朋友和同事、柏林自由大学历史学教授哈根·舒尔兹（Hagen Schulze）与我计划将皮埃尔·诺拉的"记忆场所"（lieux de mémoire）学说，也就是说将"集体记忆和身份认同的结晶点"引入德国历史与文化时，这些语言上的差异性和相应术语与词语的不一致性造成无法一一对应翻译，成了我们所面临的一个具体挑战。在很长一段时间里，我们都不确定这个尚未在德国使用过的术语或更确切地说隐喻的正确翻译，我们在德文词"Gedächtnis"和"Erinnerung"之间犹豫不决。经过多次讨论，也包括与德国同事和出版商再三磋商后，我们才决定使用德文词"Erinnerungsorte"来表达"记忆场所"。自此以来，这个新概念在德语中得到贯彻。然而，我必须承认，我始终不确定该表述是否真的是法语"lieux de mémoire"译成德语的最佳译法。①

---

　　① Etienne François, Hagen Schulze（Hrsg.）：*Deutsche Erinnerungsorte*，3 Bände. München，2007；法语版：*Mémoires allemandes*. Paris，2007。皮埃尔·诺拉出版的论著于1990年首次部分译成德语后在柏林出版，标题为 *Zwischen Geschichte und Gedächtnis*；在这部由沃尔夫冈·凯塞尔（Wolfgang Kaiser）翻译的专著中，术语"lieux de mémoire"被译为"Gedächtnisorte"。

二、两种互相融合且相互决定的记忆文化

这两种记忆文化都非常重视其独特性，喜欢宣称自己是独一无二的，也坚信自己是不可替代的，堪称楷模，甚至是规范的。这些特性适用于所有记忆文化：通过选择它们认为最重要的国家历史元素，记忆文化对于国家的政治、文化和社会的统一做出决定性贡献。它们还强化了对一个被视为与其他国家不同和更好的社区的社会归属感。这在当它们与"自下而上"的集体性记忆一致时，当它们被视为不言而明和值得信任的，被凸显出强烈的情感和象征意义，被视为具有责任性义务，且最终"自上而下"地依法规范的，譬如在两国均通过法律和凭借惩戒措施来禁止对犹太人大屠杀提出质疑时，便更加得到了凸显。[①] 然而，这种对记忆文化的感知却纯粹是主观的。人们尚未尝试对其展开分析，便可以发现，理应且必须"从外部"来加以审视。结果是人们很快可以确定，它们均非独立存在，而是彼此关联和相互交融。

因为德法互为邻国，一国的历史从一开始就同时影响着另一国的历史，因此唯有借助德国的历史和身份认同，才能感知法国的历史和身份认同，反之亦然。这方面的一个例子是法国名字的由来。在罗马时期，今日的法国叫"高卢"（Gallien）。在公元5世纪和6世纪的民族大迁徙中，许多日耳曼部落涌入高卢，在那里定居，尤其是占据了其东北部省份。其中最成功的是"法兰克人"（Franken），他们在外迁之前居住在今日德国境内被称为"法兰克"（Franken）的地区。结果是，自公元9

---

① 论一个民族成员集体记忆与归属感的构成关系，需要指出最值得考虑的是：法国作家和语言学家欧内斯特·雷南（1823—1892）于1882年3月11日在索邦大学发表"什么是国家"演讲时，曾特别探讨了德国对于国家的定义，参见德语版：Michael Jeismann, Henning Ritter (Hrsg.)：Was ist eine Nation? in: *Grenzfälle. Über neuen und alten Nationalismus.* Leipzig, 1993，S. 290-311；也可参见本尼迪克特·安德森（Benedict Anderson）令人振奋的论著：*Imagined Communities.* London, 1983。

世纪起，高卢被称为"法兰西"（Francia，即"法兰克帝国"），法国自此有了一个日耳曼血统的名字。

两国的独立史可追溯至中世纪。卡尔大帝（Karl der Große，又译查理曼大帝，768—814）是自古以来第一个获得帝位的西欧统治者，当时德法两国都属于他的帝国。843 年，加洛林王朝分裂后逐渐形成了两个不同的帝国或国家，它们的关系充斥着争端、冲突和战争，一直持续到 1945 年，这在法国大革命和拿破仑时期的战争中，特别是 1870—1871 年的德法战争中达到了最可怕的高峰。这些战争伴随胜利与失败、侵略征服与遭受占领的交替，尤其是其破坏和巨大损失，在各个方面对两国都产生了特别深刻的影响。它们在发展各自身份认同方面发挥了决定性作用，并导致两国一代又一代人都互视对方为"宿敌"（Erzfeinde）。至今可观察到这一影响所产生的后果，譬如在两国不同的村庄和城市中，有许多德法战场、众多士兵墓地和无数战争纪念碑，以及许多纪念两国战役和战争英雄的街名。

德法之间的冲突和战争，无疑促成了其中一方在邻国的记忆文化中占有重要地位。然而，这种地位并非总仅仅是负面的：战争也促成了士兵和战俘能够与另一个国家及其居民产生个人接触，其中不乏在其中获得积极的体验。当一个国家在战争中被击败，那它就会努力学习对手的优势，以便谋求下一场战争的胜利。因此，在拿破仑战争期间和之后，德国各邦以法国为榜样，而法国在 1871 年之后，则以战胜国德国为导向。

即使在 1945 年之前发生了许多战争，但两国之间的关系主要还是由和平岁月塑造的，并从而产生了一种多样化的互动关系和影响，促成了从一个国家向另一个国家在各个层面的无数"迁移"（Transfer）。① 譬如，16 世纪德国的路德宗教改革促成了新教在法国的传播，又如法

---

① Michel Espagne, Michael Werner: *Transferts. Les relations interculturelles dans l'espace franco-allemand*. Paris, 1988; Etienne François, Jakob Vogel, Hannes Siegrist（Hrsg.），1995. 另提醒注意一本在两国举办了展览非常有意思的画册：Marie-Louis von Plessen（Hrsg.）: *Marianne und Germania; Frankreich und Deutschland 1789—1889*. Berlin, 1996。

国的君主专制主义在 18 世纪被普鲁士、哈布斯堡国家以及巴伐利亚或萨克森所仿效，或者是法国的"Lumières"和德国的"Aufklärung"（启蒙运动）紧密相连（17 世纪末 18 世纪初，最伟大的德国科学家莱布尼茨曾用拉丁语、法语和德语写作），如德国的政治版图在拿破仑的影响下发生了根本性变化，或相反 1871 年创建的第一个德意志民族国家的建构有意识地有别于法国，还有最后一个例子是"人民阵线"（德语 Volksfront，法语 Front Populaire），它归功于 1936 年所有法国左翼政党联盟组建了政府，同时也是对 1933 年前德国共产党人与社民党人之间冲突的反应，尤其是针对纳粹党在保守党人支持下"篡权"的反应。

这几个简单例子还可以在其他领域随意拓展，譬如在一种语言中，有许多从另一种语言借用的词汇（尤其是在德语中，从法语中借用的词汇远远超过法语从德语中吸收的），又譬如在文学上，伏尔泰在普鲁士和维克多·雨果在莱茵地（Rheinland），海因里希·海涅（Heinrich Heine）在法国和阿达尔伯特·冯·查米索（Adalbert von Chamisso）在德国，弗里德里希·席勒的戏剧《奥尔良少女》（1801 年）首次将圣女贞德（Jeanne d'Arc）刻画为正面形象，与 18 世纪的法国批评形成了对比，或者还有格奥尔格·毕希纳（Georg Büchner）的戏剧《丹东之死》（1853 年），更多是积极描述法国大革命。类似的还有在音乐领域，莫扎特的歌剧《费加罗的婚礼》（1786 年）的剧本改编自法国作家博马舍（Beaumarchais）的喜剧《疯狂的一天或费加罗婚礼》，查理·古诺（Charles Gounod）的歌剧《浮士德》（1859 年）的剧本取材于歌德的戏剧作品，或是德国作曲家雅克·奥芬巴赫（Jacques Offenbach，1819—1880）出生于科隆，但整个职业生涯都在巴黎，法国作曲家皮埃尔·布列兹（Pierre Boulez，1925—2016）则在德国度过了人生的许多关键年岁，2016 年在巴登-巴登过世。

地点方面诸如有耶拿，1806 年普鲁士军队在那里被拿破仑指挥下的法军彻底击败，以及凡尔登，1916 年一战中持续最长、最惨败的战役就发生在其附近，它们是两个德法纪念场所。城市梅斯（Metz）和斯特拉斯堡，情况也类同。这两座城市在 16 世纪或 17 世纪前一直属于"德意志民族的神圣罗马帝国"，被占领后至 1870 年成为法国城市，1870—1918 年以及 1940—1944 年再次成为德国城市，自 1944 年以来复又重归法国。富丽堂皇的凡尔赛宫不仅是建造者路易十四统治以来法国的核心纪念场所，同样也是德国的一个核心纪念场所，尤其是因为普鲁士国王威廉一世于 1871 年 1 月 18 日在镜厅宣告成为德国皇帝，也因为 1919 年在此签署了《凡尔赛和约》，该条约对于德国及其公民具有重大意义，并产生了巨大影响。然而，凡尔赛宫也是一个欧洲纪念场所，因为它在欧洲史上发挥了重要作用，与 17 世纪的所有欧洲国家均有关联，各欧洲国家曾纷纷模仿它建造宫殿，现在每年有 800 多万名游客前往参观。这在相反意义上，也适用于布痕瓦尔德集中营（Buchenwald，1937 年建成，位于魏玛附近）。它不仅是一个德国纪念场所，也是一个法国纪念场所，因为法国人构成了那里最大的外国被驱逐者群体。当然，布痕瓦尔德也是一个独特的欧洲纪念场所。[1]

这些例子无不一目了然地证实：有许多德法"共同分享"的记忆场所，它们在两国的记忆文化中占据着重要地位，并由此为两国所共享；同时，它们在两国的记忆文化中有着不同意义而彼此区别。德国的记忆文化和法国的紧密交织。然而，它们也与其他欧洲国家和许多非欧洲国家的记忆文化相互关联，因而最终应将它们置于更为广阔的欧洲和全球背景下。

三、两个以诸多共性为特征的记忆文化，唯有置于欧洲和全球背景下才能理解

两国记忆文化的共同点，首先与它们产生的基础有关。这些基础对

---

[1]　其他例证可参考哈根·舒尔兹有关"凡尔赛"（Versailles）和"拿破仑"（Napoleon）以及收录于《德国记忆场所》（Deutsche Erinnerungsorte）的弗雷德里克·哈特维格（Frédéric Hartweg）有关"斯特拉斯堡的大教堂"（Das Straßburger Münster）的文稿，François, Schulze (Hrsg.), 2007, Band I, S. 407-421; Band II, S. 28-46; Band III, S. 408-421。

它们产生了深远影响，且今天依然存在。这些基础包括诸如古希腊和古罗马文化、基督教、人文主义或启蒙运动。共性并不意味这些基础完全一致：在法国对古代的记忆中，罗马方面起着更大作用（尤其是因为法语隶属罗曼语系），而在德国的记忆中，古希腊占据首要地位。基督教的情况类似：在法国，天主教处于绝对优势地位，而在德国，天主教和新教基本势均力敌。总体而言，共同之处更为重要，这也是归因于两种记忆文化互相产生了影响。

在政治层面上，无论是涉及公民权和人权、自由议会民主制，还是共和制国体抑或是欧洲意识，同样可以确定有许多基本的共同之处。这些共性在二战后，因法国与联邦德国之间的和解而得到强化，并在两德统一和欧洲结构的西方模式被拓展至欧洲东部而得到确认、深化。在目前所有民调中，德国人均被视为法国的最好朋友，反之亦然，法国人被视为德国的最好朋友，其结果是，现在德法两国将对方的历史视为本国历史的一部分，尤其在两国共同反思两次世界大战、纳粹主义、维希政权和迫害犹太人方面，表现得尤为突出。

两国的记忆文化由此发生的转变，与以和平名义而实现全面和解的意图有关，这点也可以通过许多例子来佐证。在法国与（西部）德国的和解过程中，最初是象征性政治姿态发挥了重要作用：1962 年 7 月 8 日，时任法国总统夏尔·戴高乐与时任联邦德国总理康拉德·阿登纳共同参加了在兰斯大教堂（Kathedrale von Reims）举行的庄严弥撒活动，因为该教堂（自中世纪初以来）是法国的核心纪念场所，也因为该教堂在一战期间因德军炮弹轰炸而被严重摧毁，还因为庄严的弥撒是相互宽恕与和解的神圣仪式；可相比拟的是 1984 年法国总统弗朗索瓦·密特朗和联邦德国总理赫尔穆特·科尔在凡尔登战役纪念遗址的会面，以及两人在两个相邻的士兵棺材前的握手留影。从那时起，每年至少在一战或二战结束的纪念日，德法政府首脑都会进行一次具有象征性意义的会面。此外，在过去数十年间，设立了许多纪念一战的德法悼念和记忆场所，包括不久前对外开放的德法哈特曼斯维勒科普夫历史纪念馆

(„Historial" vom Hartmannswillerkopf，法语：Le Vieil Armand），设立在多次发生血腥战争的阿尔萨斯。对于二战，我想强调联邦德国总统理查德·冯·魏茨泽克（Richard von Weizsäcker，1920—2015）于1985 年 5 月 8 日发表的讲话，他将同盟国（包括法国）的胜利描述为"解放"（与此前德国习惯将 1945 年 5 月 8 日视为战败日截然相反），又如十年后法国总统雅克·希拉克发表的演讲，公开承认法国与纳粹德国勾结和迫害犹太人的罪责，这与其他所有法国国家领导人不同。[1]

此外，不容忽视的是两国为建立欧盟的决定性贡献对各自记忆文化的影响。对此我也仅提两个例子：一是 2003 年由德法倡议的有关"欧洲伟人"的民调结果，这项调研在英国、法国、德国、意大利、西班牙和波兰举行，六国公民的答案普遍相似，且德法之间的答案相似性尤为突出[2]；二是 2006—2011 年在两国出版了内容相同的三卷本历史教科书[3]，涵盖了从古代至今日的欧洲和世界历史，由两国的教师和历史学家共同编写，并在两国的学校推广使用。

另外，德法记忆文化的另一个共同点是，最近数年两国人口中的外国人和具有移民背景的公民比例显著上升。每十个法国居民中就有一个外国人，他们中三分之二来自非欧洲国家，五分之一的法国居民拥有移民背景。在德国，每八个居民中就有一个外国人，他们中几乎一半来自非欧洲国家，每四个德国居民中就有一个拥有移民背景。毫无疑问，外国人或拥有移民背景的人的集体记忆与数代以来在德法两个国家出生的公民不同。显而易见，他们对德国或法国的过去有着不同的认知。然

---

① 更多内容可参见我的文稿：Der Blick von außen：Haben die Deutschen ihre Verantwortung für ihre NS-Vergangenheit übernommen? Ein französisches Kommentar，in：Winfried Nerdinger (Hrsg.)：*München und der Nationalsozialismus*. München，2015，S. 577-584。在这方面，同样重要的是犹太裔法国人谢尔盖·克拉斯费德（Serge Klarsfed）在涉及法国犹太人遭驱逐出境的记忆中发挥了决定性作用。1963 年，他与一名德国女子贝特·肯泽尔（Beate Künzel）结为伉俪，后者也曾积极投身于抗击德国纳粹主义的残余势力。

② Jean-Noël Jeanneney，Philippe Joutard (Hrsg.)：*Du bon usage des grands hommes en Europe*. Paris，2003.

③ 三卷本德法历史教科书取名《历史》（*Histoire*，*Geschichte*），在巴黎和斯图加特-莱比锡出版。

而，几乎没有关于这种记忆差异的研究。尽管如此，可以假定，如今这一发展已促成了两国"传统"记忆文化的转变；由于现在两国都是移民国家，这种当下静默无声的转型显然也将会越来越引人注目。换言之：我尝试描述的两国记忆文化根本不是静态的；所有迹象都表明，它们将变得越来越欧洲化和世界化。

德法记忆文化的最后一个共同之处是两国都具有全球维度，尤其是两国的历史可放在一个全球语境中，且唯有如此才能真正理解。一战后，法国历史学家马克·布洛赫（Marc Bloch）曾写道："没有法国历史，唯有欧洲历史"。二战后，法国历史学家费尔南·布罗代尔（Fernand Braudel）还补充了一句同样令人信服的表述："没有欧洲历史，唯有世界历史"。如若篇幅允许，譬如我很乐意更详尽地书写有关德国或法国记忆文化与中国记忆文化之间的相互影响。它们也互相交织，彼此决定。在欧洲，17 世纪和 18 世纪利玛窦以来的传教士传播的有关中国及其文化的准确、详细和积极信息，对启蒙运动（德语：Aufklärung，法语：Lumières）的发展产生了深刻影响。对于 20 世纪，我依然可以举出例子：一是在法德发现了马克思主义的周恩来在中国共产党于上海创建之初，发挥了关键性作用；二是原德国殖民地青岛对于该城市的进一步发展，乃至德国啤酒传入中国产生了影响。①

结　语

最后，我想说明我在研究集体记忆或记忆文化中得出的几点普遍性观点。它们适用于法国和德国，但也适用于世界上许多其他国家。

第一，集体记忆或记忆文化与创造它们的个体和群体密不可分，即

---

① 欧洲记忆文化的全球维度是雅各布·沃格尔（Jakob Vogel）主编出版的书《欧洲：我们历史的当代》（*Europas，die Gegenwart unserer Geschichte*）第三卷《全球性交融》（*Globale Verflechtungen*）的主题。

行动者（Akteure）和历史见证者（无论是士兵，还是抵抗战士，抑或是受害者）、政治家和政党、出版商和作家、媒体和艺术家，乃至"记忆公司"和负责历史课、政治教育、纪念场所的政府机构。

第二，集体记忆或记忆文化绝非是静止不变或终极性的，而是相对的，且始终处于变化之中，因为它们依赖于社会环境。它们的主要任务是向本国公民和青少年传授应该从过去继承与仿效什么，又应该批判与拒绝什么，以便创造一个更加美好的未来。

第三，集体记忆更多还是官方的记忆文化，不仅具有规范性，而且具有很强的选择性。它们从过往历史中选择对现时和未来似乎很重要的元素。由于它们面向广大阶层，所以专注于当代史，并提供一种对于过去的清晰阐释，正面和负面之间形成鲜明对比。事实上，这意味着记忆文化具有一种明显的象征和神圣意义。从这一层面来讲，它们类似于一种"世俗化"的政治宗教，因而必须建立在真实的信仰之上。只要信仰还存在，记忆文化就能保持活力、释放效力。但如若记忆文化丧失了可信性，那它便只是一个空洞的外壳。因此，正如法国社会学家皮埃尔·布尔迪厄（Pierre Bourdieu）所说的，人们在分析记忆文化时，不可避免地要追问它在多大程度上是可信的。

第四，记忆文化（在官方意义上）因必须简单化而与集体记忆有所区别。集体记忆与更多的过去因素有关，主要取决于它们是否属于一代人、一个意识形态和政治方向或是一个地区。就法国而言，自法国大革命以来存在着两种截然不同的记忆文化，彼此竞争或互相冲突：一种是基于法国大革命作为法国身份认同的关键或建国神话，另一种源于公元5世纪末克洛维（Chlodwig）国王在兰斯的洗礼。① 对于德国而言，尤其因联邦制而形成地域记忆文化的多样性：巴伐利亚州的记忆文化与联邦共和国的记忆文化并不相同；而在巴伐利亚州内部，自中世纪起就属于"老巴伐利亚"的信仰天主教地区的记忆文化与1806年才归属巴伐

---

① Dominique Borne：*Quelle histoire pour la France?* Paris：Gallimard，2014.

利亚的信仰新教地区的也不同。

第五，集体记忆或记忆文化绝非仅为自己且源于自我地独立存在。所有的记忆均与当代或过去的其他因素互相交织，并彼此决定。因此，为了理解它们，不应仅局限于从内部来加以分析，还应从外部入手展开探讨，并始终将它们置于更为广阔的背景中。

第六，从意识形态视角来看，记忆文化是自上而下地由国家或政治多数派来确立和定义的，而这唯有从根本上与"自下而上"的集体记忆，也就是说个人、家庭和社会的记忆保持一致，才能得以贯彻。1989年前，德国统一社会党和民主德国政府一直竭尽全力，采用各种手段来构建和落实一种共产主义的民主德国记忆文化。然而，并没有成功，因为这种国家和政党的记忆文化与大多数民众的沉默的集体记忆大相径庭，结果是它在柏林墙倒塌后立即销声匿迹了。尽管如此，民主德国社会产生了与联邦德国不同的集体记忆。这种差异并没有被消除，导致直至今天，联邦德国与民主德国的集体记忆之间依然存在着明显差异。

第七，将记忆文化的自身呈现与其社会学和文化学的分析分开，至关重要。记忆文化自诩具有独特性，始终是规范性的，且具有一种强烈的政治、象征、情感及近乎神圣的维度。与之相反，科学研究致力于对记忆文化进行理性分析与对比、区分、反思，以便能尽可能不带价值判断地理解和阐述之。

尽管如此，人们应该提防不要将历史和记忆看作对过去的两种截然相反的解释。相反，它们代表了对过去的两种不同形式的关联。因此，正如法国哲学家保罗·利科所指出的，它们是相辅相成的，且相互依赖的。

最后，尽管对记忆文化的研究可以如此扣人心弦，但我们不能忘记，正如耶稣在福音书中所言"让死者去埋葬死者吧"，或正如前联邦德国总理维利·勃兰特所说的"未来不会由那些坚持过去的人来掌控"。

（李晓琳　孟虹　译）

3. 当代德国的认同话语和记忆文化：以历史的延续性和断裂为中心①

胡春春*

摘要：当代德国认同话语根植于德国二战结束以来形成的记忆文化，尤其是否定性记忆德意志第三帝国时期的意识形态、国家行为以及与之相关的思想和文化，即所谓"历史反思"，其中的核心要素是对于纳粹屠犹事件的记忆。本研究从梳理德国记忆文化中有关一战责任或者两次世界大战关联的叙述、德国认同话语中的犹太叙述入手，描述以历史的延续性和断裂为中心的德国历史反思是一个动态发展、不断被赋予不同历史意义的过程。

关键词：德国认同，记忆文化，世界大战，费舍尔争论，纳粹屠犹

---

① 本文各章节的内容曾经以不同的形式在《欧洲研究》2015 年第 5 期、2019 年第 5 期和《德国发展报告（2015）》的相关文章中使用过。

* 作者简介：1972 年出生于中国安徽。1997 年毕业于北京大学德语语言文学专业，2003 年在柏林自由大学获得博士学位。上海外国语大学上海全球治理与区域国别研究院欧洲研究副教授。研究兴趣集中于德国文学、德国文化和中德文化交往。

引言：德国的历史反思、认同话语与记忆文化

在当代德国认同话语的构建元素中，反思德意志历史尤其是德意志第三帝国的负面遗产，即否定性对待德意志的现代史书写占有核心的地位。以此为基础，德国与自我、邻国和国际社会的和解逐渐展开，德语特有的"历史反思"（Vergangenheitsbewältigung）一词也进入了英语的专业词汇。然而，德国在第二次世界大战之后展开的历史反思并不是一帆风顺的，甚至是策略性的、难以自圆其说的，其中的症结在于历史反思的边际问题，亦即历史叙述的延续性和断裂问题。

战后的德国满目疮痍，需要精神的指引和支撑，因而为自身脱罪的、与元凶断绝关系的历史逻辑解读也许更符合普通人的救赎心理。在这个意义上，"历史断裂说"反而矛盾地维系了自身存在的意义以及历史的延续性。德国历史学会会长盖尔哈德·李特尔（Gerhard Ritter，1888—1967）典型地代表了这种观点，他认为"纳粹主义是德国历史上的全新事物"，如同意大利法西斯主义一样"在一战后横空出世"，警告不要"把希特勒现象视为普鲁士－德意志国家思想发展的必然结果"①。这种观点不言而喻体现了一种寻求稳妥的倾向：旧有的秩序尽力维持，德意志的历史依旧辉煌，邪恶的纳粹主义则被简单地处理为德意志历史发展中的孤例和"意外事故"②，与历史传统毫无关联。这与联邦德国在阿登纳执政时期体现出的政治和社会秩序复辟倾向不谋而合。

这种德国的内部视角与德国的外部视角并不必然地一致。法国抵抗

---

① Gerhard Ritter: *Europa und die deutsche Frage. Betrachtungen über die geschichtliche Eigenart des deutschen Staatsdenkens.* München: Münchner Verlag, 1948, S. 193-194.

② "意外事故"（Betriebsunfall）语出自德裔美籍历史学家弗里茨·斯特恩（Fritz Stern），他在 1964 年德国历史学家大会上就费舍尔的贡献提出把德国 20 世纪的政治错误视为"意外事故"是不成立的，参见 Fritz Stern: War der Kriegsausbruch nur ein Betriebsunfall? in: *Der Spiegel*, Nr. 43, 1964, S. 50-53。

运动领袖戴高乐 1941 年 9 月 18 日从伦敦向被占领的法国发表广播讲话时，明确地提出"同德国的战争始于 1914 年"。在戴高乐看来，"《凡尔赛和约》其实根本未能结束战争。其后只是有了一段停火期……实际上，全世界处于一场接受或者反对德国统治全球的'三十年战争'之中"①。"第二场三十年战争说"② 显然是一个针对德国历史的严重指控。这种说法不仅仅为历史学家进行历史书写和历史诠释提出了一个严肃的命题，即 20 世纪人类文明的两次空前浩劫之间可能存在着某种紧密的关联。同时，这也是一个有关史学、政治学乃至思想史的假设，需要仔细加以验证。如果把这个命题置于德国的记忆文化框架之下，则可具体为一个问题：德国的一战与二战之间是否存在历史的延续性？

德国的历史反思在历史延续性和断裂之间摇摆不仅体现在一战与二战的记忆文化中，也体现在所涉及的犹太话语中。犹太人和犹太文化在当代德国认同话语构建中起到了独一无二的作用，而且无可替代，即所谓"不包括奥斯威辛的德国认同是不存在的"③。这种话语的"边际"随着新一代的德国犹太人的文化自觉而逐渐凸显：在纳粹屠犹事件已经历史化的当下，这种战后在犹太人不在场的情境下逐渐形成的犹太叙述与当代德国犹太人的身份认同处于何种紧张状态？④

---

① 转引自 Heinrich August Winkler：1914 und 1939：Die Kontinuität der Kriegspartei，in：*Frankfurter Allgemeine Zeitung* vom 25.08. 2014。

② "三十年战争说"近年为历史学家汉斯-乌尔里希·韦勒（Hans-Ulrich Wehler）所采用，他把一战和二战统称为"第二场三十年战争"，参见 Hans-Ulrich Wehler：*Deutsche Gesellschaftsgeschichte，Vierter Band：Vom Beginn des Ersten Weltkriegs bis zur Gründung der beiden deutschen Staaten 1914 - 1949*，3. Auflage. München：C. H. Beck，2008，S. XIX。

③ 出自时任德国总统约阿希姆·高克（Joachim Gauck）2015 年 7 月 27 日在德国联邦议院纪念奥斯威辛集中营解放 70 周年纪念活动上的讲话，参见 Deutscher Bundestag（Hrsg.）：Rede des Bundespräsidenten Joachim Gauck，https://www. bundestag. de/dokumente/textarchiv/2015/kw05_gedenkstunde_gauck-357472。奥斯威辛，也译奥斯维辛。

④ 二战结束以来三代德国人对于纳粹屠犹事件的叙述，可参考［德］耶尔恩·吕森：《纳粹大屠杀、回忆、认同——代际回忆实践的三种形式》，载［德］哈拉尔德·韦尔策主编：《社会记忆：历史、回忆、传承》，季斌等译，北京：北京大学出版社，2007 年，第 179-194 页。

一、德国一战记忆文化的尴尬

与李特尔试图切割二战与一战历史阐释不同的是，德国人在二战初期有着清晰的历史意识，即二战是对于一战的延续和反正。在德军1940年占领巴黎的消息传到荷兰时，流亡中的前德皇威廉二世欣慰地说道："这场战争中出色的将领都是我培养出来的，他们在（第一次）世界大战中还都是中尉、上尉和年轻的少校。他们接受过施里芬的训导，执行了当年在我的领导下制定的作战方案，同我们1914年的做法如出一辙。"① 言下之意，希特勒的德国完成了威廉二世的德国未竟的事业。1940年秋季法国投降后，德国选择在一战的著名战场凡尔登以及朗格马克（Langemarck）士兵公墓举行军事仪式，象征性地宣告一战结束。②

一战之后，战胜国引入了国际政治中此前未见的概念"战争责任"③，尤其是《凡尔赛和约》第231条把德国及其盟国认定为战争的唯一责任方④，

---

① 转引自 John C. G. Röhl，Wie Deutschland 1914 den Krieg plante，in：*Süddeutsche Zeitung* vom 05.03.2014。

② Susanne Brandt：Bilder von der Zerstörung an der Westfront und die doppelte Verdrängung der Niederlage，in：Gerhard Hirschfeld，Gerd Krumeich，Dieter Langewiesche，Hans-Peter Ullmann（Hrsg.）：*Kriegserfahrungen. Studien zur Sozial-und Mentalitätsgeschichte des Ersten Weltkriegs.* Essen，1977，S. 439–454，hier S. 453.

③ 本文采用《凡尔赛和约》第231条所用的"责任"一语，其英、法、德版本中分别为responsibility、responsabilité 和verantwortlich，而避免非法律文书用语"战争罪责"即war gulit、culpabilité de la guerre 和Kriegsschuld——虽然"战争罪责"一语更常见于史学著作、媒体和口语中，也更能表明在一战结束后历史上首次提出的战争责任问题被普遍认为属于道德层面。

④ 《凡尔赛和约》第231条，参见 *Reichsgesetzblatt*，Jahrgang 1919，Nr. 140，S. 985. Österreichische Nationalbibliothek，ALEX Historische Rechts-und Gesetzestexte online，http://alex. onb. ac. at/cgi-content/alex? aid＝dra&datum＝1919&size＝45&page＝1187，访问日期：2020 年 2 月 27 日。

遭到德国朝野的一致强烈抗议。① 拒绝协约国散布的所谓"德国战争责任谎言"成为德国在魏玛共和国时期有关一战的历史共识和凝聚各社会阶层的力量，也使得德意志帝国和魏玛共和国之间存在着"政治和道德的延续性"，为魏玛共和国的失败埋下了隐患。② 德国不但拒绝《凡尔赛和约》第 231 条的道德指责（这种指责在帝国主义时代实在具有反讽的意味），也不满这一条款所引出的赔款、偿物、割地等战后秩序安排。作为反对措施，德国官方从国内和国际舆论工作入手，着手建立宣传机构、公布官方档案和进行所谓科学研究。德国战后的修正主义努力在国际上取得了一定的效果。最具有代表性的说法，莫过于一战时的英国首相大卫·劳合·乔治（David Lloyd George）在其回忆录（1933 年）中认为欧洲各国乃集体"滑入"了第一次世界大战的泥沼③，这就实际否认了《凡尔赛和约》的基础。美国和法国同样出现了质疑官方版一战起因的声音。1937 年，已经成为独裁者的希特勒认为国内外时机已然成熟，于是在 1 月 30 日帝国议会纳粹取得政权的纪念仪式上公开宣布德国 1919 年在《凡尔赛和约》上的签字无效，否认德国的战争责任。④

1945 年战败之后，当德国面对无法否认的战争责任即蓄意进攻他国和空前的纳粹暴行的时候，两次大战一脉相承的观念就成为棘手的历史遗产：承认了这种延续性的存在，等于承认了德国也应该为一战的爆发负责；不承认延续性，等于否认了德国自一战结束以来、历经魏玛共

---

① 这其中罕见的例外是战后成立的巴伐利亚共和国首任首相库尔特·艾斯纳（Kurt Eisner），他公开承认德国的战争责任，也因此被谋杀，参见 Bernhard Grau: Kriegsschuld-frage, 1918/1919, in: *Historisches Lexikon Bayerns*, http://www. historisches-lexikon-bay-erns. de/artikel/artikel_44536, 访问日期：2020 年 2 月 27 日。

② Gerhard Hirschfeld: Der Erste Weltkrieg in der deutschen und internationalen Ge-schichtsschreibung, *Aus Politik und Zeitgeschichte*, B 29-30/2004, S. 3-12, hier S. 4.

③ David Lloyd Gerorg: *War Memoirs*, vol. 1. London, 1933, S. 32. 此处转引自 Anni-ka Mombauer: Julikrise und Kriegsschuld-Thesen und Stand der Forschung, in: *Aus Politik und Zeitgeschichte*, 16-17/2014, S. 10-16, hier S. 11。

④ Wolfgang Jäger: *Historische Forschung und politische Kultur in Deutschland. Die Debatte 1914-1980 über den Ausbruch des Ersten Weltkriegs* (Kritische Studien zur Geschich-tswissenschaft, Bd 61). Göttingen: Vandenhoeck & Ruprecht, 1984, S. 65.

和国直至第三帝国为推翻"德国一战责任说"付出种种努力的事实，也就是间接地否认了德国的近现代史观。也就是说，无论如何德国的战争责任问题都不能只从 1939 年开始清算，可能必须要回溯至 1914 年甚至更远。无论是德国著名新闻人塞巴斯蒂安·哈夫纳（Sebastian Haffner）提出的"从俾斯麦到希特勒"，即德国从第二帝国到第三帝国的"自我毁灭"逻辑①，还是匈牙利马克思主义哲人卢卡奇（Georg Lukács）从德意志思想史的反理性线索梳理出的"从尼采到希特勒"的路径②，都表明从思想史、政治史和史学等角度把握一战的源起或责任、一战与二战的关系已经成为理解和评价德意志近现代史的核心议题。美国历史学家约翰·卢卡奇（John Lukacs）在第一部关注希特勒的历史书写史的专著中提出，20 世纪德国历史研究必须从德意志历史总体性的角度解答"希特勒属于德意志历史的例外抑或必然"。

二战以后，第一个"冒天之大不韪"打破德国历史反思禁区的德国历史学家是汉堡大学的近现代史教授弗里茨·费舍尔（Fritz Fischer，1908—1999）。费舍尔在档案研究的基础上重构了德国在一战时的战争目的政策，从 1959 年起陆续发表自己的观点。在专著《争雄世界》③（1961 年）中，费舍尔明确地提出："德意志帝国领导对全面战争的爆发负有决定性的历史责任。"④ 费舍尔的研究推翻了此前德国官方、民间和学界关于一战责任的共识，这在当时的时代背景下迅速被解读为费舍尔认为德国负有战争原罪，而其战争欲望在一战中未能得到满足，所以必须也是必然发动延续性的第二次战争。德意志民族国家当时仍旧完

---

① Sebastian Haffner: *Von Bismarck zu Hitler. Ein Rückblick*. München: Kindler, 1987.

② Georg Lukács: *Von Nietzsche zu Hitler oder der Irrationalismus in der deutschen Politik*. Frankfurt am Main u. a.: Fischer, 1966. 学界近来不再支持卢卡奇的观点。

③ Fritz Fischer: *Griff nach der Weltmacht. Die Kriegszielpolitik des kaiserlichen Deutschland 1914/18*, Düsseldorf: Droste, 2013. 参见该论著中译本：［德］弗里茨·费舍尔：《争雄世界：德意志帝国 1914—1918 年战争目标政策》（上下册），何江、李世隆等译，北京：商务印书馆，1987 年。本文以德文 2013 年版为准。

④ Fritz Fischer: *Griff nach der Weltmacht. Die Kriegszielpolitik des kaiserlichen Deutschland 1914/18*, S. 85.

好的宏大历史叙述，以及阿登纳执政时期的联邦德国思想和政治同构的和谐表象、"让历史成为历史"的历史书写和现实政治企图随之轰然解体。《明镜》周刊当时即评论道："（费舍尔的这本书）在德国人的良心上埋下了一颗地雷：本以为已经清楚而且清白的一段德国历史——第一次世界大战——却原来和希特勒时代一样不清不楚。"① 费舍尔的观点引发的争论从 1960 年代一直持续到 1980 年代初，"德国一战责任说"即"历史延续说"逐渐成为德国的历史共识②。

二、《梦游者》与克拉克现象

记忆文化始终属于历史性的话语建构，德国的否定性历史反思也不会是例外。在一战爆发一百周年之际，剑桥大学的历史学家克里斯托弗·克拉克（Christopher Clark）的著作《梦游者——欧洲 1914 年如何走向战争》因为重新探讨有关一战责任问题，引发了席卷德国的《梦游者》热潮或者"克拉克现象"，再一次展现了德国记忆文化中未了的一战情结。

《梦游者》究竟是一部什么著作，为什么会引发德国学术界和公众空前的关注、讨论乃至争论？因为按照汉斯-乌尔里希·韦勒的说法，克拉克的这部著作在英语世界的销售成绩远远不能和在德语国家的销售成绩相比。③ 正如副标题"欧洲 1914 年如何走向战争"所表明的，这是一部研究一战缘起的著作，即通过分析导致一战爆发的种种思潮、因素、力量、人物和事件，试图理解 1914 年事件的所有参与者事先以及

---

① Wilhelm der Eroberer, in: *Der Spiegel*, Nr. 46, 1961, S. 54-58, hier S. 54.

② Fritz Fischer: Twenty-Five Years Later: Looking back at the "Fischer Controversy" and Its Consequences, in: *Central European History*, vol. 21, no. 3 (Sep. 1988), pp. 215-218, Thesis V.

③ Hans-Ulrich Wehler: Beginn einer neuen Epoche der Weltkriegsgeschichte, in: *Frankfurter Allgemeine Zeitung* vom 07.05.2014.

事后都没有理解的事情。克拉克为此选择了不同于德国既往的一战历史书写角度，没有把焦点放在德国——历来被认为是一战的主要责任方——及其与战争相关的内在结构上，即寻求建立所谓"因果关系的幻象"①，而是从分析风起云涌的塞尔维亚民族主义和奥匈帝国内部不稳定的局面入手，即揭示走向一战的"路径"②。在克拉克眼中，欧洲的边陲成为战争策源的中心和缩影，塞尔维亚问题充分体现了一战前欧洲问题中历史渊源和现实政治的纠缠，以及奥匈帝国之外俄、法等国的深度介入。在著作的第二部分和第三部分，克拉克分别细致描绘了战前欧洲各国的复杂局面以及"七月危机"。当然，从历史书写的角度来看，克拉克的叙述侧重不无值得商榷之处，汉斯-乌尔里希·韦勒就认为有关塞尔维亚的叙述之多不成比例，而德国部分反而浅尝辄止。③

　　克拉克著作的主要贡献在于，把观察和理解一战的视角从专注于单个民族国家（如德国）的主观意图以及欧陆各国间矛盾的层次转移到殖民主义背景下的全球层次。在这个层次上，带有全球利益诉求的欧洲国家之间，包括英、法、俄、德、奥匈、意，以及当时在欧洲一隅仍旧是利益攸关方的奥斯曼帝国呈现出复调合纵连横的局面，并且各国在欧洲的利益往往与各国在欧洲以外的地缘政治以及殖民地、势力范围等利益诉求不尽一致，甚至相互抵牾，比如英、法在欧陆利益有重合之处，但是在海外殖民地则针锋相对，英、俄之间也是如此。而1914年的协约国英俄、俄法之间，也远没有想象中的谐调。这种

---

① Christopher Clark: *Die Schlafwandler. Wie Europa in den Ersten Weltkrieg zog*, aus dem Englischen von Norbert Juraschitz, 16. Auflage. München: Deutsche Verlags-Anstalt, 2014, S. 17. 本文研究《梦游者》德文本在德国的接受，因此引语一律译自德文译本。德文译本的行文与中文译本有一定的区别，参见：［英］克里斯托弗·克拉克：《梦游者——1914年，欧洲如何走向"一战"》，董莹、肖潇译，北京：中信出版社，2014年。

② Christopher Clark: *Die Schlafwandler. Wie Europa in den Ersten Weltkrieg zog*, aus dem Englischen von Norbert Juraschitz, 16. S. 19.

③ Hans-Ulrich Wehler: Beginn einer neuen Epoche der Weltkriegsgeschichte, in: *Frankfurter Allgemeine Zeitung* vom 07.05.2014.

政治局面的复调性与历史事件的偶然性相叠加，克拉克生动的叙述甚至使《梦游者》部分章节具有小说的气质，为读者建构了一幅 1914 年"七月危机"的立体画卷，克拉克眼中"现代甚至可能是有史以来最复杂的事件"[①] 遵循着不可抗拒的自身逻辑一步步走向深渊。"如此看来，战争的爆发是一场悲剧，而非罪行。"这是克拉克这部著作的结论。而从一战结束以来尤其困扰德国人的战争责任问题，在克拉克看来不是一个有效的解释机制，因为判断责任方不可能摆脱偏见，而且割裂地把某个国家视作单独行为体，会导致忽视多边过程中诸行为体之间的相互影响。1914 年引发战争的危机"是一种共同政治文化的产物"，体现出"多极性、互动性"的特点。这场悲剧的众多主角堪称一群"梦游者"。[②]

实际上，克拉克关于战争缘起的观点并不新鲜。前文所述的大卫·劳合·乔治的欧洲集体"滑入说"就已经不再把德国视为一战的主要或者唯一责任方。在这个意义上，《梦游者》可以说是一本反费舍尔观点的著作，因为"德国人并不是唯一的帝国主义者，更不是唯一患有迫害妄想的人"[③]。

德国为克拉克沸腾，是因为克拉克的出现无异于某种迟来的灵魂救赎："救我们脱离战争责任！"[④] 这才是 2014 年德国一战记忆文化乃至历史书写中最令人惊讶的事件：普遍认为经过"费舍尔争论"已有共识的德国战争责任问题因为《梦游者》再度成为公众关注的焦点。而在此之前，盖尔德·克鲁迈希（Gerd Krumeich）曾经在 1993 年宣

---

① Christopher Clark：*Die Schlafwandler. Wie Europa in den Ersten Weltkrieg zog*，aus dem Englischen von Norbert Juraschitz，16. S. 17.

② Christopher Clark：*Die Schlafwandler. Wie Europa in den Ersten Weltkrieg zog*，aus dem Englischen von Norbert Juraschitz，16. S. 715—717.

③ Christopher Clark：*Die Schlafwandler. Wie Europa in den Ersten Weltkrieg zog*，aus dem Englischen von Norbert Juraschitz，16. S. 717.

④ 这是历史学家海因里希·奥古斯特·温克勒（Heinrich August Winkler）评论"克拉克现象"的文章标题，参见 Heinrich August Winkler：Und erlöse uns von der Kriegsschuld，in：*Die Zeit* vom 31. 07. 2014. 该标题语出自《圣经·马太福音》（6：13）："救我们脱离凶恶"。

布已成定论的"德国主要责任论"不再作为研究对象①；历史学家克劳斯·格罗色·克拉赫特（Klaus Große Kracht）在 2004 年重复了这一论断："如今'战争责任问题'已经在一战研究中微不足道，研究已越来越集中于文化史和社会史问题，摆脱了'费舍尔争论'引起激烈争吵的道德化评判标准。"②

解读"克拉克现象"③于是成为探究德国记忆文化隐秘的关键：在第一个层次上，《梦游者》是一部展现近年研究成果的史学著作，其中放弃了民族叙述的框架，把一战解释为一场现代的全球性危机，反映出历史书写和叙述范式的转变。在第二个层次上，尤其是经历过"费舍尔争论"、基本接受了费舍尔立场的历史学家看出了某些历史修正主义者企图推动的"历史政治转向"。④ 海因里希·奥古斯特·温克勒认为，克拉克"用战前体系的内在战争逻辑说替代了责任说，这才是他在德国而且只在德国获得巨大成功的原因"⑤。既然德国并不比其他梦游国家负有更多的战争责任，那么一战以来的历史书写将面临一场大变革。这一信号被历史学家多米尼克·盖伯特（Dominik Geppert）以及同行逊科·内策尔（Sönke Neitzel）、托马斯·韦伯（Thomas Weber）和新闻人科拉·施特凡（Cora Stephan）敏感地捕捉到了，他们依托《梦游者》的结论，迅速发表了自己新的历史观和史学观"宣言"，宣布以下

---

① Gerd Krumeich：Kriegsgeschichte im Wandel，in：Gerhard Hirschfeld, Gerd Krumeich and Irina Renz（Hrsg.）：„Keiner fühlt sich hier mehr als Mensch …". Erlebnis und Wirkung des Ersten Weltkriegs（Schriften der Bibliothek für Zeitgeschichte；N. F. 1）. Essen：Klartext Verlag，1993，S. 11–24.

② Klaus Große Kracht：Kriegsschuldfrage und zeithistorische Forschung in Deutschland. Historiographische Nachwirkungen des Ersten Weltkriegs，Zeitgeschichte-online，Thema：Fronterlebnis und Nachkriegsordnung. Wirkung und Wahrnehmung des Ersten Weltkriegs，Mai 2004. http://www. zeitgeschichte-online. de/md=EWK-GKracht.

③ Heinrich August Winkler：Und erlöse uns von der Kriegsschuld，Die Zeit vom 31. 07. 2014.

④ Volker Ullrich：Nun schlittern sie wieder，Die Zeit vom 24. 01. 2014，Nr. 4/2014.

⑤ Heinrich August Winkler：Und erlöse uns von der Kriegsschuld，Die Zeit vom 31. 07. 2014.

欧洲和德国叙述已经被证伪：欧洲从两次世界大战中认识到，必须用欧洲取代民族国家、用超国家结构一劳永逸地化解德国的霸权和战争冲动，和平叙述于是成为现今欧洲/欧盟诞生的前提和基础。盖伯特等人认为，现在应该从新的历史认知出发，彻底放弃并不成立的"要么欧洲，要么战争"的伪逻辑，重新反思民族国家的功用。"眼下的欧洲危机表明，一个建立在虚构历史之上的欧洲失败了。错误的历史教训可能会对欧洲方案构成致命威胁。"①

盖伯特等人无疑意在历史书写的话语权，而克拉克意在为德国的免责背书，这为盖伯特提供了所谓科学依据。而这种背书是来自盎格鲁-撒克逊的、不沾染先入为主的成见和德国人原罪的第三方背书。然而背弃费舍尔的"德国主要责任说"仅仅意味着超越一种半个世纪前的史学观点吗？——虽然老一辈学者如汉斯-乌尔里希·韦勒、海因里希·奥古斯特·温克勒、约翰·C. G. 吕尔（John C. G. Röhl）② 等人连这一点也拒绝接受。新一代历史修正主义者仅仅是拒绝战争责任所涉及的道德问题和道德判断吗？由于"费舍尔争论"的焦点实际在于讨论德国从第二帝国到第三帝国是否存在历史的连续性，因而盖伯特等人代表的"为民族脱罪辩护"（Nationalapologetik）俨然分割了一战和二战，在否认前者责任的同时，自然而然地把后者处理为德国历史的孤例，当然德国对之应承担全部责任无可置疑。而这种立场，让德国战后民主主义社会秩序的基础、心理结构和身份认同面临崩塌的危险。不容否认的是，德国正因为在二战后选择了批判性对待此前的历史认知，即负面评价曾经被赋予德意志精神和德意志优越性、实际导致空前灾难的"特殊道路说"，选择了此前一直认为与德意志精神水火不容的西

---

① Dominik Geppert，Sönke Neitzel，Cora Stephan und Thomas Weber：Der Beginn vieler Schrecken，in：*Die Welt* vom 03. 01. 2014.

② John C. G. Röhl：Wie Deutschland 1914 den Krieg plante，*Süddeutsche Zeitung* vom 05. 03. 2014. 吕尔（生于1938年），英国历史学家，父亲是德国人。他被认为是德国威廉时期以及威廉二世研究权威，译成德文的代表作有3卷本《威廉二世传》，参见 John C. G. Röhl：*Wilhelm II*，3 Bände. München：C. H. Beck，1993 - 2008。

方价值观，这才逐步建立了以和平主义、民主主义和社会市场经济为核心的新德国认同，以及由此派生出的德国自信。① 从这种认识出发，"德国的民主只有在德国人负面看待自己历史的前提下才能发展，而且是深入上溯到 19 世纪的历史"②。只有不断地挖掘"心中的希特勒"③，才能成为一个直立行走的德国人。认同道德赤字，原来是自我认同的建构性因素。

自我认同的危机深入"克拉克现象"的第三个层次：以克拉克的读者和拥护者为代表的德国人显然不在少数，而且以教育阶层为主，这些人为什么需要克拉克？发现克拉克之后，德国人的身份何以为栖？德国现当代史研究所（Institut für Zeitgeschichte）所长、慕尼黑大学历史学教授安德里亚斯·维尔兴（Andreas Wirsching）从公众对克拉克作品的欢呼中看出了德国人历史意识的潜性存在、一种难以公开表达的对于学界和主流意见的抗拒心理，即德国人"感觉受到了历史以及欧洲人不公正的对待和错误的指控"。德国人仍旧在意自身的历史，仍旧渴望一种"清白的、无责的、正常的但也是民族的"历史定位。④ 克拉克的著作适逢其时地满足了这种并没有被超越的深层心理需求：原来没有所谓通往灾难的"德国特殊道路"，德国走向灾难的道路和别人走的道路一样；原来德国人并没有自始至终站在历史的错误一边，对于一战所应承担的责任也并不比别人更多。德国人终于可以安心卸下原罪了。

---

① Horst Möller：Deutscher Sonderweg-Mythos oder Realität? Ein Colloquium im Institut für Zeitgeschichte, *Vierteljahreshefte für Zeitgeschichte*，Jg. 30（1982），Heft 1，S. 162–165. 德国"特殊道路说"的功能性作用，主要是政治学家库尔特·松特海默（Kurt Sontheimer）在研讨会上提出的观点。

② Peter Graf Kielmansegg：Deutschland ist schuld-oder? in：*Frankfurter Allgemeine Zeitung* vom 29. 06. 2014.

③ Cora Stephan：Die ewigen Schuldgefühle der Deutschen，in：*Die Welt* vom 27. 07. 2014.

④ Andreas Wirsching：Die Gegenwart eines alten Traumas，in：*Süddeutsche Zeitung* vom 16. 07. 2014.

三、《退出融合！》，犹太人与德国身份认同

在德国历史反思话语的形成过程中，前联邦德国总统理查德·冯·魏茨泽克于 1985 年 5 月 8 日在联邦议院二战结束 40 周年纪念活动上发表的讲话属于里程碑式的文本。[①] 魏茨泽克在讲话中把 1945 年 5 月 8 日称为"德国历史歧途的终结"和"把我们全体从纳粹暴政蔑视人类的制度下解放出来"的"解放日"。把二战的结束日视作纪念日乃至"解放日"，这对于联邦德国的官方解读来说意味着一个艰难的接受和转折过程。[②] 同时，魏茨泽克把 600 万被纳粹屠杀的犹太人置于纪念死难者的首位，把希特勒的反犹思想置于纳粹暴政的起点，"针对犹太人的种族屠杀是史无前例的"。魏茨泽克虽然不同意德国人为此承担"集体罪责"的观点，但是认为德国人应该代代相帮，以保持历史记忆的鲜活，正如古老的犹太名言"试图遗忘只能延长放逐，获得救赎的秘诀在于回忆"。德国的年青一代虽然对于父辈犯下的历史罪行没有责任，但是对于如何对待历史负有责任。这篇讲话中的主要观点已经成为德国记忆文化亦即历史观和认同话语的共识。

魏茨泽克为强调记忆也符合犹太文化的传统而援引犹太名言的论述策略，在当代犹太诗人和作家马克斯·佐莱克（Max Czollek，1987—　）的解读下成为一种诡辩术。因为魏茨泽克不啻在暗示："德

[①] Bundespräsidialamt（Hrsg.）：Bundespräsident Richard von Weizsäcker bei der Gedenkveranstaltung im Plenarsaal des Deutschen Bundestages zum 40. Jahrestag des Endes des Zweiten Weltkrieges in Europa am 8. Mai 1985 in Bonn，http://www. bundespraesident. de/SharedDocs/Reden/DE/Richard-von-Weizsaecker/Reden/1985/05/19850508_Rede. html. 以下引文不再一一做注。

[②] Katrin Hammerstein，Birgit Hofmann：„Wir［…］müssen die Vergangenheit annehmen"：Richard von Weizsäckers Rede zum Kriegsende 1985，18. 12. 2015，https://www. bpb. de/geschichte/zeitgeschichte/deutschlandarchiv/217619/richard-von-weizsaeckers-rede-zum-kriegsende-1985.

国人，你们都去记住屠犹吧，这样你们不仅能够获得宽恕，还能够获得救赎。"① 佐莱克的质问是，难道因为犹太文化中救赎的秘密恰巧在于记忆，德国人就可以顺理成章地通过记忆既获得宽恕又获得救赎？魏茨泽克的讲话之所以具有指标性，是因为从此"德国人发现可以利用被消灭了的犹太人塑造自我形象"②。然而这种认同的逻辑包含了一个显而易见的漏洞，即德国记忆文化的主体是预设的"德国人"，犹太人和犹太文化在其中仅仅被动发挥了被赋予和被定义的功用。整个话语指向不发声的、被迫害的、被屠杀的犹太人，他们因而可以被同情、被回忆、被纪念。

对于德国的记忆文化和认同话语而言，这是一个大胆、挑衅、极端而且不一定公正的解读。与 1968 年"学生运动"前辈相比，如今的"愤怒青年"③ 佐莱克更不受意识形态话语的影响和束缚，《退出融合！》凭借对于德国战后社会有关德意志-犹太文化共识的挑战成为 2018 年德国文化思想领域最令人惊喜的发现之一。④ 佐莱克从犹太知识分子、社会学家米哈尔·柏德曼（Y. Michal Bodemann）的著作《记忆剧场》（1996 年）⑤ 中借来了"记忆剧场"的概念作为批判工具。在柏德曼看来，德国的"记忆剧场"把纪念视为创意和戏剧性的行为，如同剧场里上演的一出戏，其中包括以下三个要素：第一，德国的屠犹凶手及其后代遭遇犹太受害者，表演洗心革面；第二，记忆剧场有哀悼的功能，一般需要血腥暴力，但是能促进团结的一幕，在德国这出戏里就是大屠杀；第三，记忆剧场实现了促进集体认同的功能，即建构了一个获得解

---

① Max Czollek：*Desintegriert euch！* München：Carl Hanser Verlag，2018，S. 20-21.

② Max Czollek：*Desintegriert euch！* S. 22.

③ 这是《退出融合！》内容介绍里对作者的介绍，参见 Max Czollek：*Desintegriert euch！* „Über das Buch".

④ 本文作者显然不是逆德国"政治正确性"而高度评价佐莱克著作的唯一之人，可参见 Tobias Becker：„Jud sauer！" Der Berliner Lyriker und Antisemitismusforscher Max Czollek fordert：Desintegriert euch! in：*Literatur Spiegel*，9/2018，S. 8 - 9；Ann-Kristin Tlusty：„ esintegriert euch！"：Gegen das deutsche Wir，in：*Die Zeit* vom 23. 08. 2018。

⑤ Y. Michal Bodemann：*Gedächtnistheater. Die jüdische Gemeinschaft und ihre deutsche Erfindung*. Hamburg：Rotbuch，1996.

放的、洗心革面的德国人的自我形象。犹太人作为"纯粹的、善良的受害者"，有助于在公众面前使一个"善良的、洗心革面的、正常的"德国人形象稳定下来。①

在这个框架下，德国人主要期待合作的犹太人对三个问题表态：反犹、大屠杀和以色列。而最佳剧本是这么写的：这个犹太人"应该很乐意与德国人分享他经历的众多反犹言行，对这种事情居然还能在今天的德国发生表达愤怒，在脸书上发布令人压抑的视频。他有一个与大屠杀有关的家族史——要是无关，他也能令人毫不怀疑地保证，要是在当年他也会被送进奥斯威辛。他对犹太-基督传统的说法受宠若惊，他非常欣赏德国国家足球队，当然，他也会在犹太光明节的时候高高兴兴地与朋友——善良的德国人——在勃兰登堡门前点燃蜡烛"②。在配合的前提下，犹太人的言行有一定程度的出格也会是很有趣的，比如有些犹太人呼吁保护以色列，另一些则诅咒这个犹太国家，等等。

事实上，多数犹太人出于实用主义的考虑会配合回答这些问题，佐莱克对此并不否认。德国战后犹太社群的自我意识直到 1970 年代才逐渐成形，并与德国人的自我形象产生冲突。③ 犹太人回答这些问题就意味着在德国人的记忆剧场出场，这个犹太人就不再是以自己的个性身份出现，而是接收了被规定的、被期待的角色身份即"为了德国人的犹太人"（Jude für Deutsche），不妨简称"JfD"④ ——这显然是对把"德意志主导文化"⑤ 写入党纲的德国选择党（Alternative für Deutschland，简称"AfD"）的戏仿。

---

① Max Czollek：*Desintegriert euch！* S. 25.
② Max Czollek：*Desintegriert euch！* S. 29.
③ Max Czollek：*Desintegriert euch！* S. 114.
④ Max Czollek：*Desintegriert euch！* S. 29.
⑤ Alternative für Deutschland：*Programm für Deutschland. Das Grundsatzprogramm der Alternative für Deutschland*，beschlossen am Bundesparteitag in Stuttgart am 30. 04. /01. 05. 2016，S. 47；7. 2 Deutsche Leitkultur statt Multikulturalismus, in：https://www. afd. de/wp-content/uploads/sites/111/2017/01/2016—06—27_afd-grundsatzprogramm_web-version. pdf.

犹太人在德国认同建构中发挥的功用也是渐变的。如果说犹太人在战后初期拯救了凶手即德国人的语言和文化，那么经过 1968 年"学生运动"，犹太人的功用发生了转变，因为德国人的自我理解从凶手转变为受害者："我们"不再是"被战胜的"，而是"被解放的"。这种变化在两德统一后得到进一步强化：新的历史叙述不再追求加害者与受害者之间的和解，而是逐渐让位于面对暴行时所有人共同的震惊和不解，德国人的自我理解完全纳入了犹太受害者及其经验。这种"认同性的记忆工作"[1]最新的例子是女诗人诺拉·高姆灵格（Nora Gomringer，1980—　）作于 2011 年的诗篇《有那么一天》（*Und es war ein Tag*）获得了 2012 年林格尔纳茨诗歌奖（Joachim-Ringelnatz-Preis）——这是德语地区奖金最丰厚的诗歌奖之一。对于佐莱克来说，重要的不是对这首诗的阐释，而是诗中传达的意象，以及评委的颁奖评语传达的信息。以这首诗开始和结尾为例，其结构和意象大致如下：

> 有那么一天
>
> 有将尽的天光
>
> 有站立有等待
>
> 有一群人看上去像海洋
>
> 有男人有女人
>
> 有孩子有皮革的味道
>
> 有箱子有蒸汽
>
> 有很多张嘴有圣言
>
> 有呆滞的有麻木的
>
> 有大个子有大衣
>
> 有狗有呜咽
>
> 有哭泣有火车
>
> 有车厢有站台

---

[1]　Max Czollek：*Desintegriert euch！* S. 72.

> 有匆乱有人喊：进去
>
> ……
>
> 有碎片有说话声
>
> 有肯定不真实的感觉
>
> 有人一推
>
> 有真实的感觉
>
> 有一个奇怪的名字
>
> 奥——斯——威——辛①

在佐莱克眼中，这首诗纯粹属于列举大屠杀"通俗文化档案"的标准元素，可以算作"大屠杀庸俗艺术"。而一首如此平庸和浅显的诗作被文学奖评委称为"完美的诗作"，只能表明这种大屠杀记忆已经同德国人的集体意识与政治正确性高度契合。在这个意义上，《有那么一天》确实完美——但仅仅是"针对记忆剧场的今日舞台而言"，因为这首诗能让德国读者明确无误地认同犹太受害者，而且"这种认同已经达到了习而不察的地步"，由此以一种道德化的策略满足了德国对于正常化的非道德渴望。② 与此类似，德国内政部部长霍斯特·泽霍夫尔（Horst Seehofer）2018 年在上任首日宣布伊斯兰文化不属于"基督-犹太文化的德国"③ ——"基督-犹太/犹太-基督文化"或"犹太-基督文化的欧洲"的说法是德国政治话语的最新发明。④ 这种在历史反思的背景下收编犹太文化的说法不仅有悖历史事实，而且是在德国认同话语的掩护下排斥具有伊斯兰文化背景的外来移民的策略。⑤

犹太人在德国人的记忆剧场里或被动、或主动地登台表演，在佐莱

---

① 转引自 Max Czollek：*Desintegriert euch！* S. 71-72。译文出自本文作者。

② Max Czollek：*Desintegriert euch！* S. 72-74.

③ Peter Issig, Jacques Schuster：Niemand kann doch infrage stellen, wo wir unsere Wurzeln haben, in：*Die Welt* vom 17. 03. 2018.

④ ［德］沃尔夫冈·胡贝尔：《犹太教-基督教传统》，载［德］汉斯·约阿施、克劳斯·维甘特主编：《欧洲的文化价值》，陈洪捷译，北京：社会科学文献出版社，2017 年，第 57-80 页，尤其第 59 页。

⑤ Max Czollek：*Desintegriert euch！* S. 27-28.

克看来是历史环境和生存意志使然。在 19 世纪，德国犹太人中甚至发展出对德意志民族主义的强烈认同，德国犹太文化呈现出"德意志-犹太混合体"的形态。[①] 而目前，德国犹太人对于德国人自我形象的态度出现了明显分化：犹太社群中仍有部分人愿意参与德国人记忆剧场的演出，"用满足德国人洗心革面的愿望来换取（德国人）承认犹太人属于某种犹太-基督文化"[②]。但是，也有一部分犹太人觉得德国人记忆剧场里的犹太角色无法代表自己，因而拒绝其中所包含的德国人与犹太人关系和解与正常化愿景。这种态度分化的一个重要原因是，德国犹太社群的文化生态和来源构成从 1990 年代以来发生了重大的变化。以作者佐莱克为例，他属于从小到大都在犹太文化教育机构陪伴下成长的一代犹太人，也就是说德国的犹太文化已经得到了丰富的发展。而 1990 年代以来移民德国的犹太人中有米兹拉希（Mizrachim）[③] 犹太人，他们的记忆文化有别于围绕着大屠杀建立的记忆文化；来自前苏联地区属于阿什肯纳兹（Aschkenasim）[④] 犹太人——其人数目前已经占到德国犹太人口的 90%[⑤]——更是带来了"5 月 8 日是战胜法西斯的胜利日"的记忆，他们不是被从奥斯威辛解放出来的，他们是奥斯威辛的解放者。[⑥]今日德国的犹太文化已经超越了反犹、大屠杀和以色列等设定主题，"德国犹太人的生活是阿什肯纳兹传统的和愤怒的，米兹拉希传统的和古怪的，自由主义的和贫穷的，小市民气的和无度的，严格遵守教义的

① Max Czollek：*Desintegriert euch！* S. 77-78. 另参见 Michael A. Meyer：Entwicklung und Modifikationen der jüdischen Identität in Deutschland vom 18. Jahrhundert bis in die Gegenwart, in：Elke-Vera Kotowski（Hrsg.）：*Das Kulturerbe deutschsprachiger Juden. Eine Spurensuche in den Ursprungs，Transit-und Emigrationsländern.* Berlin/New York：de Gruyter，2015，S. 21-31。

② Max Czollek：Keine Juden mehr für Deutsche? in：Walter Homolka, Jonas Fegert, Jo Frank（Hrsg.）：*„Weil ich hier leben will …"Jüdische Stimmen zur Zukunft Deutschlands und Europas.* Freiburg im Breisgau：Herder，2018，S. 58-68，hier S. 65.

③ 米兹拉希犹太人是以色列对来自亚洲和非洲尤其是近东地区的犹太人的称谓。

④ 阿什肯纳兹犹太人是中欧、北欧和东欧犹太人及其后裔的自称，目前占世界犹太人口的 70%。

⑤ Max Czollek：*Desintegriert euch！* S. 156.

⑥ Max Czollek：Keine Juden mehr für Deutsche? S. 58-68，hier S. 61.

和不留胡须的"①。这种德国犹太文化内部的多样性呼唤对待德国人认同以及犹太人认同的全新方式。

一方面要打破德国人记忆剧场对于犹太人角色的定义，以及德国保守主义和民族主义重新抬头的"主导文化"；另一方面要兼顾德国犹太文化日益多样、"犹太性"（Jüdischkeit）必须开放的局面。犹太愤怒青年佐莱克提出的解决方案是对德国人——而不仅是对德国犹太人——发出呼吁："退出融合！"② 这一口号既指向严肃的政治辩论甚至行动纲领，也是佐莱克在后现代意义上实施的行为艺术："退出融合"方案2016 年即以"退出融合：当代犹太观点会议"为名在柏林高尔基剧院登上了舞台③，2017 年的续集取名"极端犹太文化日"。④ 现实在艺术的愤怒和反讽反照下愈发荒谬。

因文生义，所谓"退出融合"就是对于"融合"这个德国政治和德国社会"不断重复的要求"进行否定的回应。"退出融合"也是一种瓦解所有文化同质性、主导文化等"新种族主义-民族主义"臆想的社会模式。⑤ 在其中，不仅"德国的强势文化与少数族裔之间的关系"需要重新思考，而且"每个人在这场游戏中所扮演的角色"都需要进行批判性反思。⑥ 鉴于"犹太人"在德国人自我形象、记忆文化和身份认同构建中一再被僭用，所以由犹太人发起对于德国"融合范式"的批判最为恰当。实际上，犹太人作为自二战结束以来在德国逐渐恢复和发展而来的族裔以及具体鲜活的个体，已经尝试过不同的"抵抗策略"以反抗德国人对犹太人的"角色期待"——这种角色期待也是另一种形式的划分

---

① Max Czollek：*Desintegriert euch！* S. 128.
② Max Czollek：*Desintegriert euch！* S. 9—10.
③ Hannah Lühmann：Das Ende des Gedenktheaters，in：*Die Welt* vom 09. 05. 2016.
④ https：//gorki. de/de/radikale-juedische-kulturtage；Carsten Dippel：„Radikale Jüdische Kulturtage"am Gorki Theater：Ein Festival der Provokation und Selbstbefragung，17. 11. 2017，https：//www. deutschlandfunkkultur. de/radikale-juedische-kulturtage-am-maxim-gorki-theater-ein. 1079. de. html? dram：article_id=400893.
⑤ Max Czollek：*Desintegriert euch！* S. 16.
⑥ Max Czollek：*Desintegriert euch！* S. 42.

界限。① 当下德国犹太文化和族群的多样性以及分化，已经是德国记忆剧场里的角色设定所无法涵盖和触及的，而且新一代犹太人的生存也不再依靠德国强势文化的承认。需要反思的已经不是历史，而是当下。② 犹太人退出融合，也意味着获得一种独立的、并非依靠对外部的功用来定义的犹太文化，也许由此会发展出一种全新的德国、欧洲甚至国际的犹太文化。③

今天退出融合，也是回忆德国历史上的多样性，思考"我们究竟生活在以及想生活在一个怎样的社会"④。在面对当下、朝向未来的德国话语建构意义上，被土耳其民族主义狂热分子谋杀的土耳其-亚美尼亚裔记者哈兰特·丁克（Hrant Dink，1954—2007）对认同政治和认同文化的理解可以说是佐莱克的《退出融合！》的最佳注解："如果你只能通过敌人的形象维持自己的认同，那么你的认同就是一种病态。"⑤

四、究竟记忆什么？

当代德国认同话语根植于德国二战结束以来的记忆文化，尤其是否定性记忆德意志第三帝国时期的意识形态、国家行为以及与之相关的思想和文化，其中的核心要素是对于纳粹屠犹事件的记忆。与此同时，德国的历史反思也是一个"逐渐获得历史意识特征的过程"⑥，迄今为止

---

① Max Czollek：*Desintegriert euch！* S. 104-116.

② Tobias Becker：„ Jud sauer! "Der Berliner Lyriker und Antisemitismusforscher Max Czollek fordert：Desintegriert euch! *Literatur Spiegel*，9/2018，S. 8-9.

③ Max Czollek：*Desintegriert euch！* S. 128.

④ Max Czollek：*Desintegriert euch！* S. 160.

⑤ Max Czollek：*Desintegriert euch！* S. 162. 参见 Maximilian Popp：Mord an Hrant Dink in der Türkei：Schuld ohne Sühne，in：*Der Spiegel* vom 20. 01. 2017。

⑥ ［德］耶尔恩·吕森：《纳粹大屠杀、回忆、认同——代际回忆实践的三种形式》，载［德］哈拉尔德·韦尔策主编：《社会记忆：历史、回忆、传承》，季斌等译，北京：北京大学出版社，2007 年，第 179 页。

仍旧缺乏德意志式的逻辑圆满，德国为何以及如何在现代化的过程中走上第三帝国式的"特殊道路"仍旧需要深入探讨。如果落实到具体的议题上，则可以从梳理德国记忆文化中有关一战责任或者两次世界大战的叙述、德国认同话语中的犹太叙述入手。

德国在早期的一战记忆文化中，把二战叙述为一战的延续和对战后秩序的反动，即纠正一战爆发的"德国责任说"。二战以后，这种记忆文化面对德国在二战中的暴行陷入进退失据的局面：承认历史的延续性，则德国的历史反思必须上溯至德意志第二帝国时期，德国近现代的历史叙述必须接受整体性质疑；割断历史的延续性，则魏玛共和国时期围绕一战责任的历史叙述势必陷入虚无。经过艰难的"费舍尔争论"，德国社会貌似已经接受了德国对于一战爆发的责任说，然而《梦游者》在一战爆发百年纪念之际引发的热议，却透露了德国人仍旧渴望一种"去罪化"的叙述。不仅如此，作为当代德国认同话语核心要素的犹太人和犹太文化叙述，也必须在当代德国语境下接受能否延续的质疑，当代德国犹太人以文化的开放性和自主性拒绝德国认同话语中的犹太角色叙述，为德国认同的下一步发展埋下了伏笔。无论是德国的认同话语，还是与之相关的记忆文化，仍旧沿着历史叙述的延续性和断裂的逻辑动态发展。

4. 记忆文化在变迁：
1945 年以来德国人与东部灭绝战遗产

史蒂芬·克鲁兹贝格尔[*]

摘要：二战结束后不久，德国对造成近 2 700 万苏联公民丧生的苏联远征战的记忆就具有了一个明确无误的独特性。最迟在 1949 年国家分裂后，德国对于过去的反思便不可避免地陷入了当时东西方对抗的漩涡，并由此被高度政治化。在此背景下，针对纳粹在苏联所实行的灭绝战，本文首先探讨 1990 年前两德的不同记忆文化和公众话语。其次是分析重新统一后的德国对于东部战场纳粹意识形态恐怖行径的种种罪责的历史认知。显而易见，与犹太人大屠杀不同，尽管在此期间当代史研究已有了充分挖掘，但苏联受害者仍远远未充分根植于德国人的集体记忆中。

关键词：二战，苏联远征战，纳粹，记忆文化，苏联受害者

在纳粹灭绝战期间对苏联人民所犯下的难以言喻的暴行，迄今仍然是德国人的沉重负担。极为痛苦的经历虽然深深铭刻在集体记忆中，在

────────────

* 作者简介：出生于 1961 年，2013 年起在德国罗斯托克大学历史研究所担任当代史教授。研究重点包括 1945 年后的德国史、20 世纪的苏联和东欧史、20 世纪的独裁统治研究以及 20 世纪国际和跨国关系。与此同时，他负责梅前州德国独裁统治史研究和文献中心的工作。曾在奥地利、拉脱维亚和加拿大等地大学担任客座教授。

数十年来的公共记忆话语中，这点却并没有得到充分的表达。[①]

一、冷战期间的选择性记忆文化

二战结束后不久，德国人对于那场近 2 700 万苏联公民死亡的俄罗斯战役（Russlandfeldzug）的回忆，已有了一个明确无误的独特性。最迟在 1949 年国家分裂后，德国对于过去的反思便不可避免地陷入了当时东西方对抗的漩涡，并由此被高度政治化。因此，德国人在东线的经历，尤其是对 1945 年奥德河和尼斯河以外的地区以及苏占区战争结束的回忆，被截然不同的历史叙事主导。民主德国在斯大林主义的苏联帮助下，建立了社会主义，其纪念和记忆政策的行动范围自始起便被证实为极其有限，因为民主德国统治者出于合法性考虑，总体而言非常积极迎合，从一开始起就必须在很大程度上遵循苏联政权的意识形态要求和历史政策的解读模式。[②]

与此不同，联邦德国是在自由和民主的条件下发展起来的。从长远来看，这对于那里的政治文化和社会结构的形成并非没有影响。无论如何从长计议，联邦德国人的公众记忆都应该形成一种更具有反思性且基本上去意识形态化的视角，以审视自己的纳粹历史和对东部纳粹灭绝战的责任。

二、联邦德国受害者与肇事者的话语叙事

然而，在波恩共和国成立的最初几年，这依然极其困难。波恩的政

---

① Christina Morina：Vernichtungskrieg, Kalter Krieg und politisches Gedächtnis：Zum Umgang mit dem Krieg gegen die Sowjetunion im geteilten Deutschland, in：*Geschichte und Gesellschaft*, 34（2008），S. 252-291, hier S. 258.

② Ch. Morina, 2008, S. 253-254.

治精英——就像在民主德国一样，宣称与"第三帝国"在意识形态上彻底决裂，但最初并未带来改观。政府和议会毫不掩饰地宣称反极权主义，并从中演绎出联邦德国的实际创建叙事（Gründungserzählung）。但两个德国都面临一个悬而未决的根本性问题，即正如德国"口述史"先驱卢茨·尼特汉默（Lutz Niethammer）当时将之称为"人民连续性"（Volkskontinuität）的问题：人们的态度、偏见和价值观在 1945 年彻底崩溃后却得到了延续。在相应的学习和适应过程完成前，还需要一段时间，尤其是绝大多数德国人都曾支持纳粹独裁统治，或至少很大程度上顺从地忍受了下去，直至苦涩结局的出现。①

此外，自 1950 年代初以来，反共主义作为一种对抗来自东部斯大林主义威胁的常用心理战手段，已发展成为年轻的联邦德国加入西欧共同体的重要"融入桥梁"（Integrationsbrücke）。反共主义的斗争——在已消除了反犹主义分子后，在 1945 年的转折点后也依然产生着影响。前对手再次进入政治舞台，现在主要由两个超级大国的对垒所左右。无论如何，阿登纳时代支撑国家的波恩政治人物能自信地且问心无愧地与其保护国美国并肩作战，再次宣布苏联为敌人。联邦德国人的过去政策（Vergangenheitspolitik）并非没有因此受到影响。相反，重建社会的巨大紧迫问题为他们提供了让人释怀的借口，使他们巧妙地逃避对纳粹遗留问题的自我批判性反思。人们最不愿意的是将充满罪责感的德俄战争变成公开争议的主题。②

---

① Stefan Creuzberger, Dominik Geppert: Das Erbe des NS-Staates als deutsch-deutsches Problem. Eine Einführung, in: Stefan Creuzberger, Dominik Geppert (Hrsg.): *Die Ämter und ihre Vergangenheit. Ministerien und Behörden im geteilten Deutschland 1949 - 1972*. Paderborn u. a., 2018, S. 7 - 15, hier, S. 8; Ch. Morina, 2008, S. 263.

② Creuzberger, Geppert, in: Creuzberger, Geppert (Hrsg.), 2018, S. 184 - 199, hier S. 193; Stefan Creuzberger, Dierk Hoffmann: Antikommunismus und politische Kultur in der Bunderepublik Deutschland. Einleitende Vorbemerkungen, in: Stefan Creuzberger, Dierk Hoffmann (Hrsg.): „ *Geistige Gefahr"und „ Immunisierung der Gesellschaft "*. *Antikommunismus und politische Kultur in der frühen Bundesrepublik*. München, 2014, S. 1 - 13, hier S. 2 - 3, 6; Axel Schildt: Kriegserinnerung im Kalten Krieg. Antikommunismus und die Auseinandersetzung mit dem Krieg im Osten in der frühen Bundesrepublik, in: Peter Jahn (Hrsg.): Erobern und Vernichten: der Krieg gegen die Sowjetunion, 1941 - 1945, Essays. Berlin: Argon-Verlag, 1991, S. 137 - 158, hier S. 138 - 146; Ch. Morina, 2008, S. 256 - 258.

诚然在战败的印记下，主要是政治上偏左翼的作家、出版商、科学家或其他文化创作者等在内的知识界——其中有些甚至是纳粹政权的受害者，很早就开始直面德国近代史上的负罪情结。然而，他们并非当时战后社会的主要代表。沃尔夫冈·博尔歇特（Wolfgang Borchert）的归来者戏剧《在大门外》于 1947 年在汉堡首映，欧根·科贡（Eugen Kogon）此前一年出版了论著《党卫军国家》，或同样在 1946 年被沃尔夫冈·斯托德（Wolfgang Staude）搬上荧幕的电影《凶手就在我们中间》，均涉及至少大多数同胞不愿再提及的话题。①

与此同时，在德国人中也明显出现了一种奇特的自我伤害倾向。他们中不少人最初将自己视为盟军肆意报复和胜利者司法审判的受害者。如果有的话，他们认为自己主要是受到了阿道夫·希特勒的诱骗，而后者于 1945 年 4 月 30 日在柏林总理府地堡以自杀的方式怯弱地逃脱了罪责和应有的惩罚。纽伦堡法庭已对二战主要战犯进行了审判，因此人们普遍认为，纳粹独裁统治的主要责任人已绳之以法，最好是让其他一切就此消停。为了给自己开脱罪责，人们相反总乐意利用快速构建的传说。最常见的借口便是描述当时不断处于紧急命令状态下的普通"人民同志"（Volksgenossen）若不想轻率地赌上自己的性命，就没有任何可能来实现自我意志或公开抵抗纳粹政权。且在极端时期，众所周知，英雄主义几乎没有生机。占领国的成员，但更多还是那些曾受到过纳粹政权迫害的人员，无论如何对战败者的难以置信的行为感到厌恶，对此他们也唯有苦涩地讽刺或愤世嫉俗地评论。在德国，无处不在的纳粹罪犯似乎一夜间已消失得无影无踪。②

---

① Bernd Bonwetsch：Erinnerungskultur in Deutschland und Russland：Der Zweite Welt-krieg im nationalen Gedächtnis, in：Horst Möller, Aleksandr Čubarjan (Hrsg.)：*Mitteilungen der Gemeinsamen Kommission für die Erforschung der jüngeren Geschichte der deutsch-russis-chen Beziehungen*，Band 4. München，2010，S. 24−38，hier，S. 26.

② B. Bonwetsch, in：Möller, Čubarjan (Hrsg.)，2010，S. 28.

最迟自 1949 年起，且主要在波恩共和国创建后的第一个十年，联邦德国记忆话语叙事发生了明显的重新定向。本着当时反共的时代精神，面对当时的苏联，它们要求将德国扮演成一个特殊受害者角色。纳粹分子在东部掀起的意识形态灭绝战直接被扭曲得几近面目全非。相反，对苏联红军却充满指责——且以一种指控甚至是自以为是的口吻。俄罗斯战役通常被缩减为诸如德国人逃亡与驱逐等少数关键性经历，伴以过度抢劫和对德国妇女的大规模强奸。同样，斯大林格勒也属于那个特殊的记忆合奏曲——1942 年至 1943 年初发生在伏尔加河畔的血腥防御战象征德国士兵的重大牺牲，但这种解释也代表了总体而言始终"干净"的国防军英勇无畏的军事行动和成就，因此相反得出的结论是未涉及任何战争罪。政委令（Kommissarbefehl）*、苏联领土上的大屠杀、对当地平民的系统性暴行和对强制劳工的绑架、对列宁格勒历时 900 天的饥饿封锁等，更不要说对数百万名苏联战俘的不人道处置方式，其中大多数人死亡，这些一直被当时的联邦德国记忆文化忽视。如果非要归罪的话，即使仅以适度克制方式，充其量是让海因里希·希姆莱（Heinrichs Himmler）负责的党卫队来承担此类暴行的罪责。①

相反，自己的罪行问题却大多被相对化，且一贯与斯大林营地的德国战俘和被捕平民的悲惨命运相抵消，这些人中的最后一批直到

---

* "政委令"是指 1941 年 6 月 12 日德国士兵接到通知，要求消灭捕获的所有俄国政治委员。此前 6 天，希特勒颁布了《部队在俄国的指挥方针》，指出布尔什维主义是纳粹主义德国人民不共戴天的敌人，强调德国的战斗要针对这种破坏性意识形态及其载体，要求德国兵以无情的和积极的手段对付布尔什维克煽动者、游击队员、蓄意破坏者和犹太人以及消灭其一切抵抗。——译者注

① B. Bonwetsch, in: Möller, Čubarjan (Hrsg.), 2010, S. 29; Jörg Echternkamp: Die Schlacht als Metapher. Zum Stellenwert von „Stalingrad" in Deutschland 1943–2013, in: Andreas Wirsching u. a. (Hrsg.): *Erinnerung an Diktatur und Krieg. Brennpunkte des kulturellen Gedächtnisses zwischen Russland und Deutschland seit 1945*. München, 2015, S. 91–105, hier S. 94–97.

1955—1956 年联邦德国与苏联建交后，才身心严重受挫地返回故里。毕竟，直至 1950 年代初，苏占区/民主德国的斯大林主义受害者一直被苏联特勤局拘禁在特别营地，或最惨的是有些人以法治方面可疑的程序被苏联军事法庭直接判处死刑，这为尽可能忘却自己的可耻行径提供了充分机会。①

国防军的声誉很长一段时间并未受到影响。原德国军事高官曾从战争惨败的角度为俄罗斯战役辩解，诸如 1955 年埃里希·冯·曼斯坦（Erich von Manstein）在战争回忆录、恰如书名《失去的胜利》所显示的。对于他们而言，这是一场为祖国而发起的对付数量上有优势的残酷敌人的无情防御战。它主要以专业的总参谋部和勇敢的将军的冷静技术官僚风格来描述战役的实际战术，通常彼此证明对方的成功，失败却完全归因于希特勒的狂妄自大与军事无能。

对于一个因全面崩溃而士气低落的群体来说，这种观点似乎是一种安慰剂。仅出于这一原因，此类辩解文学（Rechtfertigungsliteratur）读物就非常受欢迎。但也有无数像汉斯·赫尔穆特·柯斯特（Hans Hellmut Kirst）于 1954—1955 年出版的三部曲《08/15》* 之类的士兵期刊（Landser-Heft）或娱乐小说，同样吸引了数百万读者。而柯斯特的三部曲甚至一经问世，就立刻被拍摄成电影。他在书中从普通士兵角度，将虚构的东部战争的日常生活描述成在一个毫无疑问严酷但又温暖环境中的艰难、同志般的共同经历。类似且同样获得巨大成功的还有海因茨·G. 孔萨利克（Heinz G. Konsalik）的小说，1956 年出版的《斯大林格勒的医生》和 1964 年出版的《第六集团军之心》都成了受人瞩目的畅销书，其发行量更是达到了天文数字。这些小说无疑巩固了现有

---

① Andrew H. Beatti: „ Sowjetische KZs auf deutschem Boden". Die sowjetischen Speziallager und der bundesdeutsche Antikommunismus, in: *Jahrbuch für Historische Kommunismusforschung*, 2011, S. 119-138.

* "08/15" 原指战斗中常见的著名德制机枪 MG08/15。《08/15》三部曲重点描述从战争爆发到结束前的最后阶段中德国士兵的生活。——译者注

反共的俄罗斯怨恨。①

高质量的文学作品虽然也同样赢得了读者的回应，如 1951 年就已出版的海因里希·伯尔的小说《亚当，你到过哪里?》，讲述的是 1944 年秋德国东部战线南段战争的毁灭性局势与不人道方面，然而，总体来看，并没有触动当时联邦德国战后社会的神经，大家更希望尽可能不受沉重战争记忆的影响，以简单轻松的方式来生活娱乐。②

这种氛围至少在 1950 年代和 1960 年代联邦德国蓬勃发展的退伍军人文化中赢得了巨大共鸣，如斯大林格勒老战士协会。尤其在该协会，也在战争归来者协会以及许多相关的电影作品中，在冷战和反共的背景下，选择性记忆尤为奏效。事实证明，为了支持德国人的痛苦观而有意排除俄罗斯战役的罪行，也是形成意义和身份认同的一种方式。无论如何，在很长一段时间，联邦德国人在公开场合以自负且很少有内疚感的方式来处理其最近的过去。有时，这种行为模式甚至影响了联邦德国教科书文献和下一代的教育。③

① Erich von Manstein: *Verlorene Siege.* Bonn, 1955; J. Echternkamp, in: A. Wirsching u. a. (Hrsg.), 2015, S. 97 - 99; Georg Wurzer: Antikommunismus und Russenfeindschaft vor und nach 1945: Die Romane der Bestsellerautoren Edwin Erich Dwinger und Heinz. G. Konsalik, in: *Jahrbuch für Historische Kommunismusforschung*, 2011, S. 49 - 60; Michael Schornstheiner: *Bombenstimmung und Katzenjammer. Vergangenheitsbewältigung. Quick und Stern in den 50er-Jahren.* Köln, 1989; Klaus F. Geiger: *Kriegsromanhefte in der BRD. Inhalte und Funktionen.* Tübingen, 1974; Reiner App, Bernhard Lemke: Der Weltkrieg im Groschenheft-Format. Über den Lektüre-Reiz der„ Landser"-Romane und ihre Verherrlichung des Zweiten Weltkriegs, in: *Geschichte in Wissenschaft und Unterricht*, 56. Jg. (2005), H. 11, S. 636-641.

② Heinrich Böll: *Wo warst du, Adam?* Opladen, 1951; B. Bonwetsch, in: Möller, Čubarjan (Hrsg.), 2010, S. 31.

③ J. Echternkamp, in: A. Wirsching u. a. (Hrsg.), 2015, S. 97 - 99; Birgit Schwelling: „Verlorene Jahre"? Die sowjetische Kriegsgefangenschaft in den Erinnerungen des Verbandes der Heimkehrer, in: Elke Scherstjanoi (Hrsg.): *Russlandheimkehrer. Die sowjetische Kriegsgefangenschaft im Gedächtnis der Deutschen.* München, 2012, S. 55 - 70; Andrea von Hegel: Der Sinnlosigkeit einen Sinn geben. Zur Gefangenenausstellung des Verbandes der Heimkehrer, 1951 - 1962. in: ebd., S. 71 - 91; Peter Jahn: Moralische Sieger. Westdeutsche Spielfilme zum Thema deutscher Kriegsgefangener in der Sowjetunion, in: ders. (Hrsg.), 1991, S. 149-164, hier S. 164; Ch. Morina, 2008, S. 285.

三、联邦德国记忆政策的转折点

最迟自 1960 年代以来，联邦德国的历史意识逐渐发生转变。最初，这主要涉及大屠杀和其他一些明显是纳粹政权的罪行。1958 年的乌尔姆突击行动队审判，以及饱受国际社会关注的法兰克福奥斯威辛审判，从 1963 年起为这一转变提供了巨大推动力。而就政治文化的变化而言，不能置之不顾的是在阿登纳时代后出现转向的东方政策。然而，最初只有少数当代史学家是实际进行反思和记忆的载体——撇开那些卓有功绩，但总体相当费力艰辛地试图将昔日的罪犯绳之以法的勇敢司法人员。①

在专业学科领域，对"第三帝国"的第二大罪行——东方歼灭战和苏联受害者苦难的审视，日渐变得尖锐。1960 年代末和 1970 年代，汉斯·阿道夫·雅各布森（Hans Adolf Jacobsen）或赫尔穆特·克劳斯尼克（Helmut Krausnick）等在开拓性工作中，就对臭名昭著的政委令的犯罪范围展开调查，该命令针对的是红军中的政治工作人员。克里斯蒂安·斯特里特（Christian Streit）在以档案材料为基础的学术严谨的博士论文中，揭示了对苏联战俘的大规模残酷屠杀，该论文于 1978 年以令人反思的《没有战友》为标题出版并多次再版。1980 年代，联邦德国历史学家行会（Historikerzunft）最终确切认定，不仅党卫军，而且国防军也采纳并积极实施了纳粹反苏联的意识形态歼灭观。

然而，与科学揭示的重要性相比，对此所产生的公众影响在 1980

---

① Helmut König: Vom Beschweigen zum Erinnern. Shoah und 2. Weltkrieg im politischen Bewußtsein der BRD, in: *Osteuropa*, 55. Jg. (2005), H. 4–6, S. 33–43, hier S. 39–42; Aleksandr Boroznjak: Erinnerungsschübe. Vergangenheitsbewältigung in der Bundesrepublik, in: ders., S. 20–31, hier S. 22–25; Ch. Morina, 2008, S. 257–258, 263, 277–279; B. Bonwetsch, in: Möller, Čubarjan (Hrsg.), 2010, S. 35.

年代末前还相当微弱。相反，卡尔·保罗·施密特（Karl Paul Schmidt）以笔名保罗·卡雷尔（Paul Carrell）出版的有关东方战线的歉意（apologetisch）陈述，左右着大众图书市场。施密特曾在纳粹外交部长约阿希姆·冯·里本特罗普（Joachim von Ribbentrop）手下工作，担任其新闻和出版主管。[1]

当时研究无法实现的目标，相反得到了政治支持。当 1985 年 3 月米哈伊尔·戈尔巴乔夫出任苏共总书记时，许多联邦德国人在极短时间内改变了对苏联的态度。戈尔巴乔夫的个性，其在国际舞台上总体令人信服的登台，他在全球裁军和与西方合作方面的意愿，排除了许多联邦德国人对于威胁的恐惧。他们有时将苏联视为一个容易打交道且友善的大国，这不仅同时激发了他们对于无偏见地关注这个国家的整体，还促进了他们对于苏联人民的特殊担忧及其历史经历的兴趣。[2] 在联邦德国公众中，就像在民主德国一样，对克里姆林宫领导人的好感直接演变叠加为"戈尔比狂热"（Gorbi-Manie）。1987 年，在联邦德国福音派教会的影响下，虔诚的信徒和非教徒们热情地呼吁"与苏联人民和解与和平"。1989 年 4 月 11 日，社民党主席汉斯-约阿希姆·沃格尔（Hans-Joachim Vogel）利用在莫斯科与戈尔巴乔夫会晤的机会，提议在各自国家建立一个旨在纪念昔日敌人阵亡将士的纪念碑，作为"克服过去和我们人民间和解"的标志——但戈尔巴乔夫对这

---

[1]　Jürgen Zarusky: Sowjetische Opfer von Krieg und nationalsozialistischer Verfolgung in der bundesdeutschen Erinnerungskultur, in: A. Wirsching u. a. (Hrsg.), 2015, S. 226-245, hier, S. 229-230; B. Bonwetsch, in: Möller, Čubarjan (Hrsg.), 2010, S. 35; Wolfram Wette: Hitlers Wehrmacht. Etappen der Auseinandersetzung mit einer Legende, in: *Osteuropa*, 55. Jg. (2005), S. 127-133.

[2]　William Taubman: *Gorbatschow. Der Mann und eine Zeit. Eine Biographie.* München, 2018, S. 548-590; Stefan Creuzberger: *Willy Brandt und Michail Gorbatschow. Bemühungen um eine zweite „Neue Ostpolitik".* Berlin, 2015, S. 15 - 16; J. Zarusky, in: A. Wirsching u. a. (Hrsg.), 2015, S. 229-230, 235; Ch. Morina, 2008, S. 280; Hermann Wenkter: Die Deutschen und Gorbatschow 1987 bis 1989, in: Hanns Jürgen Küsters (Hrsg.): *Der Zerfall des Sowjetimperiums und Deutschlands Wiedervereinigung.* Köln u. a.: Böhlau, 2016, S. 119- 150; Peter Jahn: Vernichtungskrieg im Osten. Deutsche Erinnerung seit den 1980er-Jahren, in: ders. (Hrsg.), 1991, S. 159-170, hier, S. 162.

一倡议并不太信服，因此礼貌而果断地予以了拒绝。[1]

四、民主德国记忆文化中的恐怖与暴力

那德国统一社会党专制政权有关东部纳粹灭绝战的记忆文化又如何呢？在苏维埃共和国党总书记米哈伊尔·戈尔巴乔夫推行改革开放政策之前，民主德国——与联邦德国不同，从一开始就将反苏战争提升为一个核心纪念场所，并作为反法西斯主义的建国神话予以政治和意识形态工具化。通过自省以往德国人在东部歼灭战中的经历，通用的叙事是那里的当权者——明显有别于波恩共和国，声称代表了更好的德国。从这个角度来看，"1941 年 6 月 22 日"恰恰是德苏关系灾难的肇始，东柏林的德国统一社会党领导人——与苏联不同，并没有坚决对此予以排斥，而是将其转化为一种特别的意识形态纪念仪式。

斯大林格勒战役被定性为反法西斯主义觉醒经验（Erweckungserlebnis），它将德国人民的进步力量聚集起来，如当时的第六军指挥官、陆军元帅弗里德里希·保卢斯（Friedrich Paulus）和其他德国高级军官在被俘期间，通过在那里成立"自由德国全国委员会"或"德国军官联盟"，与苏联并肩作战，抵抗纳粹。正是出于这一点，德国统一社会党政权获得了相当程度的历史合法性。[2]

早在 1950 年，民主德国人民议会就批准 5 月 8 日为法定节日。斯大林在三天后的一个正式贺电中，赞扬这一天是"从希特勒法西斯主义

---

[1] Versöhnung und Frieden mit den Völkern der Sowjetunion. Herausforderung zur Umkehr. Eine Thesenreihe. Gütersloh 1987. -Dok. 31, 11. 04. 1989, in: Aleksandr Galkin, Anatolij Tschernjajew（Hrsg.）: *Michail Gorbatschow und die deutsche Frage. Sowjetische Dokumente 1986 - 1991.* München, 2001, S. 131-132.

[2] Ch. Morina, 2008, S. 259, 262-263, 269-270, 286-287; Christina Morina: *Legacies of Stalingrad. Remembering the Eastern Front in Germany since 1945.* Cambridge, 2011, pp. 175-192; J. Echternkamp, in: A. Wirsching u. a.（Hrsg.）, 2015, S. 100-101.

获得解放"之日。这一象征性行为至少在官方上解除了民主德国方面对苏联人民的历史罪责。与此同时，昔日的战败者由此进入了胜利者圈子。而这又反过来，使他们自此起在内容上更加差异化地处理德国的暴力罪行。

从那时起，德国统一社会党领导层越来越空洞地接受苏联的纪念仪式和记忆仪式。政治上高度敏感的话题，诸如苏联战俘营的恶劣条件，或 1945 年红军在德国领土上犯下的掠夺和无法无天的强奸罪，都是禁忌话题。这些与流行的解放者神话背道而驰。但无论如何，该政权的官方纪念文化与民众的个人经历明显不同。仅在民主德国的文化界，有一些作家和电影制片人，如赫尔伯特·奥托（Herbert Otto）或康拉德·沃尔夫（Konrad Wolf），当然在有限的范围内，偶尔会无视这种弊端和国家规定的语言规则。他们提出过关于德苏战争的观点，但这些观点无一例外地并不适合出现在德国统一社会党的官方历史图像中。[①]

五、柏林共和国对于灭绝战争的回忆

随着 1990 年德国重新统一和冷战结束，德俄关系似乎不可逆转地在各方面均走向持久的伙伴关系之路。因此，合乎逻辑的是鉴于历史负担，德国总理赫尔穆特·科尔和俄罗斯总统鲍里斯·叶利钦希望开启双边关系的新篇章，并于 1993—1994 年为促进加强互信，成立了由双方

---

① Matthias Uhl: Vom Besiegten zum Sieger der Geschichte-der „Tag der Befreiung des deutschen Volkes vom Hitlerfaschismus" in der Historiographie der DDR und der Geschichtspropaganda der SED, in: Möller, Čubarjan (Hrsg.), 2010, Band 4, S. 58 – 65, hier S. 61; Ch. Morina, 2008, S. 276; Ralf Schenk: Die Deutschen in Russland: Was das Defa-Kino nach 1945 über Krieg und Kriegsgefangene zu erzählen wusste, in: E. Scherstjanoi (Hrsg.): 2012, S. 165-178, hier S. 169-171; Leonore Krenzlin: Lagerfrust und Antifa. Zur Darstellung des Kriegsgefangenschicksals in der DDR-Literatur, in: Elke Scherstjanoi: Russlandheimkehrer: die sowjetische Kriegsgefangenschaft im Gedächtnis der Deutschen. München: Oldenbourg, 2012, S. 135-148, hier S. 142-143.

等额成员组成的历史学家委员会。此外，东欧社会主义阵营（Ost-block）的解体和其档案馆的开放，也尤其为德国史学提供了重要的推动力，在提出新的问题上更详细深入地揭示苏联纳粹灭绝战的情况。诸如 1998 年，慕尼黑当代史研究所特地启动了一个大型研究项目，专门从比较视角来调查国防军在东部战役中的作用，同时还研究德国在那里的占领统治情况。

此前无法获得的资源的开拓、研究视角的改变和历史知识的扩展，为政治条件发生变化的情况下进一步激发本国的公共记忆文化创造了最佳条件。为了纪念俄罗斯，大多数德国人准备抛弃长期以来珍视的自我主义（Selbstvikitimisierung）。自那以来，他们应该更加不加掩饰地审视共同的战争历史，以及以德国名义对苏联人民所犯下的罪行。

在这种变化的和可以想象的更加国际化的氛围中，也寻找到一种途径，不仅可以向广大公众传达科学的发现，而且还可以通过相关特展和巡回展，首次向公众展示东欧地区以前未能获得的博物馆展品或档案材料。[①]

短短几年，就快速形成了一股真正的展览热。它始于 1990—1991 年，柏林恐怖地形基金会在德国入侵苏联 50 周年之际，首次以"1941—1945 年对苏联的战争"为题，对俄罗斯战役的主要内容路径绘制了一幅有区别的整体图景。此后，一个缩减版俄语展览在俄罗斯联邦最大的几个城市巡回展出。同年，汉堡与列宁格勒的长期城市伙伴合作也使得纪念这个涅瓦河大都市（Newa-Metropole）* 被封锁 900 天成为可能。1995 年，波恩历史之家首次举办了有关德苏战俘的展览。

同样在 1995 年，由汉斯·赫尔（Hannes Heer）策划的汉堡社会科学研究所的"灭绝战：1941—1944 年国防军的罪行"摄影巡回展成为大众关注的焦点。至 1999 年，展览吸引了逾 80 多万参观者，但由于

---

① Ch. Morina, 2008, S. 281.

* "涅瓦河大都市"指列宁格勒（圣彼得堡），因其位于俄罗斯西北部、波罗的海沿岸和涅瓦河口而得名。——译者注

内容上的许多错误，展览不得不进行根本性的修改。与此同时，展览引发了媒体的广泛报道，尤其是 2001 年至 2004 年在最新研究激励性下举行的新展览，引发了一场对于以罪犯为核心的激烈讨论。[1]

自 1995 年以来，柏林-卡尔斯霍斯特博物馆（Museum Berlin-Karlshorst）的工作人员一直致力于为纪念政策架构桥梁。两德统一后，该机构在德国展览和纪念景观中拥有独特地位。它的前身是德国苏军集团的战争博物馆。在他们撤离德国后，德俄两国政府明确表达了它们的坚定意愿，要将这个地方变成一个永久性展览的交流场所，自此起将"俄罗斯和德国对战争的回忆汇集在一起"[2]。

这种举措可以直接与公开对话的想法联系起来。早在缓和政策至第二次冷战过渡期的 1979—1981 年，科隆诺贝尔文学奖得主海因里希·伯尔与他的好友、日耳曼学者和苏联持不同政见者列夫·科佩列夫（Lew Kopelew）就非常真诚地就"为什么我们向彼此开了枪？"这一问题，展开了公开对话。当 1981 年科佩列夫访德期间被取消国籍，他也未曾放弃。因此，在新的选举故乡，尤其是在世界大战世纪的印记下，他把德国人与俄罗斯人的相互理解和误解作为其晚年生活的重大话题。由他创立的"东方-西方镜像"是关于德俄陌生形象历史的丛书，在 1980 年代末至 21 世纪初出版了大量选集，出版时间恰好是联邦德国大部分民众对东部邻国的感情特别浓厚的时间段。[3]

---

① Reinhard Rürup（Hrsg.）：*Der Krieg gegen die Sowjetunion 1941 – 1945*. Berlin, 1991；*Kriegsgefangene-Voennoplennie. Sowjetische Kriegsgefangene in Deutschland. Deutsche Kriegsgefangene in der Sowjetunion*. Düsseldorf, 1995；*Vernichtungskrieg. Verbrechen der Wehrmacht 1941 – 1944*. Hamburg, 1996；*Verbrechen der Wehrmacht. Dimensionen des Vernichtungskrieges 1941 – 1944*. Hamburg, 2002；P. Jahn; in: ders. (Hrsg.), 1991, S. 163 – 165；B. Bonwetsch, in: Möller, Čubarjan (Hrsg.), 2010, S. 36；J. Zarusky, in: A. Wirsching u. a. (Hrsg.), 2015, S. 236–237.

② Jörg Morré: Das Deutsch-Russische Museum in Berlin-Karlshorst als Erinnerungsort, in: A. Wirsching u. a. (Hrsg.), 2015, S. 271–279, hier S. 276–277.

③ Heinrich Böll, Lew Kopelew: *Warum haben wir aufeinander geschossen?* Bornheim-Merten, 1991；Lew Kopelew Wuppertaler Projekt, in: https://www.kopelew-forum.de/das-wuppertaler-projekt.aspx.

在过去几年间，虽然德国人对灭绝战罪恶感的历史意识大大锐化，然而，没有任何理由可以自满地认为自此起走向了历史政治的常态化。因为在德国人的集体记忆中，受纳粹世界观暴行影响的苏联受害者远未得到合理安置。联邦议院作为德国人民的最高代表机构，于 2011 年 6 月 30 日才以希特勒袭击苏联 70 周年为契机，将追溯这一令人难忘的事件列入全体大会辩论的正式议程。①

列宁格勒封锁造成逾 100 万人丧生，长期以来却一直是德国记忆中的一个"次要战场"（Nebenkriegsschauplatz）。对此，全德国议会的反应也相当滞后。直到 2014 年 1 月 27 日，纳粹受难者公开纪念日到来之际，俄罗斯作家和历史学家丹尼尔·格拉宁（Daniil Granin）作为杰出的列宁格勒饥饿地狱的高龄幸存者才获得机会，从当年的士兵视角，情绪激动但并没有愤怒指控地在联邦议院讲述让德国听众尴尬的经历。"对于我来说很清楚，"他以一种警示性和解语调来结束演讲，"仇恨是一种让人钻牛角尖的情感。仇恨是没有前途的，只会适得其反。我很清楚，一个人必须学会原谅，但也不能遗忘任何事情。"②

面对这一令人痛心的和解姿态，联邦德国的赔偿政策本该成为官方记忆文化中的一个组成部分，但构成了一个不光彩的篇章。极少数幸存的苏联强制劳工在很久以后，才因其所遭受的苦难而获得了微弱补偿。直至今日，德国的红军战俘仍一直在徒劳地等待获得小额经济补偿，以便从"记忆的阴影"中解脱出来，并至少让其艰辛命运获得象征性的承认。这里始终还有一个开放性的伤口。我们迫切需要采取相关行动，因为时间不等人。

即使在列宁格勒饥饿封锁结束 75 年后，德国外长海科·马斯（Heiko Maas）于 2019 年 1 月 27 日宣布，以"人道主义姿态"向幸存

---

① Tagesordnungspunkt 7：70. Jahrestags des Überfalls Deutschlands auf die Sowjetunion，30.06.2011，S. 13465-13473，in：http：//dipbt. bundestag. de/doc/btp/17/17117. pdf.

② Rede von Daniil Granin，Deutscher Bundestag，27.01.2014，in：https：//www. bundestag. de/parlament/geschichte/gastredner/rede_granin/261326.

的受害者提供 1 200 万欧元的赔偿，提供资金资助一所退伍军人医院，并建立一个德俄会议中心，但考虑到一代又一代人在成长，总体而言依然任重而道远，还有许多工作要做。① 当然，在许多德国公民的集体记忆中，虽然可能已认识到，1996 年德国将 1 月 27 日设为警示性回忆犹太人大屠杀和 1945 年苏联红军解放奥斯威辛集中营的国家纪念日，然而，可能极少有人知道，就在 1944 年的同一天，红军士兵得以冲破德军对涅瓦河大都市围困，从而结束了德苏关系史上最大的人道主义灾难之一。这就是为什么要继续用一种恰恰令人羞辱的方式来铲除联邦德国记忆景象中仍存在的缺陷，以锐化德国在苏联犯下的大规模罪行的历史意识，就像对待大屠杀受害者一样。在这方面，早该在联邦德国的记忆文化中为近 2 700 万被杀害的苏联公民建立起一座中央纪念碑。还有什么比以这种方式来表示记住 2021 年 6 月 22 日，即第 80 个德国入侵苏联之日，更值得铭记的呢？

（李萌娣　孟虹　译）

---

① 　J. Zarusky：Erinnerungskultur, S. 238－239；Tanja Penter：Späte Entschädigung für die Opfer einer kalkulierten Vernichtungsstrategie，November 2015，S. 4，in：https://zeitge-schichte-online. de/print/34833；Constantin Goschler（Hrsg. ）：*Die Entschädigung von NS-Zwangsarbeit am Anfang des 21. Jahrhunderts. Stiftung „Erinnerung，Verantwortung und Zukunft" und ihre Partner*，Band 4：*Helden，Opfer，Ostarbeiter. Das Auszahlungspro-gramm in der ehemaligen Sowjetunion.* Göttingen，2012；In Gedenken an die Leningrader Blockade：Bundesregierung fördert Projekte in St. Petersburg，27. 01. 2019，in：https://www. auswaertiges-amt. de/de/aussenpolitik/laender/russischefoederation-node/blockade-lenin-grad/2181746.

5. 从"德意志特殊道路"到"欧洲内战": 联邦德国纳粹史研究范式解析

孙立新[*]

摘要: 在德国近现代历史中,希特勒纳粹政权的建立及其发动侵略战争、屠杀"劣等民族"的滔天罪行是一个无论如何都无法回避的历史事实。对此,德国学者的相关研究已汗牛充栋,不计其数,但立场观点纷呈,政治意图各异,而"德意志特殊道路"和"欧洲内战"则是两个极具学术和政治张力的重要命题,其提出不仅反映了左、右派历史学家迥然不同的历史观,也折射出联邦德国政治文化复杂曲折的发展轨迹,有必要进行深入考察和分析。

关键词: 希特勒纳粹政府,德意志特殊道路,欧洲内战,历史观,政治文化

* 作者简介:1962年10月出生于山东即墨,籍贯诸城,曾就读山东大学、美因茨大学和奥格斯堡大学,获得德国哲学博士学位,也曾任教于山东大学、中国海洋大学和北京师范大学历史学院,现任山东大学历史文化学院教授、博士生导师、中国德国史研究会常务理事、中国义和团运动研究会理事,主要研究领域是德国近现代史、德国史学史和中德关系史,已出版《百年巨变》、《19世纪德国新教传教士的中国形象》(*Das Chinabild der deutschen protestantischen Missionare des 19. Jahrhunderts*)、《近代中德关系史论》、《联邦德国史学研究》和《德国通史》(第二卷)等专著、译著、调研报告和论文集12部。

在德意志历史上，希特勒纳粹政权的建立及其发动侵略战争、屠杀"劣等民族"的滔天罪行是一个无论如何都无法回避的历史事实。对此，德国学者的研究和著述已汗牛充栋，不计其数，但立场观点纷呈，政治意图各异，而"德意志特殊道路"（Deutscher Sonderweg）和"欧洲内战"（Der Europäische Bürgerkrieg）则是两个极具学术和政治张力的重要命题。

这两个命题都以探讨纳粹主义产生的原因为宗旨，都运用了历史比较的方法，但其所代表的党派立场、价值观和历史观迥然不同，其提出不仅反映了左、右派历史学家在思想观念方面的严重分歧，也折射出联邦德国政治文化复杂曲折的发展轨迹，有必要进行深入考察和分析。

——

"德意志特殊道路"概念早在 19 世纪初就已经出现[1]，但用于批判性地解说德意志近现代史却始于比勒费尔德大学历史学家汉斯-乌尔里希·韦勒（1931—2014）。

1973 年，韦勒发表《德意志帝国：1871—1918》[2] 一书，联系英、美等西方国家现代化的历史进程，对那些严重窒塞民主政体在德意志实现并在后来产生了"灾难性"后果的因素进行了批判分析，认为身处工业化时代的德意志帝国走的是一条偏离西方模式的道路，政治不民主不仅对于威廉帝国挑起第一次世界大战，而且对于魏玛共和国的失败和纳粹政权的建立都负有重大历史责任。

---

[1] 关于"德意志特殊道路"概念产生和发展的历史，参见 Bernd Faulenbach: „ Deutscher Sonderweg". Zur Geschichte und Problematik einer zentralen Kategorie des deutschen geschichtlichen Bewusstseins, in: *Aus Politik und Zeitgeschichte*, 33/1981, S. 3-21。

[2] Hans-Ulrich Wehler: *Das deutsche Kaiserreich: 1871-1918*. Göttingen, 1973. 参见中译本：［德］汉斯-乌尔里希·韦勒：《德意志帝国》，邢来顺译，西宁：青海人民出版社，2009 年。

在韦勒看来，由于缺少一场成功的资产阶级革命，德意志国家统一是在容克贵族俾斯麦的领导下，依靠普鲁士的军事和经济实力，通过排除奥地利，建立以普鲁士为首的"小德意志"王侯联邦国家的方式实现的，民主制度未能建立，传统的君主专制政体得以保留下来。在保守势力的统治下，经济现代化是有可能实现的，甚至会比某些民主国家更快、更迅速地实现，但其结果却是国家权力的结构性失衡。农业社会的利益集团（特别是易北河以东的土地贵族，即"容克"）依然非常强大，足以左右国家重要的经济、社会和政治决策。而德意志资产阶级由于受到蓬勃兴起的工人运动的挑战，不仅放弃了利用其经济优势争夺政治统治权，其本身也屈从于容克贵族、旧官僚和旧军官的意志。

当德意志帝国创建后迅速克服其经济的落后状态、在 19 世纪末上升到世界上最重要的工业国家之一时，其国家政体和社会结构仍处于前工业化状态。已经现代化了的经济不得不面对一种相当落后的政治和社会发展状态。攀附于封建统治者的资产阶级只能期望在对外扩张中寻求释放内部压力的出路。这种"特殊发展"的最终结果是灾难性的，既有第一次世界大战的灾难，又有第三帝国的灾难。

作为一位在战后联邦德国成长起来的、左翼自由派历史学家，韦勒是 1970 年代在联邦德国形成的"批判的社会史学派"（kritische Sozial-geschichte）的主要代表。他信奉自由民主理念，憧憬"人道的、合理的社会"，具有严刻的自我反思和自我批评精神。[1]

韦勒反对崇拜国家和威权的"德意志历史主义"学术传统，主张彻底更新历史研究的理论方法论；他也反对保守派史学家将纳粹德国解释成德国历史传统的断裂的观点，坚持认为从德意志帝国在保守基础上形成到纳粹主义出现与张狂，具有历史连续性。纳粹德国连同其战争和屠

---

① 参见靖春晓、孙立新：《战后德国史学的发展》，载陈启能主编：《二战后欧美史学的新发展》，济南：山东大学出版社，2005 年，第 468-495 页；景德祥：《二战后德国史学的发展脉络与特点》，《史学理论研究》2007 年第 3 期，第 108-120 页。

杀政策并非总体的西欧问题，而是德国自身的问题。因为在 1929 年世界性经济大危机爆发后，并非所有西方国家都蜕变为法西斯主义了，只有德国如此。

韦勒还亲近西方，自觉按照西欧和北美的发展模式来衡量德意志历史，从比较的和"长时段"的角度记忆"德意志灾难"，承认纳粹主义及其前因后果是德意志历史的一部分，但又主张与其保持批判性的距离，希望通过颠覆传统、接受西方价值来终结这一特殊发展道路。

韦勒的批判性"德意志特殊道路"命题虽然受到德国乃至英、美国家的一些学者的尖锐批评，但也获得了普遍支持，并且有力地推动了联邦德国的批判性历史研究和历史反思。①

以批判反思纳粹历史为核心的"克服过去"运动在联邦德国广泛开展起来，揭露纳粹罪行，承担历史责任，向受害者认罪、道歉和赔偿的态度，终于在联邦德国的历史政治中占据了上风，左派势力也在联邦德国主要政党、学校、教会和媒体中发挥起主导作用。

德国人，特别是那些在政治上倾向于左翼自由主义或社会民主主义的政治和知识精英，逐步形成了一种坦诚对待本民族历史、勇于自我启蒙和自我批判的精神，并在若干重大历史问题上达成了"民主派共识"，充分认识到纳粹主义是 19 世纪以来"德意志特殊道路"的必然结果，是对德意志民族主义和反民主思想、军国主义和帝国主义、社会达尔文主义和反犹主义的继承与发展。纳粹罪行是独一无二的、具有"唯一性"的。"不再战争"和"不再建立奥斯威辛集中营"，是获得新生的德意志人义不容辞的政治和道德义务。②

---

① 详见孙立新、孟钟捷、范丁梁：《联邦德国史学研究——以关于纳粹问题的史学争论为中心》，北京：社会科学文献出版社，2018 年。
② 孙立新：《联邦德国关于纳粹主义和第二次世界大战的历史反思》，载南开大学世界近现代史研究中心编：《世界近现代史研究》第十四辑，北京：社会科学文献出版社，2017 年，第 117-157 页。

二

"欧洲内战"命题，则是柏林自由大学的历史学家和哲学家恩斯特·诺尔特（Ernst Nolte，1923—2016）在特殊道路命题之后针对纳粹主义产生问题而提出的一个新的解说。

1987年，诺尔特出版《1917—1945年欧洲内战——纳粹主义与布尔什维主义》[①] 一书，强调在布尔什维主义和纳粹主义之间存在着一种挑战和回应、原创和复制、适应和过分适应的关系，苏联以其"阶级屠杀"和自1918年开始设立的集中营为希特勒的反犹主义世界观和对犹太人的大屠杀开辟了"先例"。希特勒在布尔什维主义中既看到了一种"恐怖景象"，又看到了一个"样板"，其在1941年发起的反苏战争则是为了应对他一直担心发生的苏联反德战争的"预防性防卫措施"。

诺尔特是当代德国"新右派"的主要代表。所谓"新右派"是指这样一批学者和知识分子，他们虽然认同民主政治，但却具有较强烈的民族保守主义情结，向往权威政治，力图借由所谓"右派葛兰西主义"来反制左翼自由主义者和社会民主主义者在文化上的优势，"以右派的知识霸权来取代左派的知识霸权"，通过对话语权的掌控，影响社会，操纵国家发展方向。[②]

新右派批评"永恒的左派"，攻击左派已陷入"仪式化的"克服过去策略，反对左派以"民众教育"为要务，把学术与政治混合在一起，用政治上的"对"与"错"、"进步"与"反动"来衡量学术成果的有效性的做法，极力主张"去意识形态化"、"去情感化"、价值中立、言论自由和学术多元

---

① Ernst Nolte: *Der Europäische Bürgerkrieg 1917 - 1945. Nationalsozialismus und Bolschewismus*. Frankfurt am Main. u. Berlin, 1987.

② ［美］理查·沃林：《非理性的魅惑——向法西斯靠拢. 从尼采到后现代主义》，阎纪宇译，台北：立绪文化事业有限公司，2006年，第208-241页。

化，声称要以"不偏不倚""实事求是"的态度，重新审视历史。

他们也拒绝"非白即黑"的笼统、简单化评价体系，强调历史的"灰色图像"，主张通过深入细致的区分，辨明"历史真相"，同对待所有以往历史时代完全一样，客观、冷静地论述 1933 年至 1945 年这一时期的历史，对通过纳粹主义实施的群众性犯罪的历史和政治-道德影响做出"合理评判"。[①]

诺尔特的"欧洲内战"命题正是从民族保守主义立场观点出发，对纳粹历史进行的"修正主义"阐释。

诺尔特声称，对于纳粹主义和第三帝国"不应当只倾听受害者的一面之词，不能只从胜利者的角度来考察和写作历史"。纳粹德国虽然实施了"数百万人被成群成批地毁灭这一令人恐怖的大屠杀行动"，但是关于"德意志人的罪责"的言论，类似于纳粹官方所宣扬的"犹太人罪责"说。流行的纳粹罪行"唯一性"观点遮蔽了其他类似的大屠杀。实际上，除了动用毒气这一点，纳粹分子的所有犯罪手段此前都有人使用过。虽然不能通过比较为纳粹分子的大屠杀进行辩护，但绝不应该对其他类似的大屠杀视而不见。

诺尔特也从希特勒和其他纳粹分子的自我理解中探寻其行为动机，说明其行为依据，并予以"同情理解"。

在他看来，纳粹主义最本质的东西是其与马克思主义，特别是与通过布尔什维克的胜利在俄国革命中赢得其形态的共产主义的关系。历史上的行为人无论做什么都是有依据的，历史学家的任务首先是让行为人自我发言，而不是根据自己的好恶加以评判。他本人也只关心希特勒到底是怎样想的和怎样按照其想法做的，不讨论希特勒的想法对不对，因为"历史的正确"与"道德的正确"往往并不完全一致。即使希特勒和其他纳粹分子的解说是不可靠的、荒谬的和错误的，斯大林主义的失败也足以证明纳粹主义的"历史正确性"。

---

① 孙立新：《联邦德国"新右派"历史修正主义批判》，《史学史研究》2014 年第 4 期，第 75-86 页。

　　诺尔特还认为反犹主义和反布尔什维主义不仅是导致希特勒所有行动的主要思想根源，也是希特勒所处时代时政评论的主旋律。对共产主义的恐惧和仇恨在"希特勒的感受和意识形态中居于中心地位"，在这方面，他与许多德意志的和非德意志的同时代人别无二致，而"这些感受和恐惧不仅是可以理解的，而且大部分也是容易理解的，在某种程度上甚至是合理的"。

　　诺尔特从现象学角度在布尔什维主义和纳粹主义之间构造了一种"因果关系"，把布尔什维主义描绘成"始作俑者"和起推动作用的样板，不仅带有强烈反苏反共色彩，而且使纳粹罪行相对化了，也极大地减轻了其严重性。[①]

　　诺尔特的命题和论证方式，也受到一些年轻学者的支持。身为 50 后的历史学家兼时事评论家赖讷·齐特尔曼（Rainer Zitelmann）就在 1987 年出版《希特勒——一个革命者的自我理解》[②] 一书，力图从希特勒和纳粹分子的自我理解中探寻其行为动机，说明其行为依据。克里斯蒂安·施特里夫勒（Christian Striefler）和恩里科·西林（Enrico Syring）则分别写作博士论文《权力之争——魏玛共和国末期的共产党人和纳粹分子》[③] 和《希特勒——他的政治乌托邦》[④]，通过诋毁斯大林和苏联来为纳粹主义进行辩护。而在右翼激进主义者和极端主义者，如弗里德里希·芬克（Friedrich Finke）、阿明·莫勒（Armin Mohler）、卡斯帕·冯·施伦克-诺蒂青（Caspar von Schrenck-Notizing）和阿道夫·冯·塔登（Adolf von Thadden）等人看来，诺尔特的命题符合他们的要求，是可

---

①　Michael Schneider: „*Volkspädagogik*" *von rechts*: *Ernst Nolte*, *die Bemühungen um die „Historisierung" des Nationalsozialismus und die „selbstbewußte Nation"*. Bonn: Bibliothek der FES，1998.

②　Rainer Zitelmann: *Hitler. Selbstverständnis eines Revolutionaers*. Hamburg u. a. : Berg，1987.

③　Christian Striefler: *Kampf um die Macht. Kommunisten und Nationalsozialisten am Ende der Weimarer Republik*. Frankfurt am Main u. Berlin: Propyläen，1993.

④　Enrico Syring: *Hitler. Seine politische Utopie. Die Studie behandelt doch nur die Zeit von 1924 bis 1933*. Frankfurt am Main u. Berlin: Propyläen，1994.

以加以利用的。

2008 年，原苏联的政治异议人士、拉脱维亚导演埃德文斯·徐呐（Edvins Snore）执导、制作纪录片《苏联往事》（*The Soviet Story*），也在很大程度上根据诺尔特的观点，突出了苏联和纳粹德国的共同特点，声称奉行"马克思主义"的苏联与奉行纳粹主义的德国都大力推进所谓"社会改造工程"：德国的社会改造工程是基于"雅利安人的优越性"，目标是消灭其他人种；苏联的社会改造工程则是基于"无产阶级的先进性"，目标是消灭其他阶级。纳粹主义的基础是错误的生物学，苏联式马列主义的基础是错误的社会学，两者的差别仅在于：希特勒的罪行已经被彻底批判，而斯大林的罪行还没有被充分挖掘出来，至今依然有不少人还极力妄图为斯大林高唱赞歌。《苏联往事》还在同年获得美国波士顿电影节"公众震撼奖"（Mass Impact Award）。

三

希特勒和纳粹党以全体国民名义推行的"毁灭性"对外侵略和"灭绝性"种族屠杀，不仅罪恶滔天，而且严重玷污了德意志民族声誉。因此，作为犯罪的历史，纳粹历史是具有高度的现实政治敏感性的。与之相应，与纳粹问题相关的许多研究并非一般性的学术探讨，而是事关德意志民族历史文化传统、当代德国人处理历史问题应有的立场态度以及联邦德国的未来走向等大是大非问题的政治行为，不能不受党派立场和价值观的影响。"德意志特殊道路"和"欧洲内战"两个极具学术和政治张力的重要命题，分别代表着左翼自由主义和右翼民族保守主义两种大不相同的政治倾向。

值得庆幸的是，"欧洲内战"命题并没有得以广泛传播和接受。与之不同，韦勒的批判性"德意志特殊道路"命题却深入人心，至今仍是左派历史学家研究德意志历史的经典范式之一，并在世界范围内产生了广泛影响。

在于尔根·科卡（Jürgen Kocka）看来，特殊道路命题关系到西方化、民主乃至联邦德国的政治合法性，绝对不能轻易放弃。这一解释在过去和现在都具有一定的说服力，它与许多已知的史实相符合，并能将它们相互联系起来，从主导视角来进行综合性的解释。①

海因里希·奥古斯特·温克勒尔（Heinrich August Winkler）在其《走向西方的漫长道路》一书中，坚持用批判性"特殊道路"理论来解释从 1789 年法国大革命到 1990 年德国再统一的历史。②

中国学者吴友法、李工真、景德祥、张沛、孟钟捷和钱金飞等人，以及六卷本《德国通史》的主编和作者也对德意志特殊道路进行了比较深入的思考和阐释。③

大多数学者的研究依然聚焦于德国社会及专业团体参与第三帝国犯罪的行为，即对纳粹屠杀中"作恶者"的研究。④ 他们关注的焦点包括德国陆军在推动重整军备和扩张方面所发挥的作用，德国司法机构在执行纳粹的恐怖主义或不受法律支配的"正义"中所发挥的作用，正规的文职人员在反犹太人立法方面所发挥的作用；或关注被占领土地上的诸如士兵、警察、民事管理人员，或是"旧"帝国的医生、护士、社会工作者和地方官员等群体，探讨成千上万的普通德国人如何积极参与第三

---

① ［德］于尔根·科卡：《"德国独特道路"的终结》，载［德］于尔根·科卡：《社会史》，景德祥译，上海：上海人民出版社，2006 年，第 202–214 页。

② Heinrich August Winkler: *Der lange Weg nach Westen*. 2 Bände. München: Beck, 2000.

③ 孟钟捷：《"独特道路"：德国现代历史研究的范式转变与反思》，《历史教学问题》2009 年第 4 期，第 56–59 页。钱金飞：《近代早期德意志政治发展特性刍议》，《世界历史》2016 年第 2 期，第 76–88、160–161 页。邢来顺、吴友法主编《德国通史》（六卷本），南京：江苏人民出版社，2019 年，其中第一卷：封建帝国时代（公元 1500 年以前），王亚平著；第二卷：信仰分裂时代（1500—1648），孙立新著；第三卷：专制、启蒙与改革时代（1648—1815），刘新利、邢来顺著；第四卷：民族国家时代（1815—1918），邢来顺著；第五卷：危机时代（1918—1945），郑寅达、孟钟捷、陈从阳、陈旸、邓白桦著；第六卷：重新崛起时代（1945—2010），吴友法、黄正柏、邓红英、岳伟、孙文沛著。

④ ［美］尼尔·格雷戈尔：《纳粹屠杀与南京暴行的研究：范式转变与比较启示》，杨夏鸣译，《南京大学学报》2010 年第 3 期，第 83–93 页；孙立新：《联邦德国关于纳粹主义和第二次世界大战的历史反思》，载南开大学世界近现代史研究中心编：《世界近现代史研究》第十四辑，北京：社会科学文献出版社，2017 年，第 117–157 页。

帝国的谋杀犯罪及其背后的动机；或强调除了纳粹领导层的根深蒂固的反犹主义信条外，第三帝国的主要机构和社会的系列意识形态信念，包括民族主义、殖民主义和更为普及的种族主义构造了许多德国人愿意参与纳粹罪行的条件。他们认为，战争降低了许多人的道德防线，种族傲慢和优越感为诸如希特勒式的更为激进的帝国模式的出现提供了土壤。

对于诺尔特等右翼保守主义势力为纳粹罪行进行辩护的倾向，德国左派政治家和知识分子一直保持着高度的警觉，不失时机地予以揭露和批判。对于绝大多数左派政治家和知识分子来说，奥斯威辛是"理解的边界"，纳粹罪行的"唯一性"不容动摇，德国人的战争罪责不容怀疑，绝不允许任何人以"历史化"为借口，"排除"、"低估"、"抵消"和"理解"罪责甚至为之进行辩护，也不容许质疑"西方的政治文化"，进行民族宣传，实现民族"正常化"。①

这种自觉的批判反思精神和科学严谨的研究态度是值得肯定的。真正的历史化应当是道德与学术的辩证统一，而不是片面的"去道德化"。对于纳粹罪行，德国社会各界有义务保持高度道义感与历史责任心。正如联邦德国总理默克尔（Angela Dorothea Merkel）所指出的，否认罪责即为共犯，因为"奥斯威辛（集中营）是对于人类能够伤害彼此的一个警告，奥斯威辛（集中营）是人类历史上的一次恐怖停滞，奥斯威辛（集中营）是德国制造的对于人类文明的破坏，是一场浩劫。这使得奥斯威辛（集中营）被解放，具有其独特的意义"。她特别强调："德国人对于发生的一切深深地感到羞愧，因为德国人对于数百万人的痛苦和死亡负有罪责，并且有一些德国人对于这些予以容忍，德国人过去是犯罪者和协同犯罪者。那些拒绝承认这一点的人，他们是沉默的共犯。"②

---

① 详见景德祥：《关于联邦德国第一代史学家的争论》，《史学理论研究》2004 年第 1 期，第 112-117 页；孙立新、孟钟捷、范丁梁：《联邦德国史学研究——以关于纳粹问题的史学争论为中心》，北京：社会科学文献出版社，2018 年。
② 《默克尔出席国际大屠杀纪念日称：否认罪责即为共犯》，《京华时报》2015-01-28。

6. 徘徊于官方自我批评与私人道歉之间：美国对于德国历史反思的推动作用

康拉德·贾劳斯[*]

摘要：本文探讨二战结束后美国对德国就批判性历史观形成的影响。战后初期，美国人对德国政治文化的转型做出了重大贡献，因为他们所倡导的非军事化和去纳粹化使德国得以与充斥着民族主义和种族主义的过去进行决裂成为可能。在 1960 年代和 1970 年代，联邦德国在对过去的自我批判性认知形成过程中，来自大西洋彼岸的影响仍旧显著，给予德国社会和史学界少数批评者支持。只有在个人尝试将罪责相对化得以逐渐扭转的进程中，美国的影响才趋向次要。总体而言，美国的影响是必要的，但并不足够，因为德国人真正的转型需要通过自我应对罪

* 作者简介：美国著名公立常春藤大学、创建于 1789 年的北卡罗来纳大学教堂山分校吕尔西（Lurcy）欧洲文明教授和当代史研究中心高级研究员；《当代历史研究》联合主编。研究和兴趣重点为近代史。主要学术论著包括：《神秘的财政大臣：贝斯曼·霍尔韦格与德意志帝国的傲慢，1856—1921》，纽黑文，1973 年；《非自由的大学——德意志帝国的大学生、社会和政治：学术非自由主义的兴起》，普林斯顿，1982 年；《非自由职业：德国律师、教师和工程师，1900—1945》，纽约，1990 年；《意外的统一，1989—1990》，美因茨畔法兰克福，1995 年；《破碎的镜子：20 世纪的德国史》（与迈克尔·盖尔合著），慕尼黑，2005 年；《德国的变迁，1945—1995》，慕尼黑，2004 年（英文版《希特勒之后：德国再文明化，1945—1995》，牛津，2006 年）。主编：《民主奇迹。跨大西洋调解者与联邦德国文化的开放，1945—1970》（与阿恩德·鲍尔肯珀和马库斯·佩克合作出版），哥廷根，2005 年；《信心的终结？作为历史的 1970 年代》，哥廷根，2008 年；等等。

责来实现。

关键词：二战反思，美国，战后德国，政治文化，去纳粹化

自我批判式记忆文化的形成，常被视为联邦德国的成功之举。[1] 在对轴心国的国际对比中，虽然法西斯主义恰恰源于意大利，意大利的公众却更倾向于委身在"抵抗"神话的背后，声称坚定地抗击了法西斯主义。有着同样问题的还有日本，许多日本民族主义保守分子拒绝承认以其军事独裁的名义在韩国和中国犯下的罪行，并拒绝为此公开道歉。[2] 与此相反，即使部分波兰人或希腊人认为战争赔偿不到位，但德国在毗邻国会大厦和总理府设立大屠杀纪念碑，却彰显了自我批判已成为德国国家利益（Staatsraison）的一部分。新右翼批评家甚至由此抱怨出现了一种"内疚的骄傲"（Schuldstolz），认为德国人现在以忏悔者身份在进行自我粉饰。[3]

在德国人的自我描述中，对纳粹历史形成的批判性认知看似是一种内部斗争的产物，原告在这场斗争中最终战胜了辩护士（Apologeten）。少数被解放的反法西斯主义者和重返德国的流亡者（Remigrant）规模过小，难以单独对罪犯及其追随者的免责性记忆提出质疑。因此在1950年代，最初修正主义的"历史政策"一直占据着主导地位，即把德国遭受的苦难归咎于盟国。[4] 通过奥斯威辛审判和艾希曼审判、《铁皮鼓》等文学名著，抑或是1960年代的菲尔宾格丑闻案或格罗布克丑

---

[1] Konrad H. Jarausch: Selbstkritik als Erinnerungskultur: Grundlagen moralischer Politik in Deutschland? in: *Sachsenhausen Lectures*, Heft 1. Oranienburg: Förderverein der Gedenkstätte und des Museums Sachsenhausen, 2017.

[2] R. J. B. Bosworth: *Explaining Auschwitz and Hiroshima: History Writing and the Second World War 1945 - 1990*. London, 1993; Sebastian Conrad: *Auf der Suche nach der verlorenen Nation. Geschichtsschreibung in Westdeutschland und Japan, 1945 - 1960*. Göttingen, 1999.

[3] Micha Brumlik, Hajo Funke, Lars Rensmann: *Umkämpftes Vergessen: Walser-Debatte, Holocaust-Mahnmal und neuere deutsche Geschichtspolitik*. Kempten, 2004.

[4] Norbert Frei: *Vergangenheitspolitik: Die Anfänge der Bundesrepublik und die NS-Vergangenheit*, München, 1996; Peter Reichel: *Vergangenheitsbewältigung in Deutschland: Die Auseinandersetzung mit der NS-Diktatur von 1945 bis heute*. München, 2001.

闻案（Filbinger- oder Globkeskandale）*，富有批判性精神的公众社会才逐渐形成，但也屡遭个人免责尝试。因此，在阿莱达·阿斯曼看来，自我批判性回忆的最终突破是"一种历史性全新发展"，绝对有必要加以分析阐释。①

随着时间的推移，人们渐渐淡忘的是美国人对于德国批评性记忆文化的形成也做出了重大贡献。在军事上战胜纳粹，是任何形式反思的一个必要前提条件，因为希特勒独裁统治并非因内部起义，而是来自外部的战败而终结的。为了防止第三次世界大战的爆发，除了持续性的去军事化和去纳粹化之外，还需要通过植入"赠予的民主"（geschenkte Demokratie）来对政治文化进行根本性的重新定位。在这种常常也被称为"再教育"的"新定位"进程中，美国人采用了一种正确的混合法，对负面的传统予以强行禁止，对新认知的固化加以慷慨激励。虽然益格鲁-撒克逊（angelsächsisch）文献从"正统性角度"（proconsul Perspektive）颇夸大了自己的作用，但德国案例却是一个"民族教育"的成功典范。②

在形成一种正式的展开自我批评的过程中，公众和科学界所做出的贡献的相对权重问题，也仍然存在争议。毫无疑问，最初的推动力来自民主政治家，如西奥多·赫斯（Theodor Heuss）、库尔特·舒马赫（Kurt Schumacher）和康拉德·阿登纳（Konrad Adenauer），他们与第三帝国明确划清了界限。同样重要的还有诸如《明镜》杂志和《时代周报》等主流媒体的转向，它们摒弃了对权威的屈从，转而建

---

　* 汉斯·菲尔宾格（Hans Filbinger）于 1966 年出任巴符州州长，但后被查出曾任纳粹海军军事法庭法官；汉斯·格罗布克（Hans Globke）是 1950 年代联邦德国总理阿登纳的幕僚，但后被查出曾在纳粹内政部任职，且曾是臭名昭著的《纽伦堡法案》的起草者和纳粹排犹暴行的主要推动者。——译者注

　① Aleida Assmann: *Das neue Unbehagen an der Erinnerungskultur*: *Eine Intervention*, München, 2013; Jeffrey Olick: *The Sins of the Fathers*: *Germany*, *Memory*, *Method*. Chicago, 2016.

　② Konrad H. Jarausch: *After Hitler*: *Recivilizing Germans*, *1945 - 1995*. New York, 2006; Philipp Stelzel: *History After Hitler*: *A Transatlantic Enterprise*. New York, 2018.

构起一种左翼自由公众领域。① 与此相对立的，若联想到民族保守派格哈德·里特（Gerhard Ritter）或纳粹追随者西奥多·席德尔（Theodor Schieder）、沃纳·康兹（Werner Conze）等，那么学界对于棘手的过往历史的探讨则显得迟缓保守。当代史研究所（Institut für Zeitgeschichte）的创建、费舍尔争论（Fischer Kontroverse）和比勒费尔学派（Bielefeler Schule）的形成，才使得历史学对所谓克服过去（Vergangenheitsbewältigung）的实施产生决定性影响。②

那么，该如何才能最终解释背离国家道歉和接受自我批评的记忆文化这一特例呢？在分析研究时，首先要兼顾三大主题领域：首先，必须重新正视美国人所发挥的核心作用，因为是占领国决定是惩罚还是开启新的篇章，以由此发展出一种得到净化的历史意识。其次，需要思考的是自我批判式官方记忆文化出乎意料地得到贯彻，这种记忆文化本身源于觉醒的媒体公众和对当代史的科学研究。③ 最后，有必要探讨官方记忆与个人记忆之间的差异性，因为起初德国受害者意识占据了主导地位，在此后的数十年间才开始对自身行为展开了自我批判式的反思。④因此，并非强调一种德国的楷模作用，而是关乎对于其独特性问题的反思。

一、美国的影响

盟国的战后计划基于一种认识，即单纯的军事胜利远远不够，而是

---

① Jeffrey Herf: *Divided Memory: The Nazi Past in the Two Germanys*. Cambridge, 1997.

② Winfried Schulze: *Deutsche Geschichtswissenschaft nach 1945*. München, 1989.

③ Thomas Lindenberger, Martin Sabrow（Hrsg.）: *German Zeitgeschichte: Konturen eines Forschungsfeldes*. Göttingen, 2016.

④ Konrad H. Jarausch, Broken Lives: *How Ordinary Germans Experienced the Twentieth Century*. Princeton, 2018.

必须对德国人进行一次根本性的再文明化。与魏玛时期的抵制不同，这次打败德国一定要彻底，以确保不再有可能通过发动第三次世界大战而对战败结果提出质疑。围绕亨利·摩根索（Henry Morgenthau）的一个左翼团体主张严惩纳粹罪行和施行一种强硬的占领政策，因为在他们看来，德意志人的民族性格是不值得信任的。以亨利·斯廷森（Henry Stimson）为首的温和派则相反，建议采用一种心理治疗方案，通过外部干预来治疗德国的民族主义政治疾病。《波茨坦宣言》中的 3 "D"＊，即"去军事化、去纳粹化和去卡特尔化"，结合了这两种观点，旨在实现后期的民主化目标。① 因此，盟国所试图进行的，并不亚于一次对被征服者的根本性改造。

在这场重新定向的大规模实验中，历史观发挥了核心作用，因为战胜国将军国主义、沙文主义和垄断主义视为发起战争的意识形态根源。去军事化不仅意味着解散国防军、收缴武器和拆除战时生产机制，同时还包含思想态度的文明化。同样，去纳粹化所达到的远远超过了将纳粹分子解职和摧毁纳粹党政权，因为它的目的在于从根本上背弃造成国家之间相互为敌的极端民族主义。去卡特尔化也并不仅局限于粉碎推动战争的垄断组织，而是要结束阶级对抗。② 美化战争、神化国家或为垄断辩护所带来的负面后果，在战后的废墟和艰难中不难证实看到。

盟国组织的大量审判不仅是对纳粹罪犯的应有惩罚，而且也是对纳粹罪行进行不可争辩的记载。纳粹党、帝国政府和军方机构的资料是战利品的一大重要部分，因为它们不可置疑地证实了第三帝国的目的和措施。这些丰富的原始资料提供了确凿的证据，阻止了类似魏玛共和国有关战争罪责的道歉说辞的再现。从慕尼黑一家打印厂拯救出来的纳粹党

　　＊　3 "D" 的英文原文为 "demilitarization，denazification and decartelization"。——译者注
　　①　Michaela Hönicke：*Know Your Enemy：The American Debate on Nazism*，1933 - 1945. Cambridge，2010.
　　②　Kathy Nawyn："*Striking at the Roots of German Militarism*"：*Efforts to Demilita-rize German Society and Culture in American-Occupied Württemberg-Baden 1945 - 1949*，Diss. Chapel Hill，2008.

员卡，为盟国提供了相关人员无可辩驳的党员身份证据。为纽伦堡审判和其他审判收集的其他材料，为柏林档案中心（Berlin Document Center）提供了极其宝贵的参考资料。将德国政党、政府和军方档案拍成胶片，也方便了记者和历史学家及时获得有关第三帝国罪行的证据。①

尽管盟国的去纳粹化政策存在明显缺陷，但颇受争议的实施过程却也大大推动了对个人的过往历史进行反思。最初，战胜国将数十万名纳粹党、党卫军、行政管理和军队高官囚禁起来，暂加隔离。同时，德国公民若要获得住房和工作许可，必须出示一份类似通过法院判审而获得的材料，证明本人在第三帝国时期的行为无可指责。面对由反法西斯主义者组成的所谓"审判机构"（Spruchkammer），谈判的基础是填写一份有 131 个问题的问卷。在这份问卷中，受审者必须仔细证明自己与第三帝国的关系。尽管罪犯往往可以通过免责"帕西尔证明"（Persilscheine）*来洗白自己，从而使对"追随者工厂"（Mitläuferfabrik）的惩罚过于宽松，但仅审核这一环节，就已迫使人们对自身的人生经历进行审视。②

美国式"再教育"的另一视角也是对学校进行民主化改造，旨在传授给年轻人一种自由和责任的新思想。由于几乎所有教师都曾被迫加入纳粹教师联盟（NS-Lehrerbund），这些教师也经历了去纳粹化，其中只有坚定的纳粹党成员才遭解聘。同时，教科书也经历了审查，涉及军国主义、纳粹主义和专制的内容都被删除，教材首先是历史课教料都进行了肃清和更新。通过对教师的培训，也使得教学方法民主化，引进了学生自治、校报等，以传播民主的实践经验。③ 尽管战胜国施加高压，

---

① Astrid Eckert：*Struggle for the Files：The Western Allies and the Return of the German Archives After the Second World War*. Cambridge，2012.

* "帕西尔"（Persil）为德国的一个洗衣粉产品品牌。——译者注

② Kristin Dolan：*Isolating Nazism：Civilian Internment in American Occupied Germany 1944 - 1950*，Diss. Chapel Hill，2013.

③ Brian Puaca：*Learning Democracy：Education Reform in West Germany*，1945 - 1965. New York，2009.

力图将德国的三级学校结构，即国民学校（Volksschule）、实科学校（Realschule）和文理高中统一改为综合学校（Einheitsschule），但因家长、教师和管理人员坚持原有的学制而未获成功。

　　同样核心重要的是对媒体的净化，以期建立起一个民主化的公众。戈培尔式宣传的系统性谎言必须被更为可信的报道取代，以重新赢得公众的信任。盟国军政府为了实现这一目标，解聘了曾对纳粹妥协的工作人员，出版自己的报纸和播放自己的电台节目，并为清白的记者所创建的新机关报颁发许可。对此，汉斯·哈贝（Hans Habe）或维利·勃兰特等重返德国的流亡者发挥了重要作用，因为他们可以令人信服地用德语来代言阐述战胜国的意图。因此在美占区，《新报》（Die Neue Zeitung）成了主导性机关报，直到该报后来被其他本土人新创办的报纸，诸如《法兰克福汇报》等取代。通过揭示纳粹罪行，媒体对民主历史观的形成起到了促进作用。①

　　在一些大城市设立美国之家，相反提供了活生生的民主积极案例。这些文化中心大多设有对外开放的具有美国文化特色的图书馆，尤其展出了诸如《生活》（Life）或《星期六晚报》（Saturday Evening Post）之类的杂志为公众展现了一个有些变形（verklärt）的美国形象。德国知识分子也可以在此了解到，第三帝国时期在这个所谓的"自由世界"中文学与艺术领域所发生的变化。尤其是关于当代意识形态主题的讲座和讨论，深受非常需要了解情况和得到指导的青少年的青睐。音乐尤其是爵士乐，也让听众痴迷。有时也仅仅是因为一些非常简单的事物，如一个供暖良好的阅读室，或是一杯口味醇正的咖啡。② 这种民主发展的自我展现，很大程度上铲除了种族主义或剥削，对于塑造积极的历史观

---

　　① Christina von Hodenberg：Konsens und Krise：Eine Geschichte der westdeutschen Öffentlichkeit 1945–1973. Göttingen，2006；Frank Eyck：A Historian's Pilgrimage：Memoires and Reflections. Calgary，2009.

　　② Reinhold Wagnleitner：Coca-Colonisation und Kalter Krieg：Die Kulturmission der USA in Österreich nach dem Zweiten Weltkrieg. Wien，1991；Ursula Mahlendorf：The Shame of Survival：Working Through a Nazi Childhood. University Park，2009.

至关重要。

　　交流项目也对教授和大学生产生了巨大影响，为他们提供了亲自去观察一个更为光明的世界的机会。在战后的最初几年，富布赖特委员会（Fulbright Kommission）通过发出个人邀请和提供奖学金，或是美国公益服务委员会（American Friends Service Committee）发出的宗教倡议，试图抚平战争的裂痕。很多年长学者在自传中，如弗里茨·费舍尔（Fritz Fischer）等，均提到这类境外交流经历，而大批年轻的历史学家，如汉斯-乌尔里希·韦勒在俄亥俄州大学、于尔根·科卡和沃克尔·伯格哈恩（Volker Berghahn）在北卡罗来纳大学积累了对其影响深远的经验。在此重要的是，对一个充满民主生机的和平国家的印象与一个被摧毁和遭分裂的德国形成了积极对比。①大学生们虽然也接触到了移民的批判性历史观，但尤其为美国的社会科学所吸引。

　　因此，这些仅简要概述的美方介入，是形成一种自我批判性历史观的核心前提。一方面，禁令与惩罚试图阻止纳粹意识形态犯罪遗产的传承。同时，来自外部的批判通过戏剧化地展现残酷的后果，对其背后的极端民族主义、军国主义和极权主义的传统提出了质疑。另一方面，切身体会到的民主事例作为积极的参照物，让德国人也能接触到通往启蒙运动价值的认知转变。通过支持创建像柏林自由大学这样充满自由思想的机构，并将政治学作为一种民主科学来加以宣扬，美国军政府试图强化反法西斯主义者少数派的自我批判动力，希望在 1848 年和 1918 年的传统基础上再接再厉，以民主的方式来更新历史图景。②

---

　　① Rüdiger Hohls, Konrad H. Jarausch（Hrsg.）：*Versäumte Fragen：Deutsche Historiker im Schatten des Nationalsozialismus*. Stuttgart, 2000；Paul Nolte, Hans-Ulrich Wehler：*Historiker und Zeitgenosse*. München, 2015.

　　② James F. Tent：*The Free University of Berlin：A Political History*. Bloomington, 1988；Arndt Bauerkämper, Konrad H. Jarausch, Marcus Payk（Hrsg.）：*Demokratiewunder：Transatlantische Mittler und die kulturelle Öffnung Westdeutschlands 1945–1970*. Göttingen, 2005.

二、官方的自我批评

德国人对战争结束的困惑反应，表明了要承认自身对第三帝国罪行也负有一定责任是多么艰难。在 1945 年 5 月，许多士兵和纳粹党员感受到的是"受挫、耻辱、受制于人和荣辱全然取决于军事对手的随意裁决"。只有少数受迫害的反法西斯主义者对战败表示了欢迎："期待已久的德国解放日终于到来了"和"新的希望诞生了"。多数随大流者高兴的是他们还能幸存下来。"年轻人，战争结束了，对于我们大家而言都结束了！"一位女服务员为沮丧的士兵们鼓劲道："干杯年轻人！你们活了下来！"然而，狂热的希特勒少年领导人员却拒绝接受盟军将"刚沦陷的第三帝国视为'法西斯独裁'的政治启蒙"。虽然他们自认被领导层背叛了，但还是拒绝集体罪责的指控，认为这是"胜利者的正义"（Siegerjustiz）。①

在处理纳粹问题上，专业历史学家几乎没能提供任何帮助，因为他们试图从被破坏的传统中拯救所能拯救的。民族保守派格哈德·里特认为"激进的、革命的民主"负有责任，并从与自身有些关联的公民抵抗运动中寻找方向。自由思想史学家弗里德里希·梅内克（Friedrich Meinecke）更是将《德国的浩劫》解释为对启蒙运动人文主义的背离，他希望通过创建歌德共同体（Goethegemeinschaften）来治愈这一灾难。《历史杂志》的半犹太裔主编路德维希·德希奥（Ludwig Dehio）则相反，认为德国的霸权主义野心是摧毁欧洲国家秩序的原罪。② 当代史的产生，才引发了对最近的过往历史展开探讨，但这还不够全面，还无法充分了解灭绝战和种族灭绝的总体规模。

---

① 转引自 K. Jarausch，2017，S. 7ff。

② Konrad H. Jarausch, Michael Geyer：*Shattered Past*：*Reconstructing German Histories*. Princeton，2003，pp. 37-60；Ph. Stelzel，2018，pp. 34ff.

　　因此，要让政治领导人与纳粹主义划清界限，以使德国能重新被国际社会接受。德国西南部联邦总统西奥多·赫斯是一个自由派人士，尽管他的自身行为让人疑惑，但他在言语上给出了明确谴责。来自天主教派莱茵地区的联邦总理康拉德·阿登纳声称自己是境内流亡者，对普鲁士军国主义本就毫无同情之心，尽管他自己的风格相当专制。社民党反对党领袖库尔特·舒马赫虽然是一位坚定的爱国主义者，但由于自身经历的苦难，他更是难以认同纳粹主义。民主德国领导人有的曾在莫斯科，有的通过移居国外而得以幸存，同样强调反法西斯主义。[1] 尽管这些政治家的立场是反纳粹专制的，但部分公众更愿意将自身塑造为受害者。

　　因为德国研究者的民族主义影响，一种自我批判式民主的历史描述只能在德国境外产生。早在第三帝国时期，像康拉德·海登（Konrad Heiden）或塞巴斯蒂安·哈夫纳（Sebastian Haffner）等移民就对纳粹独裁政权提出了毁灭性指控。[2] 二战期间，泰勒（A. J. P. Taylor）等英美知识分子介绍了德国历史轮廓，希望向士兵们诠释德国侵略性的根源，他们将条顿族（teutonisch）民族性格的变形归咎于阿米纽斯（Arminius）、路德、腓特烈大帝或俾斯麦。[3] 然而，与此同时，耶鲁大学历史学家哈乔·霍尔伯恩（Hajo Holborn）或英国私人学者（Privatgelehrter）埃里希·艾克（Erich Eyck）等移民却撰写了批评性文章，将国家的成功故事逆转为一部灾难性背离西方价值观的历史。从这一基本性质疑中，形成了一种德国特殊道路的论断。[4]

---

① J. Herf，1997，passim.

② Konrad Heiden：*Hitler：A Biography*. New York，1936；Sebastian Haffner：*Germany：Jekyll and Hyde：An Eyewitness Analysis of Nazi Germany*. London，2005，2nd ed.

③ A. J. P. Taylor：*The Course of German History：A Survey of the Development of Germany since 1815*. London，1946；E. P. Passant：*A Short History of Germany 1815 - 1945*. Cambridge，1960.

④ Hajo Holborn：*A History of Modern Germany*. New York，1959 - 1969，3 vols；Helga Grebing：*Der „deutsche Sonderweg" in Europa 1806 - 1945：Eine Kritik*. Stuttgart，1986.

费舍尔论战才使自我批判在历史学界取得了突破——但也是凭借美国的帮助。1961 年，汉堡宗教史学家出版了一部引起轰动的名为《争雄世界》(*Griff nach der Weltmacht*) 的论著，对威廉战争的目的进行了大量研究。由于在导论中暗示了德国负有责任，触犯了国家在辩护战争罪责问题方面的禁忌。在同仁中，证实柏林扩张的企图引发了一股名副其实的愤怒风暴，因为承认对一战爆发负有责任，使德国的整个民族国家地位受到了质疑。即使并非认同所有观点，但美国方面的研究通过弗里茨·斯特恩和我的博士论文助力了费舍尔的观点，尤其是媒体让联邦德国的年青一代信服了从第二帝国到第三帝国具有连续性的论点。[①]

随着 1960 年代的代际更迭，在联邦德国出现了一种新社会史，将纳粹主义归罪于社会根源。与魏玛共和国的政治事件史形成鲜明对比的是，诸如汉斯-乌尔里希·韦勒或于尔根·科卡等更年轻的历史学家研究社会结构，以解释民主在德国的失败根源。这种受美国社会学启发的现代化缺陷 (Modernisierungsdefizite) 视角，也考虑到了自德意志帝国以来专制政治的延续性。与西方邻国相比，这些社会历史学家抱怨资产阶级的软弱，导致了政治民主化受阻。他们由此得出结论，要求进行政治改革，以最终战胜专制残余。尽管这一左翼自由主义思潮仍颇受争议，但它巩固了一种历史性的自我批判。[②]

美国学界通过强化视角的变化过程，对德国内部观念的转变做出了重大贡献。因此，跨大西洋的方法和主题方面的推动力，在打破民族主义政治史霸权方面发挥了重要作用。在埃里克·霍布斯鲍姆 (Eric Hobsbawm) 等历史学家的推动下，国际上对"伟人"的研究转向了受

---

① Fritz Fischer：*Griff nach der Weltmacht*. Düsseldorf, 1961, S. 56ff. Vgl. Klaus Große Kracht：*Die zankende Zunft：Historische Kontroversen in Deutschland nach 1945*. Göttingen, 2005.

② Georg Iggers (Hrsg.)：*The Social History of Politics：Critical Perspectives in West German Historical Writing since 1945*. Dover, NH, 1985；Manfred Hettling et al. (Hrsg.)：*Was ist Gesellschaftsgeschichte？Positionen，Themen，Analysen*. München, 1991.

其统治的工人，这点也有助于在德国唤醒人们对社会史产生新的研究兴趣。来自英美国家的类似推动力加速了定量方法的推广和跨学科历史社会学的形成。同样，来自英语国家的有关女权主义讨论所提供的启发，也强化了有关妇女和性别史方面的德国观念。这些跨大西洋的推动力使德国历史更加丰富多彩并具有批判性。①

用大屠杀范式来解释纳粹的大规模杀害，若没有美国方面的影响，也是无法理解的。在联邦德国，像卡尔·迪特里希·布拉赫（Karl Dietrich Bracher）这样的批判性当代史学家集中研究的是篡权和希特勒独裁的结构。在美国却相反，像劳尔·希尔伯格（Raul Hilberg）这样的先驱者对犹太谋杀案进行了更详尽的研究，他将种族灭绝的屠杀（Genozid）视为一种新型种族灭绝形式。这一术语之所以生效，是因为它将幸存者的记忆、保卫以色列以及同谋拒绝难民视为一种人权世俗道德加以主题化。② 在德国，1979 年同名电视连续剧《大屠杀》的上映，才使得该概念为大众所知。在历史学家之争中，一个德美批评家联盟成功地抵制了相对化的企图。随着日常生活微观史学（Alltagsgeschichte）的发展，大量的纪念碑建筑景观应运产生，在机构制度上确定了批判性记忆。③

因此，在公众视野中，跨大西洋报道充当了一种外化的良知，是用阿古斯的眼睛（Argusaugen）监督着对历史的自我批评的遵守情况。诸如《纽约时报》等机构指出，任何新纳粹运动，如德国国家民主党

---

① Konrad H. Jarausch：*Contemporary History as Transatlantic Project*：*The German Poblem*，*1960 - 2010*，*HSR Supplement 34*. Cologne，2012；Vgl. Karen Hagemann，Jean Quaetert（Hrsg.）：*Gendering Modern German History*：*Themes*，*Debates*，*Revisions*. New York，2007.

② Raul Hilberg：*The Destruction of the European Jews*，New Haven，2003，3rd ed. Vgl. Jürgen Matthäus，Thomas Pegelow-Kaplan（Hrsg.）：*Beyond "Ordinary Men"*：*Christopher R. Browning and Holocaust Historiography*. Paderborn，2019.

③ Charles S. Maier：*The Unmasterable Past*：*History*，*Holocaust*，*and German National Identity*. Cambridge，1988；Jan-Holger Kirsch：*Nationaler Mythos oder historische Trauer？ Der Streit um ein zentrales „Holocaust-Mahnmal" für die Berliner Republik*. Köln，2003.

（NPD）或光头党，都可能被解读为"第四帝国"出现的标志。罗纳德·里根（Ronald Reagan）总统访问比特堡军事墓地，武装党卫军成员也葬在那里，德国联邦议院议长菲力普·耶宁格（Philipp Jenninger）的非常不成功的讲话*，在大西洋两岸均引起了轩然大波。在有关拖延对纳粹强制劳工赔偿的争端中，国际评论员呼吁经济界和国家采取一种慷慨的解决方案。而在否认大屠杀的审判中，克里斯托弗·布朗宁（Christopher Browning）等美国历史学者充当了控方的专家。① 因此，美国方面的推动力大大促进了维护官方的自我批判性反思。

三、克服个人的相对化

与自我批判式的公共记忆文化不同，德国大众对第三帝国的纪念最初反映出一个和平民族共同体的相当积极的形象，纳粹罪行在很大程度上被忽视了。普遍存在一种混合方式，对自身罪行保持沉默，并叙述刚刚经历过的劫难，首先强调的是德国的苦难。"我知道，我并没有犯罪"，一个典型的士兵之声。在这种个人记忆中，美国人更是被视为德国战败的责任方、对德国城市进行空袭的飞行员或是骄傲自大的"占领者"，而非幸存的解救者，或开启新政治的导师。② 在与大洋彼岸的私下接触中，像诺拉·克鲁（Nora Krug）这样的德国人却一次又一次地被问到他们如何看待其棘手的过去。这种来自外部的压力作为对个人的

---

* 耶宁格在 1988 年纪念"水晶之夜"50 周年活动上发表讲话，追问当年的德国人为何被纳粹主义蛊惑，同时强调德国人应直面历史勇于承担起责任，但这一言语却遭到了 50 多名议员的抗议而提前离席，媒体也大加指责，认为他缺乏对于历史的理解，导致耶宁格第二天便黯然辞职。——译者注

① Edgar Wolfrum：*Geschichtspolitik in der Bundesrepublik Deutschland*：*Der Weg zur bundesrepublikanischen Erinnerung 1948 - 1990*. Darmstadt，1999.

② 转引自 K. H. Jarausch，2017，S. 8；Maria Höhn：*GIs and Fräuleins*：*The German-American Encounter in 1950s West Germany*. Chapel Hill，2002。

刺激，也强化了内部的自我批评观。[1]

在非官方的口述回忆中，德国人将自身描述为悲惨命运的受害者，而并没有承认自己需要为自身的苦难承担起责任。对于这种有选择的记忆，有充分的理由：几乎每个家庭都在战争中遭受过苦难，如男人们在战争中牺牲，或是女人们在逃亡过程中丧生。在盟军对德国城市的空袭和决战中，很多房屋和工厂被摧毁。上百万难民从自己的故乡遭驱逐，被迫走上流亡之路。一位狂热的民族主义者评论道："我们不是罪人，而是犹太人对德国人发动的战争的受害者。"当一个人只关注于自身幸存的记忆，要去悲悯那些素昧平生的强制劳工、集中营罪犯和战俘是几乎不可能的。[2] 在一个采用了受难者视角的集体叙事中，他们自身的苦难，而非对纳粹专政和灭绝战争应负有的责任处于核心地位。

因此，每当美国人试图提到对纳粹罪行的共同罪责时，大多会遭到反驳。尤其憎恨的是所谓"集体罪责"，尽管这一说法不涉及法律层面，而是涉及政治层面。大多数人宣称，只是履行了作为爱国者的义务，且对纳粹罪行一无所知，因为许多人"闭上了眼睛与耳朵"。这种半真半假的说辞推卸了他们自己对纳粹专制政权百万倍的支持，以及面对专制政权对受害者施行迫害时无情地视若无睹。当时，很多德国士兵特别乐意用"你也一样"式（tu quoque）的论调，将诸如盟军在汉堡和德累斯顿针对百姓的轰炸，或诸如发生在卡廷的大规模枪杀暴行 *，作为开脱自己罪责的理由。对于女性而言，对大规模性侵的明显耻辱感在加强，而男人们因其自身的无能，对此并没有表示体谅。[3]

---

[1]　Nora Krug：*Belonging：A German Reckons with History and Home*. New York，2018.

[2]　Konrad H. Jarausch：*Zerrissene Leben：das Jahrhundert unserer Mütter und Väter*. Darmstadt：wbg Theiss，2018，S. 295ff.；ders.，，2017，S. 8f.

*　卡廷惨案指 1940 年春苏联方面约 2.2 万名波兰战俘、知识分子、警察及其他公务员在苏联斯摩棱斯克州以西的卡廷森林进行的有组织的大屠杀。——译者注

[3]　Peter Longerich：*„Davon haben wir nichts gewusst!" Die Deutschen und die Juden-verfolgung 1933 - 1945*. München，2006；Sönke Neitzel，Harald Welzer（Hrsg.）：*Soldaten：The Secret World of Transcripts of German POWs*. New York，2012.

很多德国人固执地想在战败中仍保持自己的骄傲，这导致了他们从根本上拒绝接受一种新秩序。参与过二战的士兵们对盟军拍摄的有关集中营的纪录片嗤之以鼻，女人们在强制性参观集中营时也无法忍受尸骨成堆的画面。许多负有罪责的男性认为去纳粹化进程有辱人格，尤其是"问卷"的填写，在他们看来是来自战胜国的蓄意羞辱。面对盟国对纳粹专制罪行的宣传，民族保守主义者宣称这是一种"洗脑"，盟国想通过这种方式来将德国人曾热衷的传统全部推翻。同时，他们还咒骂对战胜者进行奉承的人，将这些人称作机会主义者，并且谩骂和"美国兵"搞在一起的"美国妓女"①。这些仇恨使得他们的记忆越来越趋于个人化，且拒绝官方的自我批评。

尽管如此，在普通大众中还是渐渐演变出一种对于过去更具批判性的态度，使纳粹主义名誉扫地（diskreditieren）。仅战败的彻底性，就足以防止通过编制新的刀背在刺传说（Dolchstoßlegende）* 来为希特勒专制政权辩护。纳粹政权造成的后果也是如此毁灭性的，从长远来看，其产生的根源难以被无视否认。同时，由于经济奇迹带来的快速增长，阿登纳的民主又被证实比乌布利希（Ulbricht）的社会主义民主政权更成功。负担均衡的社会再分配，也有助于被驱逐者在联邦德国的融入。最后，与美国人的私人接触、在旅行中获得的印象以及流行文化的传播，也推动了德国人的西方化。这些丰富多彩的体验，有助于民众进一步与第三帝国拉开距离，渐渐形成了一种"内部民主化"。②

对消极的传统文化的背弃，最后也使公民得以更轻松地对自身在第

---

① Ernst von Salomon：*Fragebogen. The questionnaire*. Garden City，NJ，1954；Gavriel Rosenfeld：*The Fourth Reich*. New York，2019.

* "刀刺在背传说"是一战后不少德国民族主义者无法接受德国败北的事实而编造的一个谎言，认为外国人与非民族主义者联合出卖了德国，共和政府要为德国的失败负责，并将负责签署《凡尔赛和约》的政府官员、共产党人、犹太人以及参与德国革命、推翻帝国政府和建立魏玛共和国的人员称为"十一月罪人"。——译者注

② Konrad H. Jarausch：*Die Umkehr：Deutsche Wandlungen，1945 - 1995*. München，2004；Anselm Doering Manteuffel：*Wie westlich sind die Deutschen？ Amerikanisierung und Westernisierung im 20. Jahrhundert*. Göttingen，1999.

三帝国时期的行为进行反思。其中一大批具有批判精神的作家，如君特·格拉斯（Günter Grass）、海因里希·伯尔、彼得·维斯（Peter Weiss）和拉尔夫·霍赫胡特（Ralf Hochhut）等对第三帝国罪行进行的深刻剖析，均对此起到了推动作用。此外，数量众多的法庭审判，如乌尔姆突击队审判、法兰克福奥斯威辛审判或是在耶路撒冷的艾希曼审判，都将集中营的残忍恐怖展现在大众面前。《明镜》周刊或《明星》周刊等主要日报和期刊也通过揭示希特勒独裁政权的惊人内幕，来强化这种批判性意识的形成。最后，大多来自美国的电影和电视放映了揭露党卫军罪行的扣人心弦的戏剧性故事。① 持怀疑态度的同时代人很难完全回避这些文化刺激，因为 1968 年"学生运动"的年青一代就欣然接受了这种感染。

通过当代史研究，历史学也为塑造一种批判性的自我认知做出了关键性的贡献。尽管因有传统主义者的抵制，对刚过去的那段历史处理得并不够严肃，但学术上还是产生了对"同胞生活的时代"（Epoche der Mitlebenden）即对世界大战时代的研究。与政治教育中心的大众教育学不同，慕尼黑当代史研究所的创建旨在对历史棘手问题进行一丝不苟的原始材料评析。很快，其内部杂志《当代史季刊》便被视为反对任何形式的相对化尝试的可靠出版物，受到了广泛赞誉。虽然普通读者很难理解意象主义者和功能主义者之间的争议，但研究通过破除大众神话，强化了对纳粹专制的批判态度。②

丰富多样的纪念馆风貌的形成，可以让人们在情感上感受到真正的纳粹受害者所遭受的苦难。战后初期，各地的集中营因被视为地区耻辱而逐渐凋敝，仅在周年纪念日才有幸存者前往参观。然而，随着 1960 年代批判性视野带来的转向，一些比较有名的集中营开始被改建成纪念

---

① Christoph Classen: *Bilder der Vergangenheit*: *Die Zeit des Nationalsozialismus im Fernsehen der Bundesrepublik Deutschland 1955-1965*. Cologne，1999.

② Horst Möller，Udo Wengst（Hrsg.）: *50 Jahre Institut für Zeitgeschichte*: *Eine Bilanz*. München，1999；Christoph Klessmann: *Zeitgeschichte in Deutschland nach dem Ende des Ost-West-Konflikts*. Essen，1998.

馆，以保留那些痛苦的回忆。随着人们对微观史学兴趣的加强，一大批小规模的集中营也慢慢被当地的民众发现。对历史见证者的采访记录，让公众更深刻地认识到纳粹政权对政敌、强制劳工和战俘等犯下的罪行。同时，人们还发起了一些独具创意的纪念形式，如在各个受害者曾经的住所前设立"绊脚石"纪念碑，或对路牌的评论来图解对犹太人的迫害。① 这些形式丰富的视觉材料也促使青少年必须直面纳粹罪行。

在个人记忆方面逐渐产生的态度转向，在很多希特勒青年团那一代人的自传中也得到了体现。德国战败时对于一些狂热的青年人，如克里斯塔·沃尔夫（Christa Wolf）等是一个巨大的震惊，导致他们开始不断进行自我反省。但大多数感到受骗上当的纳粹追随者为了能继续生存并追求事业上的成功，最初拒绝了进行任何良心上的拷问。直到退休后，他们才开始慢慢回顾自己的青年时光。他们才惊恐地意识到，如洛荷·瓦尔（Lore Walb）等人，当初他们是多么盲目地坚信纳粹宣传。他们中的一些人将责任归咎于盟军或纳粹高官。但也有一些更敏感的知识分子，如乌苏拉·马伦多夫（Ursula Mahlendorf）等人，从这种对自身失败的反思中推导出一种道德义务，即反对任何形式上的仇恨。这种自我认知推动了他们走向民主与和平主义。②

四、自我批判式的历史观

因此，批判性记忆文化的形成并非自然而就，而是数十年来对于纳

---

① Harold Marcuse：*Legacies of Dachau：The Uses and Abuses of a Concentration Camp，1933 – 2001*. Cambridge，2001；Enrico Heitzer，Günter Morsch，Robert Traba，Katarzyna Woniak（Hrsg.）：*Von Mahnstätten über zeithistorische Museen zu Orten des Massentourismus? Gedenkstätten an Orten von NS-Verbrechen in Polen und Deutschland*. Berlin，2016.

② Christa Wolf：*Kindheitsmuster*. Darmstadt，1976；Lore Walb：*Ich die Alte，ich die Junge：Konfrontation mit meinen Tagebüchern 1933 – 1945*. Berlin，1998；U. Mahlendorf，2009，passim.

粹历史进行反思的结果。最初，戈培尔政治宣传式的陈词滥调仍留有影响，且后期也一直有人尝试对纳粹罪行予以相对化。正因如此，将柏林"新岗哨"（Neue Wache）设立为二战的核心记忆场所，至今仍备受争议，不仅是因为凯绥·珂勒惠支（Käthe Kollwitz）手下的圣母像（Pieta）广受质疑，也是因为献给"战争和暴力的受害者"而抹去了所有差异性。相反，勃兰登堡门阴影下的大屠杀纪念碑明确地被设定为"欧洲被害犹太人纪念碑"，让人联想起犹太墓地的造型也表明了对大屠杀罪责的一种承认。① 国会大厦保留了枪弹痕迹，也是联邦德国接受历史自我批判的一个例证。

美国对于形成一种批判性历史观所做出的贡献逐渐被大众淡忘，这在当时是必要的，同时也并不充分。战胜希特勒独裁是对占领德国的前提，混杂着严厉惩罚与慷慨帮助，旨在粉碎军国主义、民族主义和垄断主义的统治。新导向的一个核心任务是建立起一种全新的、自由的记忆文化，通过承认德国的罪责来促使文化的扭转。在塑造具有自我批判性的官方历史观方面，美国的主要贡献在于提供了一个积极的成功榜样和始终遏制各种试图将纳粹罪行相对化的科学伙伴。② 从跨大西洋有关纳粹罪行的讨论中，形成了一个间接推动个人反思的记忆共同体。

要建构一种具有批判性的记忆文化，唯有德国人自己也将它视为核心任务，才能长期得以贯彻。最初，只有极少数从集中营获释的、境内外流亡的反法西斯主义者愿意强调德国的责任，极力地与纳粹独裁政权的骇人听闻的罪行保持距离。唯有第三帝国的破坏性后果才使民主政治家、有思想的知识分子和勇敢的当代历史学家能够摧毁宣传的神话，揭示失败的真正原因。然而，战后数十年来，德国人的道歉式私人记忆一直存在，塑造着集体叙述，但更多是将自己视为纳粹统治的受害者而非帮凶罪犯。直到1985年联邦总统魏茨泽克发表了坦诚的讲话，这种集

---

① Brian Ladd：*The Ghosts of Berlin：Confronting German History in the Urban Landscape*. Chicago, 1997.

② K. H. Jarausch, 2012, pp. 7-49；Ph. Stelzel, 2018, pp. 164-175.

体受害者叙事才逐渐消失，人们开始认识到，德国人的痛苦是与罪责有着因果关系的。①

　　尽管民主德国的崩溃让人开始要求反思另一种专制，但这丝毫也未能影响自我批判式的历史图像。人们普遍担心，双重的历史反思可能会削减对纳粹主义的反思力度，事实证明这是完全没有根据的。恰恰相反，因为对统一社会党福利独裁统治（Fürsorgediktatur）的反思，是试图避免战后对纳粹错误的漠视。② 德国联邦议院设立调查委员会、史塔西文献机构和新的当代史研究所以各不相同的方式，对民主德国所谓"真正的社会主义"的遗产进行毫不留情的深入剖析。即便苏联内务人民委员部（NKVD）的特殊营地继续使用集中营而使受害者竞争，也没有对此产生断裂性的影响。一个新的、全面的联邦纪念馆方案推动了德国独一无二的反法西斯主义和反共产主义的记忆文化景观的形成。③

　　然而，对德国历史批判性的反思仍然屡屡受到相对化的尝试的威胁。从一开始起，很多处于半公开区域的民族主义者便没有真正准备要承认自己的罪责。虽然新纳粹政党仅成功跻身州议会，但是1989—1990年后的一代人对于极端右翼主义的禁忌显然已经减弱。移民危机在德国东部引发了一场丑陋的"佩吉达运动"（Pegida-Bewegung）*，对于两德统一结果的不满甚至让德国选择党推进了联邦议院。诸如比约恩·霍克（Björn Höcke）和亚历山大·高兰德（Alexander Gauland）这样的政治家，通过煽动性话语引发社会极度不安，其中前者将大屠杀

---

　　① Harald Welzer et al.：*Opa war kein Nazi：Nationalsozialismus und Holocaust im Familiengedächtnis*. Frankfurt，2002，3. Aufl.；https://www. bundespraesident. de/Shared-Docs/Downloads/DE/Reden/2015/02/150202-RvW-Rede-8-Mai-1985. pdf？__blob＝publica-tionFile.

　　② Konrad H. Jarausch：Double Burden：The Politics of the Past and German Identity，in：Jörn Leonhard und Lothar Funk（Hrsg.）：*Ten Years of German Unification：Transfer，Transformation，Incorporation？* Birmingham，2002.

　　③ Detlev Garbe：Die Gedenkstättenkonzeption des Bundes：Förderinstrument im ge-schichtspolitischen Spannungsfeld，https://www. gedenkstaettenforum. de/uploads/media/Ge-dRund182-3-17. pdf；Martin Sabrow（Hrsg.）：Der Streit um die Erinnerung. Leipzig，2008.

　　＊"佩吉达运动"全称为"爱国欧洲人反对西方伊斯兰化运动"。——译者注

纪念碑称作"耻辱纪念碑"，后者视第三帝国为德意志伟大历史中的一坨"鸟屎"。① 因此，新的跨大西洋警惕性对于在未来保存批判性记忆文化是必要的。

（王丹妮　赵伯璇　孟虹　译）

---

① Höcke：Gemütszustand eines total besiegten Volkes，in：*Tagesspiegel vom* 19. 01. 2017；Gauland：Hitler nur ein Vogelschiss deutscher Geschichte，in：*FAZ online vom* 02. 06. 2018；Hajo Funke：*Brandstifter：Deutschland zwischen Demokratie und völkischem Nationalismus*. Göttingen，1993.

7. 1970—1980 年代联邦德国纳粹历史政策的策略与困境

范丁梁[*]

摘要：20 世纪上半叶动荡的政治社会氛围，在德国人中催生出一条密集的代群序列。不同的代群对待纳粹历史的立场和方式也不同。社民党在 1969 年上台组阁后，推行以批判和反思为主基调的历史政策，采取以"民主"求认同的策略，符合 1930 年代和 1940 年代出生之民众的认知与诉求。此后历史政策的焦点逐渐从"去纳粹化"转向了"正常化"。1982 年政权更替后，联盟党将正常化的目标更推进一步，采取了以"民族"求认同的策略，并希望以此来形塑战后出生之人的集体身份认同。这两种历史策略各有优劣，都没有完全解决联邦德国人集体身份认同建构的问题。

关键词：联邦德国，历史政策，社民党，联盟党

任何一个系统化的政治体系在处理历史时，都无法避免贴近或者疏

———————

* 作者简介：1983 年生，华东师范大学历史学系讲师。浙江大学历史学系学士（2006 年），浙江大学历史学系世界史硕士（2008 年），德国特里尔大学近现代史博士（2012 年），德文博士论文主题是"1959—1989 年联邦德国社会民主党和历史学。一个政党与专业历史学家的交流"。主要研究领域为西方史学史和 20 世纪德国史，主持国家社科基金青年项目"二战后联邦德国关于纳粹问题的历史研究与历史政策"（2014—2019 年）。

离某些历史。不过，强调学术要疏离现实的学者，在很长一段时间内把政治主体对历史的"使用"，视为政治对历史进行的"利用"甚至是"操控"。直至 20 世纪 80 年代中期，随着人们越来越认识到历史意识和历史文化在政治公共领域与社会生活中的重要性，尤其是受 1986 年爆发的"历史学家之争"（Historikerstreit）影响，联邦德国的政治学者和历史学者才开始将有意图地处理历史经验的政治活动视为一个独立的政治领域①，并且在中性意义上使用"历史政策"（Geschichtspolitik）②这一概念。所谓历史政策，指的是：正在领导一个政治团体——普遍语境下当然是指国家，但也有可能是欧盟这样的超国家组织——或者有能力、有机会对这种领导施加影响的行动者，以一种具有强选择性、强判断性和强情感色彩的历史观为预设，以认知世界、发现自我、证明统治合法性、启蒙社会、培育多元视角等为目的，对历史做出的阐释和为了维护该阐释所进行的努力。

就此而言，战后初年的纳粹战犯审判、纳粹人员安排、战争赔款等具体司法和行政措施，其中当然也蕴含着统治者历史意识和历史政治教育理念，但它们在严格意义上不属于历史政策的范畴。1960 年代的联邦德国，虽然在奥斯威辛审判、纳粹罪行追诉时效大讨论和"学生运动"中为审视纳粹历史扫清了司法障碍，拓展了话语空间，并且完成了

---

① Michael Wolffsohn: *Ewige Schuld? 40 Jahre deutsch-jüdisch-israelische Beziehungen*. München, 1988, S. 21; ders.: Deutscher Patriotismus nach Auschwitz? Die Frage nach dem Lebenswerten bietet den richtigen Ansatz, in: *Beiträge zur Konfliktforschung* 4 (1987), S. 21-36, hier S. 32; Peter Steinbach: Zeitgeschichte und Politikwissenschaft, in: Stephan von Bandemer, Göttrik Wewer (Hrsg.): *Regierungssystem und Regierungslehre. Fragestellungen, Analysekonzepte und Forschungsstand eines Kernbereichs der Politikwissenschaft*. Opladen, 1989, S. 25-32.

② Geschichtspolitik 是一个非常典型的德语词汇，我们在汉语中很难找到与之在语义和结构上都完全相称的表述。因为德语的 Politik 包含英语的 politics 和 policy 两种含义，它既指政治活动的过程层面，也指政治活动的理念层面，当然必然还暗含着政治活动的主体层面。所以，Geschichtspolitik 这个概念除了具备"政治中的历史"（Geschichte in Politik）或者"与历史打交道的政治"（Politik mit Geschichte）这样的基本含义外，还暗示着它应该是整体的、系统的，并且常常有类型化的表现。故本文以"历史政策"译之，而不采用"历史的政治"这一类的说法。

与纳粹历史交锋的人员储备，但这一时期其实也并没有形成针对纳粹主义的系统历史政策。因为上述举措针对的都是纳粹遗留问题，而不是审视和分析纳粹历史本身；是想要通过"解决"过去来尽快向未来逃离，而不是真正再次触碰和接纳过去。纳粹历史政策的核心问题，是如何通过"处理"产生重负的历史来塑造全社会的身份认同和政治自洽。当联邦德国的"战后时代"在 1967—1968 年迎来终结时①，当完全在联邦德国社会化的新一代长成时，提供一种清晰、系统且成熟的纳粹历史政策才成为联邦德国政府迫在眉睫的任务，因为无法解决纳粹问题，就根本无从谈论如何解决万分棘手的德意志民族国家认同问题。

一、1970 年代社民党的历史政策：以"民主"求认同

1968 年席卷西欧的学生运动过后，社会民主主义成为联邦德国政坛上的一股决定性力量。1969 年 7 月和 10 月，社民党人古斯塔夫·海涅曼（Gustav W. Heinemann）、维利·勃兰特（Willy Brandt）先后就任联邦德国总统和总理，波恩共和国由此进入了为期 13 年的"社会民主党的年代"（Sozialdemokratisches Jahrzehnt）②，直至 1982 年基民盟/基社盟与自民党结盟后重新执政。1969 年的政权交替，不仅意味着社民党开始主导联邦德国的内政外交，同时也意味着它开始全面构建和推行自己的一套历史政策。

在二战结束后的很长一段时间里，社民党对待纳粹历史的态度是非常克制的。因为当时的整个社会民主主义集团其实是极为破碎的，尤其

---

① Anselm Doering-Manteuffel: Deutsche Zeitgeschichte nach 1945. Entwicklung und Problemlagen der historischen Forschung zur Nachkriegszeit, in: *Vielteljahrshefte für Zeitgeschicht*e 41 (1993), S. 1-29, hier S. 1.

② Bernd Faulenbach: Die Siebzigerjahre-ein sozialdemokratisches Jahrzehnt? in: *Archiv für Sozialgeschichte* 44 (2004), S. 1 - 37; ders.: *Das sozialdemokratische Jahrzehnt. Von der Reformeuphorie zur neuen Unübersichtlichkeit. Die SPD 1969 - 1982*. Bonn, 2011.

是在从集中营和监狱中解放出来的社民党人与从海外流亡归来的社民党人之间，充斥着一种疏离和冷淡的气氛。把他们集结在一起的，是一个共同的目标：重建德国社会民主党并令其在新体系中发挥决定性作用。因此，1950 年代，社民党人对待纳粹历史的进攻路线首先从揭露纳粹主义者与德国传统右翼之间的关系出发。作为唯一在 1933 年对《授权法》（Ermächtigungsgesetz vom 24. März 1933）投出反对票的政党，它试图尽可能广泛地为"德国浩劫"（Deutsche Katastrophe）挖掘社会根源和思想根源，证明保守主义者为纳粹党的上台铺平了道路。但是，一方面，由于绝大部分德国人都与纳粹政权有所瓜葛，所以即便是埃里希·奥伦豪尔（Erich Ollenhauer）、弗里茨·海涅（Fritz Heine）和勃兰特等人——他们领导抵抗运动反对希特勒，未曾参与纳粹罪行，在1945 年后重新成为社民党首脑——在 50 年代也往往不得不对德国历史上最黑暗的一面保持沉默。另一方面，出于政治联盟的需要，社民党不得不在很多州议会中与"全德流亡与权利被剥夺者集团/联盟"（Gesamtdeutsche Block/Bund der Heimatvertriebenen und Entrechteten）合作，后者作为吸纳了众多前纳粹党党员的极右政党在"非纳粹化"的终止和纳粹主义者的赦免上发挥了重要作用。这一切导致社民党在 1950 年代无法对纳粹历史表现出绝对的强硬立场。它虽然有就德国历史展开批判和争论的诉求，但是这种诉求却有其界限——争论必须以无损于社民党在联邦德国的政治地位、政治形象和政治资源为前提。

奥伦豪尔于 1963 年离世，时任西柏林市长的勃兰特于次年接任党主席一职。从那时起，社民党领导集团开始转变他们对纳粹历史的态度，提出了德国人要与自身历史"和解"（Versöhnung）的理念。这种和解话语的第一个层面是缓和冲突，减轻痛苦。在处理纳粹历史、整合纳粹人员的过程中产生的群体性矛盾，包括纳粹主义之反对者与追随者之间的冲突、年长者与年轻人之间的冲突等，在 1960 年代中期越发凸显。社民党人希望克服这些对立冲突，在各方之间进行协调。他们不再将纳粹罪行以类别等级进行划分，拒绝重启非纳粹化进程。他们也不想再纠缠于"二战结束对德国人而言究竟是失败还是解放"这样的问题，认为这种必须二择其一的问题只会在内部制造分裂；相反，德国人必须意识到个体不同命运的同时性，并且在民族整体性的回忆话语中不以一类来排挤另一类。和解话语的第二个层面是"以史为鉴"。二战和战后时代出生的德国人没有纳粹经历，在完全新的环境下被社会化，他们在1960年代上半叶要发展自己的历史政治意识，这对纳粹历史的教授与传播提出了全新的挑战。在社民党人看来，成长中的年青一代应该通过历史政治教育厘清纳粹主义产生的原因与条件，从而更好地走向民主。和解话语的第三个层面是迎接未来。1965年5月7日，值二战结束20周年之际，勃兰特以"二十年足够了！"（Zwanzig Jahre sind genug！）为口号发表演讲。从演说中可以看出，这位社民党主席所说的"足够"，并非指德国人要就此与历史割裂，而是指要以一种新方式与其争论；当德国人对自我进行批判审视时与过去紧贴在一起，而当德国人面向未来迈进时亦要与其拉开距离。正是在这个意义上，勃兰特才说："二十年足够了——分裂足够了，死心足够了，单纯回忆往事也足够了。"[1] 和解话语要保护一个"改过自新的民族"不受诽谤，要促进联邦德国在世界舞台上扮演一个相称的角色，也暗示着要以新立场去对待两德关系。

社民党组阁后，作为"另一个德国"的代表，作为一个"被解放"而非"被战胜"之德国的总理[2]，勃兰特于1970年12月7日在华沙犹太隔离区起义纪念碑前震惊世界的一跪，在更广阔的舞台上为社会民主主义以批判和反思为主基调的纳粹历史政策拉开了大幕。社会民主主义历史政策的第一个核心，在于对俾斯麦及其建立的德意志帝国持批判态度并将其视为"德国浩劫"的根源。1971年1月，值德意志帝国建立100周年之际，勃兰特鲜明地指出，俾斯麦及其帝国不应该再被视为德

① Willy Brandt: Zwanzig Jahre sind genug, in: *Frankfurter Allgemeine Zeitung* vom 03.05.1965.

② Willy Brandt: *Erinnerungen*. Frankfurt a. M. /Berlin, 1989, S. 186.

国历史进程中的"榜样"。① 在 1971 年 1 月 17 日的全德广播电视讲话中,海涅曼指出,1871 年在德国只有实现了"外部的统一而没有完整的公民内部的统一"。一方面,他承认俾斯麦的政策,即在排除奥地利的前提下强制性地建立了小德意志的王侯联邦国家,是正确的。但是另一方面,他认为帝国的建立不但"摧毁了民主的与民族的意愿之间的联系",而且"将德国人的民族意识片面地束缚在君主制保守主义的力量上"。在此基础上,海涅曼强调,应该从俾斯麦帝国的历史中去寻找纳粹主义的起因:"谁将第一次世界大战当成一次纯粹的不幸,认为德国人不是共犯,谁将 1919 年《凡尔赛和约》的不公当成纳粹夺权的托词,他就始终没有完全理解 1918 年那场崩溃的原因。百年帝国——这不是意味着一次凡尔赛,而是两次凡尔赛,1871 年和 1919 年,这还意味着奥斯威辛、斯大林格勒以及 1945 年的无条件投降。"②

在此之前,还尚未有联邦总统以这种方式对历史进行清算。海涅曼的讲话引发了联邦德国政治公共领域的一场激烈的争论。在野党的反对声潮尤为高涨。他们强调,俾斯麦帝国虽然不是通过民主途径建立起来的,但是它符合整个德意志民族的意愿③;同时指责海涅曼从德意志帝国到第三帝国的连续性命题,是一种"社会民主主义的历史捏造",这位总统在对待历史问题时"滥用职权",是为了给社民党的新东方政策(Neue Ostpolitik)扫清障碍。④ 虽然海涅曼的论点引发了很多争议,但是毋庸置疑的是,它标记了联邦德国政治记忆中的一次范式转型。自此,排挤纳粹历史的政治话语体系被瓦解,用批判视角阐释德意志历史

① Willy Brandt: Erklärung des Bundeskanzlers zum Reichsgründungstag, in: *Bulletin des Presse- und Informationsamtes der Bundesregierung* 5 (1971), S. 35.

② Gustav W. Heinemann: 100. Jahrestag der Reichsgründung des Deutschen Reiches. Ansprache des Bundespräsidenten zum 18. Januar 1871, in: *Bulletin des Presse- und Informationsamtes der Bundesregierung* 5 (1971), S. 33-35, hier S. 33-34.

③ Vgl. Deutsche Rückblicke auf die Reichsgründung, in: *Neue Zürcher Zeitung* vom 19.01.1971.

④ Franz Josef Strauß: Bismarck, die Erben und Heinemann, in: *Bayernkurier* vom 23.01.1971.

进程的话语体系逐渐得到了官方的认可。它最终成为 1970 年代"联邦德国历史政策的基础共识"①。因为这样一来可以将德国 20 世纪上半叶的历史视为一段可以被理解与阐释的发展过程，并因此证明，只要联邦德国如勃兰特 1969 年的竞选口号所言，"大胆拥有更多民主"（Mehr Demokratie wagen），它就可以从纳粹历史的重负中解放出来。

社会民主主义历史政策的第二个核心，在于联邦德国塑造一种全新的民族意识，并且将其与德意志民族的内部和解联系起来。早在 1950 年代，联邦德国的政治家们就为民族认同问题展开了争论。最初，从左翼到右翼的政党都不同程度地坚持以统一的德意志民族国家为最高目标。不过，随着东西方冲突日益激化，尤其是 1961 年柏林墙的修建，政治家们积极统一德国的理念遭遇了巨大的现实屏障，政治公共领域对于迅速克服分裂状况的期待日益回落了，社会需要对德意志民族意识做出新的解释。为了应对新形势，以勃兰特和弗里茨·厄尔勒（Fritz Erler）为代表的社民党人提出了"两个国家，一个民族"的理念。他们仍然将德意志民族视为一个整体，但是不再追求民族国家的统一。德意志民族的整体性不是来自政治组织形式，而是来自其历史传统，来自时间上延续的德意志历史之方方面面，它是一个文化民族（Kulturnation）。就像勃兰特于 1966 年在多特蒙德的党代会上所言，"即便民族国家作为组织形式在某种程度上不再是政治秩序的最终目标，民族仍然是一个首要的命运共同体"②。但是，这个共同体不再需要一种以忠诚为核心的爱国主义作为黏合剂。1965 年，时任社民党联邦议院党团主席的厄尔勒强调，德国人必须克服长久以来所假想的"民族信念者与帝国敌人"之间的分裂，从而建立起一种"健康的、心平气和的民族自

① Dieter Langewiesche: Über das Umschreiben der Geschichte. Zur Rolle der Sozialgeschichte, in: ders.: *Zeitwende. Geschichtsdenken heute*. Göttingen, 2008, S. 56–68, hier S. 61.

② Willy Brandt: Parteitagsrede vom 01.06.1966, in: Werner Krause, Wolfgang Gröf (Hrsg.): *Willy Brand … auf der Zinne der Partei … Parteitagsreden 1960 bis 1983*. Berlin/Bonn, 1984, S. 111–138, hier S. 116.

我意识"①。

1969 年至 1974 年，随着新东方政策的全面施行，联邦德国人需要面对的新问题是：在承认两德分裂的前提下，应该并且能够如何理解"民族"这一概念。德意志民族何在？它究竟是 1871 年建立的国家民族，还是 1848 年建立的文化民族？保守主义相信，构成一个民族的基本条件是国家的建立和领土的确定，而非仅仅是意识和意愿。由此他们为德意志民族划出了一幅从俾斯麦帝国至联邦德国的传承图。基民盟/基社盟的政治家们坚持捍卫一个 1871 年建立起来的疆域清晰的德意志国家民族。他们认为德意志民族原本轮廓清晰的形象逐渐消失在社民党所谓的"'文化民族'如波浪般飘荡的迷雾中"②。在他们看来，1972 年关于两德关系《基础条约》的签署，标志着存在了 101 年的俾斯麦帝国的彻底破产；而海涅曼和勃兰特等社民党人对民主德国的认可是对德意志民族存续的割裂和背弃，海涅曼和勃兰特是"帝国的敌人"和"无国之人"。

与之相反，社民党人则认为民族存在的基本条件是民族共同感的形成，他们将民主德国也纳入了德意志民族的范畴，并且与联邦德国平起平坐。他们声称，"民族是一个意识和意愿的问题"③；"是民众意愿的一个产物，这些人愿意表述或宣布成为德意志民族这一感受——这也正是民主德国民众的意愿"④；"民族建立在一个族民的民众持续的共同归属感上，没有人能够否认，就此而言有并且将有一个德意志民族"⑤。

---

① Fritz Erler: *Unser Platz unter den Völkern*. Bonn, 1965, S. 4, 7.

② W. Hertz-Eichenrode: Brandt Abschied von der Staatsnation, in: *Die Welt* vom 17. 02. 1973.

③ Presse- und Informationsamt der Bundesregierung (Hrsg.): *Bericht der Bundesregierung zur Lage der Nation 1971. Bundeskanzler Willy Brandt vor dem Deutschen Bundestag am 28. Januar 1971.* Bonn, 1971, S. 13.

④ Carlo Schmidt: Staatsrechtliche Komponenten der deutschen Frage, am 15. 01. 1970 vor dem Deutschen Bundestag, in: *Bulletin des Presse- und Informationsamtes der Bundesregierung* 8 (1970), S. 77f., hier S. 77.

⑤ Presse- und Informationsamt der Bundesregierung (Hrsg.): *Bericht der Bundesregierung zur Lage der Nation 1971. Bundeskanzler Willy Brandt vor dem Deutschen Bundestag am 28. Januar 1971*, S. 10.

由此，社会民主主义重新解释了德意志民族的起源：早在 1848 年法兰克福国民议会召开之时，德意志民族就首次作为政治意愿共同体登上了历史的舞台；它是 1848 年形成的文化民族，而非 1871 年俾斯麦统一德国时建立的国家民族。在此基础上，社民党指出，东西德的分裂是德意志民族为其历史所付出的代价；导致两德分裂的不是盟军政府，更不是社民党-自民党联盟；它的根源不是在 1945 年的雅尔塔会议，而是在 1933 年希特勒的上台，甚至更往前推，是在 1871 年俾斯麦帝国的建立。联邦德国及其民众要承认两个德国的既存事实，从而重新找到自己的历史位置。在这个意义上，新东方政策拥有了两大历史政策支柱：其一，德国分裂是德国人咎由自取的历史判决；其二，只有与东欧交好并且承认民主德国的合法性，才是对德意志民族之历史和现状的正确感知。

于是，问题进一步指向：联邦德国自我认知的基础何在？如果它不是一个将要恢复的民族国家之核心，那么它是什么？社民党的回答是自由运动。从德国的雅各宾派到第三帝国的抵抗运动，德国史上从来不缺少用自由意识武装起来的民众。联邦德国民主体制之历史根源正在于此，它不仅仅是 1945 年战胜国的一纸文书。这就是社会民主主义对德国历史上民主传统的"再发现"，同样是"胆敢拥有更多民主"在历史政策领域的体现，也是社民党重新构建联邦德国民主政体之历史渊源的重要举措。早在 1969 年，勃兰特就曾言："对基民盟/基社盟而言，民主是一种国家的组织形式。对社民党而言，民主意味着一种原则，一种必须影响和渗透入所有人类社会存在的原则"[1]。1970 年 2 月 13 日，海涅曼在题为《德国的历史意识与传统》（*Geschichtsbewusstsein und Tradition in Deutschland*）的演讲中试图重新评价德国的自由运动。他指出，在德国缺少的不是"有自由和社会意识"之人，缺少的是关于他

---

[1] Zit. nach Bernd Faulenbach: Die Siebzigerjahre-ein sozialdemokratisches Jahrzehnt? in: *Archiv für Sozialgeschichte* 44（2004），S. 1–37, 15.

们的历史研究。① 他希望联邦德国人意识到，他们"今天的宪法凭此拥有自己的根源，它不仅仅是 1945 年的胜利者规定的义务"②。

毋庸置疑，在 1970 年代初，社民党重新定义了联邦德国的历史根源和自我认识。它一方面将俾斯麦帝国和第三帝国联系起来，另一方面为联邦德国挖掘自己的奠基石，从而与纳粹主义彻底撇清关系。这种历史政策是以对德意志历史发展之主线和主叙事（Meistererzählung）的批判为基础的，但其最终目的并不仅仅是对德意志历史做一消极陈述。它本质上承袭着 1960 年代的"和解"理念，其核心是为社民党政府在 1970 年代上半叶的整个执政纲领服务，即加速联邦德国社会在各个领域全面"民主化"的进程。

这种以"民主"求认同的策略，得到了 1920 年代和 1930 年代出生的人的认可和支持，其中包括"1945 年人"（45er）、"希特勒青年团一代"（Hitlerjugend-Generation）、"怀疑的一代"（Skeptische Generation）等。③ 这三个代表性代群，虽然基于所强调的核心集体经验不同而各有特点，但是总体而言具有一些共性：尽管无须为纳粹夺取政权承

---

① Gustav Heinemann: Geschichtsbewusstsein und Tradition in Deutschland，in: ders.: *Allen Bürgern verpflichtet. Reden des Bundespräsidenten 1969 – 1974.* Frankfurt a. M.，1975，S. 30-35，hier S. 34.

② Gustav Heinemann: Die Freiheitsbewegungen in der deutschen Geschichte. Ansprache des Bundespräsidenten aus Anlass der Eröffnung der Erinnerungsstätte in Rastatt am 26. Juni 1974，in: *Bulletin des Presse- und Informationsamtes der Bundesregierung* 78（1974），S. 777ff.，hier S. 778f.

③ "1945 年人"指的是在法律意义上无须承担纳粹罪责而迈入战后德国的第一代人。德国历史与政治教育学家鲁尔夫·施尔肯（Rolf Schörken）将其出生年份界定在 1922 年至 1930 年，而澳大利亚历史学家 A. 迪克·摩西（A. Dick Moses）则将其界定在 1922 年至 1932 年，也有学者以两位德国总理的出生年份——1918 年出生的施密特和 1930 年出生的科尔——作为划分标记。"希特勒青年团一代"则是指 1920 年代早期至 1930 年代中期出生之人，他们在青少年时期必须依法加入希特勒青年团或者少年团进行准军事训练。"怀疑的一代"这个概念由德国社会学家赫尔穆特·舍尔斯基（Helmut Schelsky）所创，指的是 1945 年至 1955 年时处在青年阶段的一代人（1930 年至 1941 年出生）。参见 Rolf Schörken: *Jugend 1945. Politisches Denken und Lebensgeschichte.* Opladen，1990；A. Dirk Moses: The Forty-Fivers. A Generation between Fascism and Democracy, in: *German Politics and Society* 17（1999），S. 95-127；Helmut Schelsky: *Die skeptische Generation. Eine Soziologie der deutschen Jugend.* Düsseldorf，1960。

担责任，可是他们在纳粹政权下长大，战争的经历和幻想的破灭让过往的生命变得无意义；当他们被纳粹思想塑造的世界观和价值观彻底击碎时，引发了他们对任何主义（包括怀疑爱国主义和民族主义）、任何政治信仰、任何意识形态的怀疑态度；他们认为自己在第三帝国经历的一切都是骗局，于是不再允许有强制性组织操控和引导自己；他们害怕再被言语欺骗，所以强调规范对人事的约束；他们重视由自我决定的个体化发展，因为在他们面前只有一条路，那就是生存下去，重建自己的生活——这一切都使得他们唯一认同和希望依靠的就是民主制度。因此，当他们从 1960 年代开始逐渐成为德国社会的生力军后，他们就对社民党以"民主"为关键词的历史政策提供了极为有力的支持。

不过，1970 年代的困境在于，在社会民主主义"民主化"政策的导向下，"克服纳粹历史"的主题其实是在为整个社会之"正常化"提供支持：通过对德意志历史的批判，把联邦德国从历史重负中解放出来，使联邦德国的自我认知正常化、与曾经的战争对手之间的关系正常化；这种"正常化"的前提是将国家认同与民族认同区隔开来，并将前者作为集体身份认同的框架。而当社民党人要到历史中去寻找这种以民主为基础之国家认同的传统，并以此为自身的执政优越性张目时，它的做法就遭到了许多反对之声。

二、1980 年代联盟党的历史政策：以"民族"求认同

1974 年，联盟党从保守主义的复苏中获利，提出了"倾向转折"（Tendenzwende）的口号，反对社民党的进步、改革和解放话语，反对将德国历史视为重负，要求以"民族认同"来重塑联邦德国社会发展的核心理念。1982 年，社民党在大选中落败，重新回到反对党的位置上，赫尔穆特·科尔领导基民盟/基社盟与自民党组建联合政府，开始推行以"精神与道德转折"（geistig-moralische Wende）为纲领的历史政策，

希望以德国历史"正常化"为导向，摆脱纳粹阴影，重新发现德国历史的闪光之处，重建德意志民族认同。显然，1980 年代的正常化策略与 1970 年代的不同。社民党的进路是：德意志历史是特殊的，要否定和摆脱这种特殊性，以保证当下存在状态的正常化。而联盟党的进路则是：德意志民族也是一个正常的民族，要重建这种正常性，以保证当下和未来。

在这种以"民族"求认同的策略指引下，政治界、史学界和新闻界保守主义精英展开了通力合作。他们的举措主要有三个互相交织的层面：第一，通过划分不同的代群从属来消解联邦德国人的个体历史负罪感，指出翻新历史意识的必要性。1984 年 1 月 24 日至 29 日，科尔对以色列进行国事访问。25 日，这位出生于 1930 年的联邦德国总理在以色列议会大厦发表讲话，声称他之所以能够拥有毫无瑕疵的过去，而不必在纳粹时期背负罪责，得益于"上帝让其晚出生的恩赐"（Gnade der späten Geburt）。[1] 这种说法虽然立刻招致了社民党、绿党以及在政治上倾向于左翼自由主义的知识分子和媒体的大力指责，但是却迎合了当时联邦德国大多数人的心理。1980 年代，只有不到三分之一的德国人在 1929 年前出生，亲自参与了第三帝国的战争和罪行，算不上是清白之人[2]；超过半数的人都在 1945 年后出生，在议会民主制度和多元化社会中成长起来，对纳粹主义完全没有亲身体验。在这种情况下，再要强迫德国人接受对纳粹罪行的个体负罪感，显然是困难且不切实际的。

第二，科尔政府通过对纳粹主义受害者的重新定义，帮助德国人摆脱集体罪责说的束缚。1985 年春，时值德国二战投降 40 周年，科尔邀请计划在 5 月初赴波恩参加七国峰会的美国总统里根前往比特堡的阵亡

---

[1] Der Besuch des Bundeskanzlers im Staa Israel, in: *Bulletin des Presse- und Informationsamts der Bundesregierung* 13 (1984), S. 109–120, hier S. 113.

[2] 1926—1928 年出生的所谓"高射炮助手一代"（Flakhelfergeneration）是"希特勒最后的英雄"，他们是最后一批亲自上了二战战场的人。虽然这一代人不必站在被告席上，因为当时他们年纪太小，还在读中学或当学徒，别无选择。但他们也没有资格站在原告席上，因为他们对纳粹军事行动有最低限度的参与。1929 年出生的人才被视为完全清白的。

将士公墓悼念，其中安葬有 2 000 多名二战中牺牲的德国国防军士兵，原来据说还有美国士兵。但是，不久之后就披露在公墓还葬有 49 位武装党卫军（Waffen-SS）成员①，使得该造访计划遭到了各方势力的强烈反对。尤其是在联邦德国国内，左翼和右翼在政治与公共领域就此发动了大规模争论。作为从党卫军中分离出来的相对独立的作战单位，武装党卫军后期不断扩招改编，吸纳了许多年轻成员，这一批人与属于纳粹顽固分子的普通党卫军不同。于是，双方先是争论武装党卫军是否有权得到纪念。② 随之，左翼警告人们警惕保守主义将纳粹历史"正常化"的策略；右翼则指责左翼的罪责情结让德国人丧失了行动力。然而，比特堡之行不仅仅是一场单纯的纪念仪式，更是一场德美关系的政治秀。因此，考虑到与科尔之间的"友谊"，里根最后还是不顾反对在 5 月 5 日前往比特堡公墓，但行程微调为先是前往附近的一个纳粹集中营，悼念那些被法西斯残杀的人，而后再到比特堡公墓。双方在公墓中仅停留了数分钟，献上花圈，仪式性地握手后就匆匆离去。

不过，比特堡事件（Bitburg-Affäre）的真正关键之处并不在于两国首脑最后是否成行，而在于科尔政府的辩解之词：纳粹政权的执行者同样应该被视为纳粹主义的受害者，所有的阵亡士兵都应该有权得到同样的悼念。在这里，德国人受害者身份统摄的对象达到了最大范围。时任基民盟/基社盟议会党团主席的阿尔弗雷德·德莱格尔（Alfred Dregger）的态度是对科尔政府这种纪念话语的最好脚注。在一封致 53 位试图阻止里根比特堡之行的美国参议员的公开信中，他这样写道：

> 战争的最后那天，1945 年 5 月 8 日，当时 24 岁的我与大部队一起在西里西亚的马克里撒（Marklissa）抵御红军的进攻。我唯一的兄弟沃尔夫冈于 1944 年在库尔兰保卫战的东线战场上遇难，

---

① 这一数字现在被纠正为有 59 位。
② 无论是左翼还是右翼，都认为应该在罪恶的党卫军和英勇的国防军之间做一区分。对德国士兵的纪念是合法的，这一点各方人士都毫无异议。

具体情形我并不知晓。他是一位正直的年轻人，我绝大多数的同伴亦是如此。当你们敦促你们的总统放弃其计划的在比特堡阵亡将士公墓中的高贵表态时，我不得不将这视为对我兄弟和我的阵亡同伴们的侮辱。我想问问你们，人们是否应该拒绝给予死去的战士们——他们的躯体已经腐烂——最后的尊敬？我问你们，这样一种态度是否符合我们关于礼节、人类尊严以及对死者的敬重的共同愿景？我问你们，你们是否把虽曾在纳粹政权下屈服 12 年之久但 40 年来站在西方世界一边的德意志民族看作盟友？[1]

在德莱格尔的表述里，可以看到一位纳粹主义参与者的受害者诉求。他强调德意志民众遭受的苦难，强调德国士兵不是为了支持希特勒而战，而是为了抵抗苏联人而战。而其中隐含的价值判断是：即便在错误的、犯罪的观念中也存在宝贵的爱国主义精神。所以，大多数普通德国士兵是"正直"的，应该被给予"尊敬"。在这种受害者话语体系里，它的要求已经不满足于帮助德国人摆脱"集体罪责"的束缚，它甚至被注入了建构性的新因素——德意志的民族性中也有其值得称道之处。即便科尔政府仍然对德国人的"历史罪责"供认不讳，但它更深层的诉求是："我们德国人又回来了（Wir sind wieder wer），而这必须得到承认"[2]。

第三，在试图摆脱德国人的个人负罪感和集体罪责指控的同时，科尔政府同时着力在公共领域重新培养德意志的民族意识，其主要推手就是建造两个博物馆的计划——波恩"联邦德国历史馆"（Haus der Geschichte der Bundesrepublik）和柏林"德意志历史博物馆"（Deutsches Historisches Museum）。博物馆计划的出台，当然部分出于与当时的民主德国争夺德意志历史阐释权的需要。民主德国早在 1952 年就在东柏林建

---

[1] Alfred Dregger: Ein Brief an 53 amerikanische Senatoren, die Reagan vom Besuch des Soldatenfriedhofs in Bitburg abhalten wollten, in: *Frankfurter Rundschau* vom 23.04.1985.

[2] Klaus Naumann: Versöhnung, in: *Blätter für deutsche und internationale Politik*, 30 (1985), S. 517—524, hier S. 520f.

立了"德意志历史博物馆"（Museum für deutsche Geschichte），并且规模日益扩大。但更重要的是，基民盟/基社盟–自民党联合政府想要创设自我认知和自我反省之地，让联邦德国人从中觉察到，他们从何来，是何人，在何处，往何去；想要让联邦德国人重新发现他们"民族的历史总共不是 12 年，而是 1 200 年；其他的 1 188 年至少与其他民族的历史一样好"①，并且以此将对德意志历史的阐释权从社民党人手中夺回来。

随着上述历史政策的全面推行，保守主义人士在各种场合为科尔摇旗呐喊，促使联邦德国的集体历史意识发生了明显转变。在 1970 年代末至 1980 年代初的民意测验中，有超过半数的受访者支持继续追究纳粹罪行，反对为历史画上句号。② 而到了 1985 年，情况发生了反转，54% 的受访者认为大众媒体不应再无休止地继续谈论希特勒和二战③；将近 70% 的受访者赞同"战争结束 40 年时，一位美国总统造访一个德国阵亡将士公墓，是和解的良好征兆"④。到了 1986 年至 1989 年，2/3 左右的受访者赞同为纳粹历史落下句点。⑤

很显然，以"民族"求认同的历史政策，是与代群更替下德国人集体经验和身份认同诉求的改变相应和的。对于 1980 年代的联邦德国政府来说，面向未来要比回忆纳粹历史重要得多，纳粹历史只是战后时代的反面衬托。因此，这种语境下需要建构新的历史图景和历史意识，它指向一种德国人新的自我认同，一种通过消解纳粹记忆的特殊性而重建德国人身份的尝试。这其中当然也充满着很多问题，比如究竟要如何理智地纪念想要回避的历史，究竟要如何严肃地界定加害者、受害者的身

---

① Zit. nach Edgar Wolfrum: *Geschichte als Waffe. Vom Kaiserreich bis zur Wiedervereinigung*. Göttingen, 2001, S. 114.

② Werner Bergmann, Rainer Erb: *Antisemitismus in der Bundesrepublik Deutschland. Ergebnisse der empirischen Forschung von 1946 – 1989*. Opladen, 1991, S. 236.

③ Hans Jakob Ginsburg: Wer will es wissen? in: *Die Zeit* vom 15. 02. 1985.

④ Bitburg-Besuch positiv gewertet, in: *Frankfurter Allgemeine Zeitung* vom 22. 05. 1985.

⑤ Werner Bergmann, Rainer Erb: *Antisemitismus in der Bundesrepublik Deutschland*. a. a. O. , S. 238.

份和权利，究竟要如何恰当地区分"民族意识"与"民族主义"：所有
这些问题在 1980 年代末都仍然悬而未决。遗憾的是，相关争论被两德
统一打断了。德国的重新统一从某种意义上阻碍了对纳粹主义的深入讨
论，因为人们的目光转向新的民族国家、转向民主德国的历史，而暂时
从纳粹历史上移走了。

余　论

　　两德统一的突然降临，导致关于纳粹历史和集体身份认同的讨论在
一段时间内沉寂了下去。直至 1990 年代中期，联盟党与社民党之间关
于"战争与暴政牺牲者纪念馆"（Gedenkstätte für die Opfer von Krieg
und Gewaltherrschaft）、"反纳粹主义抵抗运动展览"（Widerstand ge-
gen den Nationalsozialismus）和"国防军展览"（Wehrmachtsausstel-
lung）的争论重新开启了德国克服纳粹历史的进程。联盟党一方面意在
重塑基督教民主主义的历史合法性与社会民主主义竞争，另一方面试图
回避以经验性研究为基础的事实讨论将对纳粹历史的反思固定在抽象的
政治意义层面上。这之后，纪念话语之争，即谁能够有资格被称为受害
者并且以怎样的方式得到纪念，成为执政党与在野党讨论的中心议题。
通过这一讨论，不但以犹太人为代表的传统意义上纳粹政权受害者的地
位被仪式化地固定下来，而且德国人的受害者形象也被争议性地传播开
来。迄今为止，关于后者的争论仍未停止。但无论如何，对于纳粹罪行
问题，人们普遍认为已经得到了明确承认与合适评价，不再具有现实意
义了。1994 年，针对"1945 年时还是儿童或者之后出生的德国人还要
为纳粹罪行承担责任吗？"这一问题，76％的受访者做了否定回答，而
53％的受访者赞同对纳粹历史画上句号。[1] 这意味着，德国人的主流心

---

　　[1]　Forsa-Institut im Auftrag der Woche: Die Deutschen und die NS-Vergangenheit，in：
Die Woche vom 01. 06. 1994.

态认为，已经供认不讳的那段犯罪历史对于德国的当下世界已经不再有影响。

然而，因为纳粹历史所导致的集体身份认同缺失问题，却仍没有找到答案。在经历了 1970、1980 年代重塑历史意识和历史认同的不同尝试后，德国人仍在追问自身之民族性，因为其尚无法就"德意志民族国家认同问题"达成共识：普鲁士精神不可以，抵抗纳粹运动不可以，对民主之普遍价值的热爱也不可以。与此同时，现实的新变化更给问题增添了复杂性。首先，人们越来越意识到，民族仍然是集体身份认同的核心要素之一。2001 年的"9·11"事件摧毁了多元文化的乌托邦，促进了全新自我认知的形成。对于西方世界而言，敌对他者之存在是无法再否认的事实，对自我文化基础的漠不关心转变为要捍卫它的防御之姿。这种态度更加贴近"文化爱国主义"而非"宪法爱国主义"（Verfassungspatriotismus），它必须以对本民族文化和历史的接受与肯定为依托。其次，近年来，"爱国欧洲人反对西方伊斯兰化运动"的频发和选择党的崛起，反映出德国社会东西部之间、上下层之间的结构性分裂。一方面，德国人对重新统一的仓促应对，并没有带来统一的民族历史和政治认同，反而制造了东西部地区深层次的矛盾；另一方面，1945 年以来被压抑的德国人民族意识爆发出了攻击性，它尤其反对二战后德国政治生活中确立的"政治正确"原则，而要求抚慰德国人的心理和情感，对其做出记忆和情绪上的补偿。在这种情况下，历史政策如何为一种新的集体身份认同做出贡献，尤其是如何弥合国家政治认同、民族身份诉求与个人历史意识和情感之间的鸿沟，已经是当务之急。

8. 俄罗斯视野下的德国记忆文化

弗拉迪斯拉夫·贝洛夫[*]

摘要: 在经历了两次世界大战、两次独裁统治、德国分裂和统一之后,记忆文化在现代德国中发挥着极为重要的作用。由于跨学科协同效应,它已不仅仅在欧洲,而且在包括俄罗斯和中国在内的世界其他国家成为文化学和政治学研究的重点。若把德国的记忆文化大致视为个人和社会对待过去及历史的方式,则可以从对象、主体、信息形式和记忆场所的角度来加以阐述。1945/1949 年至 1990 年联邦德国和民主德国之间,以及自 1990 年以来德国西部和东部地区之间,情况有着明显差异。而分裂时期又可以细分,从中可窥见联邦德国与民主德国记忆文化的形式特点。本文将从俄罗斯视角对这些特点进行分析,其中特别注重苏联政权对分裂时期的德国所产生的影响,并在两德

---

* 作者简介:1960 年生于莫斯科。1982 年莫斯科金融学院毕业,主攻国际经济关系。1986 年获得莫斯科世界经济与国际关系研究所博士学位。1992 年 5 月创建了德国研究中心并担任主任,任俄罗斯科学院国别研究部主任兼欧洲研究所主管科研的副所长。撰写过关于欧俄安全和经政关系、德俄合作以及德国经济和政治等学术论文、专著(www. instituteofeurope. ru)。为欧洲研究所学部委员会成员,学术期刊《当代欧洲》编辑部成员,德俄经济学家协会"对话+"(图宾根)、外交政策学术期刊《世界趋势》(柏林)咨询委员会成员,德俄论坛成员,"俄罗斯-德国"协会副主席,欧洲研究协会(AEVIS)理事会成员,彼得堡对话参与者,俄罗斯国际事务理事会专家。

统一 30 年的背景下，对德国中的原联邦德国记忆文化进行批判性评判。

关键词：世界大战，俄罗斯，记忆文化，民主德国，联邦德国

在经历了两次世界大战、40 年的德国分裂和现已长达 30 年的国家统一之后，记忆文化在现代德国发挥着极为重要的作用。2019 年 1 月底，联邦议院议长沃尔夫冈·朔伊布勒（Wolfgang Schäuble）在纪念纳粹受害者活动上强调指出，记忆文化是社会和国家的任务，谁要想放弃它，就是在试图废除当代德国的国家根基。[①]

由于不同的跨学科协同作用，德国记忆文化不仅在欧洲，而且在世界上其他国家成为文化学和政治学研究的典范。[②] 在苏联，记忆文化被意识形态取代。现俄罗斯尚在寻找自己的记忆文化。因此，德国经验对于莫斯科也具有特殊意义。

在德国，记忆文化通常被视为个人和社会处理其过去及历史的方式。记忆文化是集体记忆在历史和文化范畴内的可变表达。[③] 在这一意义上，它是一种集体共享的"关于过去的在意识上既有差异又具有一致性的群体所依托"的共同知识。记忆文化提供"各社会和历史时期特有的可重复使用的文本、图片和仪式的存量，在'维护'过程中其自我形象得到稳定"。它是当下"记忆中的历史"。[④]

---

① Schäuble：zum Gedenken an Nazi-Opfer „Scham allein reicht nicht", in：*Tagesspiegel online* vom 31.01.2019.

② M. Braun：Erinnerungskultur, in：www. kas. de/web/europa/erinnerungskultur.

③ Astrid Erll：*Kollektives Gedächtnis und Erinnerungskultur. Eine Einführung*. 3. Auflage. Stuttgart，2017. 关于记忆文化的主要研究成果包括扬·阿斯曼、阿莱达·阿斯曼、埃琳娜·阿加齐（Elena Aggazi）、克里斯托夫·科奈利森（Christoph Cornelißen）、英萨·埃舍巴赫（Insa Eschebach）、安妮·富克斯（Anne Fuchs）、君特·格拉斯（Günter Grass）、哈拉拉德·韦尔泽（Harald Welzer）和埃德加·沃尔夫鲁姆（Edgar Wolfrum）等的论著。

④ M. Braun：Erinnerungskultur, in：www. kas. de/web/europa/erinnerungskultur. 克里斯托夫·科奈利森认为，"记忆文化"应被理解为对历史事件、个人和过程的所有可想象的有意识纪念形式的正式总概念，无论是涉及审美的、政治的，还是认知的，参见 Christoph Cornelißen：Erinnerungskulturen，2012，in：http://docupedia. de/zg/Erinnerungskulturen_Version_2. 0_Christoph_Corneli%C3%9Fen。

在考量记忆文化时，应注重对象、主体、信息形式、记忆场所等。[①]从 1945/1949 年到 1990 年，记忆文化在联邦德国和民主德国有着显著的差异，且自 1990 年以来在德国西部和东部地区也是如此。分裂时期也有其子时期，其中表达了联邦德国和民主德国记忆文化形成的特殊性。

● 德国记忆文化的对象：第二次世界大战（德国独裁专制、大屠杀、逃亡和驱逐、空战）；德国的分裂（两个对立的世界）；德国重新统一；巴尔干战争。这里涉及处理和重新评估过去的话题，并在此基础上进行批判性反思（包括罪犯与受害者、解释与理解、隐瞒罪行与使罪犯英雄化）和多元叙述历史。

● 主体：二战的主要原始证人（战争一代——他们的记忆是由其代表书写下来的），在 21 世纪初，时代见证者一代都离开了人世；次要见证者：1940 年后出生的人员（对于自己和他人家族史按迹循踪，以便了解和局部理解当时的真实情况与发生方式）；1960—1970 年后出生的人员（主观地通过自己的虚构想象来取代缺失的事实，从而导致新的历史语境的建构。主观主义随着一代一代的不断年轻化而增强）。

● 信息形式：历史文献、父母或祖父母的讲述、来自学校的知识储备、联邦政治教育中心的"历史与记忆"线上卷宗（Dossier）[②]；建筑、电影和文学。

● 记忆场所：记忆得以生动保存和诠释的场所（如在柏林：大屠杀纪念碑、犹太博物馆、普洛岑湖纪念馆、查理检查哨博物馆、柏林城市宫）；它们对于在重要周年日和纪念日确定历史政治立场或纪念政策的自我保证（Selbstvergewisserung），具有特别重要的意义。[③]

---

① Ch. Cornelißen，2012.

② https://www. bpb. de/geschichte/zeitgeschichte/geschichte-und-erinnerung/；康拉德·阿登纳基金会主页上的知识平台"民主德国神话与现实"：www. kas. de/de/web/ddr-mythos-und-wirklichkeit/home。

③ 在此，需提及 2009 年在柏林召开的文化政策联邦大会所提出的座右铭（及内容）取得了成功："文化、权力、历史——历史、权力、文化"（kultur. macht. geschichte—geschichte. macht. kultur），in：https://www. fachportal-paedagogik. de/literatur/vollanzeige. html? FId=927145♯vollanzeige。

一、1945—1959 年：战后被占领和分裂时期的德国

在 1961 年柏林墙建造前，两个德国的阐释精英（Deutungseliten）就记忆文化方面，围绕民族国家与革命的关系而展开竞争——其核心始终是 1948—1949 年革命。在东部民主德国，他们的强制性遗产被视为最终建立一个"统一的德国社会共和国"；在西部联邦德国，这一学说（Lehre）被称为"团结和自由"。①

联邦德国和民主德国的记忆文化一直差异很大，在某些情况下也是相反的。两国都声称在政治和文化上代表德意志民族。联邦德国承认其对纳粹受害者的责任，并努力寻求社会启蒙教育。民主德国将纳粹罪行的全部责任推给西部联邦德国，并否认与国家社会主义有任何历史延续性。新社会主义国家在国歌中写道："从废墟中崛起，面向未来"。

在某种程度上，民主德国的这一立场可以通过战后去纳粹化来解释。去纳粹化是基于纽伦堡和奥斯威辛审判的法律规范。它是由占领区的军事行政当局发起的，但在两个德国形成后转交了管辖权。在 1950 年代，人员的短缺和冷战导致联邦德国局部重新国有化，一些前纳粹分子得以重新回到国家权力机关工作。1951 年《基本法》通过修正案得到修改，准许前纳粹党成员可以重新回到多个政府部门工作。因此，康拉德·阿登纳政府中的难民部长（Vertiebenenminister）* 西奥多·奥伯伦德（Theodore Oberländer）曾是对种族灭绝负有责任的夜莺营

---

① Edgar Wolfrum：Geschichte der Erinnerungskultur in der DDR und BRD，2008，in：http://www. bpb. de/geschichte/zeitgeschichte/geschichte-und-erinnerung/39814/geschichte-der-erinnerungskultur？p＝0.

* 战后大批原居住在东欧国家的德国人遭受驱逐，被迫长途跋涉重返德国。为此，阿登纳政府特地设立了一个专门负责这些"难民"的联邦部，委托西奥多·奥伯伦德负责。——译者注

(Nakhtigal-Bataillon)＊ 的政治领导人。由于民主德国并不认为自己是纳粹德国的继承国，为此于 1952 年宣布去纳粹化已结束。通过"颁布赎罪措施和给予公民权"，前纳粹党和国防军成员最终被重新社会化。

联邦德国

在 1949 年西部创建的联邦德国，纳粹政权的独裁专制从一开始就是一个政治和社会话题。但当时并没有进行深入的探讨。在战后的最初几年，联邦德国主要纪念战争和暴政的受害者。受害者群体并没有明确得到区分。直到 1950 年代末，大屠杀在公众讨论中几乎还不是一个核心问题。大部分德国民众普遍将纳粹主义解释为一种现象，且将自己解释为受害者。[1] 民主德国被视为独裁政权。1953 年 6 月 17 日在民主德国发生"人民起义"，是日在联邦德国被宣布为"国庆日"和"德国统一日"（后被 1990 年 10 月 3 日真正的两德统一纪念日取代）。西部联邦德国将 1953 年事件进行意识形态化。它最初被解释为工人的起义，然后又被解释为人民的起义。

在联邦德国，大多数人最初希望将这一天视为一个旨在实现国家重新统一的起义，后来作为一场争取自由的运动，也有人认为它是社会抗议，或类似于 1918—1919 年失败的革命，甚至有人将它与 1944 年 7 月 20 日试图推翻极权独裁相比较。[2]

民主德国

民主德国认为自己是德国共产党反法西斯抵抗斗争的继承者，是一

＊ "夜莺营"是二战期间由民族主义的乌克兰志愿军组成的军事联盟，由德国国防军在苏德战争期间创建。——译者注

[1] Iva Arakchiyska：Zwei deutsche Staaten- zwei Erinnerungskulturen，2012，in：http://lernen-aus-der-geschichte. de/Lernen-und-Lehren/content/10282.

[2] E. Wolfrum，2008.

个新的更好的德国，是不同于联邦德国的一种构思，德国统一社会党领导人认为联邦德国直接与第三帝国相关联，因此理应被视为对立面。这种处理方式使得民主德国在寻求自我合法性的过程中，不必纠结于纳粹意识形态的作用和罪责问题。[①]

共产主义战胜法西斯主义的伟大印象在民主德国深入人心。民主德国要比联邦德国更早且更快地形成了有关 1933—1945 年时期发生的最新事件的相关记忆文化。他们强调反法西斯主义者的抵抗这一主题。对纳粹罪行和受害者的关注相对较少。[②] 大屠杀确实存在，但在那些年里，并没有像反法西斯主题那样发挥核心的作用。

在民主德国的记忆文化中，国家警示和纪念馆（Mahn-und Gedenkstätte）从一开始就占据着一个重要地位。早在 1950 年代末，在苏联的支持（及其影响）下，布痕瓦尔德、萨克森豪森（Sachsenhausen）和拉文斯布吕克（Ravensbrück）都竖立起告诫后人的纪念碑。许多公共活动深刻影响了反法西斯纪念活动。纳粹主义被描绘为第一个德国社会主义国家的陌生遗产。民主德国的意识形态宣布联邦德国是第三帝国的唯一继承国，且对战争罪行负有主要责任。作为一个主要的东欧社会主义国家，民主德国在其记忆文化中塑造了东西方冲突背景下的对抗思维。

二、1960—1980 年的发展

柏林墙的建造，使得两德的存在成为既定事实。面对这一情况，两个德国试图各自探寻独特的历史反思发展之路。

---

① Birgit Müller：Erinnerungskultur in der DDR，2008，in：https://www. bpb. de/themen/DXG8F0,1,0,Geschichte_der_Erinnerungskultur_in_der_DDR_und_BRD. html.

② I. Arakchiyska，2012.

联邦德国："波恩不会变成魏玛"

从 1959 年到 1965 年，历史学出现了所谓的"费舍尔争论"——焦点在于德国对于一战的罪责问题。它与纳粹罪行的诉讼时效的讨论一起，激发了公众批判性地面对过去的兴趣，引发了新学生运动探讨"德国人是肇事者"这一主题。1969 年起，由社民党和自民党组成的联合政府使得有关纳粹政权及其罪行的讨论活跃起来。在此，要回忆维利·勃兰特在华沙犹太隔离区起义纪念碑前的下跪。这是寻求与东欧纳粹受害者和解的开始。《莫斯科条约》（1970 年）和所谓《东方条约》（1972年）就是一个标志。自 1960 年代末以来，联邦德国历史学家就不无缘由地认为：联邦德国已摒弃了特殊道路，"波恩"并没有成为"魏玛"。

自 1979 年起，联邦德国明显出现了一股反思纳粹时期和大屠杀的热潮。导火索是美国电视连续剧《大屠杀》。大屠杀出人意料地成了联邦德国记忆的核心部分。这是一个重要的贡献，因为自 1980 年代以来，社会对于记忆文化的兴趣已成为联邦德国的一个特征。[1]

民主德国："新德意志民族国家"

在民主德国，1949 年新宪法规定："德国是一个不可分割的民主共和国。"然后，在 1968 年修订的宪法中，共和国被定义为"德意志民族的社会主义国家"。此外，1974 年还被称为"社会主义工农国家"。

在柏林墙建造、德意志内部出现国界后，民主德国领导人去掉了恢复德国统一的口号。人们开始默默地歌唱共和国的国歌，因为歌词中提到"德国是一个统一的祖国"。[2] 民主德国执政的统一社会党的理

[1] I. Arakchiyska, 2012.
[2] 斯大林至死都未排除这种可能性。

论家为"社会主义国家"诞生的命题提供理论依据。正如苏共总书记勃列日涅夫所说"苏维埃人民"新国家，埃里希·昂纳克多次谈到在民主德国形成一个"新社会主义国家"进程的同时，"资产阶级国家"（bürgerliche Nation）在德国继续存在。有关国家问题新设想的意义在于，同样为民主德国作为第二个德意志国家的延存奠定了更坚实的基础。

直到 1980 年代中期，大屠杀在民主德国都是东西方冲突框架下两极分化思维的一部分。1988 年埃里希·昂纳克出访华盛顿之前，赔偿犹太受害者的必要性须得到承认，这是华盛顿对此次访问提出的条件。但在德国统一社会党领导层，更多是出于实用主义的考量，而非对德国罪责和责任的真诚反思。在社会层面，在柏林墙倒塌前不久，出现了一些公民和教会有关推动公众纪念犹太人大屠杀的倡议。也可以看出，一部分民众产生了对受害者区别纪念的意愿。[①]

三、1990 年两德统一以来面临的新挑战

自德国重新统一以来，这个国家显然处于集体记忆的第三阶段。与以往相比，人们更尖锐地提出这样一个问题：是什么构建了让民主德国人和联邦德国人成为"一个民族"的国家身份？[②] 这引发了一场讨论，针对原民主德国公民和原联邦德国公民的记忆模式在多大程度上，在德国记忆文化的框架下进一步得到发展。争议的产生，源于对民主德国历史的评估和阐释问题。在新的联邦共和国，对此并不存在集体自我认知。就其评判、融入德国和欧洲语境，并未达成共识。这也是记忆工作

[①]　I. Arakchiyska，2012.

[②]　这里要提到艺术家冈特·戴明（Gunter Deming）于 1992 年开启的"绊脚石"项目：通过在地面上铺设小匾额，纪念纳粹时期遭受迫害、谋杀、迁移和驱逐的人员的命运。该项目被视为世界上最大的"分散式的纪念碑"。

的困难所在。自 1990 年以来，德国西部地区和东部地区对于民主德国历史的看法在不断发生改变。一方面，联邦德国社会掌握越来越多第一个（也是最后一个）德意志国家的权力结构和机制方面的知识；另一方面，在德国东部地区出现了怀旧和片面解释的倾向。这种异议将社会分裂为前民主德国人和前联邦德国人——这是可以理解的，因为它涉及不同的人生经历，即对过往生活的抬高或贬低。①

马丁·瓦尔泽争议

在 1990 年代末，德国作家马丁·瓦尔泽（Martin Walser）引发了关于大屠杀主题的争议性讨论。1998 年 10 月 11 日，他因被授予德国"书业和平奖"，在保罗大教堂的典礼上发表演讲，表示了反对将大屠杀工具化："如果媒体每天把这段历史呈现在我的眼前，我察觉到内心某些东西正在抵制这种对于我们耻辱的持续展示。与对无休止地展示我们的耻辱表示感谢相反，我开始对此视而不见。我想理解，为什么在最近十年，过去的历史被前所未有地展现出来。当我察觉到内心对此有些抵触时，我尝试去了解展示我们耻辱的动机何在。我几乎很开心，当我相信可能发现，动因往往并不在于纪念或在于不遗忘，而是为了当前的目的而将我们的耻辱工具化。这些目的往往是好的，值得尊敬的。然而却被工具化了。［……］奥斯威辛不适合成为威胁常规、随时都可用的恐吓手段或道德大棒，抑或甚至只是强制性活动。通过仪式化得以实现的，是纸上谈兵［……］"②

与瓦尔泽一样，联邦总理格哈特·施罗德在 1999 年也发表了类似引发争议的言论——他支持设立那些进行历史探索的纪念馆："铭记历

---

① 参见 Annette Leo：Keine gemeinsame Erinnerung，2008，in：www. bpb. de/geschich-te/zeitgeschichte/geschichte-und-erinnerung/39821/keine-gemeinsame-erinnerung？ p＝all。

② 1998 年 10 月 11 日马丁·瓦尔泽在保罗教堂因被授予德国"书业和平奖"而发表答谢讲话，详见 https：//hdms. bsz-bw. de/frontdoor/deliver/index/docId/440/file/walserRede. pdf。

史不被遗忘的标志，或许也是机遇或激励，让人们去强化探索（历史）。[……] 我不希望，班级学生被带到纪念馆，因为理当如此。相反，人们更应该是出于回忆和反思的需求，才亲自前往这些纪念馆。"①

许多人对瓦尔泽和施罗德的这些观点持非常批判性的态度。但在许多方面，这些观点是在理的，尤其是记忆文化在教育年青一代所发挥的作用方面。

时隔近 20 年后，德国外长海科·马斯在一篇应周日版《世界报》之邀撰写的关于 2019 年 1 月 27 日纳粹大屠杀受害者纪念日的一篇文章中，为探讨纳粹罪行的新思路宣传道："我们现在所需要的，是以史为鉴的新思路。我们的历史必须从记忆项目更多地转化为认识项目。"在他看来，记忆场所也必须是学习场所："对于现在出生的人来说，（纳粹对犹太人的）打砸抢之夜就像是我出生时帝国宰相俾斯麦一样遥远。这使得记忆发生了改变，带来了更多的距离……40％的（年轻德国人）根据他们的自我评估，对大屠杀知之甚少。这是令人震惊的数字，我们不能袖手旁观，无动于衷。我们必须保留那些可以从自身经历讲述不可思议事件的人员的故事。"与此同时，马斯警告道："右翼民粹主义挑衅者将大屠杀进行了相对化——因为知道这种违反禁忌的行为可引起最大的关注……我们的记忆文化正在崩溃，它承受着来自极右势力的压力。"②

原民主德国的右翼激进主义

两德统一后，右翼极端主义在东部原民主德国地区爆发。右翼极端分子在罗斯托克-利希滕哈根（Rostock-Lichtenhagen）、霍耶斯韦达（Hoyerswerda）和古本（Guben）针对移民和外貌不同的人施行的暴力行为，已伴随地名深深地烙印在集体记忆中。1980 年代末，约有 19 万

---

① Löffler Hofmann：Eine offene Republik, in：*Die Zeit online* vom 04.02.1999.

② Maas：Unwissen über Holocaust nicht tatenlos hinnehmenn, in：*Zeit online* vom 27.01.2019.

外国人生活在民主德国，主要来自越南、莫桑比克和其他社会主义国家的所谓"合约工人"（Vertragsarbeiter）。他们居住在被统一社会党政权故意隔离的公寓，与民主德国公民之间的接触并不受欢迎。有关生活在民主德国的外国人的公开讨论，一直受到国家的压制。除了形式上的"各国人民之间的友谊"，还有无数右翼极端主义和种族主义违法行为，这些罪行在 1990 年代得以公之于众。

来自其他东欧社会主义阵营国家的难民和来自西方的外国人，取代了合约工人。2015 年后，非法难民抵达，他们被视为"陌生人（Fremde）和不受欢迎的人"。其中一个原因是缺乏对于大多数原联邦德国公民而言固有的记忆文化。原民主德国的民众不习惯与外国人打交道。时至今日，许多人都没有感觉到移民是必要的，以及多样性具有一定的积极意义。① "德国选择党"（AfD）主要在新联邦州获得支持，并非无缘无故。与此相关的问题（包括高兰德和约克对二战后果的立场），仍应在当代记忆文化中加以解决。

结　语

在 45 年间，记忆文化在两个德国同时平行发展。它们是主要在二战和纳粹政权罪行的影响下形成的。政府以不同的内容填充了它们。联邦德国更重视对纳粹罪行的反思（自 1970 年代以来——重点关注大屠杀）。民主德国更加重视反法西斯斗争和联邦德国对纳粹罪行的责任。自 1990 年以来，努力构建的是能结合原民主德国特点的记忆文化，但非常困难。

随着东欧国家加入欧盟和边境的开放，德国的记忆文化受到了其同类文化的影响，主要是波兰、捷克共和国和波罗的海国家。其后果之一

---

① 参见 Julius Betschka：Ist rechte Gewalt im Osten ein Erbe der DDR? in：*Tagesspiegel online* vom 04.11.2019。

便是反俄成分的增加，以及对苏联在二战期间作用加以修正的压力——不仅是大战开始的根源（《苏德互不侵犯条约》），且也从胜利的角度（征服独立国家、强调盟军的作用等）。此外，还有对苏联红军在东普鲁士和德国犯下的罪行的历史刻板印象（由戈培尔宣传引发）。在苏联卫国战争胜利75周年（2020年5月9日）前夕，这种压力大大增强。人们试图将斯大林与希特勒相提并论。对于俄罗斯方面而言，将希特勒独裁政权与苏联（斯大林时期）和民主德国的政权进行比较，是完全不能接受的。

应该指出的是，在（联邦）德国的记忆文化中，几乎没有涉及德国国防军、党卫队（SS）、保安军（SD）在苏联（尤其在白俄罗斯和乌克兰）所犯下的罪行与残暴行为，在集中营对于红军士兵的残害，以及强迫苏联公民做劳工。很少有德国人知道，苏联在其人口、工业与文化潜力方面损失了多少。如果德国学生（16岁及以上）观看了导演叶列姆·克利莫夫（Elem Klimov）的苏联反战片《去看看》（*Geh und sieh*，1985）①，那么大多数人都需要心理治疗。也许，联邦政治教育中心应当考虑，提出有关反思纳粹1941—1944年在苏联领土上犯下罪行的适当建议和编写修订相关教材。

就俄罗斯而言，它才刚刚开始重新评价其过去100年复杂历史的许多时刻，并建立起自己的记忆文化。在此，联邦德国和民主德国的经验特别令人感兴趣。

（张子荷　孟虹　译）

---

① 这部电影讲述的是一个经历了纳粹报复行径受惊恐的白俄罗斯男孩的故事。在两天之内，他从一个乐观豁达的青年变成了白发苍苍的老人。

9. 正视历史的痛点：
普京时代二战文化记忆建构

王施展[*]

摘要：文化记忆被纳入社会建构、民族认同、国家权力以及文化传承等众多话语体系之中，成为官方力量影响和作用的对象。对于俄罗斯联邦而言，执政者呼唤后苏联时期日益式微的集体认同，宣传其政权合法性与正确性，以修补破碎的国家价值观，从宏观政策层面推动建立统一的二战历史观，将创伤记忆谱写成英雄凯歌，促进民族和谐，构建国家认同。

关键词：文化记忆，苏联，俄罗斯，普京，国家认同

随着二战亲历者的离世，关于战争的回忆逐渐转化为文化记忆。苏联解体后，受政治社会环境影响，二战文化记忆建构历经艰辛的过程。本文重点分析构建统一的二战记忆对加深民族团结、促进国家认同的重要意义，并以后苏联时代多元政治文化格局为背景，从仪式、教育、制

---

    * 作者简介：中国人民大学外国语学院俄语系硕士研究生，研究领域为俄罗斯文化、苏联政治文化，曾于 2019 年赴俄罗斯圣彼得堡国立经济大学交流学习。硕士论文题目为《历史小说〈彼得大帝〉中的文化记忆建构》。专注于俄欧关系及区域反恐研究，连续两年作为中国青年代表参加上海合作组织青年圆桌会议。现工作于成都市政府部门，负责城市社区治理与记忆文化推广相关工作。

度三个方面，阐述普京执政后，在价值废墟上推动构建正确二战史观的国家行为，进而巩固执政地位、维护社会稳定，使国民重拾"强大的俄罗斯"认同感与自豪感。

一、文化记忆：历史的回声抑或再现

在社会文化语境中，记忆产生于个体与集体互动式交往过程之中，离开社会互动的孤立个体没有记忆。记忆的建构包含着对历史过往的筛选整合，个体记忆聚合为集体记忆，并从交往记忆过渡到文化记忆，从而制约着个体生存与社会发展。如果说战后德国人的认同是根据"纳粹影响"以及人们对二战的阐释性回忆形成的，那么对于欧洲战场的另外一个关键角色苏联而言，人民的认同则与"伟大的卫国战争"（The Great Patriotic War）带来的影响以及二战记忆密不可分，即便是对于面临着国家历史"错位"的俄罗斯人而言，二战记忆仍然是重构其国家认同的重要推手。与教导公民承认先辈的罪行相比，举国欢庆战争胜利的喜悦似乎更容易促进全体公民形成统一的集体主义和国家主义。然而社会背景的变局往往衍生出政治记忆的重新书写，昔日引以为豪的历史事件也会因为与日俱增的多元声音而黯然失色。

阿莱达·阿斯曼认为，文化记忆包含特定时代、特定社会所有的、可以反复使用的文本系统、意向系统、仪式系统，其"教化"作用服务于稳定和传达那个社会的自我形象。[①] 其传播通常包含两个阶段：第一个阶段是存在于代际日常互动之中的文化创立阶段；而在第二个阶段，互动式的社会交往被文本或仪式等"有组织且务实的"行为取代。通过定期重复的仪式，集体成员产生身份认同，同时也促进了社会稳定。

文化记忆是历史的回声。每个群体都有使其与他者区分开来的独特

---

① 陶东风、周宪主编：《文化研究》（第 11 辑），北京：社会科学文献出版社，2011 年，第 3-10 页。

的文化记忆，随着历史见证者的逝去，记忆的传播也在失真。集体对过往的记忆一般是从当下需求出发，进行有意识的重构。人民对国家的过往经历怀有浓烈的感情色彩，那些"有用"的回忆，不断地被人民讴歌或反思，成为构建身份认同与家国情怀的"福音书"；而那些"不利于"族群发展，甚至会"威胁"国家荣誉的回忆则被定格在过去，被淘汰和遗忘。

任何群体的整体性意识和特殊性意识都是建立在集体共享知识基础之上的，通过不断演绎重构文本、意象和仪式，建构社会与时代的"自我形象"。身份认同是文化记忆最重要的功能之一。文化记忆腾越个体生命及日常生活的维度，使人们得以在过去与未来之间的时间轴上找到自己的位置与身份。文化记忆是具有自身文化特性的身份认同建构过程，通过对外彰显独特性、对内凸显持久性来构建集体的同一性，以此在历史线性参考系中确立当下的文化主体性，通过记忆的传承形成文化系统内部持久稳固的社会景观，进而凝聚文化认同和国家认同。俄罗斯千年历史的发展印证着其民族意识难以自下而上生成，而是通过国家机器的权威来巩固意识形态，坚定强国理念和身份认同。

文化记忆始终与话语权力相联结。历史由胜利者撰写，同样也被胜利者遗忘，国家历史因文化记忆的选择性而被不断塑造。从家国命运一体化到个体自由主义横行，从同仇敌忾到多元思考，记忆文本呈现出的差异，体现了苏联与当代俄罗斯两个历史时期之间的深刻裂痕。社会的撕裂不是执政者所乐见的，普京政府上台后，赓即调整二战记忆文化历史叙事方向，将弥散的社会价值取向引向正轨，推动国家政权合法化。然而俄罗斯二战文化记忆的建构，历经了艰辛的过程。

二、对抗：多元文化政策下的"记忆大战"

戈尔巴乔夫时期的"新思维"改革不仅体现为在经济上推行私有

化，其采取的全盘西化政策使执政党的指导思想由一元衍生为多元，多党制和议会制登上政治舞台，这几乎明示着苏联发生剧变的必然。在西方所谓民主自由旗号下，一些尘封在国家档案馆的苏联外交及二战秘密文件重见天日，社会各界开始针对关键历史事件公开发表言论，人们逐渐发觉当下的历史书写与脑海中的二战文化记忆存在明显偏差，官方维系了数十年的二战史观就此动摇。以质疑二战记忆正确性为起点，社会上出现了否定苏联官方执政合法性的声音。苏联情报人员维克多·苏沃洛夫逃亡英国后，撰写发表多部揭露所谓斯大林计谋及德苏二战真相的著作。虽然苏沃洛夫的言论因缺乏史料支撑被反对者痛批胡编乱造，但这一"新奇"的观点在当时史学界掀起惊涛骇浪，甚至对官方在卫国战争历史事件的话语权造成冲击。

东欧剧变促使昔日"同路人"分道扬镳，部分独联体国家和东欧国家为了巩固自身"独立"地位，向欧美世界示好，摒弃培育了 70 年的"苏联认同"，实施"去苏联化"，曾经统一的二战评价体系开始消解："苏联人民解放战争"变成了"被邻国挑起的战争"，"伟大的卫国战争"变成了"苏德战争"，"被解放者"变成了"被压迫者"，"自由民主的土地"变成了"红色集中营"。这些国家以"被殖民者"的视角重构民族历史，贬低苏联在二战中发挥的作用和二战后取得的国际地位，将苏联红军解放东欧定义为"侵略"行为，将苏联在二战中的胜利视为一种占领取代另一种占领，社会分裂逐渐加剧。

1990 年代苏联解体，俄罗斯深陷马克思主义意识形态瓦解、新型国家价值导向尚未形塑的"精神真空"泥淖。与此同时，媒体审查制度被废除，西方所谓自由主义及政治商业化严重侵蚀了俄罗斯的社会思潮，多元开放的文化政策背后是国内外势力在教育领域和历史阐释领域展开的价值观较量，绵延七十余年的公民历史记忆和价值导向被解构，日益演变成为国家层面的认同危机。在教育领域，叶利钦时期的中小学可以自由选择历史教科书，而薄弱的教科书审查制度直接导致很多囊括了曲解国家历史、煽动反俄情绪、鼓动分裂主义的历史教科书进入课堂。除教材内容千差万别之外，历史教师也可根据自身意识形态和政治立场自由组织教学。针对同一个历史事件，不同教师做出的阐释南辕北辙，青少年的二战史观由此混乱，历史记忆逐渐扭曲。苏联时期浓烈的爱国主义情怀薄如蝉翼，代际对国家历史与民族团结的理解产生鸿沟，苏联官方二战史观体系支离破碎，公民思想碎片化、多元化已成事实。

面对西方强大的舆论压力和思想攻势，普京自 2000 年就任总统以来，就二战文化记忆同反对势力正面交锋，对历史教科书编纂进行行政干预、组织出版二战史书巨著，在媒体领域加强话语权把控，重新构建统一的二战史观，深化公民集体凝聚力和国家认同感，拯救俄罗斯社会存在已久的"自我怀疑"不良风气。普京否定切割国家历史的观点，认为只有承认历史、正视历史、统一历史价值体系才能形成稳定的政治认同和文化环境。普京从国家层面建立制度保护继承二战胜利果实，将苏联红军定调为祖国的保卫者、欧洲人民的解放者、全人类的希望，着力强调苏联粉碎法西斯侵略者，捍卫国家主权，在使欧亚人民摆脱法西斯奴役方面发挥了关键作用的历史事实，积极构建公民二战文化记忆，培育爱国主义民族精神。

三、制度：重构国家认同的顶层设计

文化影响力具有双向作用，一方面可以在本国凝聚民心、创造认同，另一方面则间接作用于他国进而影响民众思想。转型时期俄罗斯的文化国际竞争力显著下降，这给处于文化优势地位的欧美国家进行文化渗透提供可乘之机，西方价值观念与文化理念在俄罗斯社会占据一席之地，俄罗斯历史研究的国民教育功能遭遇挑战。二战文化记忆建构的本质是国家意识形态的价值观建构，普京执政后加强国家对经济文化资源、社会舆论的控制，提出了以"爱国主义、强国意识、国家作用和社会团结"为核心的"新俄罗斯思想"概念，其要义就是唤醒民族意识、强化爱国思想、守护国家利益，从而构建稳定的国家认同及完备的二战文化记忆体系。

举行仪式强化记忆

仪式极具感染力和表现力，在传达卫国战争所承载的民族精神方面发挥了重要作用，俄罗斯联邦政府通过举行隆重的节日仪式来强化国民对二战历史的文化记忆。二战期间，平均每天约有 6 000 名苏联士兵战死沙场，苏联共损失约 2 660 万人口，其中俄罗斯损失人口约 1 700 万，几乎每个家庭都有人为战争献出生命。[①] 家庭记忆和国家历史始终与卫国战争历史紧密相连，留住卫国战争历史记忆不仅是国家社会的责任，更是每个家族与个体的责任，与卫国战争相关的话题、卫国战争历史和英雄事迹已经充分融入国家社会生活之中。在每年 5 月 9 日 "胜利日"这天，俄罗斯都会在首都莫斯科红场举行规模盛大的阅兵仪式，总统普京发表重要讲话，呼吁民众铭记历史。如在 2018 年 "胜利日"讲话中，普京指出："他们为获得胜利付出了最为惨重、无法弥补的损失，依靠前线和后方无与伦比的英勇精神捍卫了祖国的荣誉和独立。当年，人民拯救了整个欧洲和世界，使其免遭奴役、灭绝和屠杀，但是今天，有人企图抹杀人民的丰功伟绩，歪曲战争进程，把真正的英雄抛之脑后，伪造和篡改历史，一再撒谎。"[②] 国家领导人通过公开讲话，强调为舍生拯救他人的战士、为反希特勒联盟国家对二战获胜贡献保留历史记忆的必要性。这种文化记忆活动大大增加了俄罗斯人民对国家的认同感和归属感，增强了民族凝聚力和向心力。

---

① 《俄罗斯联邦国防部公布苏联在卫国战争中的损失数据》，Минобороны РФ обнародовало новые данные о потерях СССР в Великой Отечественной войне. http://korrespondent.net/russia/1073367.

② 《2018 年俄罗斯总统普京在胜利日阅兵式上的发言》，俄罗斯总统网，http://www.kremlin.ru/events/president/news/57436。

制定政策保护记忆

普京政府陆续出台《永远缅怀卫国牺牲者法》①《永远铭记 1941—1945 年苏联人民卫国战争胜利法》② 等相关法律，从立法层面为其历史正义提供保障。对于否认国际军事法庭判决、赞同裁定罪行、公然散布二战期间苏联行动虚假消息等行为，按照法律将被追究刑事责任。针对传播极端主义、煽动民族仇恨及篡改历史和否认苏联在二战中的价值等行为同样追究法律责任。政府通过国家行为将意识形态宣传转变为国家强制性教育，促进后苏联时期出生的年轻人树立正确的二战文化史观，引导社会树立正确的舆论风向。

严控教育修正记忆

只有掌握历史阐述话语权才能把控当下，只有教育好当下的青年，执政才能拥有未来。苏联解体后十余年来，原有的历史资源不仅没能团结俄罗斯各族人民，反而过分放大历史污点，引发社会撕裂，阻碍国家复兴。普京政府高度关注历史教材问题，编撰统一的历史教科书，抵制历史虚无主义，整顿文化记忆错位乱象，将各个历史时期完整串联起来，强调俄罗斯作为一个多民族国家，早已绵延千年，并非始于 1991 年，推动民族意识重新觉醒。

俄罗斯政府制定颁布了《俄罗斯联邦公民爱国主义教育纲要》，国家杜马和联邦委员会通过了《教育法》修正案，规定中学历史教材必须通过教育部评审。2013 年出台的《俄罗斯历史统一教科书新

---

① 俄罗斯联邦《永远缅怀卫国牺牲者法》，Закон РФ от 14.01.1993 N 4292-1 "Об увековечении памяти погибших при защите Отечества"。

② 俄罗斯联邦《永远铭记 1941—1945 年苏联人民卫国战争胜利法》，Федеральный закон от 19.05.1995 N 80-ФЗ Об увековечении Победы советского народа в Великой Отечественной войне 1941–1945 годов。

教学法总体构思框架》强调要在历史教学中贯彻逻辑一致性以及各历史阶段的内在联系性。俄罗斯教育部重新评估历史教材，出台历史教育国家统一标准，针对 20 世纪历史相继出版了两本《俄罗斯历史》，并在全国范围评选优秀历史教材，嘉奖优秀历史教师。此外，普京政府恢复组建俄罗斯历史协会和俄罗斯军事历史协会，矫正学术界扭曲的二战史观，修正二战记忆。[①] 2014 年克里米亚回归俄罗斯后，普京签署命令，要求教科书更新克里米亚的相关历史。新版教科书的发行在理顺民族关系，构建以爱国主义为主体的二战记忆方面发挥了关键作用。

结　语

自彼得一世改革开始，民族与国家、传统与现代、西方与本土是俄罗斯社会争论不休的抉择难题。二战的结束拉开了全球化的序幕，面对国际格局变迁，维系了近半个世纪的体制壁垒随着苏联的解体终被打破，"斯拉夫派"和"西欧派"之间的博弈再次成为主流话题。这种表面上的二元对立背后却有着相同的出发点，即俄罗斯民族精神与爱国主义的传承。

普京政府重视二战历史在塑造俄罗斯人爱国主义精神方面的重要意义，对内论证其政权正当性，强调历史延续性，对外强化原苏联加盟共和国之间的历史文化联结，推进二战史观体系法制化、标准化、严谨化，体现了国家对二战文化记忆建构话语权的主动掌握，符合国家意识形态建设的需求，有效增进了人民的国家认同。

---

① 张盛发：《俄罗斯历史教科书问题的缘起与发展：2003 年至今》，《俄罗斯学刊》2012年第 3 期，第 8—23 页。

10. 德波合作基金会的职能和作用

科尼利厄斯·奥赫曼*

摘要： 随着两德统一和东欧局势的变化，德波两国政府通过设立德波合作基金会来处理早期的贷款债务问题，并确定了基金会的另一大工作是致力于促进两国人民的沟通与合作。波兰加入欧盟前后，基金会的资金来源除了两国政府外，还获得了欧盟相关基金的资助，项目资助的重点也随后不断拓展。基金会成立30年来，共计资助近16 000个项目。除了青年交流和文化合作、德语和波兰语作为外语的发展、环保和运输及电信以及共同文化遗产的保护外，近期也更加重视跨文化对话，普及邻国的语言、文化与历史知识，促进批判性历史反思和构建共同的旨在促进和平与理解的国家记忆文化。

关键词： 德波合作基金会，德国联邦政府，欧盟，华沙，和解

---

* 作者简介：出生于1964年，德波合作基金会常务理事和执行主席，政治学家，欧洲政治专家，尤其关注欧盟与俄罗斯关系、波兰、乌克兰和白俄罗斯。他曾在德国美因茨大学和波兰布雷斯劳大学学习。曾在莫斯科和耶路撒冷（希伯来大学）较长期地从事研究工作。从1994年至2013年，他在贝塔斯曼基金会工作，并主要负责贝塔斯曼国际论坛（IBF）事务。近年来为德国外交部和欧洲机构就欧盟东方政策问题提供咨询。鉴于政治咨询活动而拥有国际政治领域的广泛知识。曾在专业杂志《新东欧》（*Nowa Europa Wschodnia*）上发表论文，是"新东欧"（New Eastern Europe）科学顾问委员会成员。

德国-波兰合作基金会（SdpZ）在成立之初乃至今日，均具有其独特性。基金会创建于 1991 年，基于当时并不是理所当然的政治决定。如今，它作为在财政和政治上均保持独立性的行动体，在塑造德波关系方面发挥着核心作用。

基金会董事会及其资金结构一直保持恒定不变，这使得基金会工作有别于其他现今活跃在欧洲地区的多数基金会。这些基金会大多和德波合作基金会类似，创建时间并不长，甚至更短，因为在波兰，所有基金会工作都因 20 世纪的战争和极权制度而被中断。在政治上，德波合作基金会是德国联邦总理赫尔穆特·科尔和波兰总理塔德乌什·马佐维耶茨基（Tadeusz Mazowiecki）及其政府的杰作，它从一开始便具有两个基本层面。一方面，作为一种和解姿态的表述，在战争结束近 50 年后为德波谅解进程建立基础设施，并为作为共同文化遗产的文化古迹保护提供资金。因此，基金会在创建之初，便被委托负责资助波兰下西里西亚克莱绍（Kreisau）庄园* 的修复工作，以及将其扩建为一个会议场所，也是合乎逻辑的。1989 年，德波两国政府首脑在克莱绍首次会晤，并交换了和平之吻，这一举措成为德波谅解的新时代象征。

另一方面，基金会的创建也是为了确保波兰国库向德国政府偿还所谓"巨额贷款"（Jumbo-Kredit），而不会对新成长的波兰民主和市场经济幼苗产生不良影响。时任波兰财政部长的莱塞克·巴尔塞洛维奇（Leszek Balcerowicz）与德国复兴信贷机构通过一个独立基金确定了还款方式，并为了管理这个基金而成立了德波合作基金会。这笔巨额贷款是原联邦德国总理赫尔穆特·施密特于 1975 年在赫尔辛基欧安会首脑会议上向波兰爱德华·盖莱克（Edward Gierek）** 做出承诺的结果，

---

* 克莱绍庄园位于现波兰境内下西里西亚的克日若瓦市（Krzyzowa），原隶属德国东普鲁士。该庄园的主人是普法战争时期著名老毛奇元帅的曾侄孙赫尔穆特·詹姆斯·冯·毛奇伯爵（Helmuth James Graf von Moltke，1907—1945）。二战期间，这个庄园曾是当时反希特勒及其纳粹党的一个小圈子聚会点，成员大多为高级贵族和保守派精英，也有中产阶级和教会人士。——译者注

** 爱德华·盖莱克：曾任波兰统一工人党中央第一书记。——译者注

即以 10 亿德国马克贷款来支持波兰的现代化建设。

波兰人民共和国的经济在 1980 年代遭遇崩溃，使其无法按原定条件偿还这笔债务。1990 年代初，随着东欧社会主义国家阵营的民主化，不再被铁幕隔开的国家之间开始寻求新合作形式，在此背景下，波兰拖欠联邦德国的债务问题再次被提出。根据一项单独签署的德波协议，部分债务被免除，其余部分由波兰政府以 10 次等额年度的方式分期付款偿还。

1990 年代对于德波关系而言，是一个特殊和异乎寻常的紧密合作时期。重要时间点包括：确认德波之间现有边界条约（1990 年 11 月 14日）和睦邻友好合作条约（1991 年 6 月 17 日）；国际政治方面的重大事件有波兰加入北约和准备加入欧盟。在这一时期，致力于两国公民之间合作的机构得到了大力拓展，如歌德学院。

然而在波兰，要恢复到战前的自决、民主和私营经济传统，还是需要做出不少努力；人们满怀希望地面向西方，期望从这个方向能得到支持和帮助，以建立起波兰社会，并减轻因战争和冷战时期社会主义管理造成的落后状况。所有这一切，均是德波合作基金会成功运作的关键性因素。

至 2001 年，即在基金会创建后的第一个十年，分 10 次向德波合作基金会偿还债务的任务顺利完成。在这十年间，产生较大影响的基金会董事会代表有海因里希·温德伦（Heinrich Windelen）等人。温德伦于1995 年接替赫尔伯特·海尔里希（Herbert Helmrich）出任联合主席职务；此外，还有汉斯-阿道夫·雅各布森教授、赫尔穆特·贝克尔、恩斯特·约格·冯·斯图尼茨博士和德国驻波兰大使约翰内斯·鲍赫，以及波兰方面的安杰伊·格拉耶夫斯基博士、莱昂·基耶斯教授和耶日·霍泽教授。这些人员决定性地影响了德波合作基金会的发展，成功地将数项重要任务付诸实施：建立伙伴关系，鼓励当地社区合作，助力平衡文明差异，以及尽管申请项目和任务量很大，但仍按照各项申请来单独依据自身需要做出评判。

在创建之初的两次会议上，基金会就已对其运作基本规则达成了共识，并确定了优先事项，规划了基金会第一个十年的资助重点，其中主要包括：

- 青年交流和文化合作；
- 促进德语和波兰语作为外语的发展；
- 环境保护、运输、电信；
- 保护共同的文化遗产。

当时，尚未计划资助在德国执行的项目。1992 年 3 月，第一批拨款获准通过。至 2010 年底，共计有 9 860 个德波项目获得了基金会的资助。

大政治是德波合作基金会得以成立的基础，但并没有阻碍其发展。2001 年，两国政府共同做出一项关键性决策并得以落实，即在波兰政府向基金会完成偿还贷款后，基金会仍应该继续存在。这使各机构委员会得以重构基金会，让它能在原先规范的任务范围内继续作为一个常设性机构运行。由此，在成立后的 30 年间，基金会根据其创建的社会需求，同时也在其所依赖的资源变化影响下，成功地进行了自我转型。2001 年，在经历了 10 年定期资金流入之后，基金会的财政可能性受到了明显限制；年度预算缩小，拨款水准也不得不相应地降低。自 1998 年以来，通信、供水和供气领域的投资项目不再得到基金会的补贴；三年后，其他建筑项目和较大规模的投资也被排除在有资格获得共同融资项目的范围之外。

然而，在同一时期，波兰在准备加入欧盟的进程中得到了欧盟所谓入盟前捐助基金（Heranführungsfonds）的资助，2004 年后还得到了结构基金（Strukturfond）的资助。1990 年代曾由联邦政府通过德波合作基金会拨款方式资助的项目，现可以通过欧盟拨款获得支持。在很短的时间内，2004—2006 年和 2007—2013 年，基金会的业务项目构成了共同资助的重点，提供的资金主要针对用于环保领域的基础设施项目（污水处理设备、供水）、欧洲共同文化遗产实物的修缮及其现代化，用于各种社会目的的项目、与健康保护相关的项目（医院和专家诊所的现代化、翻修和装备），以及面向民间社会活动的项目，或是向欧洲伙伴国家开放的国际交流会议。简言之，1992—2002 年获得德波合作基金会资助的项目涉及波兰社会、经济和文化生活等核心领域，现在这些项目有了全新的强劲资金来源的支持。

在某种意义上，基金会的资助为明智地处理欧盟随后提供的援助，诸如区域基金铺平了道路。基金会的资助对获资助者提出要求，希望他们在项目中展开思考，并在邻国寻找一个合作伙伴，支持共同供资的项目申请。这样做使项目规划和管理成为一个学习过程，有助于实施现代技术，并为德波合作开辟新的活动领域。由于没有德方合作伙伴，任何项目都无法实现，基金会鼓励数千名波兰方面的项目承担者勇于克服文化和语言障碍，这一举措早在现已消除了许多这类障碍的互联网时代出现之前便已开启。

德波合作基金会工作范畴的转变，也给其组织结构带来了重大变化：在 2001—2002 年，工作人员数量一度不得已减半，而自 2003 年以来，基金会工作由一个再度平衡组建的董事会监督。在章程中，政府为基金会活动调整了优先事项——目前，基金会支持的项目转向侧重于人与人之间的接触，如城镇和学校伙伴关系、大学以及艺术家团体和各类职业团体之间的合作与信息交流。现阶段的重点还在于促进跨文化对话，普及邻国的语言、文化与历史知识。

随着波兰加入欧盟和基金会工作的不断延续，2004 年起基金会也顺理成章地成为欧洲基金会中心（EFC）的成员。现在，基金会也自认是波兰新出现的基金会版图的一部分。这一定位的结果是促成了 2006 年召开一次关于基金会在德国和波兰工作的会议，并携手柏林米西纳塔（Maecenata）研究所出版了以"德波基金会传统"为主题的出版物。自 2005 年以来，基金会根据波兰法律，还拥有了非营利组织的地位，并成为波兰捐赠者论坛（Forum Darczyńców）的成员。

在过去数年间，由基金会独立管理或与合作伙伴共同组织的项目显著增多。因此，基金会现在也更加注重独立运作，不再仅限于提供资助，虽然提供资助仍占其工作的重中之重。基金会工作依据现行章程确定的定位，目前主要包括四大主题重点：

● 会议和机构合作，如各专业团体之间、城镇伙伴关系、大学和协会之间的合作；

● 科学和教育，特别是推广波兰语和德语作为外语，以及在邻国开展有关波兰和德国问题的研究；

● 媒体和新闻，旨在服务于提高对邻国和德波关系知识水准与专业报道的项目；

● 艺术活动，即音乐、戏剧、电影、文学、视觉艺术和建筑领域的项目，展示邻国的文化成就。

为了表彰这些领域的杰出成就而设立奖学金项目和奖项，是德波合作基金会实施这些重点项目一揽子计划的一部分；研讨会、考察旅行和出版物拓展了这些主题领域，取得的成果又有助于促进德波对话。通过德波合作和德波对话，让我们更好地认识和理解对方。基金会每年携手其他合作伙伴一起颁发"德波新闻奖"，也是旨在实现这一目标，重点表彰那些让德方和波方的观点更易彼此理解的作品。基金会还颁发"市政奖"，旨在表彰那些卓有成效的城市和乡镇联合项目。在这些德波合作和德波对话中，充满信任的友谊应运而生。在此基础上，两国人民建立起更好的理解。这将是基金会制定未来 20 年工作规划的一项重要任务。

德波合作基金会的总部特地设在华沙，有意识地这样做也是出于一个德波机构所肩负的责任。因此，基金会的工作重点也立足于这个地点。在 1990 年代末，基金会董事会勇敢且卓有远见地做出决定，选择泽尔纳（Zielna）街 37 号，即俗称"小帕斯塔"（kleine Pasta）作为基金会的总部地址。在华沙起义期间，泽尔纳建筑群曾是发生激烈战斗的场所，也是波兰方面在攻克大帕斯塔时取得短暂胜利的场所。如今，原波兰地下政府的退伍军人协会就设在那里，直接与德波合作基金会毗邻。

2010 年，基金会举办了一个凸显华沙历史的德波主题展。在"自由选择的波兰"标题下，展览还展示了原德国家庭对于 19 世纪和 20 世纪初华沙发展成为该地区的一个重要大都市所做出的积极贡献。当然恰恰在华沙之外，也还有更多这类基金会工作所取得的"里程碑"——在全国各地，参观者均可看到标有"由联邦德国资助的德波合作基金会"牌匾：在会议场所与和平教堂，在修复的建筑古迹，在惠及最弱者、病人、老人和残疾人的建筑大楼，在幼儿园以及属于国家现代基础设施的服务于科教或公共行政的机构设施。至 2011 年底，基金会董事会先后召开 99 次会议，在德波成员的共同表决下，共计有 10 000 个项目获得批准，这是对于基金会努力工作 20 年的一个完美贺岁整数。

2021 年，德波合作基金会迎来 30 周年成立庆典。自德波两国政府携手创建这一基金会以来，共计已有 16 000 个项目获得资助，至 2021 年 1 月总金额达到了 312 633 722 欧元。项目重点日趋结合历史记忆与现实发展，其中 2021 年资助的项目包括：为反思纳粹入侵苏联 80 周年而组织的"从斯大林条约到侵袭苏联"国际会议、纪念基金会成立 30 周年的"睦邻条约 30 年——30 年德波合作基金会"奖学金项目，以及纪念波兰前外长、历史学家和波兰地下政府活动家的特展"瓦迪斯瓦夫·巴托谢夫斯基（1922—2015）——抵抗、记忆与和解"等。① 在欧洲一体化的新进程中，基金会已发展成为促进德波、波欧之间沟通与合作的一座不可或缺的重要桥梁。

（李萌娣　孟虹　译）

---

① 更多详见 30 Jahre SdpZ：Stiftung für deutsch-polnische Zusammenarbeit 1991 - 2021，in：https：//sdpz. org/30-jahre-sdpz。

11. 对于德国人在其他国家犯下的 不公正行径的反思与补偿

芮悟峰*

摘要： 过往历史和对于它的回忆，即使在当下也仍产生着影响。对于许多人而言，仅有纪念日和纪念碑是不够的，总有新的建议产生，告知人们应该如何正确地回忆。对正面事件的回忆也有理由被归入此类主题范畴，同样的是如何处理变迁的法律与社会观念问题。鉴于二战期间德国人犯下的罪行，出现一个问题，即是否不允许德国人以积极的姿态向其他国家介绍自己对于过往历史的态度，或者这种经历是否可能导致一种德国人必须帮助他国构建起回忆的义务。与德国表现出对罪责认知、赔偿和承担责任的决心同时并存的是，对于资金补偿的极为克制的态度。鉴于最近对德国提出的索赔金额超过了一万亿欧元，总计为联邦预算的三倍多，联邦政府除了拒绝此类索赔外，几乎别无他法。即使在未来，他们对此的态度也因此不该改变。

关键词： 德国，二战，补偿，赔款，波兰

* 作者简介：上海同济大学德国研究中心高级研究员。此前曾在联邦德国外交部工作近35年，其间在德国驻华大使馆政治处任职、在柏林担任德中工作组大使兼负责人，出任德国驻上海总领事。此外，还在裁军审议委员会、联合国、北约、欧盟和西欧联盟的德国代表团工作，并在德国驻以色列和葡萄牙大使馆等任职。

过去从未消逝。它甚至从未成为过去。①

威廉·福克纳（William Faulkner）源自《修女安魂曲》的这句话，是我在准备我们 2019 年 11 月北京国际论坛报告时想起的。尽管在世界战略格局和日常政治起起伏伏的变化中不乏存在问题，但或近或远的历史总是介入和影响我们的现时。

人们回忆什么，何时回忆，如何正确回忆——这些问题在近几周乃至近几个月来也一再成为热门话题。这里仅举几个例子：

• 1975 年去世的西班牙独裁者弗朗西斯科·佛朗哥（Francisco Franco）的遗骸在其过世近 45 年后，从烈士谷（Valle de los Caídos）的一座巨大陵墓中被迁往较为简朴的家庭墓园。由此，西班牙政府也完成了一项在 2019 年 11 月中旬新一届大选时所许下的承诺。在西班牙，各界对于这一决定，因政治倾向性的不同而各异。②

• 同样在 2019 年 10 月底，美国众议院以压倒性多数，决定将奥斯曼帝国杀害 150 万名亚美尼亚人的系统化行为定性为种族灭绝行径。参议院于 2019 年 12 月通过了相关决议。③ 早在 2016 年，德国联邦议院也已通过了相应决议。④

• 日本和韩国在未引起全球多数地区关注的情况下，近段时间以来一直在进行一场轰轰烈烈的经济战，这最终归因于日本对韩国长达数十年的占领以及二战期间日本在韩国犯下的罪行。⑤

• 2019 年是德国-波兰纪念年：二战爆发 80 年、中东欧和平革命 30 年、波兰加入欧盟 15 年。因此，至少对于联邦政府是一个契机，

① William Faulkner: *Requiem for a Nun*. New York, 1994, S. 73.

② Brakkton Booker: Spain Moves Dictator Francisco Franco's Remains, After Months of Legal Battles, in: *National Public Radio* vom 21. 10. 2019.

③ Humeyra Pamuk: U. S. Senate passes resolution recognizing Armenian genocide, angering Turkey, in: *reuters* vom 13. 12. 2019.

④ Deutscher Bundestag: Antrag zum Völkermord an Armeniern beschlossen, 02. 06. 2016, in: https://www. bundestag. de/dokumente/textarchiv/2016/kw22-de-armenier-423826.

⑤ BBC: South Korea and Japan's feud explained, in: *bbc* vom 02. 12. 2019.

"进一步努力构建一种共同记忆文化，加深对于德国在波兰施行恐怖统治的反思"。2019 年 9 月 1 日，联邦总统弗兰克-瓦尔特·施泰因迈尔（Frank-Walter Steinmeier）特地前往二战期间首个被德国轰炸的波兰城市维隆（Wieluń）；2019 年 8 月 1 日，德国外长海科·马斯在华沙起义 75 周年之际访问了波兰首都。①

● 2019 年 11 月 9 日，德国重点回顾的是 30 年前柏林墙的倒塌。纳粹统治结束后很长一段时间，1938 年 11 月 9 日发生的所谓"水晶之夜"（Reichskristallnacht）——联邦政府官网上现在更谨慎地称之为"帝国打砸抢之夜"（Reichspogromnacht），并没有得到重视。同样的还有 1918 年 11 月 9 日菲利普·谢德曼（Philipp Scheidemann）宣告德国第一共和国的创建，也一直被疏忽。②

● 也是在几天前，德国联邦议院就是否该正式承认被纳粹视为"反社会"和"职业罪犯"的受辱者为纳粹受害者群体举行了公听会。③

此类例子还有很多。然而，仅设立纪念日、举行纪念活动或建造纪念碑却还是不够的。最近，人们开始不断探讨应该如何纪念以及在必要时应该注意或避免什么问题。

有些人，诸如以色列前驻德大使希蒙·斯坦恩（Shimon Stein）和历史学家摩西·齐默尔曼（Moshe Zimmermann）等希望德国颁布一项传统法令（Traditionserlass）＊，像在联邦国防军那样，规范如何处理

---

① Deutscher Bundestag：Deutsch-polnisches Gedenkjahr，04. 06. 2019，in：https://www. bundestag. de/presse/hib/645700-645700.

② Bundesregierung：Der 9. November prägt die deutsche Geschichte，08. 11. 2018，in：https://www. bundesregierung. de/breg-de/aktuelles/der-9-november-praegt-die-deutsche-geschichte-1547342.

③ Deutscher Bundestag：Experten：„ Asoziale " und „ Berufsverbrecher " als NS-Opfer anerkennen，06. 11. 2019，in：https://www. bundestag. de/dokumente/textarchiv/2019/kw45-pa-kultur-medien-opfergruppen-664624.

＊ "传统法令"指 1965 年联邦议会颁布的《德国联邦国防军之传统——理解和继承传统的准则》。——译者注

集体记忆。① 另一些人则持反对意见，认为社会上展开讨论的事务要由国家来决定，这种想法是何其的荒谬。②

然而，若有人询问德国选择党（AfD）的极右翼分子比约恩·霍克，他很可能会回答说，可以想象让国家按他所要求的"纪念政策180度大转向"来做出规定。③ 幸运的是，这一观点并不占多数。

无数其他如何正确记忆的相关问题被探讨，涉及是否该同意选择党议员出任欧洲被害犹太人纪念碑基金会董事会董事④，以及是否该允许民众在纪念碑旁野餐。⑤

或者，正如德国犹太人中央委员会主席约瑟夫·舒斯特（Josef Schuster）所提议的，学校教学计划中应增加安排学生有义务去参观原集中营。⑥ 对某些年轻人而言，这项要求颇难应对，这点反映在几天前发生的一个事件中。当时，一些学生在参观完布痕瓦尔德集中营的返程途中，演奏起了反犹歌曲。由此，该提议也颇具争议性。⑦

该如何记忆和纪念的问题一再被提出：

- 在跨党派请愿书中，2019年8月共计有240名德国联邦议院的议员投票表决同意在柏林设立一个纪念碑以纪念遭纳粹暴行的波兰受害

---

① Shimon Stein, Moshe Zimmermann: Warum wir einen Traditionserlass für die Erinnerungskultur brauchen, in: *Frankfurter Allgemeine Zeitung* vom 17.04.2018.

② Ulrich Herbert im Gespräch mit Dieter Kassel: Wir brauchen keinen Traditionserlass, in: *Deutschlandfunk Kultur* vom 18.04.2018.

③ Die Höcke-Rede von Dresden in Wortlaut-Auszügen, in: *Zeit online* vom 18.01.2017.

④ Aleida Assmann: Wir haben eine Errungenschaft zu verteidigen, in: *Süddeutsche Zeitung* vom 19.02.2018; Deutscher Bundestag: Kuratorium der Stiftung Denkmal für die ermordeten Juden Europas gewählt, 08.11.2018, in: https://www.bundestag.de/dokumente/textarchiv/2018/kw45-de-wahlen-gremien-denkmal-575074.

⑤ Selfies am Holocaust-Mahnmal-angemessenes Verhalten? in: *Deutschlandfunk Kultur* vom 19.01.2017.

⑥ Jeder Schüler sollte KZ-Gedenkstätte besuchen, in: *Zeit online* vom 26.01.2015.

⑦ Pitt v. Bebenburg et.: Sollen Schüler verpflichtend KZ-Gedenkstätten besuchen? in: *Frankfurter Rundschau* vom 11.11.2017; Eberhard Diepgen, Walter Momper: Sollten Schüler verpflichtet werden, KZ-Gedenkstätten zu besuchen? in: *B. Z. Berlin* vom 10.02.2018.

者。联邦议长沃尔夫冈·朔伊布勒支持该请愿。① 但也有反对声：纪念碑似乎是过去的终点线，而就德国人与波兰人之间的关系而论，这还为时过早。②

● 2017 年，人们发现现联邦总统的官邸原属于一位犹太人，在希特勒上台八天后他被迫出售转让。2018 年后，那里竖立起一个纪念该犹太人的纪念牌。③

● 前不久，位于图林根的德国香肠博物馆计划搬迁至布痕瓦尔德集中营的一个分支机构。可以吗？这可不行。④

● 离我从小成长的汉堡老家不远处，有两个二战期间用于安置强制劳工的军营。⑤ 几年前，那里的一个陈列柜展出了一张数名强制劳工在其住所前的合影——显然心情很不错。可以展示出这种照片？

● 仅致力于一种或多或少转瞬即逝的时代精神的纪念文化又如何？近日，柏林洪堡大学在官网上写道，该大学的纪念文化最为突出地反映在校务会大厅前的诺贝尔奖得主画廊中。然而，对此却不断有人提出批评，指出这一画廊所展出的代表仅是少数令人难忘的白种男性大学成员，质疑如今是否仅凭"诺贝尔奖得主"这一标准就可以将大学成员视为纪念文化的合法标志。因此，该画廊应该被一个定期更新的展览取代，每两年专门讨论一个特定议题。第一个议题便是"富有公民勇气的

---

① Rückhalt für Polen-Denkmal wächst, in: *Frankfurter Allgemeine Zeitung* vom 27. 08. 2019.

② Florian Kellermann, Zu früh für ein Denkmal, in: *Deutschlandfunk* vom 30. 08. 2019.

③ Der Bundespräsident: Dienstvilla des Bundespräsidenten in Berlin-Dahlem, 04. 05. 2015, in: http://www. bundespraesident. de/DE/Die-Amtssitze/Schloss-Bellevue/Dienstvilla-Berlin-Dahlem/dienstvilla-node. html.

④ NS-Erinnerungskultur: Was geht und was geht nicht? in: *Deutsche Welle* vom 24. 02. 2019.

⑤ Zwangsarbeitsbaracken beim Flughafen Fuhlsbüttel, in: https://www. gedenk-staetten-in-hamburg. de/gedenkstaetten/gedenkort/zwangsarbeitsbaracken-beim-flughafen-fuhls-buettel/.

洪堡人"①。——这无可非议，但是否必须因此而取下诺贝尔奖得主的画像呢？

那么，回忆那些更是得到了积极评价的事件和行为方式，情景又会如何？2003 年，我和我夫人发现南京大学所在地仍保留着约翰·拉贝（John Rabe）的故居，破败不堪，且上了锁。在日本占领南京期间，西门子公司代表拉贝自 1937 年 12 月起设立了一个保护区，据中方统计保护了近 20 万中国平民免遭日本士兵的侵袭。因此，联邦总统约翰内斯·劳在 2003 年访问南京期间，向拉贝的半身雕像敬献了花环，德国外交部和德国企业与南京大学共同出资翻新并在这个现在以约翰·拉贝命名的居所中设立了一个小博物馆和一个交流中心。②但在当时，拉贝也是纳粹党成员。因此，对于他的纪念并没有得到普遍认同。

这些例子同时也表明了，围绕记忆可以出现截然不同的情况：

● 佛朗哥遗体的迁葬是一个国家内部事件：一个国家、一个社会如何去处理自己的内政历史。

● 美国众议院关于亚美尼亚的决议案却恰恰相反：这是美国完全没有参与的一个事件，当时这一事件仅在一个国家，即在奥斯曼帝国内部发生，现在涉及两个主权国家；美国众议院是否真的有必要去处理在世界另一端一个世纪前发生的一个事件，并将其定性为种族灭绝？这个问题还是应该准许人们提出来加以探讨的。

● 日本和韩国之间的冲突则相反，涉及同样的经典案例，即一个国家向另一个国家施行了不公正罪行，而受害者要求其悔改和赔偿。

● 近日德国回顾柏林墙倒塌，通常围绕的是如何评定"加入地区"

① Humboldt-Universität zu Berlin：Gesucht-Humboldtianer＊innen mit Zivilcourage，13.10.2020，in：https://www.hu-berlin.de/de/beschaeftigte/gesucht-humboldtianer-innen-mit-zivilcourage.［德文中＊表述双性人，这是德国近年来积极推进性别平等运动的一个语言方面的新表述，Humboldtianner＊innen 指男女和中性的洪堡大学人员。——译者注］

② 约翰·拉贝和国际安全区纪念馆简介，in：https://www.nju.edu.cn/upload/tpl/01/c2/450/template450/img/index.htm。

（Beitrittsgebiet）的政治与社会变迁问题——那曾是另一个国家，但对于我而言现已不复再是：有肇事者和受害者要处理。但最终还是必须提出一个问题，即在此后的 30 年间，是否就没有犯过需要修复甚至需要补偿的错误——关键词"托管局"（Treuhand）。

这还不是全部：一个国家该如何应对一个事实，即如何处理一度长期被判为刑事犯罪、现在却被视为不应该受惩罚的行为？

在德国，男性间同性恋行为曾数十年受到惩罚；1994 年才最终废除了《刑法》第 175 条。1968 年我刚开始学习法学时，同性恋者受到了法律的严厉打击。我不记得当时我们在讲座课或研讨会上是否对此提出过深度质疑——但我们很好地探讨了对于"拉皮条"（Kuppelei）、在未婚者中促成性行为的相关惩罚问题。2017 年，曾被定罪的同性恋者获得了平反，每人得到 3 000 欧元的经济补偿；若判刑入狱，则每关押一年另加 1 500 欧元的经济补偿。这与记忆文化有关吗？我认为是的。

又该如何处理相反的情况，即过去在法律上或至少在社会上是被接受的，但现在从更纯粹的视角来看却不再被接受的行为方式？

● 1990 年代初，德国各大银行包括国有地方州银行的子公司纷纷登出整页的广告，直言不讳地让投资者将资金存放于卢森堡，因为那里的收益不在德国税务部门的管辖范围内。如今，这种行为被视为偷税漏税而将受到无情的惩罚，相关报纸广告早已销声匿迹。

● 几十年来德国公司向外国客户行贿被社会接受，甚至报税时可以被视为"有用的支出"而结算。1990 年代末至 21 世纪初，这种情况发生了变化：税收减免被取消，行贿甚至会受惩罚。并不是每个人都能像立法机关一样，迅速了解对这一行为的重新评价。因此，享有声望的德国企业和著名经理与法律产生了冲突。此类问题的处理是否也属于纪念文化呢？会导致在较长时间采取"酌情减刑"（mildernde Umtände）吗？

● 最后是社会上特别敏感的一个案例：今天，每位男士都知道面对女士应如何展示自己的言谈举止，或至少应该对此有所了解。但曾经有一段时间，即使是可疑的（zweifelhaft）行为至少在社会上也被接受。如果发现一种行为，从今天的角度来看，这种行为显然是错误的，但在20年或30年前可能被多数人认为是可以接受的——该如何处理这种行为？按现在被认为正确的观点来评判？抑或仍然接受过去的观点，尽管如今看来这一行为是错误的？

我给出这些例子，因为我认为，"记忆文化"一词的使用不应该太过狭隘。在我看来，它总可用来评判一段时间以前发生的，因此往往——但并不一定——要接受不同评价的事件或行为方式。

对于德国人而言，还有另一种特殊挑战：鉴于德国在20世纪中叶所犯下的罪行规模如此之大，人们可以提出一个问题，即是否准许德国人指出其他国家在应对其过去历史方面所存在的不足？

● 是否允许德国人将德国对于二战期间所犯下罪行的处理方式与日本今日的做法相联系?[1] 或者拒绝之?[2] 或者是相反，鉴于德国历史——也包括民主德国的历史，恰恰意味着德国有义务指出其他国家在过去和现在的不足？从德国人和犹太人的历史中，是否甚至产生了一种义务，向以色列政府指出，他们在处理与巴勒斯坦人关系方面并非总是无可置疑的？

● 无论如何，对于我而言，如果不是德国人，而是外国人将德国对过去的反思与其他国家进行对比且必要时得出积极的结果，感觉会更好些。[3]

这些问题我仅想简单概述之，今天无法一一作答。因为我要探讨的

---

① 正如伊恩·布鲁马（Ian Buruma）于2015年在纽约出版《罪恶的代价：德国和日本战争的记忆》（*The Wages of Guilt：Memories of War in Germany and Japan*）所做的。

② 最近一项调研也表明了德国人不仅仅"正确地"记住了纳粹时代，参见 Jonas Rees, Andreas Zick：Trügerische Erinnerungen-Wie sich Deutschland an die Zeit des Nationalsozialismus erinnert，13.02.2018，in：https://www. stiftung-evz. de/fileadmin/user _ upload/EVZ _ Uploads/Pressemitteilungen/MEMO_PK_final_13. 2. pdf.

③ Susan Neiman：*Learning from the German*. New York，2019；参见 Michael Henry Adams：Learning from the Germans：how we might atone for America's evils, in：*The Guardian* vom 10. 11. 2019。

主题更加狭窄：对德国人在其他国家所犯下的不公正行径的反思与补偿。

这同样是一个经典问题，其中不仅包含了战后经济补偿（Wieder-gutmachung）①，还涉及赔偿（Reparation）问题。

在这种关系中，即首先尤其是与二战期间遭受德国袭击，或其公民成为德国罪行受害者的国家的关系，如以色列、波兰、希腊、意大利，但也涉及德意志帝国对其祖先犯下种族灭绝罪、现生活在纳米比亚的赫雷罗族人和纳马族人（Herero and Nama），提出了如何处理记忆及可能的经济补偿问题。②

从德方态度来看，特别是对所提及的国家与民族的态度，乍一看似乎自相矛盾。

1970 年德国联邦总理维利·勃兰特"华沙一跪"前后，有无数道歉、羞愧和深切同情，以及昨日之罪可产生对于当下和未来的特殊责任感之类的表述。联邦总统、联邦总理、联邦议院、各党派政治家都承认德国的罪行和责任，有的已数十年。大屠杀（Shoa）被认定为种族灭绝行径③，同样还有德意志帝国参与其中的奥斯曼帝国对于亚美尼亚人的驱逐与屠杀④，且经过长时间犹豫后最终还包括了针对赫雷罗族人和纳马族人所施行的罪行。⑤

---

① Entschädigungsforderungen ausländischer NS-Opfer gegen Deutschland，Antwort der Bundesregierung auf die Kleine Anfrage der Abgeordneten Ulla Jelpke，Dr. André Hahn，Gökay Akbulut，weiterer Abgeordneter und der Fraktion DIE LINKE，04. 02. 2019，in：http://dipbt. bundestag. de/dip21/btd/19/075/1907527. pdf.

② 芮悟峰：《面对过去——德国面临的新挑战》，载郑春荣主编：《德国发展报告》(2018)，北京：社会科学文献出版社，2019 年，第 174—187 页。

③ Wissenschaftliche Dienste des Deutschen Bundestags：Bezeichnet die Bundesregierung den Holocaust als Völkermord? 25. 04. 2012，in：https://www. bundestag. de/resource/blob/410324/1f2eb8bc2321a1ed1c2cdb3fee 62064e/WD-1-033-12-pdf-data. pdf.

④ H. Pamuk，2019.

⑤ Sachstand der Verhandlungen zum Versöhnungsprozess mit Namibia und zur Aufarbeitung des Völkermordes an den Herero und Nama，Antwort der Bundesregierung auf die Kleine Anfrage der Abgeordneten Niema Movassat，Wolfgang Gehrcke，Christine Buchholz，weiterer Abgeordneter und der Fraktion DIE LINKE，11. 07. 2017，S. 2，in：http://dip21. bundestag. de/dip21/btd/18/091/1809152. pdf.

　　这些解释肯定要予以批判性审视，即使对于那些并非认定具有右翼思想的人员也一样。迈克尔·沃尔夫森（Michael Wolfssohn）指出，"种族灭绝"一词的使用在逻辑上开启了对犹太人和以色列国赔偿的先例。因此，也难怪赫雷罗族人和纳马族人提出要求经济赔偿，甚至亚美尼亚人也如此，这仅仅是一个时间问题。①

　　另一些人对最近没有提到德方所遭受的痛苦和牺牲而感到有所欠缺。勃兰特还曾指出德国人民也遭受了巨大苦难，但在现任联邦总统施泰因迈尔的声明中并没有相应的信息。问题是，是否随着时间的推移，"德国罪责会变得越来越大"②。

　　在许多情况下，德国对其过往历史的开放和自我批评的态度被视为典范；然而，有时也受到批评，如沃尔夫森就认为德国政客"喜欢把世界道德的王冠戴在头上"③。

　　在明显愿意承认有罪、道歉、表示羞耻和承认负有责任的同时，德国对于涉及经济赔偿却明显采取了克制态度。

　　可以肯定的是，德国尝试对以色列和犹太人进行全面赔偿。对波兰和希腊也支付了资金。④ 在德国发展合作框架下，纳米比亚是获得人均资助最高的国家之一。⑤

　　最近——在希腊，自金融危机以来，德国的态度被雅典视为特别顽固；在波兰，尤其是自 2015 年法律与公正党执政以来，对德国的赔偿要求再次增加。

---

　　① Michael Wolfssohn: Die deutsche Doppelmoral und ihre Folgen-wie amtsdeutsche Völkermord-Theorie Griechen und Polen auf den Plan rief, in: *Neue Zürcher Zeitung* vom 29.04.2019.

　　② Reinhard Müller: Wird Deutschlands Schuld immer größer? in: *Frankfurter Allgemeine Zeitung* vom 04.10.2019.

　　③ M. Wolfssohn, 29.04.2019.

　　④ Bundesfinanzministerium: Entschädigung von NS-Unrecht, 21.05.2019, https://www.bundesfinanz-ministerium.de/Content/DE/Downloads/Broschueren_Bestellservice/2018-03-05-entschaedigung-ns-unrecht.pdf? blob=publicationFile&v=13.

　　⑤ Deutsch-Namibische Entwicklungsgesellschaft e. V, https://www.dneg.de/namibia/das-land/.

　　然而，德国已为波兰做了很多。早在 1960—1970 年代，联邦德国为伪医学实验（pseudo-medizinische Experimente）的受害者支付了 1.4 亿德国马克。1992 年至 2004 年，50 多万名波兰纳粹受害者获得了近 5 亿德国马克的补偿。通过"记忆、责任与未来"基金会（Die Stiftung „Erinnerung，Verantwortung und Zukunft"），德国向近 50 万名波兰强制劳工支付了约 10 亿欧元。[①]

　　尽管如此，波兰议会的一个委员会最近得出结论，认为波兰战争损失总计达 8 500 亿欧元。它一再宣称要正式索赔，但至今仍未提出。[②]

　　希腊有所不同。希腊也收到了德方的支付款：1950 年代末，联邦德国自愿向因种族或信仰问题而遭受迫害的人员提供了 1.15 亿德国马克的赔偿。[③] 但 2019 年春季，亚历克西斯·齐普拉斯（Alexis Tsipras）政府口头提出要求与联邦政府就赔偿问题进行谈判。同时，希腊议会通过了一个委员会提交的报告，认为德国占领期间造成的损失和费用为 2 880 亿欧元。[④]

　　赫雷罗族人和纳马族人索赔的金额超过 300 亿美元。在向位于纽约的美国联邦法院提起的诉讼因联邦政府已拒绝传票的送达，于 2019 年春被驳回。[⑤] 然而，在美国，有一个复杂的例外规则，原告本希望该规则适用。

　　仅波兰和希腊提出的索赔总额就达到了 11 380 亿欧元。相比之下，2019 年德国联邦预算刚刚超过 3 500 亿欧元。[⑥] 若德国要完全满足这两

[①] Bundestag-Drucksache 18/9152 vom 11. 07. 2017，S. 2.

[②] Reinhold Vetter：Erinnern，aber nicht aufrechnen-Polens Forderung nach weiterer Reparationen für den Zweiten Weltkrieg ist juristisch nicht haltbar，in：*Neue Zürcher Zeitung* vom 20. 09. 2019.

[③] Bundestag-Drucksache 18/9152 vom 11. 07. 2017，S. 2.

[④] Andreas Ernst：Deutschland hat seine Kriegsschulden in Griechenland nicht beglichen，in：*Neue Zürcher Zeitung* vom 27. 04. 2019.

[⑤] US-Gericht weist Klage zu deutschen Kolonialverbrechen ab，in：*Süddeutsche Zeitung* vom 07. 03. 2019.

[⑥] https：//www. bundeshaushalt. de/fileadmin/de. bundeshaushalt/content _ de/dokumente/2019/soll/Haushaltsgesetz_2019_Bundeshaushaltsplan_Gesamt. pdf.

项索赔要求，则将为此不得不花费逾三年的所有联邦预算。在这段时间内，联邦将无任何投资，无任何社会福利，无法支付联邦官员和雇员薪酬，无法向联合国或欧盟交纳会员费，也无法支付国防或发展援助经费。同时，也没有资金来资助难民。毫无疑问，这是行不通的。

即使将期限延长几年，这一赔款金额仍然过高。花六年时间，将联邦预算的一半用于赔偿？还是分十年支付三分之一？这些方案都行不通。

此外，对波兰和希腊的要求做出回应，肯定会导致其他方进一步提出要求。苏联在二战期间遭受了其他国家所无法比拟的打击。那么俄罗斯的诉求，乌克兰、白俄罗斯、波罗的海国家或捷克的诉求呢？我在这里有意仅提及那些没有参与 1953 年《伦敦债务协定》的国家，赔偿问题在该协定中被推迟至和平条约的签订。

若审视预计会发生的索偿金额，很快便会清晰知道，联邦政府除了拒绝进一步的索偿，尤其是赔偿后的索赔要求之外，别无他法。这当然是通过诉诸司法技巧来实现的，在此我将不对其进行详细阐述。然而，无论谁若更仔细地观察德国的立场，即使仅针对波兰和希腊①所提出的要求，都不禁会感受到，在政治家们对罪责的满口承认与越来越狭隘的法律论证之间，存在着一种紧张关系。

在处理与波兰的关系方面，2019 年联邦议院科学服务部曾再次指出，依据《国际法》，联邦政府的立场是可以接受的，但并非强制性的。人们可以向国际法庭提出申诉，要求澄清法律状态。但由于德国隶属国际法庭之管辖权的普遍性声明在 2008 年后才生效，联邦政府需要临时

① Wissenschaftliche Dienste des Deutschen Bundestags: Völkerrechtliche Grundlagen und Grenzen kriegsbedingter Reparationen unter besonderer Berücksichtigung der deutsch-polnischen Situation, 27. 08. 2017, in: https://www. bundestag. de/resource/blob/525616/. 211fd144be8368672e98ecd6a834fe25/WD-2-071-17-pdf-data. pdf; ders. : Ausarbeitung: Zu den völkerrechtlichen Grundlagen und Grenzen kriegsbedingter Reparationen unter besonderer Berücksichtigung des griechisch-deutschen Verhältnisses,26. 06. 2013,in:https://www. bundestag. de/resource/blob/415628/b9c2381f1dd0065ac01ccba2ce1f3261/wd-2-041-13-pdf-data. pdf;参见芮悟峰，2019 年，第 174-187 页。

表态同意自愿服从于其管辖。① 然而，联邦政府几乎不会这么做。

至于（纳粹）德意志帝国强迫希腊进行强制性贷款，这在某些情况下是可以向德国法院提出索赔申请的。联邦议院科学服务部在 2019 年也再次指出了这一点。② 然而，这也不应该发生。

所有这些给人的感觉并不好。但是，联邦政府几乎别无选择。

任何从事民法赔偿损害问题的人都知道，事件的因果关系几乎无限。破坏性事件总是产生新的、往往是不利的后果；损害很容易变成无限。因此，保险是按照单个损害原则来进行的：很少赔偿因破坏性事件而造成的全部损害，而是仅赔偿保险条款和合同中规定的某些非常具体的损失。另一种可能是，若这些很难确定，则将担保限定在某一个上限。

当然，德国可以尝试对进一步索赔做一限定。但鉴于目前的索赔金额，尤其是可能提出的进一步索赔要求，这似乎是一项存疑之坑。我们该在哪划定界限？10％？这可能还是太多了。1％？这很可能会遭受批评，被认为是缺乏严肃性。

有鉴于此，预计联邦政府就进一步财政赔偿的立场将不会妥协，保持不变，即使相关讨论，尤其在波兰和希腊，零星地还有在意大利，会继续进行。

也许这样也好。因为若我们将目光从德国移向其他国家，适用于他们的是什么？我们想到日本。我们想到苏联及其 1953 年在民主德国、1956 年在匈牙利和 1968 年布拉格之春的行为。它们也必须对此支付赔款？

那些在 1960 年代才准许其殖民地独立的殖民列强呢？它们也必须对曾遭受的损害支付赔偿？抑或至少如法国总统埃马纽埃尔·马克龙于

---

① Wissenschaftliche Dienste des Deutschen Bundestags: Griechische und polnische Reparationsforderungen gegen Deutschland，14.06.2019，S. 14，in：https://www. bundestag. de/resource/blob/650668/dd328b0a05061b21190b 2359d7853536/WD-2-066-19-pdf-data. pdf.

② Wissenschaftliche Dienste des Deutschen Bundestags，14.06.2019，S. 14.

2017年底在布基纳法索（Burkina Faso）的一次演讲中所宣称的，希望将殖民列强国家博物馆中所展示的文化遗产归还给这些原殖民地国家？①

那么，该如何处置在独裁国家获得了丰厚收入的公司，也许是因为没有自由工会可以出面规范工人的公平工资，如1960—1980年代巴西军事独裁统治下的巴西大众汽车有限公司（VW do Brasil）？② 今天在耶尔·博尔索纳罗（Jair Bolsonaro）总统的领导下，情况会如何？在一个由"气候变化否定者"统治的国家做生意，合法吗？那么在刚刚被（特朗普）总统终止了《巴黎协定》的美国，情况又如何？

即使政府愿意赔偿损失，各国的人民将如何承受为了赔偿将大量的金钱流向国外，而不是用于国内？位于沃尔夫斯堡的大众汽车公司的工人或股东会怎么说，如果他们的工资和股息因为必须满足赔偿要求而被缩减？

这些问题与记忆文化还有关吗？我认为是的。也许，唯有记忆者不必意识到每次认罪都会立即招来意味其经济崩溃的赔偿要求时，才有可能进行诚实和公开的回忆，如果他能审视过去的行为，必要时认识和承认不公正行径，但不必担心这种承认会以其失去生存基础为代价。

这公平吗？也许不。然而，正如一位大使（我也曾有幸出任德国驻以色列大使）于1990年在谈及德国的或许并非理所应得的统一时曾说道的：

历史并非法庭。

（方鑫　孟虹　译）

---

① Discours du président de la République，Emmanuel Macron，à l'Université Ouga I，professeur Joseph Ki-Zerbo，à Ougadougou，27.11.2017，in：http://www. elysee. fr/declarations/article/discours-du-president-de-la-republique-emmanuel-macron-a-l-universite-ouaga-i-professeur-joseph-ki-zerbo-a-ouagadougou/.

② Christopher Kopper：VW do Brasil in der brasilianischen Militärdiktatur 1964 – 1985. Eine historische Studie，30.10.2017，in：http://www. volkswagenag. com/presence/konzern/documents/Historische_Studie_ Christopher_Kopper_VW_B_DoBrasil_14_12_2017_DEUTSCH. pdf.

12. 德国记忆文化视角下的二战强制劳工及其赔偿问题

方　鑫[*]

摘要： 德国发动的第二次世界大战给世界各国留下了痛苦记忆，也给人类社会造成了巨大损失。二战期间，纳粹政府为了保证战时经济体系的正常运转，使用了大量强制劳工，其中包括占领区平民、战俘、集中营囚犯等人员。强制劳工是纳粹受害者群体的一个典型代表，战后他们寻求赔偿的曲折历程也折射反映了德国联邦政府对二战历史的反思与相关政策的变迁。总体来看，强制劳工的索赔经历了四大发展阶段，赔偿工作的推进体现了人权思想的逐渐普及，并推动了有关强制劳工的记忆从"交际记忆"向"文化记忆"的转变。本文旨在梳理强制劳工与记忆文化的关联性，一方面运用文献分析法对战后联邦德国针对强制劳工的制度、法律进行分析，另一方面也对强制劳工赔偿群体、赔偿数额进行定量分析，并阐明强制劳工问题的解决对德国记忆文化建构的意义。

关键词： 记忆文化，二战反思，强制劳工，战后赔偿，文化记忆

第二次世界大战结束已 75 年，但是战争补偿问题仍影响着德国与

　＊ 作者简介：中国人民大学德语系硕士，攻读硕士学位期间主要的研究方向是德国文化，曾参与导师孟虹主持的国家社科基金重点项目"德国联邦议会与'记忆文化'建构研究（1990—2015）"，并撰写项目动态发展报告，并与孟虹老师一起完成了德语论文《中德历史和哲学视角下的"美好生活"与社会挑战》，论文收入 2020 年汉诺威大学研究团队出版的会议论文集。

其他欧洲国家的关系。其中 2015 年希腊政府要求德国赔偿二战期间纳粹德国在希腊造成的损失，总额为 1 620 亿欧元。2019 年，波兰政府要求德国支付 8 000 亿欧元的战争赔偿。战争补偿是战后历史反思的一大重要指标。在 21 世纪初，二战期间的强制劳工构成了德国在战后的最后一次大规模补偿的对象。

从 1942 年起，随着战争的推进和劳动力的匮乏，德国制定了广泛的强制劳动计划，这在人类近代史上几乎找不到先例。这种强制劳动计划给来自不同国家的人员带来了巨大压力，使他们在身心上遭受到无休止的痛苦，原因在于期间他们总是面临饥饿、疾病、暴力与死亡的威胁。"强制劳动"（Zwangsarbeit）一词，其实也成了德国纳粹政权暴行的缩影。但在战后德国，很长一段时间以来，联邦政府和相关公司都没有建立独立的强制劳动补偿制度。随着时间的流逝，越来越多的德国人意识到二战和大屠杀的残酷性。一些德国历史学家开始将目光投向二战中的强制劳工（Zwangsarbeiter）群体。这些人来自多个国家，是纳粹历史的见证者，对于他们所付出的劳动和遭受的苦难的补偿，开始被视为反思二战的重要组成部分。

一、"强制劳工"的分类与国际法、人权法对"强制劳动"的鉴别

强制劳动是一种抽象表述，概括了这类非法劳动的共同特点：非自由劳动。卡尔·海因茨·罗特（Karl Heinz Roth）认为非自由工作的特点是剥夺工人在劳动力市场上自由提供特定劳动的权利。[①] 来自占领区

---

① Karl Heinz Roth: Unfreie Arbeit im deutschen Herrschaftsbereich 1930 - 1945: Historische Grundlinien und Methodenfragen, in: Inge Marßolek, Till Schelz-Brandenburg (Hrsg.), *Soziale Demokratie und sozialistische Theorie. Festschrift für Hans-Josef Steinberg zum 60. Geburtstag*. Bremen, 1995, S. 200-203, hier S. 200.

的外国人、战俘、囚犯是二战时期德国"强制劳工"的主要组成部分。

德国学者马克·施波赫（Mark Spörer）对强制劳工做了详细分类，认为二战时期"第三帝国"的强制劳工具有两大核心特点："首先，在一段不可预见的时期内，制度化的劳动关系的不可分割性；其次，对工作任务的情况产生重大影响的机会很小。"① 基于这两大特点，他把当时的强制劳工细分为四类：第一类是"志愿外国劳工"。他们通常只需要履行完 6 至 12 个月的合同，就可以自由离开德国。第二类是"对其生存条件有一定影响力的或死亡率略有上升的强制劳工"。不管这些人是否自愿来到纳粹德国工作，他们都有些许机会改善自己的工作条件。第三类是"对其生存条件没有任何值得一提的影响且死亡率明显高于平均水平的强制劳工"。第四类是"对其生存条件没有任何影响且死亡率十分高的强制劳工"。②

其实，国际法早已出现了对强制劳动的约束。1930 年国际劳工组织 29 号《强迫或强制劳动公约》中，就首次出现了"强制劳动"概念："就本公约而言，'强迫或强制劳动'是指遭受任何形式的刑罚威胁的人未自愿参加的任何类型的工作或服务。"③ 二战期间，许多战俘沦为强制劳工。但实际上，国际法针对战俘也有明确规定。1929 年出台的《战俘待遇公约》就指出："交战者可以使用健康的战俘，但军官和同等级的人除外，根据其职级和技能，他们可以作为工作人员。"④ 同时，该协定规定了战俘不能从事不能忍受的危险工作，战俘每日工作时间也不得超过普通劳动者，同时每周至少有一天休息。相关规定展示了国际

---

① Mark Spörer: *Zwangsarbeit unter dem Hakenkreuz, Ausländische Zivilarbeiter, Kriegsgefangene und Häftlinge im Dritten Reich und im besetzten Europa 1939－1945*. Stuttgart & München, 2001, S. 15.

② M. Spörer, S. 15.

③ Übereinkommen über Zwangs- und Pflichtarbeit, Genf 1930, in: https://www. arbeitslosennetz. org/arbeitslosigkeit/rechtshilfe/gesetzestexte_urteile/ilo_international_labour_organization/ilo_uebereinkommen_029_zwangsarbeit_pflichtarbeit. html,访问日期：2020 年 3 月 1 日。

④ http://www. ris. bka. gv. at/Dokumente/Bgblpdf/1953_155_0/1953_155_0. pdf，访问日期：2020 年 3 月 3 日。

法对人权的尊重，即便是在战争期间，战俘也应得到与普通公民同等的待遇。

从法律视角来看，人权也是国际法的重要组成部分。"国际人权是个人对国家或国际法所保障的国家实体的法律主张，在和平与战争时期，这些人权用于保护人的基本方面及其尊严。"[1] 人权的核心意义是保护人的尊严，每个人都是人权的载体。《欧洲人权公约》第一章第四条明确禁止奴隶制和强制劳工："不得将任何人蓄为奴隶或者是使其受到奴役。不得使任何人从事强制或者是强迫劳动。"[2] 从现代人权法的角度看，强制劳工毫无疑问是一种侵犯人权的行为。

二、战后强制劳工问题的产生与发展

强制劳工产生的主要原因是二战时期德国的劳动力短缺。各类企业通过残酷的方式强制"招募"或征召劳工的做法严重违反了国际法和人权法。二战后，纽伦堡审判对此类行为进行了定性并惩处了相应企业。随着时间的推移，联邦政府和公众对强制劳工的态度发生了转变，相关话题越来越受到公众的关注。

（一）德国企业的共同犯罪与纽伦堡审判

战争离不开资金和后勤保障。公司与企业为战争发动者提供资金、武器装备和后勤物资的行为间接涉及战争罪。1945 年 11 月至 1946 年 10 月，美、苏、英、法四大战胜国在德国巴伐利亚州纽伦堡市成立国

---

① Walter Kälin: *Das Bild der Menschenrechte*, *herausgegeben von Lars Müller*, *Walter Kälin*, *Judith Wyttenbach*. Baden, 2004, S. 17.

② Europäische Menschenrechtskonvention Abschnitt 1, Art. 4, in: https://dejure.org/gesetze/MRK/4.html，访问日期：2020 年 3 月 7 日。

际军事法庭，对 22 名德国主要战犯进行了审判，其中包括克虏伯公司董事长古斯塔夫·克虏伯（Gustav Krupp）。作为纽伦堡审判中的唯一一名企业家，他被起诉的决定表明了国际社会已经注意到战争中企业的罪责。①

纽伦堡国际军事法庭审判结束后，美、苏、英、法四国又分别在他们的德国占领区对次级战犯进行了审判，其中涵盖直接或间接涉入战争罪的德国企业家。美国军事法庭负责对克虏伯、弗里克（Flick）和 IG 法本（IG Farben）公司负责人及有关高级管理人员进行审判。②英国和法国的军事法庭还分别审判了特施和施塔贝诺公司（Tesch & Stabenow）及赫尔曼·劳士领（Hermann Roechling）集团的负责人。

这些受审的企业都是德国各产业的领头羊。弗里克是专注各类矿产生产和制造业的大型企业集团；克虏伯是最著名的军火制造商；劳士领是规模庞大的家族企业集团，为二战中德国武器制造供应优质原材料。这些企业被指控的罪名有：共同或直接犯战争罪、奴役劳工和战俘罪、掠夺被占领的公私财产罪等。除少数企业的负责人被宣布无罪外，其他人被判处刑期不等的监禁。此外，克虏伯公司继承人阿尔弗雷德·克虏伯还被判令卖掉其所有的财产。③

所有这些被告企业都有强制大量占领区的平民为其公司服务的行为。他们剥削强制劳工，将其视作免费劳动力。从 1942 年至 1945 年，各类强制劳动者使用人数明显增加。1939 年，外国劳动力与德国劳动力的比例是 1∶130。到 1944 年，这一比例已降至 1∶4。1944年夏天，纳粹德国劳动部的统计数字显示，有 760 多万外国劳工在德

---

① Joe Julius Heydecker, Johannes Leeb: *Der Nürnberger Prozeß*. Köln, 2003, S. 106ff.

② Christian Priemel: *Flick - Eine Konzerngeschichte vom Kaiserreich bis zur Bundesrepublik*. Wallstein, 2013, S. 616ff.

③ Allison Marston Danner: *Nuremberg Industrialist Prosecutions and Aggressive War*, 46 Va. J. Int'l L. 651 (2005 - 2006), pp. 667-668.

国工作，其中四分之三的为平民强制劳动者，四分之一是战俘。他们大多数来自苏联和波兰，即所谓"东方工人"，占比 59%。① 这些强制劳工在德国重要的工业领域工作。在采矿、金属和化学行业中，强制劳工的比例平均为 26%～32%。在数量众多的军用企业中，强制劳工的比例超过了 40%，也有个别军用部门 90% 的人员均为强制劳工。② 为了增加武器产量，纳粹帝国改进了生产技术，提高了物资供应效率。然而，劳动力才是工业生产的基础，德国军工产量提高的重要原因是强制劳工数量的急剧增长和对强制劳工剩余价值的剥削：战俘和集中营的强制劳工每周必须工作 60 小时以上。因为强制劳工缺乏相关工作经验，他们无法独立完成复杂和专业的生产工作，为此纳粹政府效仿美国工厂建立流水线，制定了换班制度。但史料证明，大部分强制劳工并不能享受 8 小时工作制，而是必须一整天地站在流水线旁工作。③

强制劳工还缓解了纳粹德国的经济压力。尽管强制劳工每天要工作很长时间，但他们的工资却十分低，大部分人甚至无工资。经计算，每位强制劳工约被克扣了 15 000 马克工资。④ 强制劳工要按照德国的相关规定纳税和缴纳社会保险，但他们自身并不能从中受益。他们缴纳的税金和保险金成了纳粹政府财政的利润来源，从而进一步扩大了纳粹德国的财政收入。

---

① Thomas Kuczynski, Brosamen vom Herrentisch: *Hintergründe der Entschädigungszahlungen an die im Zweiten Weltkrieg nach Deutschland verschleppten Zwangsarbeitskräfte*. Berlin, 2004, S. 130.

② Anja Hense: *Verhinderte Entschädigung-die Entstehung der Stiftung „Erinnerung, Verantwortung und Zukunft" für die Opfer von NS-Zwangsarbeit und „Arisierung"*. Münster u. a. 2008, S. 29.

③ Constantin Goschler: Sklaven, Opfer und Agenten. Tendenzen der Zwangsarbeiterforschung, in: *Unternehmen im Nationalsozialismus*, Nobert Frei, Tim Schanetzky (Hrsg.), Göttingen, 2010, S. 116 ff.

④ Thomas Kuczynski, Brosamen vom Herrentisch: *Hintergründe der Entschädigungszahlungen an die im Zweiten Weltkrieg nach Deutschland verschleppten Zwangsarbeitskräfte*. Berlin, 2004, S. 131.

（二）1949 年后的补偿方案：权力与义务的困境

战后联邦德国赔偿体系的关键基石是《联邦赔偿法》（Bundesent-schädigungsgesetz）。该法案于 1956 年 6 月 29 日首次颁布，但有效期追溯提前至 1953 年 10 月 1 日，1965 年曾再度修订，但尚未与联邦德国建交的国家不在法律规定的补偿范围内。这项带有政治偏见的规定使包括苏联在内的东欧国家的许多受害者无法获得赔偿。1956 年后，许多西欧国家向联邦政府提交了关于强制劳工的赔偿申请，但无一个来自东欧的国家及时提出了相关诉求。①

这一时期，联邦德国政府对赔偿金的分配并不合理，赔偿总金额约80％给了在美国和以色列生活的犹太受害者。在那里，约 36 万名前纳粹受害者每月可领取养老金，约 65 万人根据《联邦赔偿法》获得了一次性赔偿。然而，中欧和东欧的强制劳工得到的赔偿金占比极低，许多强制劳工没有得到任何补偿。② 这表明了当时的联邦德国政府不能公平履行赔款义务，补偿系统未能保持中立。这种差异存在的原因多样。第一，二战刚结束，德国的经济水平还没有恢复，政府的财政收入不能支付所有赔款；第二，冷战思维和对立情绪在影响政府的判断，德国政府更愿意将赔偿金发放给以美国为首的政治集团；第三，犹太受害者成立了协会，协会的形式更能引起政府的重视，从而优先获得补偿。

赔偿体系的建立和完善是德国联邦政府内部反思与世界各国政府博弈的综合结果，可按时间分为四个阶段。

第一阶段是 1950 年到 1970 年。这一时期，德国联邦政府的补偿政策大多是在外部压力的推动下出台的。各国政府凭借这些措施向联邦政府施压，希望能得到更多的战争补偿。对战胜国政府来说，拿到更多的

---

① Karl Heßdörfer: Die finanzielle Dimension, in: *Wiedergutmachung in der Bundesre-publik Deutschland*, Hrsg. von Goschler Herbst. München, 1989, S. 55 ff.

② K. Heßdörfer, S. 55 ff.

赔偿意味着节约自己的财政支出，否则他们将为纳粹受害者承担间接的经济责任。

第二阶段是从 1970 年代至 20 世纪末。此时，德国联邦政府的内部力量逐渐显现，他们开始主动承担赔偿责任，并与更多的国家建立起补偿方案。勃兰特政府上台后提出了"新东方政策"，中欧和东欧国家也积极与联邦德国展开谈判。多国政府的合作，促成了 1970 年代一系列补偿协议的签订。在 1980 年代，"被遗忘的受害者"概念出现，很多在战争中遭受纳粹迫害的群体出现在公众的视野。1985 年，在纪念二战结束 40 周年的活动中，联邦总统魏茨泽克发表演讲，首次将不同的受害群体纳入了纪念活动："我们记得被谋杀的辛提人和罗姆人、被杀害的同性恋者、精神病患者，因宗教或政治信仰而不得不死亡的人员。"[1] 强制劳工群体也在这一时期开始受到更多公民和学者的关注。

第三阶段是 21 世纪初。这一阶段的赔偿体系不仅仅是两国政府之间的协议，更多的纳粹受害者建立了团体，他们作为第三方力量参与到战后赔偿体系的建设中。在现代媒体的帮助下，他们的诉求可以被直接传达给大众。传统的索赔途径已经发生了改变，以"犹太幸存者"为代表的受害者团体组成了赔偿体系的新兴力量。在 21 世纪的赔偿体系中，基金会这种非政府组织成了主要力量。基金会和赔偿协会作为受害者群体的代表，为强制劳动赔偿体系提供了新的动力。

第四阶段为"后赔偿时代"，标志性事件是 2007 年德国"记忆、责任与未来"基金会宣布完成对强制劳工的赔偿工作。赔偿的全部发放完毕并不代表反思的结束，在全球化的背景下，人权的概念逐步被全世界人民所了解，基金会继续通过资助研究项目的方式构建与强制劳工相关

---

① Richard von Weizsaecker：Gedenkveranstaltung im Plenarsaal des Deutschen Bundestages zum 40. Jahrestag des Endes des Zweiten Weltkrieges in Europa，http://www.bundespraesident.de/，访问日期：2020 年 3 月 7 日。

的反思记忆。这些项目从历史反思、人权等角度对德国强制劳工相关的历史进行回顾，促使更多德国人从人权的视角看待纳粹受害者，同情纳粹受害者，并产生共情意识。防范强制劳动的方法、程度和有效性，成为衡量一个国家和地区人权状况、文明程度的重要依据，不被强制劳动也开始被纳入劳动者基本人权的考量范围。

三、强制劳工赔偿问题的政治与法律框架

二战的强制劳工群体寻求赔偿的历程不是一帆风顺的，德国战后赔偿体系的完善经历了较为漫长的过程。在战后的几十年中，赔偿对象从国家、团体扩大至受害者个人，赔偿范围从西欧诸国转向东欧，赔偿群体也逐步将包括强制劳工在内的"被遗忘的受害者"纳入。

（一）联邦政治局势对强迫劳动问题的影响

对赔偿体系建设的探索，在战后不久就已开启。1949 年，美国占领区提出了其负责的《各州统一赔偿法》（Ländereinheitliches Entschädigungsgesetz）。这一法律的实施具有重要意义，它成为西部占领区赔偿措施的典范，也成为后来德国《联邦赔偿法》的基础。

1951 年 8 月底，联邦德国内部爆发了"与以色列和解运动"，要求德国主动寻求与犹太人和以色列的和解。面对来自国际和国内的压力，阿登纳政府更加积极地在犹太人赔偿问题上做出表态。1952 年，联邦德国政府在瓦瑟纳尔与以色列政府展开谈判。一同参加谈判的还有犹太人索赔会议（Claims Conference），它们代表不在以色列居住的犹太人。这是一场富有成效的谈判，三方达成了《卢森堡协议》。根据协议，联邦德国需要向以色列提供大量物资，总价值 30 亿马克。此外，联邦德

国还要向犹太人索赔会议提供 4.5 亿马克的补偿金。①

《卢森堡协议》还有另一个重要意义，协议中的"海牙一号议定书"记录了《联邦补充法》（Bundesergänzungsgesetz）的原则与部分细节，并首次记录了非政府组织的建议。犹太人索赔会议参与到该法及其修正案的制定过程，他们的意见甚至被间接传达给联邦总理。这种新颖的参与形式扩大了法律覆盖的范围，将更多的群体纳入赔偿体系中来。② 1953 年 7 月，联邦议院以绝对多数通过了《联邦补充法》。这是联邦德国独立反思纳粹罪行记忆开始的一大重要标志，对战争赔偿的范围也由此扩大至对于受害者个人的赔偿，并从美占区扩大到整个联邦德国。1956 年 6 月，联邦议院正式出台《联邦赔偿法》。这部法律是联邦德国赔偿体系的核心，德国迄今拨付的赔款有 77% 与其相关。据统计，在该法律规定的赔偿标准下，已有约 8.5 亿马克被支付，共提出约 320 万份索赔申请，其中 200 万份被批准，剩余的 120 万份被驳回。③

这是联邦德国建立后首部正式的赔款法案，把对德国的赔偿要求以法律形式固定了下来。然而由于历史原因，这部法律并不完善。它是在多方外交压力下，联邦政府做出妥协的一个产物，法律的适用面还不够宽泛，有权提出赔偿申请的人员主要限定为三大类：一是 1952 年 12 月 31 日前在以色列或西部联邦德国地区生活的受害者；二是在第三帝国遭受迫害的移民，但他们必须在 1952 年前在西方国家拥有住所；三是被驱逐到中东欧地区的德国人，即使在 1952 年后才回到西部联邦德国，也有权申请赔偿。④

① Benno Nietzel, Patrice G. Poutrus: Die Jewish Claims Conference und die Entschädigung für NS-Zwangsarbeit, in: C. Goschler (Hrsg.): *Die Entschädigung von NS-Zwangsarbeit am Anfang des 21. Jahrhunderts*, 2 Bände. Göttingen, 2012, S. 70 ff.

② Ernst Katzenstein: Jewish Claims Conference und die Wiedergutmachung nationalsozialistischen Unrechts, in: Hans Jochen Vogel u. a. (Hrsg.): *Die Freiheit des Anderen. Festschrift für Martin Hirsch*. Baden-Baden, 1981, S. 223-225.

③ Karl Heßdörfer: Die finanzielle Dimension, in: *Wiedergutmachung in der Bundesrepublik Deutschland*, Hrsg. von Goschler Herbst. München, 1989, S. 50 ff.

④ Vgl. Robert Knight (Hrsg.): *Wortprotokolle der österreichischen Bundesregierung von 1945-1952 über die Entschädigung der Juden*, 2. Auflage. Wien, 2000, S. 35 ff.

与原《联邦补充法》相比，《联邦赔偿法》已大大得到完善，但该法存在的缺陷仍需修正。1965 年 9 月，联邦德国通过了《〈联邦赔偿法〉第二修正案》（Zweites Gesetz zur Änderung des Bundesentschädigungsgesetzes）。这部法律进一步扩大了赔偿法的适用范围，提高了赔偿数额。对于 1952 年以后离开东欧的犹太人，原 1956 年出台的《联邦赔偿法》并不适用，此次第二修正案以基金方式，另外支付了一笔价值为 12 亿马克的赔偿，为 1953 年至 1965 年离开东欧的犹太人提供赔偿。

（二）国际法及德国签订的国际赔偿条约

1965 年修订的《〈联邦赔偿法〉第二修正案》在赔偿范围问题上，并没有明显的实质性进展。如前所述，尚未与联邦德国建交的国家不在法律规定的补偿范围内；申请赔偿的前提依旧十分复杂，同时对申请人从时间、居住地、身份等方面做了规定，这让许多西欧国家产生不满。联邦德国政府给出的解决方案是，这类受害者应该按照国际法的规定进行索赔。早在第一次世界大战结束时，《凡尔赛和约》就对个人受害者的赔偿做了规定，《波茨坦公告》也要求战败国对个人遭受的痛苦提供补偿。[①] 但以上两大国际法案都没有明确具体的赔偿方式，原因是个人遭受的迫害是一个主观标准，无法以具体的金钱来量化。

为了平息抗议人士的怒火，联邦德国政府在 1959 年至 1964 年先后与 11 个欧洲国家签订了双边赔偿协定。此外，在 1970 年代后还增加了向一些其他国家支付战争赔款。至 1998 年，总计有 22 个国家先后获得原联邦德国和统一后的德国的赔款，其获赔时间和金额如表 1 所示[②]：

[①] Vgl. Nicole Weyde (Hrsg.): *Entschädigung für NS-Zwangsarbeit. Rechtliche, historische und politische Aspekte.* Baden-Baden, 1998, S. 65 ff.

[②] Mark Spoerer: *Zwangsarbeit unter dem Hakenkreuz, Ausländische Zivilarbeiter, Kriegsgefangene und Häftlinge im Deutschen Reich und im besetzten Europa 1939 – 1945.* Stuttgart & München, 2001, S. 246.

表 1　1952—1998 年从联邦德国获得赔款的国家及其赔偿时间与金额

国家	年份	金额（百万马克）	2000 年价值（百万马克）
以色列	1952	3 000	11 244
	1980	2 200	3 616
	1998	200	206
卢森堡	1959	18	63
	1987	12	16
挪威	1959	60	209
丹麦	1959	16	56
希腊	1960	115	394
法国	1960	400	1 370
	1981	250	387
比利时	1960	80	274
意大利	1961	40	134
瑞士	1961	10	33
奥地利	1961	101	338
英国	1964	11	34
瑞典	1964	1	3
波兰	1975	1 300	2 586
	1991	500	615
俄罗斯	1993	400	455
乌克兰	1993	400	455
白俄罗斯	1993	200	228
爱沙尼亚	1995	2	2
美国	1995	3	3
立陶宛	1996	2	2
捷克	1997	140	145
拉脱维亚	1998	2	2
前南斯拉夫	1998	80	82
总额		9 543	22 952

　　德国与西欧国家的矛盾在于西欧的纳粹受害者是否被纳入赔偿体系。这一要求在某些特定群体，如强制劳工身上体现得更为明显。通过

协议的签订，这一主要矛盾得到了化解，德国以提供一次性补偿的方式换取了暂时安定的外交环境。然而，由于意识形态的差异，苏联与联邦德国的关系在冷战期间达到了低谷，这在赔偿协议方面也有所体现。《联邦赔偿法》中甚至明确规定，联邦德国禁止向没有外交关系的国家支付赔偿金。这一禁令直接导致苏联的纳粹受害者没有办法获得任何赔偿，并导致冷战情境下"分裂记忆"的出现。

（三）从"2＋4条约"到赔偿基金会的建立

1975年后至两德统一，联邦德国未再与其他国家签署赔偿协议。但有关纳粹受害者的讨论并没有停止。赔偿领域长时间的真空让受害者感到煎熬，并引起学者的关注。20世纪80年代的"历史学家之争"就是在这一背景下发生的，争论的焦点在于是否及如何扩大纳粹受害者的概念范围。[1] 在政治层面，绿党也在这一时期加大了对"被遗忘的受害者"的关注力度，并在联邦议院发起了关于扩大补偿纳粹受害者范围的辩论。强制劳工的话题由此也引起了大众的重视，并在之后相当长的时间成为学术研究、媒体报道和大众舆论的焦点。[2]

1990年是不同寻常的一年，冷战格局即将瓦解，德国也在这一年完成了再统一。在德国统一的进程中，"2＋4条约"无疑具有重要意义。在有关该条约的诸多讨论中，首先要解决的问题就是"这项条约是不是一项和平条约"。

《伦敦债务协定》规定，在两德缔结和平条约之前，战后赔偿问题不再被提起。由此，联邦德国极力避免将条约定性为"和平条约"，理由有两点：第一，联邦德国不想让在二战中被冻结的战争赔偿问题重新

① Ulrich von Hehl: *Nationalsozialistische Herrschaft*. München, 1996, S. 109 ff.

② Hans-Ulrich Ludewig: Zwangsarbeit im Zweiten Weltkrieg: Forschungsstand und Ergebnisse regionaler und lokaler Forschungen, in: *Archiv für Sozialgeschichte* 31 (1991), S. 557–578.

提到议事日程。通过避免战后赔偿，联邦政府可以减少一大笔财政支出。同时，科尔总理希望德国政府向世界展示他们负责任的一面。第二，签订和平条约将使联邦德国消耗大量的时间和精力。全球有几十个国家被卷入二战，如果联邦政府决定签订"和平条约"，这些国家都将有机会参加会谈，并极有可能提出战争赔偿诉求。联邦政府担心由此"将增加一些前战争反对者已提出的索赔风险"①，认为条约的理想形式是"避免类似和平条约的解决办法，而是寻求一种解决办法，使盟国最终宣布其权利过时"②。

与此同时，还有一个问题需要解决。签订"2＋4条约"的主体只有六个国家，这一条约是否能约束第三方国家，是否意味德国不用再负担任何战争赔款？部分国家对此存有很大疑问，如希腊就在2015年提出，将向德国政府索要数额惊人的二战赔款。然而，德国政府认为"2＋4条约"已明确表明，德国无须在1990年后做出任何战争赔偿，赔偿事宜已经在法律和政治层面解决完毕。

2000年3月，参加谈判的各方最终达成妥协。同年7月，联邦议院和联邦参议院先后通过了该法。德国与美国、以色列和东欧多个国家签订了《纳粹劳工赔偿协议》。协议决定成立"记忆、责任与未来"基金会，以《强制劳工赔偿法》为法律依据，专门负责发放总额高达100亿马克的赔偿金。约100万幸存的强制劳工从这一协议中获益，最高获得15 000马克的赔偿金。③

---

① 转引自 Malte Fischer: Der Zwei-plus-Vier-Vertrag und die reparationsberechtigten Drittstaaten, ZaöRV78 (2018), S. 1003－1041. Originaltext aus AA-Dokumentation (Anm. 30), Dokument Nr. 59, Vorlage des Leiters des Planungsstabs, Citron, für Bundesminister Genscher vom 23. 02. 1990, S. 302。

② 转引自 Malte Fischer, 2018, BK-Dokumentation (Anm. 28), Dokument Nr. 182, Konstituierende Sitzung des Kabinettsausschusses Deutsche Einheit am 14. 02. 1990, S. 830。

③ Armin Willingmann: *Die Diskussion um die Zwangsarbeiterentschädigung als ein Beispiel für das Verhältnis von Wirtschaft und Ausländern-Rechts-contra Moralverständnis, Ausländer und Wirtschaft*. Wernigerode, 2001, S. 38.

四、德国统一后对强制劳工赔偿的制度化 与赔偿规模

二战结束以来，联邦德国政府为纳粹时期的受害者做出的努力是不容忽视的。在冷战的几十年间，政府向犹太人团体支付了大量赔偿金。但随着冷战的结束，意识形态问题不再存在，德国必须面对来自苏联和东欧地区的强制劳工者的索赔。来自世界各国的针对强制劳工的诉讼，使德国必须考虑如何解决这一问题。"记忆、责任与未来"基金会就是在这一历史背景下成立的。

（一）"记忆、责任与未来"基金会的成立

战后随着冷战的持续，在东西方矛盾加剧的情况下，联邦德国政府无法将注意力放在强制劳工身上。1990 年代末，犹太人群体向美国法院提起诉讼，要求瑞士银行就"无主存款问题"做出赔偿。在强大的国际压力之下，瑞士银行与国际犹太人组织于 1998 年达成一项协议：由瑞士银行一次性出资 12.5 亿美元成立一个基金，用于赔付早已离世的犹太人存款账户户主的亲属和后裔。

这一判决让强制劳工们得到了启发。他们意识到，可以通过向企业索赔的方式得到赔款。身在美国的强制劳工派代表向当地法院提起集体诉讼，要求曾经剥削过他们的德国企业赔偿，其中最著名的诉讼案件是纽约律师怀斯（Melvyn Weiss）代理的案件。怀斯于 1998 年 3 月作为代理律师指控福特公司在科隆的分公司纳粹时期曾使用大量强制劳工。[1] 同年 6 月，施罗德作为德国总理候选人宣布若当选，将为二战纳

---

[1] Ulrich Adamheit: *Die Diskussion um die Entschädigung ehemaliger Zwangsarbeiter am Ende des 20. Jahrhunderts*. Berlin，2004，S. 370 ff.

粹劳工特设一个赔偿基金。8月，怀斯律师又向多家德国企业提出了类似索赔诉讼，一些知名企业包括大众、西门子、克虏伯等都成了被告。这些案件受到美国广大民众的关注。

1998年，德国社民党和绿党在联邦大选中获胜。新政府成立不久，便开始关注强制劳工这个棘手的话题。① 施罗德当选总理后立即访问美国，与克林顿总统协商，将纳粹劳工的赔偿问题提升到两国政府层面。这时，德国政府和企业界对赔偿问题的态度有了一个较大转折。德国一些大企业也意识到，这些问题若得不到解决，德国在海外的投资将受到巨大阻碍，其战后树立起来的良好国际形象也将严重受损。

1999年9月，德国劳工部长拉姆斯多夫（Otto Graf Lambsdorff）与美国、以色列和东欧五国及犹太人代表，在美国开始就赔偿问题进行谈判。然而，双方因在赔偿数额、分配原则等问题上分歧很大，导致谈判拖延了半年之久。德国政府和企业代表在10月首次提议成立一个"记忆、责任与未来"基金会，并将赔偿金额定为16亿美元。但劳工代表提出的数额为125亿美元，并仍有提高数额的态势，由此谈判陷入僵局。在此后的谈判中，拉姆斯多夫决定将赔偿金额增加20亿马克，总额达到80亿马克。但受害者的代理律师认为合理的赔偿金额应该在100亿～150亿马克。同时，美国政府代表也表示，一旦达成赔偿协议，美国的司法部门将不再追究德国企业的责任，并保证德国企业的司法安全。2000年9月，联邦政府和德国企业各出资50%创建的基金会正式开始处理赔偿工作。随着德国媒体的大规模宣传和政府部门的不断施压，越来越多的中小企业也出资加入基金会。截至同年10月，已经有4 200家企业捐款支持基金会的成立，其中德国100家大型企业共捐款12亿欧元，6 500家中小企业捐款同等数额。②

---

① Susanne-Sophia Spilitotis：*Verantwortung und Rechtsfrieden. Die Stiftungsinitiative der deutschen Wirtschaft*. Frankfurt/Main，2003，S. 30 ff.

② Armin Willingmann：*Die Diskussion um die Zwangsarbeiterentschädigung als ein Beispiel für das Verhältnis von Wirtschaft und Ausländern-Rechts-contra Moralverständnis，Ausländer und Wirtschaft*. Wernigerode，2001，S. 38.

（二）扩大赔偿范围与对强制劳工的资助

1. 基金会资金分配

"记忆、责任与未来"基金会的成立得到了德国联邦政府与企业界的大力支持，基金管理的总金额超过 100 亿马克。为了管理和使用好这笔资金，参与谈判的各个国家、组织都向基金管理委员会派驻了代表，管理委员会中也有受害者代表。管理委员会的复杂结构也证明了，基金会的成立是多方努力达成的结果。

值得注意的是，基金会对于赔款的定义："对纳粹时期的强制劳工及其他遭受不公待遇的人给予的金融救济金"[①]。原文使用的"Leistung"，在德语中指的是社会福利相关的款项，具有公益的含义。联邦政府并没有将这笔基金描述为受害者的法律需求，而是一种主动提供的福利性补偿。德国政府与企业希望通过这笔基金，承担起对纳粹受害者的道德责任。

统计数据显示，这笔总额为 101 亿马克的赔款根据基金法被分为九部分[②]：

- 81 亿马克用于赔偿全世界范围内的强制劳工；
- 5 000 万马克用于赔偿受到"其他个人损害"的个人申请者；
- 2 亿马克用于财产赔偿，主要针对被德国企业侵占的财产；
- 2 亿马克用于偿还强制劳工的保险金；
- 2.76 亿马克用于为大屠杀幸存者提供社会福利；
- 2 400 万马克用于为辛提人和罗姆人提供社会福利；
- 3.5 亿马克用于赔偿犹太人团体；
- 2 亿马克用于基金会的日常运作与管理（其中 1 290 万马克用于

---

① Stiftungsgesetz，§ 2 Absatz 1，Finanzmittel zur Gewährung von Leistungen，http://www.stiftungsinitiative.de/index.html，访问日期：2020 年 3 月 9 日。

② a. a. O.

支付律师费）；

　　● 7亿马克用于建立"记忆与未来"基金。

　　为了提高资金的利用效率，保障措施的顺利执行，基金会确立了三大工作原则。首先，由于赔偿的总额巨大，赔偿金的支付必须分批进行。这也意味着，给某一国家或者受害者组织付款时不会一次付清。这个方法是出于谨慎原则制定的。其次，基金会与其他组织建立了良好的合作关系，合作能够加快资金的支付速度，也能分散资金使用的风险。最后，由于个人申请者众多，赔偿规划分类分级进行。

　　基金会成立不仅是一种国家行为，它更是德国企业家们承担责任的表现。从这个角度来说，基金会的功能之一是为德国企业消除强制劳工问题带来的负面影响。这点在基金法中也有所体现："德国公司卷入了纳粹政权，特别是在战争经济的背景下，由此也卷入了它造成的不公……从逻辑上讲，作为德意志帝国的合法继任者，联邦政府为大多数受害者提供此款项。"①

2. 目标群体和补偿措施的多样性

　　（1）对强制劳工的补偿。

　　"记忆、责任与未来"基金会把符合赔偿条件的强制劳工大致划分为A、B、C三类，分别按照"拘留地点和类型、强迫劳动的严重程度以及驱逐出境的事实"三大标准来划分。② 其中A类：在《联邦赔偿法》第42章第二条意义上的集中营或犹太人区被强迫工作的被拘禁者，以及在其他关押场所被强制工作的被拘禁者，赔偿金额为15 000德国马克（约7 669.38欧元）。B类：从本国被驱逐到1937年边界内的德意志帝国领土或德意志帝国占领区，并被迫在商业公司或公共部门工作，被监禁或拘留，或经受了类似的十分艰苦生活条件的人，赔偿金额为

_____

　　① Stiftungsgesetz, Präambel, http://www.stiftungsinitiative.de/index.html，访问日期：2020年3月9日。

　　② Stiftungsgesetz, §11, http://www.stiftungsinitiative.de/index.html，访问日期：2020年3月9日。

5 000 德国马克（约 2 556.46 欧元）。C 类（开放条款）：不被包含在 A 类及 B 类内的纳粹不公正措施的受害者；被驱逐到第三帝国或被占领区在农业和私人家庭中从事强制劳动的强制劳工；跟随父母被驱逐时不满 12 岁的儿童或在父母从事强制劳动时出生的人员；不满 16 岁时在难民所居住过的人员；不满 16 岁时被迫在重工业或军工行业工作的人，赔偿金额为 5 000 德国马克（约 2 556.46 欧元）。

基金法中被称为"开放条款"（Öffnungsklausel）一项十分重要。为了最大限度地保护纳粹受害者的权益，这一条款扩大了赔款受益人的范围。它使曾经在集中营、贫民窟和拘留中心工作的受害者、儿童以及斯拉夫人也能从基金会得到赔偿。[①] 德国主动提出增加这一条款，这一举动得到了相关国家的赞扬，也体现了德国政府对二战罪责的深刻反思。

据统计，截至 2007 年约有 166 万强制劳工或其继承者得到了赔偿，而这一数字本来可限定在 86 万。由于增加了"开放条款"，使得获赔偿的人数翻了近一倍，从爱沙尼亚到新西兰，从墨西哥到查戈斯群岛，近 100 个国家的强制劳工及其家人从"记忆、责任与未来"基金会获得赔偿，德国政府和企业为此总计支付了约 43.7 亿欧元。[②]

（2）对其他人身伤害的赔偿。

按照基金法的分配，101 亿德国马克中仍有一部分支付给其他类型的纳粹受害者，这些人也是被遗忘者的重要组成部分。这部分赔偿主要涉及二战期间医学实验的受害者以及在儿童之家中遭受痛苦折磨的孩子。同时，法律也规定对遭受了严重健康伤害的人进行赔偿，前提是这些人并不属于基金法规定的 A、B、C 三类。

---

① Stiftungsgesetz，§ 11 Abs. 1 Nr. 1，http://www. stiftungsinitiative. de/index. html，访问日期：2020 年 3 月 9 日。

② 转引自 *Sechster und abschließender Bericht der Bundesregierung über den Abschluss der Auszahlungen und die Zusammenarbeit der Stiftung „Erinnerung, Verantwortung und Zukunft" mit den Partnerorganisationen*，Deutscher Bundestag 16. Wahlperiode，Drucksache 16/9963，09.07.2008。

根据 2002 年末的统计，此类受害者的数量超过 6 000。2004 年 9 月，"记忆、责任与未来"基金会为每位受害者确定了 8 300 马克（约 4 237.23 欧元）的赔偿额度，并决定利用基金会资金产生的利息进行支付。由于基金会的利息收益较为充足，且这类受害者的经历尤其不幸，基金会在 2005 年再次为每人提供 450 欧元的补偿。最终，此类人员的赔偿超过了开始的 5 000 万马克（约 2 556.5 万欧元）的分配额度，达到了 1.05 亿马克（约 5 368.7 万欧元）。①

（3）对财产损失的赔偿。

基金会还开展对财产损失的赔偿，这实质上可以看作对《联邦赔偿法》的补充。大部分西欧和犹太人的财产损失已经通过《联邦归还法》得到了补偿。因此，基金会的这项赔偿主要是为中欧和东欧国家的受害者提供的。基金会共收到来自 30 多个国家、约 15 000 份申请，共计赔偿了约 1.01 亿欧元。② 此外，基金会还给 1951 年创立于纽约的犹太人道主义基金会拨款 2.76 亿马克（约 1.41 亿欧元），用于为犹太纳粹受害者提供人道主义服务，并拨款 2 400 万马克，用于补偿辛提人和罗姆人。③

（三）合作组织与新挑战

为了更快地完成针对强制劳工的赔偿工作，"记忆、责任与未来"基金会与其他组织建立了良好的合作关系。这些组织有的是受害团体的联合会，有的是其他国家成立的赔偿基金。基金会负责对基金的发放进行统筹管理，但涉及相关国家或团体的具体事务由伙伴基金会来完成。

---

① 转引自 *Sechster und abschließender Bericht der Bundesregierung über den Abschluss der Auszahlungen und die Zusammenarbeit der Stiftung „Erinnerung, Verantwortung und Zukunft"mit den Partnerorganisationen*，Deutscher Bundestag 16. Wahperiode, Drucksache 16/9963，vom 09. 07. 2008。

② a. a. O.

③ a. a. O.

这种分散的组织架构减轻了德国管理者的压力，也使所有赔偿过程能受到利益相关者的监督。每一笔赔款均有明确的负责人。将赔款资金交给利益相关者，也使得赔款更具公信力。这些措施的提出，也得益于德国政府此前对纳粹受害者的赔偿经验。这种优势体现在相关基金会的运转方面，其中重要的合作组织包括如下七个①：

● **波德和解基金会**：每个基金会都会针对本国强制劳工的需求制定资金的使用方法。2006年，该基金会从"记忆、责任与未来"基金会得到82万欧元，用于部分强制劳工医学治疗与手术费用。2007年，该基金会还为800名强制劳工支付了外科手术费。此外，该基金会还向约5 000名有需要的纳粹受害者提供保健措施的补充援助金，总金额高达142.4万欧元。

● **乌克兰"理解与和解"国家基金会**：该基金会提供160万欧元用于资助1 000名强制劳工的眼科手术。同时，还有100名受害者的关节手术得到了资助。2007年3月，"记忆、责任与未来"基金会再次为该基金会提供了270万欧元，用于强制劳工的治疗。此次治疗的范围，还包括5 000名听力障碍人士和需要安装假肢的纳粹受害者。

● **俄罗斯"理解与和解"基金会**：俄罗斯合作伙伴在2007年总计提供超过60万欧元用于纳粹受害者的医疗保险，约660名纳粹受害者因此受益。该基金会为强制劳工的眼部治疗补贴了20万欧元，共计有118人因此受益。同时，该基金会还放宽了年龄限制，为较为年轻的受害者群体提供了约500万欧元资助，并对5 700余名战俘进行了补偿。

● **白俄罗斯共和国"理解与和解"基金会**：私人捐款也是基金会的收入来源之一。2007年，白俄罗斯基金会收到7万欧元捐款。这笔钱为强制劳工中的癌症患者购买了医疗物资，约有300人因此受益。该基金会也与爱沙尼亚红十字会开展合作，为80岁以上的纳粹受害者提供

---

① "记忆、责任与未来"基金会在2006—2007年度对七个合作组织的拨款数额及资金用途，均参考当年联邦议院发布的资金使用情况报告。

医疗服务。截至 2007 年，共有 292 名不超过 74 岁的纳粹受害者在疗养院接受了治疗护理。

● **德国捷克未来基金会**：该基金会为 5 500 名属于"A 类"的强制劳工提供社会福利，同时向 75 名医疗实验的幸存者提供赔款。同时，该基金会也为每位纳粹受害者提供 450 欧元的护理费。

● **国际移民组织（IMO）**：与上述国家基金会组织主要负责为自己国家受害者提供帮助不同，国际移民组织的任务在于帮助其他国家的强制劳工和纳粹受害者。2007 年，该组织为部分塞尔维亚、黑山和罗马尼亚的受害者提供了帮助，利用"记忆、责任与未来"基金会提供的资金为这些受害者提供物质保障和医疗服务。同时，该组织也尽力改善受害者的生活环境，并为其提供法律咨询服务。

● **犹太人索赔会议**：2007 年，该机构从"记忆、责任与未来"基金会获得了逾 540 万欧元，用于向生活在以色列、匈牙利和美国的犹太人受害者提供家庭护理、医疗服务和物质援助。同时，这笔资金还用于其他社会援助计划。

（四）由基金会基金支持的其他计划

自 2001 年起，"记忆、责任与未来"基金会还根据《基金会法》增设一项附属基金，即"记忆与未来"基金（Fonds„ Erinnerung und Zukunft"），目的在于通过不断资助各类交流活动、科研项目和反思教育，防止纳粹思想复燃。在"记忆、责任与未来"基金会向前强制劳工和纳粹受害者完成赔偿工作后，新设立的"记忆与未来"基金以基金会的形式依旧定期开展活动，每年花费约 700 万欧元，用于支持中欧、东欧、以色列及美国开展与历史教育、记忆文化、人权等有关的国际交流和学术项目。

从文化记忆角度来讲，这一基金会的成立有着重要的意义。随着时间的推移，经历过二战的纳粹受害者和强制劳工会离开人世。如果仅依靠历史亲历者口述方式的"交际记忆"的力量，人们对于二战的记忆很快就会变得模糊，甚至遗忘。对研究项目进行资助，以出版物、影像等物品为文化记忆载体，有关纳粹时期悲剧的种种记忆便可以长期得到保存，使得记忆在代际不断传承。2007 年"记忆、责任与未来"基金会完成了全部赔偿任务，但"记忆与未来"基金会直至今日依旧作为连接过去与未来的桥梁而存在。基金会强调："为了怀念纳粹时期的受害者，我们对人权和国际和解肩负责任。我们仍然致力于为幸存者服务。"①为此，基金会的资助项目主要分为三大类：

其一是与"对历史的讨论"（Auseinandersetzung mit der Geschichte）主题有关的项目，主要旨在将二战时期纳粹的历史演变深深地印刻在德国人民的脑海中。为此，德国政府将纳粹受害者的经历编写到历史教材和政治教材中，这与日本形成了鲜明对比。同时，为了应对难民危机的挑战，基金会还尽力在德国发展记忆文化，以此扩大国家历史的视野。

其二是与"人权行动"（Handeln für Menschenrechte）主题有关的项目，主要旨在普及人权知识。基金会资助国际人权教育项目，引导德国青少年关注少数群体的权益，以此减少反犹太主义、反吉卜赛人主义和反同性恋主义的支持者。基金会还通过发放奖学金的方式，进一步加强辛提人和罗姆人的受教育权。

其三是与"对纳粹受害者的义务"（Engagement für Opfer des Nationalsozialismus）主题有关的项目，主要旨在维护幸存的纳粹受害者的尊严。基金会努力改善其社会处境和生活状况，建立相应的医疗服务。同时，基金会也鼓励他们向年青一代讲述自身经历，做好记忆传承工作。此外，还加强世界各地幸存的纳粹受害者的联系，为他们包括强制劳工提供帮助。

---

① Günter Saathoff: *Einführung zur Behandlung des „ Sechsten und abschließenden Berichts der Bundesregierung über den Abschluss der Auszahlungen und die Zusammenarbeit der Stiftung, Erinnerung, Verantwortung und Zukunft' mit den Partner-organisationen "*, Bundestag-Drucksache 16/9963 vom 09. 07. 2008，S. 4.

2018 年，"记忆与未来"基金会共花费了 1 200 万欧元用于资助 325 个项目，包括视频和电影、出版物、展览、网站、戏剧作品等多种类型。同时，基金会还与 17 个国家的组织建立了伙伴关系，组织了 50 多次与二战见证者的会面活动。①

结　语

二战永远是德国人难以绕过的一个罪责记忆。强制劳工是二战期间遭受纳粹迫害的外国民众的典型代表，他们的人身自由、人格尊严和其他基本权利都遭到了侵犯。然而战争结束后，强制劳工这个群体却一直未得到重视而迟迟得不到赔偿，他们的维权过程十分艰难。德国政府在不同时期为强制劳工出台了特定的赔偿政策，政策的变化反映了战后德国反思记忆的曲折建构过程。

从不完善的法律到"被遗忘的受害者"概念的提出，德国对二战的反思程度不断加深。从《联邦赔偿法》到"2＋4 条约"，赔偿对象的范围越来越广。从拒绝赔偿到协助建立"记忆、责任与未来"基金会，德国企业终于承认了他们的"共同罪行"。与强制劳工有关的变化显示了德国社会的整体反思。德国政府和民众在了解纳粹强制劳工的过程中了解了他们的艰辛记忆，本来局限于特定群体的记忆由此被全社会了解，并融入国家的集体记忆之中。这种记忆的延伸，让更多人得以体会到强制劳工的痛苦，并时刻提醒着要以史为鉴，避免类似的错误再次出现。

---

① Stiftung „Erinnerung, Verantwortung, Zukunft": Tätigkeitsbericht 2018, https://www. stiftung-evz. de/service/publikationen taetigkeitsberichte. html，访问日期：2020 年 3 月 10 日。

下篇

记忆与反思

——集体认同的重塑及其对于
德国内外政策的影响

13. 民主是建设者：联邦德国议会大厦、政府建筑与记忆文化

多米尼克·盖伯特[*]

摘要： 国家分裂与民族传统的毁坏是审视有关民主德国、联邦德国制度竞争的两大核心出发点。但与此同时，随着时间的推移，新的联邦德国得以形成一种自我国家和社会认同感。这个社会体的经济越繁荣，其政治制度越能证明能经受得住考验，它越能成功地将一个最初反民主或不关心政治的社会予以一体化，也就越能清晰地树立起规范性主导思想和一种特殊的联邦共和国自我感。这在建筑和城市规划中也得到了体现：在政府所在地波恩、西柏林以及后来重新统一的柏林。本文从四个时间段来研究这一发展：一是从 1949 年至 1960 年代初的双重划界时期的应急措施；二是 1960 年代和 1970 年代就永久性解决方案的规划；三是 1980 年后"告别临时期"至政府于 1990 年代末迁至柏林；四是迁都

---

[*] 作者简介：德国议会制与政党史委员会主席、巴伐利亚科学院历史委员会委员和波茨坦大学 19—20 世纪史教授。2000—2005 年在伦敦德国历史研究所担任研究员，2010—2018 年任波恩大学近代史教授，并在 2016—2017 年担任伦敦经济学院格达·汉克尔客座教授。曾在柏林自由大学和弗莱堡大学攻读历史、哲学和法学，2000 年和 2006 年先后在柏林自由大学获得博士学位和大学教授资格。研究重点包括国际史，尤其是欧洲一体化史、议会制度史和政党史、大学和知识分子史。近期论著包括主编和合著四卷本《波恩大学历史 1818—2018 年》（哥廷根，2018 年），以及专著《一个不存在的欧洲。欧元的致命爆炸力》（柏林，2013 年）和《阿登纳时代》（第三版，达姆施塔特，2012 年）等。

后从波恩共和国向柏林共和国的过渡。

关键词：波恩，政府建筑，议会大厦，记忆文化，迁都

1994 年 2 月，时任基民盟/基社盟议会党团主席的沃尔夫冈·朔伊布勒在联邦议院的一次辩论中指出，国家共同体的凝聚不仅通过完善的法律规范体系来达成，而且最重要的是通过机构得以团结一致。他接着说道，这也与容纳这些机构的建筑有关："它们的形象被人们记住，因此建筑也体现这些机构，并对外代表着这些机构。"[①] 数年前，英国一位国会议员温斯顿·丘吉尔（Winston Churchill）曾更精确地提出了同样的观点："我们塑造了我们的建筑"，1943 年 10 月 28 日他在英国下议院的一次全体大会上解释道："后来我们的建筑塑造我们。"[②]

这两位政治家对本国人民代表机构所在地和建筑设计有着坚定的看法，并非巧合。1990 年代中期，当美国行为艺术家克里斯托（Christo）计划包裹柏林国会大厦时，朔伊布勒是该项目最强烈反对者之一，因为他担心这不仅会损害联邦议院的尊严，也会损害德国历史的象征。同时，他决定性地参与了重新统一的德国联邦共和国的政府所在地从波恩搬迁至柏林，并使有关德国国会大厦的象征意义和建筑改造的辩论成为可能，克里斯托以其包裹行为介入其中。[③]

就丘吉尔而言，他是 1945 年后要求对遭德国轰炸严重破损的英国下议院在细节部分按原样重建的最坚定倡导者之一——尽管或部分原因恰恰是下议院旧辩论厅不切实际地狭窄[④]。

---

① 转引自 Heinrich Wefing：*Parlamentsarchitektur. Zur Selbstdarstellung der Demokratie in ihren Bauwerken. Eine Untersuchung am Beispiel des Bonner Bundeshauses.* Berlin, 1995, S. 17。

② H. Wefing, 1995，S. 148.

③ Helmut Herles (Hrsg.)：*Die Hauptstadt-Debatte. Der stenographische Bericht des Bundestages.* Bonn, u. a. 1991.

④ 转引自 H. Wefing, 1995，S. 149。

任何曾去过英国下议院或在电视上观看过那里辩论的人都知道，丘吉尔胜出了，下议院的结构与战前大致相同。而在 1945 年后的联邦德国，这种自信地对待自己的国家和议会传统并不可能。一方面，冷战使德意志民族的分裂日益明显，旧帝国首都恰好位于苏占区的中部；另一方面，由于纳粹导致文明的断裂，使简单地对德意志帝国的建筑遗产进行直接无缝衔接变得不可能。

国家分裂和自身民族传统的名誉扫地（Diskreditierung），这是在两德制度竞争中审视首都象征意义必须考虑的两大核心前提。然而，还应指出，随着时间的推移，新的联邦德国社会已逐渐形成了一种自我国家与社会认同感。这个共同体（Gemeinwesen）的经济繁荣程度越高，其政治机构越有效，就越成功地整合一个最初反民主或非政治化思维的社会，规范性的指导思想和特殊的联邦共和国自我意识就越明显，这反过来又对建筑和城市规划产生影响——无论是政府所在地波恩，还是分裂的柏林西半部，以及后来重新统一的首都。①

为了展开分析，下面将这个发展分为四大不甚清晰有别、局部有重叠的阶段：第一，从 1949 年至 1960 年代初双重划界时期的应急措施；第二，1960 年代和 1970 年代就永久性解决方案的规划；第三，1980 年后"告别临时期"至政府于 1990 年代末迁往柏林；第四，迁都后从波恩共和国向柏林共和国的过渡。这最后一点也提出了问题，即哪些连续性路径将波恩共和国与柏林共和国相连，以及又可能产生哪些断裂？②

---

① 有关联邦德国思想层面的自我认知，参见 Dominik Geppert，Jens Hacke（Hrsg.）：*Streit um den Staat. Intellektuelle Debatten in der Bundesrepublik*，*1960 - 1980*，Göttingen，2008。

② 在此参见我在其他地方已开始的思考：Dominik Geppert：Nation mit „Bundesdorf"，Bonn und Berlin als Hauptstadt，in：Thomas Großbölting，Rüdiger Schmidt（Hrsg.）：*Gedachte Stadt - gebaute Stadt. Urbanität in der deutsch-deutschen Systemkonkurrenz 1945 - 1990*. Köln-Wien-Weimar，2015，S. 141-154。

一、双重划界时期的应急措施

最初决定将波恩作为议会委员会（Parlamentarischer Rat）* 会议地点、后作为"联邦机构所在地"的政治背景，如初期谨慎取名所表述的，在此就不再赘述。唯一需重点指出的是，不仅仅是莱茵河谷的风景魅力对波恩当选临时首都产生了决定性影响。年事已高的阿登纳的机智，或是对美因茨大都市法兰克福的资本拉动效应的担忧，也不足以作为解释。① 给波恩加分的另一大优点是，它不仅是大学生、教授和退休人员的宜居之地，还是普鲁士-德国在莱茵河畔上设岗守望超过 150 年的一大驻军城市。② 这里有充裕的旧军营建筑，可安置联邦德国政府的部委。

1949 年，财政部搬到莱茵多弗大街的前普鲁士轻骑兵兵营（Husaren-kaserne）。就在几米远的同一条街上，内政部在一所旧警察学校找到了自己的临时办公地。据当时的一位官员回忆，空气中似乎仍弥漫着"钉了钉子的新兵靴的回响和皮革油脂、枪油、稻草袋的涩味"③。在城市其他区域，新联邦共和国的部委也搬进了原普鲁士的军营。联邦农业部与联邦劳工和社会秩序部一起将办公地设在杜伊斯多夫的特罗洛兵营（Troilo-Kaserne）。自 1950 年 10 月起，特奥多尔·布兰克（Theodor Blank）** 一直在波恩南

---

* "议会委员会"是一个由西占区 11 个州的州长组成的立宪委员会，自 1948 年 9 月 1 日起在波恩就西部德国创建一个独立国家而着手起草一个暂时性宪法。——译者注

① Theodor Eschenburg：*Jahre der Besatzung 1945—1949*（Geschichte der Bundesrepublik Deutschland，Bd. 1）. Stuttgart，Wiesbaden，1983，S. 516—519.

② Dietrich Höroldtl：*Bonn in der Kaiserzeit 1871—1914. Festschrift zum 100jährigen Bestehen des Bonner Heimat- und Geschichtsvereins*. Bonn，1986，S. 112—116.

③ Siegfried Fröhlich：Die Neue Ministerialbürokratie. Die Traditionen des Berufs-beamtentums setzen sich wieder durch，in：*Kinderjahre der Bundesrepublik. Von der Trümmerzeit zum Wirtschaftswunder*，hrsg. von Rudolf Pörtner. München，1992，S. 150.

** 特奥多尔·布兰克为 1955 年联邦德国创建联邦国防部后的首任国防部长。1950 年被阿登纳总理委任为负责处理有关与盟国军队问题的全权代表，后又成为"布兰克办事处"主任、"布兰克局"局长，主要负责联邦德国有关军队组建工作。——译者注

城的埃尔梅基尔兵营（Ermekeil-Kaserne）负责准备重建军队。

在更多公开曝光的机构中，重视更平民化的环境。议会委员会的就职典礼于 1948 年 9 月 1 日在生物学研究所和亚历山大·柯尼希博物馆（Museum Alexander König）＊举行，那里也曾短暂成为阿登纳担任联邦总理后的第一个办公地。即使在 1949 年 11 月总理搬离收藏着动物标本的柯尼希博物馆、迁往绍姆堡宫（Palais Schaumburg）后，仍有一些工作人员留在那里办公多年，原因在于联邦总理的新办公地无足够的空间可容纳下总理府为数并不多的所有工作人员。绍姆堡宫和紧邻的联邦总统官邸哈默施密特别墅（Villa Hammerschmidt）是当时波恩可供使用的两座最美丽的住宅楼。两楼都建于 19 世纪中叶，采用了晚期古典主义风格，整体呈现庄严的白色，可看到莱茵河的景色。两楼都具有代表性，但更多是大型的别墅，而非真正的宫殿，虽然国王威廉二世的妹妹在 1929 年前一直住在绍姆堡宫。就城市规划而言，早期出于困境而采取的临时措施，其后果是联邦机构没能集中在一个政府区。相反，各部委和办事机构相对大面积地分散在整个城区，主要集中在波恩老城的南部边缘地带、莱茵河畔的格罗瑙（Gronau）、杜伊斯多夫和波恩北部。

当然，这种应急措施的双重意识形态划界的外在可视性并未充分呈现在众多替代性住宅和用途变更的军营建筑中，而是在那些早年为数不多的有名新建和重建的建筑物上。这一点在被称为联邦大厦（Bundeshaus），即联邦议院和联邦参议院的会议场所体现得最为明显，议会委员会也曾在此开会。大楼也是出于成本原因并未完全重建。相反，议会迁入了 1930 年至 1933 年在莱茵河畔以包豪斯风格建造的原教育学院。根据建筑师汉斯·施维珀特（Hans Schwippert）的设计，按照新的用途重新改建它，并扩建了一个联邦议院大会厅所在的附楼。功能性、克制性和透明性是该学院改建为联邦大厦的主要建筑理念。

＊ 亚历山大·柯尼希博物馆于 1912 年由动物学家亚历山大·柯尼希创建，主要为其在非洲和极地考察时获得的收藏品而建。——译者注

建筑风格转向"温和现代主义形式"①，意在表明与纳粹过去的决裂。毕竟，纳粹政府至少在代表性国家建筑中，如柏林威廉大街上的新帝国总理府，更偏爱新古典主义形式，并谴责包豪斯建筑为"建筑布尔什维主义"（Baubolschewismus）。② 与纳粹不予苟同，也反映在装饰议会大会厅的联邦鹰上。它出自艺术家路德维希·吉斯（Ludwig Gies）之手，其作品曾被纳粹视为"颓废艺术"。③

然而，至少同样重要的是，年轻的联邦共和国通过选择现代建筑展示了与同时期被称为"东占区"的明显不同。在那里，通过 1950 年出台的《建筑法》，人们以苏联模式为参照——在斯大林时代后期，它旨在集中化、纪念性而非客观性，并为大规模游行提供大自由空间。在这种对比下，波恩政府新楼的"国际风格"以及政府大楼的散落分布，可以说是就建筑和城市规划方面对西方的认同，也是与德国另一半的鲜明分界。

与东部的对抗，包括强调波恩作为政府所在地的临时性特点，并强调柏林作为真正的首都和民族认同地的重要性。④ 如果考虑到在 1950 年代西方一体化所取得的巨大进展，这一承诺很快呈现出了一定的补偿性。尽管如此，它并非仅仅是一个单纯的宣言。1954 年至 1969 年，选举联邦总统的联邦大会不是在波恩，而是在柏林召开。1955 年，联邦议院首次在西柏林举行全体会议，会上议员们决定重建被毁的国会大厦，并在柏林-蒂尔加滕建造一个政府区。第二年，联邦议院还决定不再在波恩建造其他政府大楼，以确保柏林作为德国首都的地位不受到质疑。⑤

---

① H. Wefing, 1995, S. 87.

② H. Wefing, 1995, S. 125.

③ Matthias Hannemann, Dietmar Preißler: *Bonn - Orte der Demokratie. Der historische Reiseführer*. Berlin, 2009, S. 27.

④ Michael C. Bienert, Uwe Schaper, Hermann Wentker: *Hauptstadtanspruch und symbolische Politik. Die Bundespräsenz im geteilten Berlin 1949 - 1990*. Berlin, 2012.

⑤ Wolfgang Bergknecht: *40 Jahre Bundeshauptstadt Bonn 1949 - 1989*. Pulheim, 1989, S. 21.

直至 1960 年代，莱茵河畔之城一直被视为"柏林的候车室"，正如约翰·勒·卡雷（John Le Carré）在他的间谍惊悚片《一个德国小城》中以非常简练的方式所描述的："一个形而上学的污点"（ein metaphysischer Flecken），介于"最新流逝而过的未来和不太遥远的过去之间"。勒·卡雷对英国驻波恩大使馆的建筑也没有什么积极评价，他的那部惊悚片大部分情节都发生在那里。该建筑属于在 1950 年代早期建成的朴素功能性建筑，并没有过多凸显代表性和高雅性。勒·卡雷写道，它看起来就像是"一个毫无风格的工厂建筑物"，为昔日敌人配上了一张"石头脸"，为现盟友露出一个"灰色微笑"①。

柏林社民党议员阿道夫·阿恩特（Adolf Arndt）在 1960 年的一个题为"民主作为建设者"的演讲中，也表达了类似的负面观点。② 他说，波恩的联邦大厦是一个"畸形体"，"混乱和廉价拼凑在一起"，因此是一个毫无意义的"时间和人力的消耗"。阿恩特认为，这是"对于民主的一个警示信号，只要一个不避讳浪费的社会还对所谓节俭保有狂热，这样的社会就不值得将宪政机构安置在建筑中"。即使在"转型期、分裂期"，他仍坚持认为，一个有效运作的民主不仅需要纯粹的功能性建筑，而且还需要"建筑艺术作品"。

二、规划永久性解决方案

阿恩特的演讲呼应出嗣后几年的讨论。在快速恢复国家统一的希望明显破灭之后，现在的问题便是围绕随着经济的腾飞和社会日趋具有批评性，一个自 1955 年以来（几乎）重新赢得主权的国家该如何满足不断增长的空间需求和日益提升的要求，而无须太过明确地宣告放弃波恩的临时特性。

---

① John Le Carré：*A Small Town in Germany*. New York，1968，S. 9.
② Adolf Arndt：Die Demokratie als Bauherr，in：*Bauwelt*，1961，Heft 1.

缺乏空间，首先是由于多年来出现了许多需要办公室和会议厅的新部委。1953 年，家庭部成立；"布兰克局"随着 1955 年联邦德国加入北约而变成了正式生效的国防部；同年，还增加了教育部；1961 年，又增加了卫生部和发展援助部；1972 年，增加了研究部。与此同时，联邦议员也越来越多地抱怨联邦大厦不合理的工作条件。文件柜堵塞了走道，大约 200 至 220 名议员没有自己的办公室。联邦议院议长欧根·格斯滕迈尔（Eugen Gerstenmaier）成为政府在波恩扩建的最重要支持者之一，这并非巧合。[1]

然而，由于 1956 年出台的建造冻结令，在波恩不允许再建更多的联邦建筑。从中期来看，这一决定的后果是，联邦别无选择，不得已租用市内可租用的各办公空间，以缓解其缺乏空间的困境。1974 年，联邦政府每年支付的办公用房租金为 2 000 万马克。1980 年代中期，22 个联邦最高机构仍分散在 100 个独立的建筑大楼中，其中近半数机构用房是租用的。在 60 个下属机构中，同样分散在锡耶堡（Siegburg）、圣奥古斯丁和麦肯海姆（Meckenheim）之间近 100 处，甚至七分之六办公用房是租用的。[2]

房地产投机是一项蓬勃发展的业务。尤其是莱茵河谷低地（Rheinauen）和波恩南部与巴特戈德斯贝格（Bad Godesberg）北部之间莱茵河左岸相连的一片田地，是极受青睐之区域。从 1960 年代早期的档案图片中，人们仍然可以了解到它们是如何被用于农业，以及牧羊人是如何在那里放牧的。1960 年代中期，随着安联保险公司在一个公园区域、名郁金香园（Tulpenfeld）的原托儿所基地上建造了一个占地面积逾 4 万平方米的办公大楼，怡人的田园风光也不复存在。[3] 几年后，取名为"波恩中心"的办公和酒店综合大楼在不远处建成。如同郁金香园上的安联大楼，它也主要为联邦议员和联邦议院、新联邦部门的工作人员所使用。

----

① 转引自 Hannemann, Preißler, 2009, S. 37。

② Klaus Borchard: *Bonn-Vom Provisorium über die Bundeshauptstadt zur Bundesstadt, oder: Von den Schwierigkeiten der baulichen und städtebaulichen Selbstdarstellung unseres Staates.* Bonn, 1999, S. 15.

③ Hannemann, Preißler, 2009, S. 41f.

鉴于联邦议院出台的建造禁令，联邦政府不得已谨慎地对待自己的建筑规划。1962 年，阿登纳总理在严格保密的情况下组建了一个专家理事会来商议初步设想。① 这个专家理事会的广泛设想最后仅局部实现。路德维希·艾哈特（Ludwig Erhard）执政时期，根据建筑师塞普·鲁夫（Sep Ruf）的计划，在绍姆堡宫的公园内建造了一座平房，用作总理的公寓。这座平房于 1967 年完工，其玻璃般的客观性可被理解为"对柏林新帝国总理府的一个迟到的回应"②。两年后，议院高楼在格罗瑙举行落成典礼，该楼以（长得并不高的）联邦议院议长格斯滕迈尔的绰号"高欧根"（Langer Eugen）为名。此外，不久后在附近还新建了两栋分别为 15 层和 17 层的十字形办公大楼，教育部和司法部搬入其中。

自 1970 年代初以来，城市规划工作变得更加容易。一方面，保密义务被取消，因为联邦政府在缓和政策和东方条约过程中默默地放弃了在柏林示范性展现联邦的存在，从而缓和了波恩政府所在地与柏林首都之间潜在的竞争。③ 另一方面，在 1969 年地方政府重组后，联邦政府不再需要与众多不同的市政伙伴打交道，而仅需与波恩一个城市联系。1970 年，通过联邦、州和地方乡镇签署《波恩协定》，建立了一个法律和财政框架，使政府扩建的"大"解决方案成为可能。

通过这一首都协议，波恩在后续十年中以联邦财政资助的方式获得了近 8 亿马克。同年，"波恩联邦建筑"工作组成立。两年后，举办了一次城市建设创意竞赛。该竞赛旨在将分散在城市各地的部委和办事机构聚集在波恩与巴特戈德斯贝格之间莱茵河两岸的一个现代化、高技术密集的政府区，目的是通过建筑密集化来实现再城镇化，正如其同时期也在联邦共和国的其他城市作为规划信念和可行性意识形态的建筑表达

---

① 转引自 K. Borchard，1999，S. 14。
② H. Wefing，1995.
③ 一个例外是有关联邦环保局的争议，参见 Bienert，Schaper，Wentker，2012，S. 27。

得以实施。①

当然，规划的具体实施有一定难度。问题由来已久，部分归因于建筑师的敌意（Animositäten）和虚荣心，部分是由于机构之间的竞争，部分是因为 1970 年代中期和后期两次世界经济危机期间的资金短缺。在这些宏大计划中，仅新总理府最终建成。② 除此之外，此前的"大"解决方案几乎只剩下改建议会大会厅和重新设计联邦大厦的入口区域的计划。

对于本论文主题来说，更有趣的是去观察反对建筑计划的批评声。在此，可区分出三种版本。第一种批评版本是反对因波恩的建筑升值而导致柏林贬值。这种观点在 1960 年代占主导地位，当时媒体问道，谁还该相信联邦共和国"官方这么乐意宣称的统一意愿"，"如果我们打算给波恩带来如此昂贵的持久性"？"我们的联邦首都仍是一个临时性的？"《波恩汇报》问道。1968 年，《汉堡晚报》写道："整个德国的光学系统似乎都陷入了混凝土搅拌机。"③

第二种批评版本针对波恩首都要求的理性现代和客观简洁的具体设计形式。1966 年，塞普·鲁夫建造的被称为"玻璃般辉煌"的总理平房遭到了猛烈攻击。其间，传统主义者对文化现代性的怀疑构成了怀疑判断的基本特征。一些评论家认为，这是一个"丑陋的纪念碑"。另一些人讽刺道，这简直是一种"水族馆和美国药店的交叉（Kreu-zung）"。据说，前总理阿登纳挖苦讽刺道：小平房甚至都"烧不起来"④。德国建筑师联盟将波恩和巴特戈德斯贝格之间新形成的政府区描述为"一个昂贵的办公楼集合体"，"一个只有平庸才有办法建成的临时性建筑"⑤。十年后，建筑师小阿尔伯特·施佩尔（Albert Speer

---

① Gabriele Metzler: *Konzeptionen politischen Handelns von Adenauer bis Brandt. Politische Planung in der pluralistischen Gesellschaft*. Paderborn, 2005, S. 209–218.

② 相关背景资讯，参见 Horst Ehmke: *Mittendrin. Von der Großen Koalition bis zur Deutschen Wiedervereinigung*. Berlin, 1994, S. 111 f。

③ 转引自 Hannemann, Preißler, 2009, S. 38。

④ 转引自 H. Wefing, 1995, S. 96。

⑤ 转引自 Die Zeit vom 07.11.1969。

Junior)* 强烈抨击这个新总理府。施佩尔认为，其平面图"就像是一所综合学校、一家中等医院或一个大城市储蓄银行"①。

第三种批评版本是波恩市民提出的，他们担心自己城市的生活质量和成本会失控。他们嘲笑建筑计划是"莱茵河畔的愚蠢之作（Klotz）"，并以"城市论坛"（City-Forum）之名发起了第一个波恩市民倡议活动，以阻止政府区的落成。"政府大楼必须不仅仅是办公室筒仓（Bürosilos）"，《波恩汇报》以此为题刊登出文章。②"官员筒仓会破坏风景"，《波恩大众报》写道，还描述指出了建筑师的"高楼狂妄自大"。③"我们不会让莱茵河谷变得一团糟的"，波恩市民倡议的一个决议书如是强调道。"我们不想在莱茵河畔出现一个曼哈顿。无论是居民，还是莱茵河谷，都不能容忍建筑高于五层。（更多的话我们将愤怒反击。）"④

三、"告别临时期"

公民倡议取得了成功。在最初规划的七栋"交叉建筑"中，仅上面提到的教育部和司法部两栋高楼实际建成，这主要是归因于公民的大规模抗议。在莱茵河左右河漫滩上建高密度的政府总部，仅成了一个乌托邦设想。与 1972 年为莱茵河洪泛区设想规划的办公高楼相反，1979 年随着联邦花园展的举行，那里建成了一个宽阔的公园。通过这一解决方法，波恩市民的倡议得到落实。早在 1973 年，该倡议就已要求有个"具体地方"，"人们乐意在那坐上一个小时，乐意前往和呆坐眺望"（两

---

* 小阿尔伯特·施佩尔是希特勒御用建筑师施佩尔之子。——译者注

① Albert Speer Junior：Aus Bonn soll kein deutsches Washington werden，in：*Geo2* (1981)，S. 140-143，hier S. 140 und S. 142.

② Bonner Rundschau vom 24. 10. 1969.

③ Bonner Generalanzeiger vom 24. und 25. 10. 1969.

④ Resolution zum Wettbewerb von Bundestag und Bundesrat，ohne Datum（1973），in：Stadtarchiv Bonn，SN 45-12.

个戈德斯贝格交叉大楼让人感到无趣，那里让裤子高旋飘扬）。抗议的波恩市民禁止"任何巨人主义（Gigantomanismus）"。参考线不该是图板，而应该是人的真实大小。任何形式的国家象征都被拒绝了，无论是"被夸大［……］像威廉皇帝一样"，还是"中立"，如"一家人造黄油公司的高层行政大楼"。①

1980 年后，政府大楼保留散状分布在波恩市区以及松散地建造在联邦大厦和议员高楼周边的较窄的政府区不变，小阿尔伯特·施佩尔嘲笑这是"面包屑民主"②。值得注意的是，在 1980 年代的新调整方案中，文化机构获得了比以往规划中更突出的地位。1985 年的城市建造规划就不仅包括一个市艺术博物馆和一个联邦艺术展览馆，还包括一个中央警示与纪念碑和一个有关联邦共和国历史的博物馆"历史之家"（Haus der Geschichte）。日益增长的文化需求和逐渐展示的历史敏感性清晰地表明，波恩共和国在其存在的最后十年中在思想层面上的自我认知。

在为联邦议院和联邦参议院规划的新建筑中，只留下了议会大会厅新楼。1987 年，挖土机开始拆毁汉斯·施维珀特设计的旧议会大厅。在嗣后的数年，议会在一箭之遥的原波恩自来水厂举行会议——这是对波恩临时应急措施和临时性安排传统的追忆（Reminiszenz）。当议员们回到联邦大厦新建成的议会大会厅时，柏林墙已倒塌，民主德国已垮台，两德实现了统一，并做出了将政府，至少部分政府部门迁至施普雷河畔的决定。

不过值得更仔细地观察一下这个议会大会厅，因为它充分揭示了1940 年代末至 1980 年代末德意志第二共和国的政治自我认知的变化。汉斯·施维珀特曾提议为"他的"大会厅设计圆形座位安排，所有政党

---

① Resolution zum Wettbewerb von Bundestag und Bundesrat，1973，SN 45-12.
② A. Speer, 1981, S. 142.

议员、反对派和政府代表应该聚集在一个无地位差异的圆圈中。① 阿登纳拒绝了这一提议，并成功地采用了柏林国会大厦的席位安排：议员们围成半圈，对面是座位略微抬高的联邦政府和联邦参议院代表席。

京特·贝尼施（Günther Behnisch）是负责新议会大会厅设计工作的建筑师，他再次采纳了施维珀特的最初设想，把大会厅的座位安排成圆形。圆形方案支持者在这次辩论中占上风，说明了 40 多年来联邦共和国的议会和国家自我意识发生了转变。显然，诸如"对话"和"平等"等概念得到了重视，而政府与议会之间的对立性不如 40 年前那么突出了。②

四、从波恩共和国到柏林共和国

20 年后的今天，在审视首都建筑和城市规划所表达的政治、社会自我意识方面，从波恩共和国向柏林共和国的过渡是连续性还是断裂占主导？特别是在国外密切关注到，自 1990 年代末以来，统一的德国人在柏林建起或重建起一个古典民族国家的古典首都。任何就德国对欧洲未来的承诺都无法改变这一点。位于斯普雷弓形圈内（Spreebogen）的新联邦总理府所具有的规模气度，是波恩政府区无法想象的。诺尔曼·福斯特爵士（Sir Norman Foster）对国会大厦进行改建，通过圆顶来将这种建筑形式引入德国首都的政府和议会建筑群中，或更确切地说：重新引入，这种形式在传统上以一种特殊的方式代表着主权和权力，而这在波恩政府所在地也是徒劳地无法找寻到的。③ 在这方面，可以观察到

---

① 建筑师认为，"圆形的大厅并不是功能叠加的结果"，而是"出于一种精神原因"作为"一个相互对话的共同体的表达"，转引自 H. Wefing，1995，S. 165。

② 赫尔穆特·科尔在 1999 年宣布政府和议会离开波恩时，可能也想到了这一点，他称赞"这座城市的精神场所"对于联邦共和国的稳定是极为重要的。科尔说道，这里是"一种政治文化的理想滋生地，这种文化极大地增进了在世界范围内重新为我们的国家赢得信任、声望尤其是同情。［……］它是波恩传给柏林的一个真正宝贵的遗产"（转引自 Hannemann，Preißler，2009，S. 31）。

③ H. Wefing，1995，S. 72。

明显的不连续性。

另外，国会大厦上方的玻璃穹顶也代表着从波恩共和国到柏林共和国的一条重要连续线：强调透明性和开放性。汉斯·施维珀特在回顾1949年的议会大会厅时曾说道，他希望"德国人的国家（das deutsche Land）能够观看议会的工作。我想要一个开放的大楼，一个相遇与对话的建筑"。在另一个场合，他说道："政治是一个黑暗的事务，让我们看着，我们给它带来了一些光明。"[1]

同样，负责1973年11月波恩议会大会厅新建筑公开招标工作的评审委员会也曾将"公共领域"（Öffentlichkeit）概念作为联邦德国议会大会厅设计成功方案必须实现的"基本要素"之一。建筑应该"创造一个支持、促进和激发交流沟通的环境"。它应该"为开放性和自发性提供空间，以减少'门槛恐惧'（Schwellenangs）"[2]。

波恩公民在提出的倡议中通常不会对政府和专家的建造计划留下好评，但也强调了透明性和开放性对波恩政府区的建造重构的重要性。正如前面提及的1973年决议所述，政治制度的质量是"政治进程的某种（来之不易的）透明度"[3]。"政治制度的相对透明度"必须在建筑上通过"开放的气氛"来展示。这表现在"可见性（透过玻璃），内部和外部之间没有硬边界，而是通过拱廊、空间宽阔的天花板等相互连接"。人们希望"呈现而不是代表"。

近20年后，1992年10月，联邦议院议长丽塔·苏斯穆特（Rita Süssmuth）在波恩联邦大厦新议会大会厅落成启用典礼上宣布："这座议会大厦要求的不仅仅是议会职能的建筑实施。它希望本身表达对于民主的某种理解：通过玻璃来实现公开和透明、议员们与公民的亲近。"因此，柏林国会大厦改建的建筑竞标书中写道："透明度表示开放、与

---

[1] H. Wefing, 1995, S. 114–115.

[2] 建筑设计可促进"集体或个人方式的意识过程"，即识别、同情、冷漠、不安、恐惧和反叛，"朝着开放和乐意参与"的方向发展，波恩市档案馆，SN 45-11。

[3] 本引文及下面的引文均出自：Resolution zum Wettbewerb von Bundestag und Bundesrat, ohne Datum (1973), in: Stadtarchiv Bonn, SN 45-12。

公民的亲近性和交流的乐趣。"竞标获胜者诺尔曼·福斯特爵士表示，他也认为议会工作是"开放和无障碍的"；光线和自由的视野对他来说是非常有价值的。[①] 至少在这方面，赫尔穆特·科尔在离开波恩时的预测是正确的，他说道，人们前往柏林，"但不是去一个新共和国"。

（赵伯璇　孟虹　译）

---

① 本段引言均出自 H. Wefing, 1995，S. 116–117。

14. 记忆文化与外交政策：
德国历史是如何影响国际政治的

塞巴斯蒂安·哈尼施[*]

摘要： 联邦德国的外交政策在何种程度上取决于德国历史？本文首先探讨记忆文化研究的不同方案和外交政策分析方法，这些方法描述历史记忆和经验对当代外交政策产生影响的社会机制。论文接着论证说明联邦德国的记忆文化与其他国家一样，也以记忆和遗忘为特征，历史教训的意义归因，尤其是来自纳粹暴力与灭绝政策教训的意义归因，在社会上和政治上一直存在争议。因此，在联邦德国早期外交政策中可以看到不同的阶段，其中和解与赔偿政策特别是与以色列国的和解与赔偿政策，并没有在全社会伴随产生对以德国人名义进行的暴行讨论，因此在东西方冷战的背景下同时出现了一种"军事克制文化"。东西方冲突结

---

* 作者简介：德国海德堡大学国际关系与对外政策教授、政治学研究所所长，海德堡美国研究中心董事会成员和海德堡环境中心董事会成员。主要研究领域包括比较外交与安全政策、国际关系理论、网络安全、不扩散大规模毁灭性武器以及气候变化政策问题。获特里尔大学历史学和政治学学位，并在日本国际交流中心（东京，1996年），哥伦比亚大学（纽约，1996年），延世大学（首尔，1996—1997年），海德堡卓越中心、马西利乌斯学院（2012—2013年）任研究员。曾在特里尔大学（2003—2006年）和慕尼黑联邦国防大学（2006—2007年）执教，并曾在北京外国语大学（2011年）、阿尔法拉比哈萨克斯坦国立大学（2013年）和外交学院（北京，2018年）担任客座教授。《对外政策分析》杂志科学顾问委员会成员，《对外政策与国际秩序》（诺莫斯出版社）系列丛书和《牛津对外政策研究百科全书》（牛津大学出版社）的联合编者。已出版众多著作，在著名杂志上发表大量文章。

来后，这种文化不仅在巴尔干和其他地区的族群与民族内战的影响下得到了改变，现在预防种族灭绝已被用于向国外派遣德国联邦国防军合法化的理由。在欧债危机期间，"德国稳定文化"作为从 1920 年代恶性通货膨胀中得出的教训，被用作要求德国进行改革的理由。对德国历史日益自信的处理态度，甚至未阻止将德国经验输出到其他国家，表明了德国记忆文化进入了一个新阶段，在国内和国际上都面临批判性的讨论。

关键词：外交政策，记忆文化，国家政治，德国历史

导　言

历史为我们提供故事，告诉我们是谁、我们来自何方和我们该走向何方。这些故事往往与试图对一个群体的本质进行超越时空不间断地描述有关。[1] 考虑到不同国家组成的世界及塑造它的群体，我们通常称这些不间断的叙述为国家认同。作为自我归属，这些身份认同将由民族国家构成的社会与其他社会分开，就像当下在横向上。国家认同在纵向时间上却也锚定当下，将现时与过去相联系。回忆和忘记过去以这种方式形成一个动态的张力场，塑造着当下的自我认知。[2]

记忆文化是群体身份认同这一历史锚位过程的一部分。[3] 它们具有构建效应，正如政治学有关国家"本体安全"论（ontologische Sicherheit）研究等所指出的[4]：记忆文化告诉我们，我们是谁和我们是什么。

① Andreas Dörner: Der Mythos der nationalen Einheit. Symbolpolitik und Deutungskämpfe bei der Einweihung des Hermannsdenkmals im Jahre 1875, in: *Archiv für Kulturgeschichte* 79/1997, S. 389–416.

② Harald Weinrich: *Lethe-Kunst und Kritik des Vergessens*. München, 1997.

③ Maurice Halbwachs: *La Mémoire Collective*. Paris, 1950.

④ Brent J. Steele: *Ontological Security in International Relations*. New York: Routledge, 2008; Jennifer Mitzen, Kyle Larson: Ontological Security and Foreign Policy, in: Thies et al. (Hrsg.): *The Oxford Encyclopedia of Foreign Policy Analysis*. Oxford: Oxford University Press, 2018, pp. 301–319.

它们也告诉我们，谁属于我们和谁可能不属于我们。但记忆文化也起着调节作用：它们告诉我们，什么是应该的和什么是不应该的。因此，记忆文化也告诉我们，我们过去如何对待其他国家，以及我们现在和未来要如何表现。

　　就记忆文化在当今国际社会中的重要性，德国处于特殊的地位。因为我们今天最有可能称之为国际社会的共同身份，即《联合国宪章》，（实质上）可追溯至二战期间携手联合起来的国家与纳粹扩张和灭绝政策的博弈。[①] 2005 年一项对东西方文化圈中 12 个学生群体的调研显示，对于这些学生而言，二战是过去 1 000 年来最重要的事件，而 12 个群体中有 11 个将阿道夫·希特勒视为这一时期"最具影响力的历史人物"。[②]

　　因此，观察尝试构建一个民族国家或整个国家共同体的不间断的历史叙事，对于当今的国际政治将非常具有指导性意义。例如，这种观点首先可以帮助我们解释，为什么某些国家对影响深远的暴力行为，诸如 2001 年 9 月 11 日恐怖袭击所做出的反应会与其他国家不同。其次，它可以帮助我们理解，为什么那些无法对不断动荡变迁的历史（重新）找到共识的国家，尽管有许多经济、政治和文化方面的关联，却难以发展出友好的关系，就如（很遗憾）当今韩国与日本之间的状况。[③] 最后，它有助于我们去理解，为什么在当今国家共同体中，抗击纳粹专制的共同记忆的褪色会出现就国家共同体一种或多种新的解释性叙事问题。

　　研究德国的记忆文化之所以具有指导性意义，也在于事实证明了它的惊人多变。[④] 因此，它也一直是科学和社会政治争论的主题（费舍尔

_____

　　① 在《联合国宪章》的第 55、77 和 107 款，德国和日本被描述为"敌对国家"。1995 年联合国大会及 2005 年国家元首和政府首脑以相应的投票，宣布这些被称为"敌对国条款"（Feindstaatenklausel）的规定为无效或须修订，参见联邦议院科学服务部，柏林，2007。

　　② J. H. Liu etc.：Social Representations of Events and People in World History across Twelve Cultures，in：*Journal of Cross-Cultural Psychology*，36（2），2005，pp. 1-21.

　　③ Jennifer Lind：Japan, South Korea, and the Politics of the Present，in：*The Diplomat Magazine* vom 30. 11. 2019.

　　④ Aleida Assmann, Ute Frevert：*Geschichtsvergessenheit-Geschichtsversessenheit. Vom Umgang mit deutschen Vergangenheiten nach 1945.* Stuttgart，1999.

之争，历史学家之争；欧元危机期间的"德国稳定文化"之争）。此外，在东西方冲突期间，联邦德国和民主德国形成了不同的记忆文化，其特性迄今仍产生着影响。①

在本文中，关于记忆文化主题的广泛的社会、历史和文化研究只能有限地加以探讨，尤其针对文化记忆动态比较研究②，对比克服过去进程和记忆文化③，以及（比较）历史政治的研究④。具体而言，本文旨在介绍比较外交政策研究的方法，这些方法明确深入涉及记忆文化的意义，并分析联邦德国的外交政策。

本文论述的结构如下：在第一部分中，首先解释基本概念，对其加以区分，并将其定位于先前对该主题展开的以理论为主导的研究中。第二部分首先将德国外交政策的宪法基础视为从纳粹恐怖统治罪行和魏玛

---

① M. Rainer Lepsius: *Das Erbe des Nationalsozialismus und die politische Kultur der Nachfolgestaaten des „Großdeutschen Reiches"*, in: R. Lepsius: *Demokratie in Deutschland. Soziologisch-historische Konstellationsanalysen*. Ausgewählte Aufsätze. Göttingen，1993，S. 229-245; Ian Buruma: *The Wages of Guilt. Memories of War in Germany and Japan*. London: Cape，1994; Jürgen Danyel (Hrsg.): *Die geteilte Vergangenheit. Zum Umgang mit Nationalsozialismus und Widerstand in beiden deutschen Staaten*. Berlin: Akademie Verl.，1995; Jeffrey Herf: *Divided Memory: The Nazi Past in the Two Germanys*. Cambridge: Harvard University Press，1997; Stefanie Hammerstein: *Gemeinsame Vergangenheit-getrennte Erinnerung? Der Nationalsozialismus in Gedächtnisdiskursen und Identitätskonstruktionen von Bundesrepublik Deutschland，DDR und Österreich*. Göttingen: Wallstein Verlag，2017.

② Jan Assmann: *Das kulturelle Gedächtnis. Schrift，Erinnerung und politische Identität in frühen Hochkulturen*. München: C. H. Beck，2000.

③ 包括 Helmut König，Michael Kohlstruck，Andreas Wöll (Hrsg.): *Vergangenheitsbewältigung am Ende des zwanzigsten Jahrhunderts* (Sonderheft des Leviathan 18，1998). Opladen: Westdeutscher Verl.，1998; Astrid Erll，Ansgar Nünning (ed.): *Cultural Memory Studies: an International and Interdisciplinary Handbook*. Berlin: de Gruyter，2008; Christoph Cornelißen，Klinkhammer Lutz，Schwentker Wolfgang (Hrsg.): *Erinnerungskulturen: Deutschland，Italien und Japan seit 1945*，2. Auflage. Frankfurt am Main: Fischer Verl.，2004。

④ Edgar Wolfrum: *Geschichtspolitik in der Bundesrepublik Deutschland. Der Weg zur bundesrepublikanischen Erinnerung 1948 - 1990*. Darmstadt: Wissenschaftliche Buchgesellschaft，1999; ders.: *Geschichte als Waffe. Vom Kaiserreich bis zur Wiedervereinigung*，2. Auflage. Göttingen，2002; E. Wolfrum，Petra Bock (Hrsg.): *Umkämpfte Vergangenheit. Geschichtsbilder，Erinnerung und Vergangenheitspolitik im internationalen Vergleich*. Göttingen，1999; Horst-Alfred Heinrich，Michael Kohlstruck (Hrsg.): *Geschichtspolitik und sozialwissenschaftliche Theorie*. Stuttgart: Steiner Verlag，2004.

共和国宪法弱点中吸取的制度性教训，然后分析研究（有争议的）德国记忆文化与联邦德国统一前后的外交政策行动之间的动态变化关系。这部分的重点是记忆文化变化的机制，以及记忆文化辩论在社会和政治层面的不同呈现形式。结论给出了一个简短的概括，并对进一步的研究前景提出了一些思考。

一、外交政策研究中的记忆概念与理论

记忆文化的概念从何而来，它与历史文化（Geschichtskultur）概念有何不同？历史与记忆不同吗？它们有不同的根源吗？这些又将如何影响——若有的话——一个国家的外交政策？在赖因哈特·科塞莱克（Reinhart Koselleck）的研究基础上，历史学和文化学为第一组问题提出了一种分离假设：在历史学的影响下，"许多历史"在 19 世纪被历史作为集体单数（Kollektivsingular）取代。它源于许多子故事（记忆），但并不能简化为这些子故事。①

（一）记忆文化：概念鉴别

历史文化，与个人的历史意识相反，是指时间体验的社会加工，这些时间体验可由不同的载体（社会、政治、科学）通过言语行为、实践活动或文化产物，如纪念碑、博物馆等形式来创造和改变。与此形成对比的是"记忆文化"概念，按照汉斯·君特·霍克尔茨②的观点，它是"以不同的方式和为了极不同的目的，在公共领域对历史的非特定科学

---

① Jan Assmann, Achsenzeit: *Eine Archäologie der Moderne*. München: C. H. Beck, 2018, S. 43.

② Hans G. Hockertster: *Zugänge zur Zeitges-chichte: Primärerfahrung, Erinnerungs-kultur, Geschichtswissenschaft in Verletztes Gedächtnis*. Frankfurt am Main [u. a.]: Campus-Verl., 2002, S. 39-73.

运用的总和"①。因此，记忆文化的概念包含将过往经历及时代见证者的原始经历展现在公共领域，并引起人们对主动记忆的关注，而不是（被动）遗忘或（主动）压抑。不管不记得——忘记——被视为损失或收益，如作为未来的自由选择，这并不是概念史所确定的，而是取决于各自的行动导向。②

在记忆文化研究中，人们普遍认为，个人回忆，包括记忆，是由三代至五代人之间的共同生活和互相交流所塑造的。这种以"交际记忆"形式出现的"生活体验"面对的是"文化记忆"。③ 后者与前者形成对比，跨越了不同的时代和载体组而存在，并通过相应的仪式、正典文本、博物馆等得以稳固。④

相反，历史政策可以被理解为对于历史重要性具有普遍约束力的规则的积极寻求、协商其具有塑造性作用的标准和价值观的过程以及在政治共同体中的具体内容。这种对概念的功能性理解强调的是不同记忆的意义多样性和（潜在的）争议性，而未预先判断协商进程的结果或方向。⑤ 就一个国家的政治记忆文化而言，该术语的表述也使人们能够在规范、程序和内容层面上把握其不同的表现形式，从而考察这些层面之间的动态。

这种对历史政策的理解还使两件事成为可能：其一，一个政府对

---

① 历史学通过所谓的"来源否决"（Veto der Quellen）来进行自我区分，即一种对来源持批判性态度的解释，并且能够识别历史上不真实的陈述，参见 Koselleck 1977：45f。

② Edgar Wolfrum：Erinnerungskultur und Geschichtspolitik als Forschungsfelder. Konzepte-Methoden-Themen, in: Jan Scheunemann (Hrsg.)：*Reformation und Bauernkrieg. Erinnerungskultur und Geschichtspolitik im geteilten Deutschland*. Leipzig: Evangelische Verlagsanstalt, 2010, S. 13—47。

③ Jan Assmann：*Das kulturelle Gedächtnis. Schrift, Erinnerung und politische Identität in frühen Hochkulturen*. München: C. H. Beck, 2000。

④ Hermann Theissen：Familismus, in: *Neue Gesellschaft, Frankfurter Hefte* (Deutsche Ausgabe). Bonn: Dietz, 55 (5), 2008, S. 9—12。

⑤ Edgar Wolfrum：*Geschichtspolitik in der Bundesrepublik Deutschland. Der Weg zur bundesrepublikanischen Erinnerung 1948 – 1990*. Darmstadt: Wissenschaftliche Buchgesellschaft, 1999。

于国际社会（或个别国家）的历史政策立场在国内引起的争议性，例如维利·勃兰特为纪念华沙犹太隔离区起义的受害者而下跪就是这种情况。其二，政府或其他机构团体的历史政策立场谋求其他的物质或非物质性目标，例如阻止赔偿或制定关于"历史不当行为"的国际法普遍标准。

（二）对记忆文化在外交政策中重要性的阐释法

为了分析历史对外交政策的意义，一些研究人员在不同层面上发展出分析理论方案：首先，可将其分为以行动者、决策群体和结构为中心的分析理论法。分析的重点是针对联邦德国外交政策的个案研究，或涉及包括联邦德国在内的比较研究。[1]

以行动者为中心的分析法解释个人的记忆文化与外交政策之间的关系，认为个人经历，诸如战争或种族灭绝经历，或个人认知态度，主要是外交政策思维形象、身份认同等会结构性或因果性地导致选择某一特定的措施，如公开道歉或支付赔偿金。[2] 这里的一个特例是"历史教训"[3] 和"类比"[4] 方案，试图从两个历史情况之间的假定可比性中得出一个国家当前外交政策行动的评价性和行动导向性结论。在这种情况下，各方案充当信息处理的简版，往往（但并非总是）对客观

---

[1] Duncan Bell (ed.): *Memory，Trauma and World Politics. Reflections of the Relationship between Past and Present*. London：Palgrave Macmillan，2010；Eric Langenbacher，Yossi Shain：*Power and the Past：Collective Memory and International Relations*. Washington，D. C.：Georgetown University Press，2010；Erica S. A. Resende，Dovilé Budryté：*Memory and Trauma in International Relations：Theories，Cases and Debates*. London：Routledge，2014.

[2] Thomas U. Berger：*Cultures of Antimilitarism：National Security in Germany and Japan*. Baltimore，MD：Johns Hopkins University Press，1996.

[3] Ernest R. May：*"Lessons" of the Past：The Use and Misuse of History in American Foreign Policy*. Oxford：Oxford University Press，1971.

[4] Yuen Foong Khong：*Analogies at War：Korea，Munich，Dien Bien Phu，and the Vietnam Decisions of 1965*. Princeton，NJ：Princeton University Press，1992.

可观察的现实产生变异影响，从而影响一个国家的外交政策。[1] 支持这一方案的群体包括一些经典现实主义者和新期望理论（Prospect Theory）的代表。前者认为，明智的政治家可以从历史中吸取教训，通过建立充分的反制力量来维护和平，而不是通过追求至高无上的权力地位来破坏力量的平衡。[2] 后者坚持认为，当决策者认为自己处在一个可以在历史上确定的参考点的损失范围内时，就会做出高风险的决策。[3]

以决策小组为中心的方案阐释了外交政策的决定是通过当权者中集体持有的信念，如战略文化方案，认为启用武装部队及其使用方式主要受武装暴力的积极或负面历史经验的影响。[4] 托马斯·贝尔格尔（Thomas Berger）强调 1950—1960 年代的政治和社会讨论，为德国和日本发展了反军国主义的政治军事文化方案。从这个角度来看，德国外交和安全政策的核心战略，尤其是对带有反省意识的多边主义和对非军事冲突解决方式的偏好，直接源于有关纳粹扩张和灭绝政策教训的争议性辩论，因此不能将其主要归因于特定的国家利益或环境因素的变化。[5]

约翰·杜菲尔德从结构中心的角度进行论证，他将年轻的联邦德国

[1]　William Flanik: Analogies and Metaphors in Foreign Policy Decision Making, in: Cameron Thies, et al. (ed.): *Oxford Encyclopedia of Foreign Policy Analysis*. New York: Oxford University Press, 2018, pp. 32-50.

[2]　Raymond Aron: *Peace and War: A Theory of International Relations*. New York: Doubleday, 1966, p. 72.

[3]　J. Mercer: Prospect Theory and Political Science. *Annual Review of Political Science* 8, 2005, pp. 1-21.

[4]　与多部克里·朗赫斯特（Kerry Longhurst）于 2005 年撰写的论著不同。

[5]　Thomas U. Berger: The Power of Memory and Memories of Power: The Cultural Parameters of German Foreign Policy-Making since 1945, in: Jan-Werner Müller (ed.): *Memory and Power in Post-war Europe: Studies in the Presence of the Past*. Cambridge: Cambridge University Press, 2002, p. 79. 联邦德国统治文化从统治者和被统治者之间的沟通中汲取养分，其中的社会文化和诠释文化之间互相区别，贝歇尔特（Beichelt, 2004）将一个方案引入外交政策分析，他认为该方案也可在其他政策领域中运用。

加入（常设性）国际机构作为其论证的起点。① 然而，这些机构的要求
得到了特定的国家安全文化的加强。根据他的观点，后者由可识别的信
念和价值观组成，这些信念和价值观通过战后反思纳粹教训，助长了德
国对军事力量的怀疑，更偏爱多边行动，希望被视为可信赖的伙伴，对
于安全政策领导者角色予以拒绝。② 通过这种国际制度约束与民族文化
倾向的结合，他反对预言统一后的德国将重新出现权力政治复兴的新现
实主义论点。③

　　除了这些研究外，还发展出了另外两类文献：其一，有越来越多
的论著分析某些历史事件，如心理创伤④，或某些国家间事务处理与
完善的实践，如展示和解姿态或实施和解举措⑤。本研究的一部分明确
探讨的问题是，哪些形式的道歉与和解姿态会触发相关国家对威胁的哪
种看法以及由此产生哪些和解机遇。⑥ 其二，一系列社会建构主义研
究考察了历史记忆与各相关国家在国际社会中的（当前）定位之间
的相互作用。例如，凯瑟琳·巴赫莱特纳（Kathrin Bachleitner）在

　① John S. Duffield: *World Power Forsaken: Political Culture, International Institutions, and German Security Policy After Unification*. Stanford, CA: Stanford University Press, 1998.

　② J. S. Duffield: Political Culture and State Behavior: Why Germany Confounds Neorealism, in: *International Organization*, 53 (4), 1999, pp. 765-803.

　③ J. S. Duffield, 1999, pp. 765-803.

　④ Hannes Hansen-Magnusson: Memory, Trauma and Changing International Norms: the German Green Party's Struggle with Violence and its Concern for Humanity, in: Resende, Budryté, 2014, 153-167.

　⑤ Lily G. Feldman: *The Special Relationship between West Germany and Israel*. Boston, MA: Allen & Unwin, 1984; ders.: *Germany's Foreign Policy of Reconciliation. From Enmity to Amity*. Lanham: Rowman & Littlefield, 2012; ders.: The Limits and Opportunities of Reconciliation with West Germany During the Cold War: A Comparative Analysis of France, Israel, Poland and Czechoslovakia, in: Kann (ed.): The Transformation of the Cold War and the History Problem, 2017, https://www.aicgs.org/2017/03/the-limits-and-opportunities-of-reconciliation-with-west-germany-during-the-cold-war/.

　⑥ Jennifer M. Lind: *Sorry States: Apologies in International Politics*. Ithaca, NY: Cornell University Press, 2008; He, Yinan: *The Search for Reconciliation. Sino-Japanese and German-Polish Relations since World War II*. Cambridge: Cambridge University Press, 2009; L. G. Feldman, 2017.

一项有关德国和奥地利与以色列国和解政策的比较研究中指出，阿登纳政府不仅公开承认"德国的肇事者角色"，而且还提供了赔偿，以便在这个文明社会共同体中为自己的国家重新赢得一席之地，而这个文明社会共同体通过纽伦堡审判和东京战争罪审判为国家间关系初次设定了"肇事者"（Täter）和"受害者"（Opfer）的刑事类别。① 相比之下，奥地利在 1950 年面对以色列，首先为自己作为纳粹的首个"受害者"（1938 年被德国吞并）进行了辩护，并没有支付任何赔偿，直到 1990 年代加入欧盟＊，才正式承认对纳粹罪行负有共同责任。② 因此，有罪、赎罪和宽恕作为 1945 年后国际社会的规范与实践，才使得肇事者能够承认自己是肇事者，"偿还"其罪责，从而重新加入国际社会。③

本尼丝（Beneš）和哈尼施在就历史记忆对捷克共和国和联邦德国现欧洲政策的意义展开角色理论对比研究中，也探讨了国家身份认同和国家共同体身份认同的共同构成问题。④ 在其象征-互动方法中，历史记忆在两国当前的国家角色建构中起着"重要的他者"的作用。⑤ 捷克政府在大量的内政辩论中，一再提醒指出共和国面对强国的历史受害者角色，因此坚决反对在欧洲机构中对成员国自主权的广泛限制或大成员国的主导性地位。然而，联邦德国历史上的数届政府

---

① K. Bachleitner，2018.

＊ 奥地利于 1995 年正式加入欧盟，1999 年加入欧元区，此前战后第二共和国于 1955 年成立后一直保持中立。——译者注

② K. Bachleitner，2018，S. 12.

③ Jörg Friedrichs：An Intercultural Theory of International Relations：How Self-Worth Underlies Politics among Nations，*International Theory*，8，2016，pp. 63-96.

④ Vit Beneš，Sebastian Harnisch：Role Theory in Symbolic Interactionism：Czech Republic，Germany and the EU，*Cooperation and Conflict*，50（1），2015，pp. 146-165；参见 Thomas Banchoff：German Policy Towards the European Union：The Effects of Historical Memory，*German Politics* 6，1997，pp. 60-76。

⑤ 另参见 Hidemi Suganami：Agents，Structures，Narratives，*European Journal of International Relations* 5，1999，pp. 365-386；Kuniyuki Nishimura：Worlds of Our Remembering. The Agent-Structure Problem as the Search for Identity，*Cooperation and Conflict*，46（1），2011，pp. 96-112。

更容易接受放弃自治权，尤其当更深层次的一体化使欧洲价值观得以扩大（欧盟扩展），或在保护这些价值观免受外界冲突环境的影响方面。

如果历史自我认同从一种消极的肇事者认同转变为一种更为积极的自我形象，如通过内部的社会话语或积极的经验，那么可以尝试将这些积极经验投射到相应的环境中——将德国政治模式转移到欧洲机构中。[①]

如果观察历史进程中有关记忆文化和外交政策的政治学文献，可以发现三种趋势：首先，在 1990 年代，除了理性主义论之外，社会建构主义研究也日渐稳固，它突出在社会讨论中记忆、纪念和遗忘的创造与改变，并在国际刑法迅速发展的进程中集中探讨罪责、责任与和解。其次，统一后出现大量关于德国外交政策的研究，重点从"克制文化"意义来探讨某种记忆文化对于德国外交政策的持续性重要意义。[②] 最后，最近的文献越来越多地提出了一种（话语）机制，对政府传播的记忆文化进行质疑和改变或使其稳定，从而帮助佐证偏离的外交政策行为是合理的。

二、德国记忆文化在外交政策中的建构与变迁

外交政策研究中的大多数分析方案都将记忆-过去和外交政策-现在概念化地设想为共同建构，即对于过去的记忆塑造了外交政策行动者的自我归属（身份认同），但反过来，现在的身份认同也需要记住和忘记过去。处理国家（或国家联盟）的"本体安全"论特别强调一种需

---

① Beneš, Harnisch, 2015，pp. 146-165.

② Sebastian Harnisch: Deutsche Außenpolitik auf dem Prüfstand. Die Kultur der Zurückhaltung und die Debatte über nationale Interessen, in: Streitkräfteamt, Informations- und Medienzentrale der Bundeswehr (Hrsg.): *Reader Sicherheitspolitik*, Ergänzungslieferung, 3 (5), 2005, S. 10-24.

求，从各个国家主要是外交政策行动者中获得一种超越时间和空间的持续性自我认知和对此的社会认可。[1]

在 1990 年代关于德国外交政策的文献中，大多数作者认为，过去的记忆和经验原始性地影响着当今的（自我）认知。因此，他们指出，记忆是历史道路的依附，尽管国际力量关系和政治人员发生变化，这些记忆还是确保了两德统一之后德国外交政策的连续性。[2] 同样，"德国（货币）稳定文化"论的支持者认为，联邦政府和联邦银行在关于欧洲经济和货币联盟（1991—1992 年）及欧元区危机（2010—2014 年）的谈判期间的行为，可以追溯到德国人在魏玛共和国时期恶性通货膨胀的创伤性历史经历。[3]

另一些作者则颠倒了宪法逻辑关系，强调指出联邦国防军在国外部署增多可以通过重新诠释纳粹历史教训来得到解释。从理论上来讲，这种推论（有目的地）选择了创伤事件（chosen traumas）来作为话语创造或形成民族自我定位（身份认同）的社会资源。[4] 从实践经验上来讲，约施卡·费舍尔（Joschka Fischer）在波斯尼亚战争期间提出的论点一再被提及，他将防止（进一步）种族灭绝（永不再有奥斯威辛集中营！）和避免军事暴力（永不再战！）描述为德国外交政策的两个等值准则，

---

① Alexandria J. Innes, Brent J. Steele: Memory, Trauma and Ontological Security, in: Resende, Budryté, 2014, pp. 15-29.

② J. S. Duffield, 1998; Hanns W. Maull: Die prekäre Kontinuität, Deutsche Außenpolitik zwischen Pfadabhängigkeit und Anpassungsdruck, in: Schmidt, Zohlnhöfer (eds.): *Regieren in der Bundesrepublik Deutschland: Innen- und Außenpolitik seit 1949.* Wiesbaden: Verlag für Sozialwissenschaften, 2006, S. 421-446.

③ David Howarth, Charlotte Rommerskirchen: A Panacea for All Times? The German Stability Culture as Strategic Political Resource, *West European Politics*, 36 (4), 2013, S. 750-770; Bernd Hayo, Florian Neumeier: The Social Context for German Economists: Public Attitudes towards Macroeconomic Policy in Germany, in: Bratsiotis, Cobham (eds.): *German Macro: How It's Different and Why That Matters.* Brussels: European Policy Centre, 2016, S. 64-72; Matthias Matthijs: Powerful Rules Governing the Euro: The Perverse Logic of German Ideas, *Journal of European Public Policy*, 23 (3), 2016, S. 375-391.

④ Brent J. Steele: *Ontological Security in International Relations.* New York: Routledge, 2008.

但随后考虑到正在进行的种族清洗，要求绿党优先考虑声援受害者。①

在本文研究中，既探讨一个行动者的统一记忆的设想，也研究对记忆和当前外交政策的片面塑造的理念问题。更确切地说，历史记忆被概念化为本质上具有争议的认同话语空间。记忆叙事就是从这种话语空间中提取的，这些叙事支撑着行动者随着时间的推移进行自我定位，并有助于证明相对于其他行动者而言内部和外部的功能定位。②

（一）《基本法》中的德国记忆文化和外交政策的建构

在 20 世纪的变迁过程中，德国的外交政策和支撑其的记忆文化发生了巨大变化：在三次扩张战争（1870—1871 年，1914—1918 年，1939—1945 年）之后，德意志帝国在欧洲大国中失去了其（合法的）历史地位，被剥夺了必要的生存空间，以及或者说国内的政治讨论阻止了合法战争目标的实现（所谓的"刀刺在背传说"）③，1949 年的《基本法》旨在使德国人民（即分裂的德国的两部分）重新融入一个统一的欧洲，为世界和平服务（《基本法》序言）。

《基本法》规定，所有国家权力机构——内部的和外部的——都应遵守"人的尊严不可侵犯"原则，并由此使其免于任何（国家方面的）相对化。④ 在规范性方面，第 4 条第 3 款（有权拒服兵役）以及第 9 条

---

① Hanns W. Maull：German Foreign Policy, Post-Kosovo：Still a "Civilian Power?"，*German Politics*，9（2），2000，pp. 1-24；Rainer Baumann, Gunther Hellmann：Germany and the Use of Military Force："Total War"，the "Culture of Restraint"，and the Quest for Normality，*German Politics*，10（1），2001，pp. 61-82.

② Beneš, Harnisch, 2015；Sebastian Harnisch：China's International Role and its "Historical Self"，in：Harnisch, Bersick, Gottwald（eds.）：*China's International Roles*. London [u. a.]：Routledge，2015（a），pp. 38-58.

③ Klaus Hildebrand：*Das vergangene Reich. Deutsche Außenpolitik von Bismarck bis Hitler*. München：Oldenbourg Verl. ，2008.

④ Arnd Pollmann：Menschenwürde nach der Barbarei：zu den Folgen eines gewaltsamen Umbruchs in der Geschichte der Menschenrechte，*Zeitschrift für Menschenrechte*，4（1），2010，S. 26-45.

和第 26 条均严格限制了国家对外权力，这些条款规定了对于违反国际谅解原则的协会和旨在准备或进行侵略战争的行为要予以禁止。① 因此，在武装力量尚未重建之前（1954—1956 年），联邦德国的国家间（军事）武力的使用便限制在集体防卫与安全体系框架下的国家和联盟防御（《宪法》第 24 条）。结合国际法的优先效用（第 25 条），《基本法》对于日益深化的欧洲一体化（1992 年第 23 条新规定）、融入集体安全体系的开放，被设想为年轻的联邦德国融入国际性的国家共同体和西方价值共同体的稳定锚。② 最后，《基本法》还整合了无条件投降后国家分裂的经验（1945 年），因为《基本法》呼吁统一（序言），且在第 23 条和第 146 条规定了促进统一的具体内部机制。在民主德国被纳入联邦德国后，这些条款于 1992 年被删除，或由经修订的第 23 条所取代，新条款规定了统一后的德国必须支持更为深化的欧洲一体化，但同时引入了结构保障条款，进一步确定了这种一体化的范围、方式和方向。③

如果我们看一下影响外交、安全或欧洲政策的《基本法》所有随后的修订，则可以发现，在这些辩论中，主角们唤起了不同的历史记忆，以防止或促成变化。④ 在 1950 年代关于军事宪法（Wehrverfassung，建立联邦国防军）的辩论中，反对党社民党提出了宪政论点，指出《基本法》没有规定军事力量（Wehrgewalt），因此需要修订《基本法》，才能建立国防军。⑤ 执政的基民盟/基社盟议会党团反驳说，德国与其他国家一样，因此要么对于武装部队拥有自然法与生俱来的权利，要么

---

① August Pradetto：The Polity of German Foreign Policy：Changes since Unification，in：Maull（ed.）：*Germany's Uncertain Power：Foreign Policy of the Berlin Republic*. Palgrave Macmillan：Basingstoke，2010，pp. 15–28.

② A. Pradetto，2010，p. 16.

③ Sebastian Harnisch，Siegfried Schieder：Germany's New European Policy：Weaker，Leaner，Meaner，in：Maull（ed.）：*Germany's Uncertain Power：Foreign Policy of the Berlin Republic*. New York：Palgrave Macmillian，2006，pp. 95–108.

④ S. Harnisch，2006，2009.

⑤ 社民党以此方式希望从政治上阻止联邦国防军的建立，因为只有在反对派的参与下，在联邦议院取得 2/3 多数支持，《基本法》的这种修订才有可能。

作为纳粹德国的继承者（不受限制地）继承了这一自然权利。①

在关于紧急状态宪法（Notstandsverfassung）的辩论中，就规范发生自然灾害、暴乱和紧急情况时联邦国防军的内部部署问题，一个广泛的反对派联盟，包括所谓议会外反对派发表意见，旨在为了联邦州的利益而限制联邦一级行政部门的权力，并维护安全部队的严格分离（所谓军事-警察-情报部门的分离法）。在辩论中，国家一级行政权力的集中化，例如以秘密警察的方式（GESTAPO）及其罪行被一再提及，以证明紧急立法的联邦化和议会化是合理的。②

最后，在关于德国联邦国防军在国外执行任务的宪法允许性的辩论中，也出现了记忆文化的不同叙述。尽管反对党社民党和绿党多数出于历史或道德原因拒绝修改《基本法》，但执政党代表却主张允许修宪。③政治方面的封锁，只有在向联邦宪法法院提出申诉，并借助在创造性的宪法诠释下，将《基本法》中关于纳粹时期过度行政权力中两大教训结合起来才能得到解决：一方面，法院在 1994 年 7 月 12 日的判决中指出，根据第 24 条使用军事力量实施集体强制性措施（与西方关联），将联邦共和国依据国际法融入集体安全体系；另一方面，在联盟防御范围之外具体部署这支军事力量需要事先获得联邦议院的批准，并由此需要宪法批准（根据《基本法》第 59 条第 2 款外部权力议会化）。④

值得注意的是，关于海外派遣的辩论中，记忆文化叙述的政党政治分歧与对《基本法》第 23 条和第 88 条（根据 1992 年版《基本法》）的结构保障条款予以一致支持之间存在差异。例如，国家目标的新定

---

① S. Harnisch, 2006, pp. 174-195.

② S. Harnisch, 2009, p. 462.

③ Philippi, 1996.

④ Wissenschaftliche Dienste des Deutschen Bundestages: *Die Rolle des Deutschen Bundestages in der Auswärtigen Gewalt*, WD 2 - 3000 - 032/17, Berlin: Deutscher Bundestag, 2017, https://www.bundestag.de/resource/blob/509978/79c39d6e4d236de6c1543dbf2649351b/WD- 2-032-17-pdf-data.pdf.

义——统一的欧洲的发展——与在德国和欧洲层面维护某些国家结构原则相关联，而欧洲经济和货币联盟的建立与欧洲中央银行追求价格稳定有关，因此欧洲中央银行体系实际上将德国从 1920 年代初恶性通货膨胀中吸取的经验教训植入了其体系。①

（二）德国记忆文化的变迁与联邦德国的外交政策

德国记忆文化和年轻联邦德国的外交政策是一个特例，原因多样：一方面，无条件投降、纳粹罪行的揭示和德国大部分地区遭受破坏，使人们看到了这场军事、政治、经济、道德和人道主义灾难的全部程度，许多观察家认为这是文明的断裂，只有通过整个社会的彻底变革才能治愈。② 联合国是由反纳粹德国和轴心国的战争联盟所创建的，这表明了国际社会试图借助这一"零点时刻"来开辟新的道路，即既遵循不使用暴力的原则，又能够以共同使用武力来威慑那些危害世界和平的敌人，以更好地保护其成员国。另一方面，在东西方冲突结束过程中，两德的统一促使社会和政治重新反思德国统一社会党（SED）不公正政权的罪行及后果。

1. 从 1949 年至 1989 年

在 1989 年之前的一段时期，联邦德国在东西方冲突影响下，最初形成了一种独特的军事克制的外交政策文化。这虽然阻止了德国武装部队在国外和除保卫国家与联盟之外其他目的的部署，但是这种谨慎也同时使得德国在严格遵守军队规模限制以及军事规划和派遣能力的前提

---

① Harold James：*Making the European Monetary Union. The Role of the Committees and the Origins of the European Central Bank.* Cambridge, MA：Belknap Press，2012.

② Konrad Jarausch：*After Hitler：Recivilizing Germans，1945 - 1995.* New York：Oxford University Press，2008；Charles Maier：*The Unmasterable Past：History，Holocaust，and German National Identity.* Cambridge：Harvard University Press，1997；Bill Niven：*Facing the Nazi Past：United Germany and the Legacy of the Third Reich.* New York：Routledge，2002，p. 105；Jeffrey K. Olick：*The Sins of the Fathers.* Chicago：University of Chicago Press，2016.

下，建立起一支约 60 万人（1990 年）的强大部队，并将之融入北约。

联邦德国的（重新）武装在政治上和社会上都有着很大争论。在政治上，资产阶级保守派基民盟/基社盟、代表工人和雇员阶层的社民党意见不一，采取了不同的外交政策战略。在 1950 年代和 1960 年代占主导地位的基民盟/基社盟通过融入欧洲共同体、北约以及与以色列和法国的和解政策，推行"西方联盟"政策。在 1970 年代占主导地位的社民党后来接受了西方联盟政策，并在全球范围内的缓解政策进程中，在 1970 年代初附加推行与中欧和东欧国家的平衡、和解政策（包括与民主德国签署《基本条约》）。

从社会的角度来看，直到 1960 年代，德国社会都难以对魏玛共和国和纳粹政权的失败教训进行深刻反思：人们将纳粹受害者与盟军、轰炸的受害者，或是将战争的受害者与从日常生活中的所谓东部地区遭驱逐的受害者相提并论，以及将罪行外化，即将"好的或一无所知的德国人与罪恶的坏纳粹分子"区分开来，这些均属于固定的社会剧目，如在部分战后文学中所呈现的。① 直到 1960 年代对肇事者的法律审判，尤其是艾希曼审判和奥斯威辛审判，以及 1970 年代和 1980 年代历史与文化方面的反思，尤其是美国电视连续剧《大屠杀》和"历史学家之争"，才引发一场更深刻的辩论。②

因此，德国的责任外交开端，通常也被称为和解政策或赔偿政策，并不是建立在政治精英和社会之间的任何形式的共识基础上：两个群体最初就个人、集体或德国社会需要承担何种和在多大程度上需要承担责

---

① Robert G. Moeller: Germans as Victims? Thoughts on a Post-Cold War History of World War II's Legacies, *History and Memory*, 17（1－2），2005，pp. 145－194；Maja Zehfuss: *Wounds of Memory: The Politics of War in Germany*. Cambridge: Cambridge University Press, 2007.

② Frank Bösch: Film, NS-Vergangenheit und Geschichtswissenschaft. Von „Holocaust" zu „Der Untergang", in: *Vierteljahreshefte für Zeitgeschichte*, 55（1），2005，S. 1－32；Norbert Frei: *Vergangenheitspolitik. Die Anfänge der Bundesrepublik und die NS-Vergangenheit*. München, 1996.

任，存在着分歧。① 相反，德国战后精英的一部分，如联邦德国第一任总理康拉德·阿登纳意识到唯有联邦政府积极寻求与犹太代表和以色列国的和解，公开承认罪责，并提供赔偿，德国才能在国际社会中恢复名誉。②

基于这一目的，联邦德国总理康拉德·阿登纳于 1951 年 9 月 27 日在联邦议院发表讲话，解释道：

> 联邦政府和大多数德国人民深知纳粹时期给德国及被占领区的犹太人所带来的巨大苦难。绝大多数德国人民憎恶对犹太人犯下的罪行，并没有参与其中。在纳粹统治时期，很多德国人出于宗教、良知和出于对德国名字被亵渎的羞耻等原因还曾冒险帮助犹太人。然而，以德国人民的名义犯下的难以言语的罪行必须进行道德和物质补偿。这种赔偿不仅针对犹太人所遭受的个人损害，还包括拥有者目前已不复存在的犹太人的个人财产损失。③

经过紧张的谈判，德国和以色列签署了《卢森堡协议》（1952 年），为两国后来外交关系的建立（1965 年）奠定了基础，但给双方内政造成了相当大的动荡。④ 积极地承认"以德国人民的名义"犯下的道德、政治和法律上的罪行，也是与西部邻国尤其是法国和解政策的基础。在双方的努力下，最终签订了《爱丽舍条约》（1963 年），为两国双边关系开创了前所未有的紧密的结构性基础。⑤

在勃兰特时代，和解外交进一步扩展至中欧和东欧，但这一政策依

---

① Wolfgang Benz: Zum Umgang mit der nationalsozialistischen Vergangenheit in der Bundesrepublik, in: Jürgen Danyel (Hrsg.): *Die geteilte Vergangenheit. Zum Umgang mit Nationalsozialismus und Widerstand in beiden deutschen Staaten.* Akademie Berlin, 1995, S. 47-60.

② Andrei S. Markovits, Simon Reich: *The German Predicament*: *Memory and Power in the New Europe.* Ithaca, NY: Cornell University Press, 1997.

③ DBt. -Prt. 165. Sitzung, 6697D.

④ Yeshayahu A. Yelinek: Eine wechselvolle Reise. Die deutsch-israelischen Beziehungen 1952-1965, in: Gerd Langguth (Hrsg.): *Macht bedeutet Verantwortung. Adenauers Weichenstellungen für die heutige Politik.* Köln: Verlag Wissenschaft und Politik, 1994, S. 115-137.

⑤ L. G. Feldman, 2017.

旧充满争议，尤其是勃兰特在华沙犹太隔离区起义纪念碑前的"世纪一跪"（1970 年 12 月 7 日）在国内外引发了广泛争议。对于勃兰特的追随者，包括很多 1968 年学生运动的成员而言，下跪之举是一个早就必要的道义表态，它与在《华沙条约》中承认波兰东部边境的不可侵犯性及缓和政策一起推动了东西之间的接近。对于批评者来说，尤其是在联盟党中，这被视为对德国利益及对那些此前从东部地区遭驱逐的德国人的背叛。①

联邦总统理查德·冯·魏茨泽克在二战结束 40 周年纪念日的演讲中，试图克服政治和社会中不同记忆文化思潮之间的紧张关系。他既承认了德国人作为战争行动和驱逐的受害者这一历史事实，同时承诺其民众，不再将 1945 年 5 月 8 日视为"战败日或遭驱逐的开端"，而是视为摆脱不公正政权的"解放日"，而德国民众对于这个政权的崛起负有责任。联邦总统说道："我们不能将 1945 年 5 月 8 日与 1933 年 1 月 30 日分开。"唯有德国人不对过去视而不见，才有希望与那些无法忘记这些痛苦的人和解。②

联邦总统呼吁将对德国人罪责的回忆视为德国人个人身份认同的固定组成部分，并因此将 5 月 8 号视为解放日。这一号召使得与 1933—1945 年过往历史的断裂成为德国历史进步和当下发展的出发点。魏茨泽克将回忆纳粹专政理解为"内在行为"而非公开声明，他说道："对我们来说，重要的是在我们自己的内心建立起一座思想和情感的纪念

① Birgit Schwelling: Die Außenpolitik der Bundesrepublik und die deutsche Vergangenheit, in: Schmidt, Hellmann, Gunther, Wolf (Hrsg.): *Handbuch zur Deutschen Außenpolitik*. Wiesbaden: Verlag für Sozialwissenschaften, 2007, S. 101-111; Judith Renner: Poland-Germany. Balancing Competing Narratives through Apology, in: Daase et al. (ed.): *Apology and Reconciliation in International Relations. The Importance of Being Sorry*. New York: Routledge, 2016, pp. 51-70.

② Bundespräsident Richard von Weizsäcker: *Gedenkveranstaltung im Plenarsaal des Deutschen Bundestages zum 40. Jahrestag des Endes des Zweiten Weltkrieges in Europa*, 8. Mai 1985, Bonn: Deutscher Bundestag, http://www. bundespraesident. de/SharedDocs/Reden/DE/Richard-von-Weizsaecker/Reden/1985/05/19850508_Rede. html;jsessionid=04D1B8770CB254CFDEB93E9B1FFA06E0. 1_cid387 [09. 11. 2019].

碑"。简言之，通过与纳粹时期的历史进行自我直接和公开地划清界限，只要这断裂的受害者允许，这一文明的断裂便有可能得到愈合。①

总结这第一阶段的结论，一方面，人们会注意到，这一时期的记忆文化主要局限于两个源于纳粹灾难的教训：避免一场新的由德国发动的战争（永不再战！）和避免另一场种族屠杀（永不再有奥斯威辛集中营！）。另一方面，我们还可以观察到，这些教训在德国国内政治中有时极具争议，很多政治精英和社会人士依旧将自己首先视为纳粹统治和二战的受害者。

2. 1990 年至今

东西冲突的结束、两德统一、苏联和南斯拉夫的解体以及纳米比亚的独立不仅推动了德国经济、社会和政治的全面转型，而且也从根本上改变了统一后的德国的国际环境。从记忆文化角度来看，两个具有非常不同的历史归属的社会联合了起来。② 此外，随着民主德国不公正政权的崩溃，许多人认为，与纳粹独裁统治后的情况不同，应该对其代表和支持者更快地追究法律和政治责任。③

在社会方面，两德统一之后，对纳粹暴政的反思再次成为新联邦共和国的核心，诸如有关柏林大屠杀纪念碑、不少德国城市中的"绊脚石"或围绕国防军展览的辩论。这一罪责记忆文化的复兴却也从两个不同的视角受到了批判性讨论：一方面，自由和保守派知识分子更明确地要求

---

① B. Niven，2002，S. 105.

② J. Herf，1997.

③ Klaus Marxen, Gerhard Werle (Hrsg.)：*Strafjustiz und DDR-Unrecht*，Dokumentation，Bd. 1：*Wahlfälschung*，unter Mitarbeit von Jan Müller und Petra Schäfter. Berlin，2000；Bd. 2：*Gewalttaten an der deutsch-deutschen Grenze*，*unter Mitarbeit von Toralf Rummler und Petra Schäfter*. Berlin，2002；Bd. 3：*Amtsmissbrauch und Korruption*，unter Mitarbeit von Willi Fahnenschmidt und Petra Schäfter. Berlin，2002；Bd. 4：*Spionage*，unter Mitarbeit von Petra Schäfter und Ivo Thiemrodt. Berlin，2004；Bd. 5：*Rechtsbeugung*，unter Mitarbeit von Boris Burghardt，Ute Hohoff und Petra Schäfter. Berlin，2007；Bd. 6：*MfS-Straftaten*，unter Mitarbeit von Roland Schissau und Petra Schäfter. Berlin，2011；Bd. 7. *Gefangenenmisshandlung*，*Doping und sonstiges DDR-Unrecht*，unter Mitarb. v. Mario Piel，Petra Schäfter. Berlin，2018.

探讨德国人中经受了战争和驱逐的受害者。1995 年，包括许多保守派政治家、出版商、大学教师和军事人员在内的约 300 人公开反对将 1945 年 5 月 8 日视为解放日，因为这会使人忘记，这一天也是东部的德国人遭驱逐和被剥夺自由的开始；全面承认德国人作为受害者是必要的，原因在于迄今的观点并不能成为一个自信国家自我认知的基础。[①] 持这一传统观点的也包括 2017 年进入联邦议院的右翼政党德国选择党的许多代表，他们公开要求对迄今的记忆文化予以相对化或甚至进行转向。[②]

另一方面，统一后许多民众提出了一个问题，即西方关于纳粹专制的记忆文化和政策在何种程度上能够转移适用于对民主德国共产主义的反思上。[③] 不仅很多原民主德国公民反对将这两个政权等同而视，许多联邦共和国的批评家，包括犹太社区，也要求对这两者进行有区别的分析，这点也反映在民主德国是不是一个"不公正政权"的社会政治辩论中。[④]

在外交政策方面，由于伊拉克入侵科威特（1990 年 8 月），联邦政府在统一进程中还面临一个问题，即德国能否和在多大程度上支持联合国安理会解放科威特的军事授权。受制于当时仍有效的《基本法》的限制性规定，联邦政府拒绝军事参与，但作为其政治支持的标志，为干预联盟提供了大量财政资源。[⑤] 此后不久，克罗地亚和斯洛

① Maja Zehfuss：*Wounds of Memory：The Politics of War in Germany*. Cambridge：Cambridge University Press，2007，pp. 32−34.

② Amanda Taub，Max Fisher：Germany's Extreme Right Challenge Guilt over Nazi Past，*New York Times* vom 18. 01. 2017；Mariao Fiedler：AFD-Chef zum Nationalsozialismus. Alexander Gauland und der„ Vogelschiss"，*Tagesspiegel* vom 02. 06. 2018.

③ Anne Sa'adah：*Germany's Second Chance：Trust，Justice，and Democratization*. Cambridge：Harvard University Press，1998；Hope Harrison：*After the Berlin Wall. Memory and the Making of the New Germany，1989 to the Present*. New York：Cambridge University Press，2019.

④ Wissenschaftliche Dienste des Deutschen Bundestages：Rechtsstaat und Unrechtsstaat：Begriffsdefinition，Begriffsgenese，aktuelle politische Debatten und Umfragen，WD 1−3000−022/18，2018.

⑤ Thomas Banchoff：*The German Problem Transformed：Institutions，Politics，and Foreign Policy*. Ann Abor：University of Michigan Press，1999，p. 135.

文尼亚于 1991 年夏宣布独立，引发南斯拉夫的第一场内战。鉴于德国自身在统一进程中刚获得的（积极的）人民自决权经验，赫尔穆特·科尔领导下的自由保守派政府，尽管欧洲政治合作（EPZ）协商结果不同，即在专家委员会和欧洲政治合作部长理事会于 1992 年 1 月投票之前，便过早地承认了这两个国家的独立。① 因此，基于历史上对人民自决权的不同诠释，统一后的德国通过这次表态第一次脱离了欧洲的外交政策。据此，联邦共和国从德国统一中汲取了积极教训，而两大前殖民大国英国和法国则吸取了其负面经验，推迟了承认克罗地亚和斯洛文尼亚独立的决定。②

德国迄今的核心记忆（永不再战和永不再有奥斯威辛集中营）的权重第一次发生明显变化，反映在围绕德国未经联合国安理会的（明确）授权而军事参与北约调停科索沃冲突的辩论中。③ 早在做出决定之前，即将离任的德国外长克劳斯·金克尔（Klaus Kinkel）就将南斯拉夫的局势与纳粹德国的进行了对比，并要求联邦德国必须从外部进行干涉，以免承担共同罪责。他补充道，德国经历了数十年的大西洋联盟团结之后，现在也欠这个联盟同样的团结了。④

在法国朗布依埃（Rambouillet）（1999 年 2 月）的和平谈判失败之后，新当选的联邦总理施罗德还认为，通过参与预防另一次种族灭绝行为，联邦共和国能"减轻"在该地区的部分历史罪责。⑤ 在谈到克罗地亚和波斯尼亚战争的教训时，联邦总理还于 4 月中旬解释道，对盟国保持可信是联邦德国的国家大事。在他执政时期，德国不可能有一种特殊

---

① C. C. Hodge: Botching the Balkans: Germany's Recognition of Slovenia and Croatia, *Ethics & International Affairs*, 12, 1998, pp. 1–18.

② Beverly Crawford: Explaining Defection from International Cooperation: Germany's Unilateral Recognition of Croatia, *World Politics*, Bd. 48, 1995/96, pp. 482–521.

③ Alister Miskimmon: Falling into Line? Kosovo and the Course of German Foreign Policy, *International Affairs*, 85 (3), 2009, pp. 561–573.

④ Ruth Wittlinger, Larose Martin: No Future for Germany's Past? Collective Memory and German Foreign Policy, *German Politics*, 16 (4), 2007, pp. 481–495, esp. pp. 486–487.

⑤ Bt-Pl. -Prot. 14/21, 24. Februar 1999, 1526B.

道路。①

　　为了应对基层的怀疑态度，外长约施卡·费舍尔和联邦议院绿党党团主席雷佐·施劳赫（Rezzo Schlauch）提出了其他两个记忆文化的新思考理由。费舍尔认为，如果不加以制止，塞尔维亚别动队将会像纳粹德国的特别行动队一样采取种族灭绝和驱逐政策；施劳赫警告道，绿党一直支持"永不再战"立场，这也包含阻止种族灭绝。然而，由于前南斯拉夫总统米洛舍维奇（Milosevic）违反了这两项原则，绿党必须首先强调杜绝种族灭绝先于"永不再战"的原则。②

　　对比就南斯拉夫辩论中和德国对"9·11"事件反应的记忆文化相关点，我们可以很快发现其他明显变化：一方面，除了民社党（PDS），对在东西方冲突期间从美国获得团结经验的记忆主导了联邦议院中所有政党的合法化叙事。联邦总理施罗德在1999年9月11日就表示了联邦德国对被侵犯的盟友的"无条件支持"；外长费舍尔就联邦议院关于阿富汗问题的讨论补充道，联邦政府也是出于对以色列国的历史责任，将会对伊斯兰恐怖主义采取军事行动，因为后者危害了以色列国的生存权。③

　　另一方面，红绿联邦政府也直接向其盟友美国声称，无限制的团结只针对抗击伊斯兰恐怖主义风险，而非军事冒险，诸如对伊拉克的预防性军事干预。④ 针对德国民众对没有人道主义理由采取的军事行动持怀疑态度，联邦总理在2002年联邦议院竞选中多次公开重申，计划中的对伊拉克入侵不仅危害了整个地区的稳定，损害了与阿拉伯国家的关系，而且还有可能转移人们对伊斯兰恐怖主义实际斗争的关注，这种抗

---

　　① 转引自 Wittlinger，Martin，2007，p. 487。

　　② Anika Leithner：*Shaping German Foreign Policy. History，Memory and National Intserest*. Boulder，CO：First Forum Press，2009，p. 46.

　　③ DB Pl. -Prot. 14/192，18694.

　　④ Sebastian Harnisch：Schlussbetrachtung：Gelockerte Bindungen-Eigene Wege？Die deutsche Sicherheitspolitik unter der rot-grünen Koalition，in：ders.：Deutsche Sicherheitspolitik：eine Bilanz der Regierung Schröder. Baden-Baden：Nomos-Verl. -Ges.，2004，S. 253 – 262.

争必须按照国际法规则，而非由自愿声明组成的联盟来进行。① 专栏作家理查德·赫辛格（Richard Herzinger）指出，对国家法原则的遵守，以及坚信民主或放弃大规模杀伤性武器，唯有在非常具体的情况下才能够通过武力来实现，这在联邦政府中留下了这样一种印象，即他们是"更好的美国人"，站在法国一边，拒绝跟随美国。②

这种"更为自信的叙事"的典型之处在于在历史过错和成就之间找到了一种新的平衡，这种平衡除了强调历史性的肇事者角色外，还突出强调了联邦德国历史的成功以及两德的和平统一。联邦总理格哈德·施罗德的第一份政府宣言就印烙着这种自信（1998年）：

> 我们的民族意识并非建立在威廉式的"血统法"的传统之上，而是建立在我们民主的自信之上。我们应该为这个国家、它的风貌、它的文化以及国民的创造力和成就意愿感到自豪。我们为我们国家东部的民众感到自豪，他们摆脱了统一社会党专制政权，并推翻了柏林墙。我在这里所指的是一个成熟的民族国家的自我意识，它不应该凌驾于任何其他民族国家之上，也不应该面对其他民族国家产生任何卑微之感，它直视历史和责任，但在愿意对此加以反思的同时面向未来。这个民族国家深知，民主并不能一蹴而就，自由也应该像歌德的《浮士德》所说的那样，必须通过每天的努力，即"每天被征服"，才能获得。③

更仔细地观察一下德国在联合国安理会上为了保护利比亚平民而就军事干涉弃权（SR. 1973年）的合法性，很明显，德国的这种"自信态度"基于美国主导下的对于阿富汗、伊拉克干涉的负面经验和联邦政府的担忧。联邦政府担心，最初由欧洲领导下的干预力量只是旨在利比亚

① Anja Daalgard-Nielsen：*Germany，Pacifism and Peace Enforcement*. Manchester：Manchester University Press，2006，pp. 88-91.
② Richard Herzinger：Die besseren Amerikaner sind wir，*Die Zeit* vom 02.11.2002.
③ BT-Pl. -Prot. 14/3，10.11.1998；61B.

政权的更替，而不是保护普通民众。①

德国对今日纳米比亚的赔偿政策也支持在可识别的变化时期具有实质连续性的论点。② 在 1990 年代之前，德方对于以德意志名义施行的首次种族灭绝行为，即德国殖民军队对当时的德国西南非洲（Deutsch-Südwestafrika）约 6 万名赫雷罗和纳马部落成员所施行的，既不承认也不予讨论。1995 年联邦总理科尔访问纳米比亚时，对这一事件还保持沉默。但在短短几年内——在没有明显的国内社会和国际压力下，默克尔领导下的联邦政府主动承认了德国对于这次种族屠杀的道义和法律责任。2007 年，德国发展援助部长维佐列克·泽尔（Wieczorek-Zeul）公开就德国的罪行道歉，但未提出任何直接赔偿计划。2019 年 3 月，一项相关的上诉被美国法院驳回；两国政府代表之间关于补偿性付款的谈判仍在进行中，根据联邦政府的法律意见，这些付款既不被视为补偿（Entschädigung），也不被视为（战败国对战胜国所承担的）赔偿（Reparation）付款。③

最后，如果我们观察两德统一以来，尤其是 1998—2005 年红绿联合政府时期的德国外交政策中记忆文化关联点，就可以发现诸多明显的发展趋势：首先，关于负面和积极的历史记忆与经验的范畴明显扩大和更加平衡。除了第二次世界大战的经验和对于大屠杀的记忆，对东西方冲突期间西方盟友尤其是美国的团结合作、对民主德国和平革命的纪念

---

① Sebastian Harnisch：Deutschlands Rolle in der Libyenintervention. Führung, Gefolgschaft und das angebliche Versagen der Regierung Merkel, in：Marianne Kneuer（Hrsg.）：*Standortbestimmung Deutschlands：Innere Verfasstheit und internationale Verantwortung*. Baden-Baden：Nomos, 2015b.

② Stefan Engert：Politische Schuld, moralische Außenpolitik? Deutschland, Namibia und der lange Schatten der kolonialen Vergangenheit, in：Harnisch, Maull, Schieder（Hrsg.）：*Solidarität und internationale Gemeinschaftsbildung. Beiträge zur Soziologie der internationalen Beziehungen*. Frankfurt a. M.：Campus Wissenschaftsverlag, 2009, S. 277 - 303；Jürgen Zimmerer：Deutschland, Namibia und der Völkermord an Herro und Nama, *ApuZ 40-42/69*, 2019, S. 23-27.

③ J. Zimmerer, 2019, S. 27；Auswärtiges Amt：*Aus der Vergangenheit in die Zukunft：Deutsch-Namibische Vergangenheitsbewältigung*, 01. 07. 2019.

和对南斯拉夫战争中教训的吸取，也成为德国文化记忆中的重点。其次，可以发现，积极的自我认知的融合，尤其是通过和平统一，产生了一种新的自我意识，这种意识也可以用于解释德国在个别情况下采取了与盟友相异的立场。再次，显而易见的是，现有记忆的优先次序发生了变化，最明显的是防止种族灭绝的必要性与战争禁令之间的等级化，这使得德国定期参与国际法意义上因具有人道主义目标的军事行动合法化。最后，在外交政策方面，德国联邦议院中的各政党（除左翼党和德国选择党外）就记忆文化的分歧正在逐渐缩小；同时，关于德国记忆文化的社会政治辩论，再次因统一社会党专制统治的教训和右翼保守派试图颠覆记忆文化的导向而被点燃。

结　语

本文探讨了联邦德国记忆文化和外交政策之间的关系。首先，澄清了核心概念，并介绍了研究记忆文化影响的方法理论。最后得出至少三个结论：对纳粹暴力罪行和二战后果的记忆，是德国记忆文化的固定组成部分。[①] 对前统一社会党政权的反思审视已经开启，但在社会和政治上仍然存在着巨大争论。[②] 与此同时，在德国政治精英中形成了一种对联邦德国在 1949 年创建后尤其是通过两德统一的积极发展而产生的自我意识，即从那时起，成功地与纳粹划清界限，并重返国际社会和平等参与，已成为联邦共和国在政治话语中不间断的自我形象。

其次，分析发现了政党政治的明显差异和社会争议。关于重新武装、紧急法案、东方政策、向外派兵等问题的政治辩论，也体现出德国

---

① Frankfurter Allgemeine Zeitung（FAZ）：Deutsche fühlen besondere moralische Verantwortung-aber keine Schuld，in：*FAZ vom* 13.02.2018.

② 对此可参见诸如"处理德国统一社会党独裁政权"联邦基金会（Bundesstiftung zur Aufarbeitung der SED-Diktatur）工作：https://www. bundesstiftung-aufarbeitung. de/。

政党政治记忆文化方面的差异性。随着时间的推移，除了左翼党和德国选择党，联邦议院中主要稳定政党之间在这方面的差异性逐渐缩小，而左翼党和德国选择党在处理德国统一社会党专制或是记忆纳粹暴力罪行方面，代表了明显有差异的记忆文化立场。这种广泛的政党政治共识有可能是为什么在右翼光谱内形成了激进团体的一个起始条件，这些激进组织越来越通过暴力手段，而非政治化地来反映它们对于这一共识的反对。

再次，德国记忆文化的变迁，以及也包括其延续性，在德国外交政策中留下了明显烙印：如果不兼顾德国的记忆文化背景，不提及德国人对任何军事暴力作为解决问题的政治手段存有历史性怀疑态度，对军事介入阿富汗、伊拉克和利比亚的负面经验，就无法理解德国在伊拉克（2003 年）和利比亚（2011 年）事件中退出大西洋团结的举措。至今，这种退缩还没有在一种——"我们是更好的美国人"意义上——记忆文化民族主义中得到巩固。然而，有明显的迹象表明，随着联邦德国在世界经济中影响力的日益增强，对德国财政稳定文化的批评声也有所增加，这种文化可追溯至魏玛共和国时期恶性通货膨胀的经历。[1] 人们还可以争辩说，那些最近在欧债危机和难民危机中面临德国具有强烈记忆文化色彩立场的政府，即希腊和波兰，越来越愿意重新参与关于二战期间德国罪行和强制贷款的赔偿谈判。[2] 这些反应可能表明了德国想要从自身历史中获取一些积极的自我认同，并非没有矛盾。

本文尝试为探讨记忆文化和外交政策之间的关系建立一个实证研究基础。然而，仍存在一些不足之处，亟待今后的研究来解决。首先，这

---

① Paul Krugman: The World has a Germany Problem, *New York Times* vom 19. 08. 2019; Lukas Haffert et al. : Misremembering Weimar Hyperinflation, the Great Depression, and German Collective Economic Memory, Working Paper, in: University of Zurich, 2019, https://tobirommel. files. wordpress. com/2019/10/2019 – 10 – 31_hrr_misremembering weimar. pdf.

② Wissenschaftliche Dienste des Deutschen Bundestages: *Griechische und polnische Reparationsforderungen gegen Deutschland*, WD 2-3000-066/19, Berlin, 2019.

涉及外部行动者的影响，因为在重新获得全面主权前（1990 年），德国记忆文化的讨论在很大程度上可能受到了与占领国特殊关系的影响。但即使是在两德统一后，基于历史的自我认知的交流，如在与以色列的特殊关系方面，也依然对德国的外交政策产生至关重要的影响。①

我们还从已有的研究②中了解到，通过重新确定侧重点或重新解读，一种新的外交路径——如联邦国防军士兵在巴尔干地区的派驻——被合理化。然而迄今为止，我们尚知悉太少，这种话语实践何时成功，何时又不能。比较研究可以提供信息，说明必须满足哪些社会和国际背景条件，以便相关的记忆文化行动者能获得支持。

最后，基于本文所使用的一手文献和二手材料的内容分析，有可能会存在忽略一些社会或政治层面或两者之间发展的重大话语转变的风险。一种填补这种漏洞的可能做法便是，通过比较定量话语分析，研究不同的话语空间，并挖掘探讨德国记忆文化争论中的异同点。

（王丹妮　宋子灵　孟虹　译）

---

① K. Oppermann, M. Hansel: The Ontological Security of Special Relationships: The Case of Germany's Relations with Israel, *European Journal of International Security*, 4 (1), 2019, pp. 79-100.

② 如 H. Maul, 2000; A. Leithner, 2009。

15. 从国债的历史看欧洲的未来

赵 柯[*]

摘要：国债产生、发展的历史在背后实质上体现的是一个具有普遍意义的解决债务危机的逻辑：陷入债务危机的国王交出征税权、预算权等自己原先所掌控的财政权，给更具公信力的机构——议会；作为回报，国王获得了更大规模、更具可持续性和成本更低的廉价资金。这一解决国王债务危机的办法并不是让国王勒紧裤腰带还钱，而是把国王的"私人债务"转化为国民共同承担的"公共债务"，也就是国债。而国王所必须付出的代价就是交出自己的财政权，议会可以通过控制公共预算来约束国王的开支。这个过程意义重大，因为其中蕴含着根本性的制度变革。历史上西欧国家在用"国债"的办法解决国王债务危机的进程实质上也就是"资产阶级革命"，因为正是在国债制度的诞生、发展和完善中，"王权"受到越来越多的限制，国王让渡出自己的财政权，以代议制为核心的现代国家体制才逐渐形成。

---

* 作者简介：中央党校（国家行政学院）国际战略研究院"一国两制"与国家统一研究所副所长、副教授，主要研究领域为国际政治经济学，出版专著《德国马克的崛起——货币国际化的政治经济学分析》，多篇学术论文发表在《世界经济与政治》《国际问题研究》《现代国际关系》《国际贸易》《欧洲研究》等学术期刊。

关键词：国债，欧元，债务危机，预算权，制度变革

历史的力量无处不在。无论人们愿意与否，历史总是以一种特有的方式影响着现在与未来。同时，人又并非只是被动地接受历史的支配。每一代人都会以新的眼光来看待过去，但这种被重新解释的历史将会又一次对人类现在和未来的行为产生影响。对于这种历史与现实的双向互动，爱德华·卡尔（Edward Carr）称之为今日社会与昨日社会之间的对话。他认为，只有借助于现在，我们才能理解过去；也只有借助于过去，我们才能充分理解现在。使人理解过去的社会，使人增加掌握现在社会的能力，这就是历史的双重作用。[①] 中国历史学家钱穆也有一句名言：在现实中发现问题，到历史中寻找答案。当学界和政界热心地对欧元区的前景做出或悲观或乐观预测，对未来"欧洲大厦"的建设规划宏伟蓝图之时，认真地回顾一下历史，会对把握未来不无裨益，其中主权债务则是一个很好的切入点。

一、债务奠定国家的根基

主权债务的另一个更为学术化的规范称呼是公共债务（public debt，简称公债），也就是大众所熟知的"国债"，指政府以国家名义且以国家信用为担保，在国内和国外进行借款所筹措的资金，是政府未来要偿付本息的负债。所谓主权债务危机也就是指一个主权国家借入的负债超出了其自身的清偿能力，从而不得不违约或者进行债务重组的现象。主权债务在当今世界主要被看作一种纯经济现象，是宏观经济学和金融学研究的对象。在标准的经济学教科书里，主权债务或公债是政府实施财政政策的一个重要工具。在经济萧条、社会总需求不足之时，政

---

① E. H. 卡尔：《历史是什么》，陈恒译，北京：商务印书馆，2007年，第146页。

府通过举债来扩大支出，进而带动经济复苏；公债也是政府实施货币政策的重要载体，通过买卖公债来调节市场上流动性的供给，公债利率也是一国金融市场的基准利率，政府通过公债来影响资金的价格，进而实现对经济的调控；当一国的出口所得不足以偿付其进口的支出之时，需要对外发行主权债务以获取外汇收入，支付其经常项目下的贸易逆差。所以，标准的经济学教科书中所描述的主权债务是一种"中性""工具性"的政策手段，管理国家的宏观经济和调节国际收支是其最为重要的两种职能，与"安全""外交""权力"等国际政治现象基本没有关系。

但是在现实世界里，主权债务的运行方式并没有完全遵循纯经济逻辑，而是与国家间的权力博弈紧密地联系在一起。在人类历史上，私人之间的借贷行为和债务关系源远流长，几乎与人类的历史一样长。而"主权债务"或者"国债"相比之下要"年轻"很多，仅仅有几百年的历史。现代意义上的国债最早出现在欧洲，起源于典型的"国家间政治"——为战争融资。西欧历史上战争不断，大大小小的国王为给战争融资而经常深陷债务泥潭，亚当·斯密在《国富论》中对当时欧洲国王们的这种困境有精彩的描述：战争爆发后，战时为国防设备所需的费用，须三倍四倍于平时，因此在战时的收入，也必须三倍四倍于平时的收入，其必出自赋税，而赋税的课征，大抵要经过十月乃至十二个月，才有税款收入国库，不能等待新税逐渐地、慢慢地纳入国库来应付的。在此万分紧急的情况下，除了借债，政府再不能有其他办法了。"国债"就是为解决国王们的财政困难，偿还其巨额的负债而发明出来的一种融资手段。在国债产生以前，西欧历史上这些国王的借款活动是以国王的私人名义来进行的，本质上是国王的私人债务。但是借款给国王要冒很大的风险，这些国王为了逃避偿债义务，经常宣布自己之前从商人手里借来的钱为商人本应缴纳的税金，不再予以偿还；或者新继位的国王不承认前任国王所欠下的债务。由于国王的这种经常性违约，导致其信誉很低，在借款之时不得不支付比一般商人要高的利率。比如在1640—1650年代的法国，对商人的贷款利率为6%左右，而对国王的贷款利率为 10%，有时甚至达到了 25%。这样就出现了一个恶性循环：国王要支付的高额利息加重了其财务负担，经常使其陷入债务危机。而面对债务危机，国王经常又以违约的方法来解决；这让国王在借贷市场上信誉扫地，其在日后的借款中必须要支付更高的利率，而沉重的利息负担会很快又一次导致国王陷入债务危机以及接踵而来的再次违约。这个恶性循环让国王的负债能力失去了可持续性，无法正常借贷的国王经常会面临财政困境，为了实现低息借款，国王们想出了一个新办法：把国王的"私人债务"转换为由一个比国王信誉更高的公共机构所发行的"公共债务"。这就是现代国债的"雏形"。

在 16 世纪，奥地利的哈布斯堡王朝为了筹集对法战争的资金，利用其领地荷兰联邦的议会的信用来为其发行债券。在债权人看来，皇帝和国王总有一天会去世，债务的继承人也不确定。而议会是永久性机构，其信用度要高于国王。哈布斯堡皇帝为了长期以低息筹集巨额资金，将用于偿还本息的税收交给了荷兰议会。不仅如此，在 1542 年又将设立新税种，以及决定财政支出的权限交给了议会。在英国"光荣革命"之后，来自荷兰的威廉继承了英国的王位，威廉也把荷兰的这套国债制度带入了英国。这种通过议会加强对预算的管理，以税收作为利息担保的国债诞生后，英国政府的融资能力大大加强。在"光荣革命"前夕，英国的财政支出只占国内生产总值（GDP）的 2%～3%，国王的债务仅为 100 万英镑，然而这些债务的利率为 6%～10%，有时甚至达到 30%；在"光荣革命"后的 1697 年英国的债务激增到 1 670 万英镑，相当于国内生产总值的 40%，债务的规模要远大于"光荣革命"前，但英国政府所要支付的年利率并没有因债务规模的急剧膨胀迅速攀升，而是仅为 7.6%。[①] 国债产生、发展的历史在背后实质上体现的是一个具有普遍意义的解决债务危机的逻辑：陷入债务危机的国王交出征税权、预算权等自己原先所掌控的财政权力，给更具公信力的机构——议

---

① 富田俊基：《国债的历史——凝结在利率中的过去与未来》，彭曦、顾长江等译，南京：南京大学出版社，2011 年，第 14-59 页。

会，作为回报，国王获得了更大规模、更具可持续性和成本更低的廉价资金。这一解决国王债务危机的办法并不是让国王勒紧裤腰带还钱，而是把国王的"私人债务"转化为国民共同承担的"公共债务"，也就是国债。而国王所必须付出的代价就是交出自己的财政权，议会可以通过控制公共预算来约束国王的开支。这个过程意义重大，因为其中蕴含着根本性的制度变革。历史上西欧国家在用"国债"的办法解决国王债务危机的这一进程，实质上也就是"资产阶级革命"的进程，因为正是在国债制度的诞生、发展和不断完善中"王权"受到越来越多的限制，西方国家逐步形成了"议会民主制""三权分立"等一系列现代西方国家体制。

美利坚合众国的建立也是遵循了与其欧洲先辈们一样的逻辑。独立战争刚刚结束后的美国实际上只是由十三个州组成的松散邦联，每个州其实都相当于一个主权国家，相互之间是平等的，不存在彼此隶属和制约关系。中央对各州的公民没有直接管辖权，邦联国会颁布的任何法令须得到州政府同意后，才能对该州人民产生约束力。邦联政府既无权向国民征税和发行统一货币，也无权管制州际贸易和对外贸易，政府所需经费取决于各州是否缴纳和缴纳多少。如果从权限上来讲，当时美国邦联制下的中央政府还要远逊色于今天的欧盟。但是美国在独立后不久就遭遇债务危机，因为美国各个州和大陆会议①在独立战争期间所发行的大量债券在战后无法兑现。美国解决此次债务危机的办法是由中央政府全部接收各个州的地方债务，一次性地免除各个州的债务负担。作为回报，中央政府从各州获取了征税权和管理国际贸易的权力，紧接着中央政府就成立财政部，以中央政府的信用为担保发行新的国债，用筹来的资金偿还各州之前欠下的债务。这一债务危机化解之道同样遵循了"以财政权力换取融资能力"的原则，把原先各个州的"私债"转换为由整个联邦共同承担的"国债"，而州则将原属自己的财政权（主要是征税

---

① 大陆会议是1774年至1781年英属北美殖民地以及后来美利坚合众国的立法机构和临时政府，共举办了两届。

权）让渡给中央政府。这场债务危机也让美国的政治制度发生了根本性的变革，促使美国通过了新宪法，美国从原先松散的邦联转变为由中央政府统一行使主权的联邦国家。①

二、欧洲的财政一体化之路

如果用历史比照一下当今的欧洲，可能会更加清晰地看出欧洲走向财政一体化的路径。由于欧盟内部经济发展的不平衡，今日的希腊、爱尔兰甚至是意大利和西班牙这些经济相较薄弱的经济体在面临外部冲击之时——比如 2009 年的欧债危机、2020 年的新冠肺炎疫情，就像历史上陷入债务危机的西欧的大大小小的国王，或者是那些美国独立战争后没有偿债能力的州，不仅债台高筑而且因为信誉太差而必须承受超出自身能力的融资成本，导致债务负担不再具有可持续性。解决之道很可能就像历史上所发生过的一样，把这些"国王"（陷入危机的国家）的私债，转化为"国债"（欧盟或者欧元区成员国共同担保的债券），但是这些"国王"需要付出代价——交出财政权。这个从根本上化解债务危机的历史逻辑也是现今德国人所坚持的经济原则，也就是"德国式"财政联盟之路。这也是为什么德国一直将成员国逐步上交其财政权给欧盟这个超国家机构，并且要赋予欧盟机构监督成员国财政的权力，作为欧洲财政一体化的前提条件。德国的政治经济精英已经开始认真地考虑走财政一体化的道路，建立某种形式的欧洲统一财政联盟。这种想法已经不再像欧元诞生初期那样因为碍于国内民众的反对而显得有些"政治不正确"、只能在精英层的小圈子内讨论，德国的政治家现在开始公开谈论建立财政联盟的可行性和具体步骤。比如德国前社会民主党（SPD）主

---

① 关于美国独立战争后的债务危机与美国联邦制建立的历史，可以参见：Thomas J. Sargent：United States Then，Europe Now，*Journal of Political Economy*，2012，vol. 120，issue 1，pp. 1–40。

席加布里尔（Sigmar Gabriel）在接受《柏林日报》（*Berliner Zeitung*）采访时公开表示，默克尔实际上在暗地里已偷偷地搞欧元区共同债券了，只不过是通过默许欧洲央行购买成员国国债的方式。但是同时，默克尔政府为了取悦选民，又在表面上反对共同担保欧元区成员国国债，默克尔实际是在玩弄一个双面游戏。她主张要让欧元区共同担保各个成员国的国债，同时各国要遵守相同严格的财政纪律。她认为，这一目标可以通过修改宪法来实现。

而欧洲的经济界特别是大企业更是非常支持走统一财政之路。法国米其林轮胎集团主席让-多米尼克·塞纳德（Jean-Dominique Senard）在接受采访时曾说，欧盟国家应该更为团结，如果六七个欧洲国家更为紧密地坐在一起，讨论建立一个欧洲联邦国家，那么这将给欧盟和欧盟经济一个巨大推动。塞纳德在采访中谈及在一些国家的一些小圈子里已开始有了建立欧洲联邦的想法，这些小圈子认为应该从建立统一的财政预算入手。他表示非常支持这一想法，认为只有这样才能重新赢得人们的信心。欧元、统一的欧洲大市场符合欧洲大企业的利益，正因如此，他们是欧洲财政统一的支持者。假如未来欧洲政治家们真正坐在一起谈财政统一，欧洲经济界的主流应该是持欢迎态度的。

德国政府曾提出要建立某种形式的共同预算，计划建立一个每年金额为 200 亿欧元的欧元区共同预算，德国将承担约 1/3，预算初步将主要用于那些因为实施财政改革而国内经济增长陷入困境且失业率高居不下的国家。共同预算筹措资金的方式是开征新的税种，比如金融交易税。200 亿是个小数目，占欧元区国民生产总值的 0.2%，远远小于欧盟千亿欧元级的预算规模。但关键在于这一倡议的实质就是财政转移，将富裕国家的资金转移分配给贫穷国家，并且预算的来源不是从成员国政府收入中分摊，而是在欧元区范围内统一开征一个新的税种，核心思想是以"统一的税收"支撑"统一的预算"。从这一意义上说，该倡议就是一个非常初级、微小和具有局部功能性质的统一财政的雏形。对德国人而言，可以用这一"小微"共同财政政策来应对实施"欧盟共同债券"的呼声，同时也可以借此搞一个"实验"，为进一步更大规模的预算统一积累经验。此建议目前还处在可行性研究的阶段，没有进入实际政策操作。但这些统一财政的政策苗头是很值得注意的，很有可能预示着欧洲一体化的未来走向——搞"双轨制"，先实现欧元区财政某种形式的统一，然后再考虑在整个欧盟范围实行。

同时值得注意的是，为了降低德国地方州的融资成本，加强地方财政能力，德国政府发行由中央政府和地方政府共同担保的"德国债券"。目前，德国联邦政府发行债券在市场上的利率很低，而财政能力弱的州因为信用不佳，则比联邦债券利率高出了一倍。中央政府和地方州政府联合发行"德国债券"，意味着中央政府的信用将注入其中，那么这种"德国债券"的利率就会降低很多，财政能力较弱的地方政府因此就可以凭借很低的成本筹资。在"德国债券"的设计中，德国联邦政府并不是提供 100% 的担保，而是部分担保。在本质上，"德国债券"设计思路的内核与欧洲统一财政下的"欧洲共同债券"是一样的。"德国债券"给外界提供了很大的想象空间，认为这不仅是为本国的地方政府融资，很有可能是想借此实验一下"欧洲共同债券"的可操作性和实际效果，为日后真正的财政统一积累经验。

三、欧洲的"布雷顿森林"时刻

牛津大学经济史教授凯文·奥罗克（Kevin O. Rourke）曾说，50年后的历史学家会好奇最初为何要引入欧元。他的言外之意是，那时欧元早已成为一项失败的货币实验，静静地躺在历史档案馆供后人凭吊。作为一体化的最高成就，如果欧元真如奥罗克教授所预测的那样垮掉，那么二战后兴起的欧洲联合事业也就算是差不多画上句号了。欧洲的政治精英们显然意识到了形势的严峻，充满危机感。2016 年 6 月，欧盟发布了新的全球战略文件，欧盟外交与安全政策高级代表莫盖里尼在为这份文件所写的序言中的第一句话就是：我们创建欧盟的目的，甚至是欧盟本身的存在，正备受质疑。当前欧洲的困境始于 2009 年爆发的主权债务危机，想要更加清晰地看到欧洲的未来，必须回到主权债务诞生的源头。

欧洲人推动一体化的传统智慧是，让危机成为推进欧洲国家进一步合作和融合所必需的工具。也就是"欧洲一体化之父"让·莫奈所反复强调的：欧洲将通过危机而建立，欧洲联合将是各种危机解决方案的总和。普林斯顿大学欧洲经济史教授哈罗德·詹姆斯（Harold James）对此则提出了疑问，他认为"莫奈原则"发挥作用是有前提条件的，它要求每一次危机都小得足以掌控，如果危机过大或者负荷过重反而会导致崩溃。詹姆斯引用莎士比亚的戏剧《哈姆雷特》中的台词来形容当前欧盟的处境：当悲伤来临之时，它不是形单影只，而是成群结伴。詹姆斯认为，要解决欧盟当下面临多重危机的问题，不能被动地依赖莫奈式的传统智慧，而应该主动创新：将看似无解的单个问题捆绑在一起，就有可能找到解决的办法。各个成员国虽然在单个问题上尖锐对立，但如果能够捆绑解决，他们可能在一个问题的解决方案中失之东隅，却能在另一个问题的解决途径中收之桑榆。通过这个方法，欧盟就可以解决谁先"给"的问题。

在詹姆斯看来，当前的欧洲虽然深陷多重危机，但这反过来又让欧洲面临一个千载难逢的推进一体化的机遇。詹姆斯建议，欧洲人要从1944—1945 年第二次世界大战期间以及之后围绕建立布雷顿森林体系所进行的谈判中寻找经验。当时的"五强"——中国、美国、苏联、英国和法国——在战后国际秩序的安排中，将经济利益、政治利益和安全利益放在一起进行谈判，这大大扩展了各国相互间妥协的空间，最终使以联合国安理会为核心的集体安全机制和以国际货币基金组织、世界银行为基础的国际经济秩序得以建立。虽然由于冷战的开始，布雷顿森林体系发挥作用仅限于西方阵营，但其得以建立的内在逻辑是今天的欧洲人仍然值得借鉴的。

比如，德国可能不得不在南欧国家的债务偿还方案中付出代价，但却可能从欧盟统一的难民危机应对方案中获得收益和补偿；赞同法国提出的建立欧元区共同预算的方案可能意味着德国要支付更多的资金，并且要在相当程度上牺牲其一直坚持的避免道德风险原则，但这有可能换来法国在欧洲军事和防务一体化上的合作。这样一来，欧盟就会成为具有更大权衡和妥协空间的大舞台，而并非一个必须决出胜负的诺曼底。所以，詹姆斯认为，欧洲要抓住机遇去迎接自己的"布雷顿森林"时刻。

16. 德国东部联邦州选举与右翼民粹主义势力在德国的强势抬头

艾米莉娅·穆勒 *

摘要：2019 年德国回顾统一 30 周年（1989 年 11 月 9 日）。德国东部（勃兰登堡、萨克森、图林根州）的选举反映了民粹主义势力在增强。显著提升的选举参与率值得注意，德国选择党明显动员了其他党派难以触及的群体，也就是过往的不参选人员。选举结果证实了德国近一段时间以来的发展趋势：主要政党的衰落、德国选择党和绿党的崛起，在东部地区很难建立起稳定的政府。除了强势的德国选择党外，在德国东部许多城市（德累斯顿、莱比锡、耶拿），也有反对德国选择党的大规模运动。民粹主义是目前德国和欧洲日常生活的一部分，从左派到右派。在许多欧洲国家，右翼和本国民粹主义政党已经建立起强大力量。他们喜欢服务于一个分裂社会的形象"那些上面的/在外面的""我们人民"。分裂的危险也存在于德国——东部反西部？如果观察一下欧洲和德国，我们会发现各种各样的文化特征和生活经历。面对多样性，右翼

---

  * 作者简介：生于 1951 年，自 2003 年 10 月起担任巴伐利亚州环境、健康与消费者保护部国务卿；2005 年 11 月至 2007 年 10 月，2008 年 10 月至 2013 年 10 月，在巴伐利亚州总理府担任联邦和欧洲事务国务部长。在此期间，2007 年 10 月至 2008 年 10 月，担任经济、基础设施、运输和技术国务部长。2013 年 10 月至 2018 年 3 月，在泽霍费尔的第二代内阁中担任社会事务部长。

民粹主义者喜欢激起对失去自身文化认同的恐惧，他们试图勾勒出一个文化多样性没有立足之地的欧洲和德国。

关键词：右翼民粹主义，州选举，记忆文化，德国统一

2019 年，德国回顾国家统一 30 年——这是一个伟大的成功故事。在 1989 年 11 月 9 日的和平革命中，勇敢的人民走上街头，争取和平、自由、民主和正义。他们都书写了历史。因为这么多人的起义导致了柏林墙的倒塌，也导致了东西方之间铁幕的倒塌。这使得民主德国政权的垮台。参加 30 周年纪念日庆祝活动的有同盟保护国和来自捷克、波兰、匈牙利的伙伴，他们为柏林墙的倒塌和两德统一做出了贡献。这是一个让人沉思的日子！

回眸过去，我们必须认识到，东西德的适应调整不是一蹴而就的——这需要时间。东西方的神话仍然存在，尽管我们已经在一个统一的国家生活了 30 年。我们生活在一起，没有围墙，但有新的怨恨，看不见的墙在我们的脑海里。联邦总统弗兰克-瓦尔特·施泰因迈尔呼吁拆除这些墙，为团结、自由和民主做点什么。

一、两德统一的成功故事

30 年前的重新统一是一个成功的故事——但人们不能指望奇迹。德国有意愿也有实力来立即采用统一的货币并进行一对一的货币兑换，将 1 600 多万人无缝地纳入社会体系，在该地区建立新的基础设施，并对老城进行翻新改造。

统一后，东部的国内生产总值已从前联邦德国水平的 30％上升到 75％。在德国的幸福地图集中，新的联邦州已追赶上来了。虽然明显更多的民主德国人发现，东部和西部德国的出身塑造了他们的身份，但对于他们来说，其他因素对于他们在社会中的地位更重要，比如社会阶

层、收入、国籍和政治态度。

二、德国东部地区的选举及其特点

民粹主义者想要分裂这个社会——这是我们决不允许的。德国东部的勃兰登堡、萨克森和图林根州的选举加强了极端民粹主义政党的势力。2019 年 10 月 27 日，图林根州的州选标志着 2019 年作为德国选举年的结束。与 2019 年 9 月 1 日萨克森州和勃兰登堡州的选举相同，可以预见的是，在这几个州各自长期执政的政府组成格局将发生变化。值得关注记录的是选民的投票参与率明显提高。总的来说，动员参投的水平大大提高，使得多党从中获益。

选择党的右翼民粹主义再次（与近年来的多次选举一样）只得到了一小部分民主党派选民的支持。显然，选择党在其他党派难以触及的领域进行动员——特别是在弃权不参加投票的选民中。而其他政党也有选民群体是它们在动员工作中可以接触到的，这一点在这些选举中再次得到了明确的呈现（尽管程度不同）。

此外，还有德国东部的特殊性——选择党显然比在德国西部更强大，尽管它无法成为最强大的政党。就强权政治而言，它仍将在州议会中处于孤立状态。左翼党也同样失败了，且在很大程度上失去了作为德国东部抗议党的作用。

选举证实了德国一段时间以来显而易见的趋势：主要政党的衰落，选择党和绿党的崛起。大多数公民没有投票给右翼民粹主义者。与此同时，右翼民粹主义者被阻止进入政府和获得机会来提出他们的意识形态。

既然现在选举已经结束，我们是否应该对这一结果感到满意并转向其他问题？不，我们必须在中间党派力量在选举中被削弱的德国东部地区做出更多的努力。很明显，从数量上看，权重已经向左右边缘移动。

德国东部地区将在未来展现最令人兴奋的政治景象。

　　组建稳定的政府将是一个棘手的问题，也是一个挑战——尤其在一些联邦州，除了存在强大的选择党外，在许多德国东部城市，如德累斯顿、莱比锡或耶拿，还活跃着大规模反选择党运动。在勃兰登堡州和萨克森州，组建政府的谈判正在如火如荼地进行。显然，在这两个联邦州将建立一个所谓肯尼亚联盟：萨克森州政府由基民盟、绿党、社民党组成，由克雷齐默尔（Michael Kretschmer，州议员）担任州长；勃兰登堡州政府由社民党、基民盟、绿党组成，由沃特克（Dietmar Woidke，州议员）领导。在图林根州，组建政府的工作更加困难。基民盟已明确表示不愿与左翼党或选择党组建政府。社民党与选择党明确划清界限。中间派政党必须更紧密地团结在一起——新旧极端都与多数派相去甚远。中间分裂得更厉害，而极端势力不一定同时占上风。这也许是这些选举向德国民主所发出的最积极的信号。同时，民粹主义在德国的影响越来越大，这也不是一件好事。

三、德国的民粹主义

　　民粹主义现在已成为我们日常生活的一部分。在德国，但也在欧洲和世界各地，它从右翼和左翼创造气氛。在许多欧洲国家，右翼和民族民粹主义政党已经确立了自己作为重要政治力量的地位。民粹主义行为已进入政治制度和社会组织。

　　在欧盟成员国中，右翼民粹主义现在已经明显强大到可以影响欧盟机构的行动能力，并可能危及整个欧洲的政治稳定。民粹主义者对复杂的问题给出简单的答案，煽动恐惧，玩弄感情，缩减联系，质疑价值观。他们两极分化，十分喜欢使用一个分裂的社会的图像，"那些上面的人"（精英，高高在上），"我们人民"（"好人，被抛弃的人"），"我们"（在这里，在里面的）——"那些在外面的"（如难民、移民）。以

"人们是可以这么说的"为幌子的歧视和贬低，正是右翼民粹主义者的修辞手段。

我们都面临着这个问题，必须表态。我们如何处理呢？忽略？希望民粹主义者自我揭露？反对？什么都不做，无视，希望它最终会自行解决，这不是一种选择。如果什么都不做，就只能接受民粹主义者的继续存在。至关重要的是：为所有人提供良好的教育，告知并提高对极端主义和民粹主义及其机制的认识。谁看透了，谁就不容易受影响！特别是在反欧洲方面，在做出艰难决定时，不应把责任推给布鲁塞尔。共同做出的决定必须共同来代表和坚持。

我们必须展示一个有吸引力的未来的景象。美好未来的条件是具备的。数字化、技术进步，如果妥善利用，可以带来广泛的繁荣。未来是对民粹主义的最佳防御。

在这种情况下，仔细观察和倾听是非常重要的！并非所有被煽动的恐惧，例如德国东部或鲁尔区的荒凉和冷僻被遗弃的景观，都是不合理的。让人害怕的是生活中的现实。并非每一种被提及的感觉都是源于迷惘。我们生活在一个动荡的时代，许多人都感到不安。全球化、经济衰退的警告，甚至是气候变化导致的人类濒临灭亡的示警，都正在困扰我们。我们必须参与就事论事的争辩。这对民粹主义者来说是很难左右的。他们的资本是呼吁唤起人们的情感，而不管事实如何。

四、发起反对社会分裂的实质性讨论

人们必须自我批评，社会的分裂不也是一种现状的描述吗？最好的例子是美国，总统在竞选活动中以"我们反对建制"的形象获得不少分。但与此同时，也反映出一些情况。美国的东海岸、西海岸和中部地区虽然说同一种语言，但相互之间并不理解。硅谷不明白是什么触动了中西部的农民，反之亦然。这种分裂的危险在德国也存在：大城市中的真实/假定的学术精英对立于全国的其他人员，东部反西部？一个国家，一种语言，一个内部不再互相理解的民族？这就需要自封的理解者！

因此，讨论、实事求是地争论并找到解决方案是以目标为导向的。政治必须寻找民主的多数，以达成可行的解决方案。合乎事实和可靠的政策应该是现实生活的一个地震仪，无须屈服于任何波动。复杂的问题必须全方位地加以考虑。气候变化就是一个例子：没有灵丹妙药。无论是绝唱还是气候意识形态，都不会让我们走得更远。有效解决方案的成功前景取决于我们是否能够在社会上就正确的解决方案达成一致。为此，我们需要讨论和辩论。

共同反对右翼民粹主义，要求我们让尽可能多的人参与到这个关乎每一个人的问题中来。根据事实找到一个好的、可行的解决方案，并进行说服工作，这是一项艰巨的任务。解决办法永远是妥协！因此，人们必须准备好忍受不断地讨论，并创造可以进行讨论和争论的空间。人们需要有勇气去面对世界的复杂性。倾听，但不要立即选择最简单的解决方案，以更有区别的方式看待复杂的问题。一个充满活力的社会是应对右翼民粹主义毒害的最佳解药。民主以讨论和争论为生。始终尊重和重视他人的尊严。

五、巩固共同价值观，在多样性中保持一致

因此，面对右翼民粹主义，重要的是巩固我们的共同价值观。观察一下欧洲，我们会发现文化认同和生活经历的多样性。基本上，我们在德国国内也经历着这种情况——你不必开车很远，就能遇到不同的方言、习俗和文化产物。

面对多样性和差异性，右翼民粹主义者喜欢煽动对丧失自身文化认同的恐惧。他们利用不确定性，通过假新闻和宣传，勾勒出一个文化多样性没有立足之地的欧洲和德国。这种构想是荒谬的，因为我们特别是

在德国，正是一个多样性的统一体。正是右翼民粹主义者在努力质疑我们的集体价值观，质疑我们的共同生活，并制造了裂缝。因为他们攻击将我们所有的多样性团结在一起的、我们永恒的价值观传统：和平与自由、民主与法治、平等、人权和团结。

所有这些价值观都是一种承诺，但它们也体现在条约中，并在法律上得到保障。它们是所有公民平等参与社会和政治生活的基础。我们必须巩固和捍卫我们的这个自由和宽容的共同体，反对煽动人们相互攻击、宣扬暴力和侵蚀我们政治基础的极端分子、狂热分子和理论家。

六、德国的记忆文化与德国和欧洲的未来

在德国，我们也是通过我们的记忆文化来做到这一点的。我们的历史塑造了我们，定义了我们的道德框架，是我们集体认同的一部分。我们总是把现在与我们的记忆文化联系起来，并不断地问自己："我们能从历史中学到什么？"右翼民粹主义政党对此的声明导致了一场危机。通过"爱国欧洲人反对西方伊斯兰化运动"等势力的作用或选择党进入议会，可以述说的界限以一种不久前还不可思议的方式在发生迁移。

媒体，尤其是网络媒体，充斥着关于历史的禁忌政治口号。右翼民粹主义者正不遗余力地努力抹去构成我们德国的道德基础：我们对于过去的反思，我们作为一个社会从中得出的价值观。与之相反，他们想免除任何责任——免除过去的负担。

我们的记忆文化是关于右翼民粹主义抬头讨论的核心，以及随之而来的问题是：德国和欧洲的未来是什么样子？"谁对过去视而不见，谁就会对现在视若无睹。"——这是德国前总统理查德·冯·魏茨泽克说的话。这一认识必须是政治和社会的任务，特别是考虑到德国东部各州选举后选择党势力的增长。我们绝不能让右翼民粹主义分子歪曲我们社会的道德框架。因此，必须维护我们的记忆文化及其在德国的重要

性——通过纪念馆和纪念碑，通过持续的教育工作，以及通过诸如目前纪念 30 年前柏林墙倒塌等纪念活动。只有通过共同的记忆，我们才能加强我们国家的凝聚力，维护我们共同的价值观——为此，我们每个人，政治与社会都必须进行参与其中。

生活在自由中意味着也要对自由承担责任，无论你是在联邦德国还是在民主德国成长。我们的未来同样关乎我们所有人，它的成功与否将以此作为衡量标准：我们作为一个社会的凝聚力，以及我们所有人如何来捍卫我们的价值观、信念和目标，如何维护团结、自由和民主。

（张子荷　孟虹　译）

17. 难民问题在德国：历史记忆与展望

宋全成 *

摘要： 第二次世界大战结束以来，德国境内存在着大量的难民，而且长期以来是欧洲国家接纳难民的急先锋。回顾二战以来的历史，我们发现，德国曾经历了三次难民潮：一是战后德国境内的难民潮，主要是战败的德国难民及其回归；二是冷战和后冷战时期的难民潮，主要是来自原东欧社会主义国家和来自战乱动荡地区的难民潮；三是 2015 年欧洲难民危机以来的难民潮，主要是来自叙利亚、伊拉克和阿富汗等中东、北非地区的难民潮。在欧盟外部边境控制进一步加强、德国的民粹主义思潮继续高涨、德国欢迎难民的积极政策继续收紧的情况下，近期百万难民入境德国的难民潮现象将不会再次出现。

关键词： 德国，难民潮，冷战和后冷战，难民危机，民粹主义

* 作者简介：法学博士，山东大学哲学与社会发展学院副院长（2010—2018 年）、社会学系教授、博士生导师，山东大学移民研究所所长，曾在中国人民大学国际关系学院博士后科研流动站研究。曾在奥地利格拉茨大学（2000 年）、德国奥斯纳布吕克大学（2002 年）、明斯特大学（2004 年、2007 年、2009 年），英国巴斯大学（2007 年）进行国际合作研究。主要研究人口社会学、人口流动与迁移、国际移民、难民与社会融合、人口老龄化与社会保障。承担国家社科基金项目、教育部重点研究基地重大项目、山东省社科规划重点项目、世界银行项目等 20 余项，在《中国人口科学》、《北京大学学报》和《文史哲》等发表学术论文 130 余篇。

2015 年欧洲难民危机以来，德国以其积极的欢迎难民的政策和接纳百万难民的人道主义救援的实际行动，赢得了世界各国人民的喝彩。从历史发生学的视角来看，德国并不是进入 21 世纪以后才成为接纳难民的主要欧洲国家。二战结束以来，德国境内存在着大量的难民，而且长期以来德国都是欧洲国家实行积极的人道主义救援的典范和接纳难民的急先锋。回顾历史，我们就会发现，二战结束以来，德国历史上经历了三次难民潮：一是战后德国境内的难民潮，主要是战败的德国难民及其回归；二是冷战和后冷战时期的难民潮，主要是来自东欧社会主义国家和来自战乱动荡地区的难民潮；三是 2015 年以来的欧洲难民潮，主要是来自叙利亚、伊拉克和阿富汗等中东、北非地区的难民潮。本文拟就难民潮在战后德国做一简要的历史回顾，并对难民潮在德国的前景做一展望。

一、德国战后的第一次难民潮：
作为难民的德国人及其回归

在二战之前，由于欧洲历史上的民族迁徙传统，在西欧、东欧、中东欧和东南欧的大片地区，生活着数以百万计的自由迁徙的德国人。在希特勒掌权德国后，宣扬雅利安人种族优秀、需要拥有更多的生存空间的纳粹主义思想成为德国社会的主流意识形态。"既然优等民族注定要在地球上生活得更好，希特勒便声称：德国人有理由不惜一切代价，向东扩张直到苏联的乌拉尔山。那些阻挡我们前进的——2 000 万斯拉夫人和几百万的犹太人——就是劣等民族……为了给纯种的雅利安人让出空间，他指出：把 1/3 的斯拉夫人驱逐到东部的亚洲，另外 1/3 应沦为奴隶，余下的统统杀掉。"[①] 正是这种纳粹主义的种族主义思想和理论，

---

① 时代生活编辑部：《第三帝国：杀人机器》，张显奎译，海口：海南出版社，2001 年，第 20 页。

最终导致以屠杀犹太人为标志的种族主义的暴行和二战的爆发。德国在占领波兰、保加利亚和东欧、东南欧国家之后，依据第三帝国政府的"拓展日耳曼民族的生存空间"的东扩战略，政府实施了从德国本土和奥地利组织数以百万计的德国人，迁移到被占东欧和东南欧国家居住、生活的殖民计划。1941 年德国向苏联发起进攻并占领苏联西部的大片国土以后，便开始实施德国蓄谋已久的移民与殖民的"东部总计划"。依据该计划，"俄罗斯的欧洲部分将被大批先期到达的德国人殖民化。在长期的殖民过程中（估计要跨越好几代人），军事据点将保护德国人聚居区免遭任何来自本地人的敌对行为。为了保证有一支强有力的开拓者队伍，战场上下来的退伍军人将有优先权成为殖民者"①。于是，到 1940 年代以后，在"第三帝国"的东部省份以及与德国相邻的东欧、中东欧和东南欧及苏联西部的广大地区，生活着 1 800 万"帝国的德国人"和"人民的德国人"。所谓"帝国的德国人"是指原居住在德国本土的德国人，而"人民的德国人"是指纳粹当局移民到东欧地区建立"德国移民区"的德国人。

二战后期，伴随着苏联红军对德国军队的胜利和对东欧、东南欧国家地区的解放，一方面，获得解放的东欧、东南欧国家立即实施了驱逐德国人的政策；另一方面，居住在东欧、东南欧国家的德国人及德裔居民，考虑到东欧、东南欧国家人民对德国的仇恨和对殖民主义者的清算，也主动开始了回归德国的艰难之旅。这样，居住在东欧、东南欧国家的德国人约有 1 500 万人开始了回归德国的难民之旅。从类型上来看，战后德国的难民回归有两种类型：一是战前居住在东欧、东南欧国家和苏联地区的德国移民被驱逐成为难民的回归；二是在第三帝国时期东迁的、在东欧地区建立的"德国移民区"的德国移民作为难民的回归。德国奥斯纳布吕克大学移民与跨文化研究所的克劳斯·巴德（Klaus J. Bade）教授和约亨·奥特莫（Jochen Oltmer）教授的研究成

---

① 时代生活编辑部：《第三帝国：杀人机器》，张显奎译，海口：海南出版社，2001 年，第 97 页。

果为我们提供了来自东欧、东南欧和苏联的德国难民回归的清晰画面：首先是来自捷克斯洛伐克 300 万德国难民和被驱逐者，还有 140 万来自波兰边境地区的难民，30 万来自到 1939 年还是人民联盟管理的自由城市但泽的难民，30 万来自南斯拉夫、20 万来自乌克兰、13 万来自罗马尼亚的德国难民。1945 年 1 月，在苏联红军的强大进攻下，德国从波罗的海海岸到卡尔帕屯的东部防线最终崩溃。1 月底，德国的东普鲁士州被分割。3 月底 4 月初，苏联红军已经到达了第三帝国的奥德和尼斯地区。于是，居住在德国东部奥德和尼斯地区的 700 多万德国人成为战争难民，向德国西部迁移。由于苏联军队进攻的目标是德国的军事目标，因此军队进攻的速度远不及德国难民逃亡的速度快，所以总约有 1 500 万德国难民开始通过几个没有军事冲突的波罗的海港口乘船跨越海洋，试图逃亡到西方。① 到 1950 年，来自东部地区的这两类德国难民逃到西方的数量，清楚地展现在人们的面前："总数有 1 250 万德国人，被从第三帝国的东部地区的居民区和波兰、苏联等地区的'德国移民区'，驱逐和流亡到了联邦德国和民主德国。另外，大约有 50 万德国难民由于多种原因仍然居住、生活在奥地利和其他国家。"②

面对着德国境内数以千万计的难民潮，如何安置这些难民成为摆在战胜国美国、法国、英国和苏联面前的亟待解决的问题。一方面，失去了政府的德国，处于无政府状态，只能听从四大战胜国的支配；另一方面，伴随着德国的战败，曾经统一的德国走上了分裂的道路。德国的西部地区被美国、英国和法国占领，而东部地区被苏联占领。这为安置众多的德国难民无疑陡增了难度，也具有了不同于其他国家统一的难民安置的新特征：

（1）德国难民的安置打上了德国西部与东部的深刻地区烙印。初期，来自东欧、东南欧国家的难民潮，首先涌入了德国东部地区。但伴

---

① Klaus J. Bade, Jochen Oltmer：*Normalfall Migration*. Paderbom：Bonifatius Druck-Buch-Verlag，2002. S. 52—53.

② a. a. O.

随着时间的推移和苏联、美国在德国未来地位的对立，越来越多的难民离开了苏联控制的德国东部地区，跨越了美国为首的西部地区的边界线，进入西方控制的德国西部地区。毫无疑问，到最后，德国的西部地区（联邦德国）安置了更多的德国难民，总量达到了787.6万人，见表1：

表1　联邦德国难民和居民情况一览表①

州名	居民		增加（＋）或减少（－）比例（%）	难民数量	难民占人口比例（%）
	1939.5.17	1950.9.13			
石荷州	1 589 000	2 594 600	＋63.3	856 943	33.0
汉堡	1 711 900	1 605 600	－6.2	115 981	7.2
下萨克森州	4 539 700	6 797 400	＋49.7	1 851 472	27.2
北威州	11 934 400	13 196 200	＋10.6	1 331 959	10.1
不来梅	562 900	558 600	－0.8	48 183	8.6
黑森州	3 479 100	4 323 800	＋24.5	720 583	16.7
巴符州	5 476 400	6 430 100	＋17.4	861 526	13.4
巴伐利亚州	7 084 100	9 184 500	＋29.6	1 937 297	21.1
莱法州	2 960 000	3 004 800	＋1.5	152 267	5.1
整个联邦地区	39 337 500	47 695 600	＋21.2	7 876 211	16.5

（2）广大的农村地区接纳和安置了更多的难民。由于纳粹德国的暴行，西方盟国和苏联对德国的广大城市进行了地毯式的轰炸，致使德国的城市变成一片废墟，城市难以安置数以千万计的难民。在这种背景下，无论是德国的西部地区，还是德国的东部地区，大量的德国难民被军事占领当局安置在广大的农村地区。

（3）少量的德国难民实现了海外迁移。尽管在战争刚刚结束的日子里，由于德国糟糕的国际形象，没有文明国家愿意接受臭名昭著的德国的难民。但伴随着德国分裂成民主德国和联邦德国及冷战铁幕的

---

① Siegfried Bethlehem：*Heimatvertreibung*，*DDR-Flucht*，*Gastarbeiterzuwanderung*，*Wanderungsströme und Wanderungspolitik in der BRD*. Stuttgart，1982，S. 36.

形成，处于尽快恢复德国地位，使其成为对抗苏联及其东欧社会主义国家的最前沿的考虑，再加上国际移民组织和联合国难民署的介入，西方国家特别是美国、加拿大、澳大利亚等接纳了数以万计的德国难民，从而实现了德国难民的海外迁移。正如克劳斯·巴德教授和约亨·奥特莫教授所指出的："从1946年到1961年，总共有77.97万德国人持续地、即使在被限制的时期，也勇往直前地、义无反顾地迁居海外。其中有38.47万人迁居到美国，有23.43万人迁居加拿大，有8.05万人迁往澳大利亚，另有8.02万人迁至其他国家和地区。如此众多的德国人迁居海外，这是德国进入20世纪的历史上实现海外迁移最多的移民潮。"① 见表2：

表2　德国从西方占领区和联邦德国外迁移民及接受国家
数量一览表（1946—1961）②　　单位：人

年份	海外迁移总量	美国	加拿大	澳大利亚	其他国家和地区
1946	2 200	1 800	0	0	400
1947	4 200	3 700	0	0	500
1948	27 400	18 000	5 000	200	4 200
1949	24 800	8 300	5 700	900	9 900
1950	31 300	17 600	4 600	600	8 500
1951	65 000	25 500	28 000	2 300	9 200
1952	90 400	53 200	24 400	4 800	8 000
1953	75 900	27 900	32 500	7 500	8 000
1954	76 300	28 900	27 800	14 200	5 400
1955	60 500	33 100	16 600	6 300	4 500
1956	82 200	47 200	24 400	7 000	3 600
1957	70 900	35 300	27 000	5 300	3 300
1958	46 100	23 700	12 900	5 600	3 900

① Klaus J. Bade，Jochen Oltmer：*Normalfall Migration*. Paderborn：Bonifatius Druck-Buch-Verlag，2002. S. 52—53.
② Deutschland：*Wirtschaft und Statistik*，1963/1964，S. 191.

续表

年份	海外迁移总量	美国	加拿大	澳大利亚	其他国家和地区
1959	46 000	23 900	9 800	8 600	3 700
1960	45 200	19 600	10 000	12 000	3 600
1961	31 300	17 000	5 600	5 200	3 500
合计	779 700	384 700	234 300	80 500	80 200

通过以上三种方式，战后德国历史上的第一次难民潮，最终因为德国难民得到妥善的安置而被消解。

二、德国战后的第二次难民潮：
冷战和后冷战时期的难民潮

德国战后历史上的第二次难民潮主要发生在冷战和后冷战时期，来自东欧社会主义国家和来自战乱动荡地区的难民。具体可分为两个组成部分：第一部分是冷战时期德国接纳的东欧国家、东南欧国家和其他战乱动荡地区的难民；第二部分是冷战结束后的一段时期，东欧国家、东南欧国家德国后裔的回归。

第一部分冷战时期德国接纳的，主要是来自东欧社会主义国家和苏联、越南等的难民。就联邦德国而言，首先接受了数以万计的来自民主德国的难民；其次，在冷战的特殊背景下，冷战时期的特定思维让联邦德国将来自东欧社会主义国家的移民作为政治上的难民来接纳。实际上，从严格的国际难民法意义上来看，这些移民是无论如何不能作为政治难民而被接纳的，而冷战时期与东欧社会主义国家的对立思维，却让这些移民轻松获得政治上的难民身份进入和在德国居留。在包括联邦德国在内的西方国家看来，来自东欧社会主义国家的人们原生活在"专制制度"下，为了"逃离之"而来到西方自由世界。因此，将脱离"专制制度"而回归西方自由制度的人们视为政治上的难民是再贴切不过了。

在冷战时期，每次在东欧国家出现局部动荡时，例如匈牙利、捷克斯洛伐克发生与苏联关系紧张的时期，都有数以十万计的东欧国家的移民作为政治上的难民而被接纳。1980 年代中期以后，苏联对东欧国家的控制减弱，东欧国家和苏联都面临着新国家建立带来的众多问题。"特别是在苏联内部，除了民族冲突，还有民族分离带来的有着内外边界的新的'民族领土单位'。这些转变带来了原有管理形式的瓦解。随着迁徙自由政策的引进，移民状况发生了根本转变。苏联分解成若干'封闭的'单一民族国家，宣称全民一致的苏联时期的国民原则也就失去了意义，而种族原则成为主要原则。于是，从前只允许少量移民迁移的情况也就发生了根本改变。1988 年以后从苏联及其解体后的国家中迁出的移民越来越多，民族分化不仅在法律上和政治上得到了许可，而且有时甚至是具有强制性的。"① 在这种背景下，来自苏联、东欧地区众多的移民，优先在德国申请到难民身份。因为在众多的接纳难民的西欧国家中，德国的难民庇护申请最容易获得。在经历纳粹法西斯主义的独裁统治之后，德国社会各阶层在道德上取得了共识，普遍认为难民有避难的权利。同时也主张，新的德国应该对全世界自由开放。于是，从 1980 年代末到 1993 年，由于苏联对东欧社会主义国家控制的松懈和随后的苏联解体、冷战结束，对公民权利、国籍权和民族、种族认同标准发生变化，原东欧国家和新出现的独联体民族国家因民族问题而冲突不断，由此造成了数以十万计的跨越边境的难民潮。于是，涌入西欧的新一轮难民潮首先进入冷战时期的前沿国家——德国，再加上德国宽松的避难与庇护法律，1992 年进入西欧的 76 万难民中，就有 43.8 万人在德国提出了难民庇护申请。② 据联邦德国移民与难民局的统计，冷战时期和后冷战时期，联邦德国接纳了约 200 万名难民。

---

① Michael Bommes, Stephen Castles and Catherine Wihtol de Wenden: *Migration and Social Change in Australia, France and Germany*. Osnabrück: Universitätsverlag Rasch, 2000.

② Regina Heine: Ein Grundrecht wird verwaltet, in: *Bewährungsprobe für ein Grundrecht*. hrsg. von Amnesty International. Baden-Baden, 1978, S. 407.

第二部分是冷战结束后的一段时期，东欧国家、东南欧国家德国后裔的回归。1990 年代初，伴随着德国的统一、冷战的结束和华沙条约组织的解散，中东欧国家冷战时期形成的严厉禁止移民和难民庇护申请的政策被废止。于是，中东欧和东南欧国家的拥有德国血统的移民蜂拥般地进入德国，每年达到 40 万人。来自中东欧国家的移民、难民潮，使德国政府面临的移民、难民社会问题日益突出。于是，到 1990 年代末，德国政府开始实施严格的移民与难民政策，提高了移民与难民的条件，同时限定了移民与难民的指标，规定每年进入德国的指标是 10 万人。这些限制性的措施发挥了明显作用，移民、难民申请从过去每月 12 000 份下降到 2002 年的 6 000 份，下降幅度达到了 50%。

从德国战后接纳难民庇护申请的历史来看，德国的难民庇护政策经历了一个从开放到逐渐收紧的过程。如果说 1990 年代以前，德国的难民庇护政策是相对开放，从而接纳了数以百万计的来自东欧社会主义国家甚至包括越南的难民庇护申请者的话，那么在 1990 年代尤其是德国统一和冷战结束以后，难民庇护政策开始逐渐收紧。总体来看，由于冷战和后冷战时期的难民庇护申请者的总量有限，再加上日益老龄化的德国需要更多的外国劳动力的加入，才能维持德国经济、社会发展的繁荣与可持续发展和社会保障体系的正常运转，因此冷战和后冷战时期德国接纳的约 200 万难民，并没有对德国的社会与经济发展产生很大的消极影响。相反，在一定的意义上，对于德国缓解人口老龄化、促进经济与社会的可持续发展发挥了重要的积极作用。

三、德国战后的第三次难民潮：
2015 年欧洲难民危机的难民潮

进入 21 世纪以后，特别是由信奉伊斯兰教极端派别恐怖组织——

基地组织实施的针对美国的"9·11"恐怖袭击和美国发动的阿富汗战争、伊拉克战争及其挑起的叙利亚内战以后，主要是来自战乱地区的叙利亚、伊拉克、阿富汗等中东和北非地区的难民逐渐形成了较大的规模，由于地缘关系和移民传统及移民网络链的影响，上述地区的难民大部分通过跨越地中海和东部的巴尔干半岛陆路边界进入欧洲国家的意大利、希腊、匈牙利等。特别是 2014 年在叙利亚东北部和伊拉克北部地区崛起的极端恐怖主义组织"伊斯兰国"，更加剧了成千上万的难民的产生。到 2015 年，在叙利亚大约有 1 100 万难民，其中国际难民 400 多万，在动荡的伊拉克、阿富汗和北非地区的利比亚，都有数以百万计的国际难民产生。由此，到 2015 年 9 月，在欧洲地区形成了一股规模庞大的难民潮。由于德国实施了欢迎难民的积极政策，在一定程度上吸引了更多的难民的目光。持续涌入欧洲的数以百万计的来自叙利亚、阿富汗和伊拉克等国家的难民，构成了自二战以来最大的难民潮，其中绝大部分难民选择了德国作为他们的难民庇护申请地。这一波难民规模之大、冲击程度之猛烈、影响之深远，构成了德国战后历史上的第三次难民潮。

从欧洲难民危机爆发以来的发展进程来看，德国的难民政策经历了从欢迎难民到选择性限制难民的政策转变。从 2015 年 9 月到 2016 年，这是德国实施欢迎难民积极政策的阶段。由于来自希腊和东欧国家匈牙利等国家的难民数以十万计，而东欧国家实施了严厉的边境控制政策，致使这些蜂拥而至的大量难民滞留在不愿意接受难民的东欧国家和无力承受大量难民压力的希腊。而依据《都柏林公约》关于第一责任国的原则，希腊具有甄别、安置这些难民的义务。显然，这是希腊等国无法完成的高难度的任务。由于在欧盟层面上没有达成接纳难民的统一方案，而难民的规模越来越大，在这种背景下，德国于 2015 年 9 月初放弃了第一责任国的原则，实施欢迎难民的积极政策，主动承担起了接纳难民的艰巨任务。于是，数以十万计的难民蜂拥而至，涌入德国。到 2015 年 12 月，约有 130 万人进入欧洲地区，其中德国由于实施欢迎难民的积极政策而吸引了110万难民（包括过境难民），最终数据是89万人入境和滞留在德国。同时，在德国提出难民庇护申请的人数也达到了47.66万人，超越了1992年的历史最高纪录，创造了难民庇护申请的历史新高。[①] 为应对无序涌入德国的规模庞大的难民潮，德国政府采取了一系列措施，"第一，面对数以十万计的难民申请者，移民与难民局的工作人员不堪重负。为此，联邦政府于9月7日，为移民与难民局新增了2 000人，以应对避难申请审核的人力资源不足的问题。第二，创新避难申请处理的程序。……为了提高避难程序审核的效率，海德堡专门设立了可以安置5 000人的难民登记中心，将整个复杂流程放在同一个地点现场办公，从难民登记、安置、身份证件审核到避难程序，并实施模块化的操作以减少时间消耗。第三，为各州合理分配难民安置的配额。第四，德国政府通过设置'较安全国家'的方式，收紧了原先宽松的难民政策。具体做法是：阿尔巴尼亚、科索沃和黑山将被晋级为所谓的'较安全国家'，目的是让来自这些国家的避难申请者尽快重返家乡"[②]。通过这一系列的有效措施，面对近百万的难民，到2015年12月，德国的难民甄别和难民安置机构有效运转，实现了接纳百万难民的社会目标。

从2016年至今，这是德国实施有条件的选择性难民接纳的政策阶段。由于在无条件地欢迎难民和接纳难民的第一阶段，2015年近百万难民蜂拥而入，致使德国社会的正常秩序受到了一定的冲击。特别是2015年11月14日，在法国巴黎发生了由极端恐怖组织"伊斯兰国"发起的、由叙利亚难民和其他欧洲国家第二、第三代极端穆斯林实施的巴黎系列爆炸案，引起了包括法国和德国社会部分民众的担忧与不满。反对德国实施的欢迎难民政策的呼声日趋高涨，并引发了声势浩大的

[①] Bundesamt für Migration und Flüchtlinge: *Das Bundesamt in Zahlen 2015*, Asyl, S. 8.

[②] 宋全成：《欧洲难民危机中的德国难民政策及难民问题应对》，《学海》2016年第4期，第55—62页。

"爱国欧洲人反对西方伊斯兰化运动"。德国政坛的内部也对欢迎难民的政策产生了众多分歧。不仅反移民、反穆斯林的极右翼政党"德国选择党"（AfD）反对德国政府的欢迎难民的政策，而且部分社会民众也对政府的欢迎难民政策持怀疑态度。2016 年元旦，在德国科隆又发生了由穆斯林难民实施的集体性侵案。这进一步激起了德国民众对欢迎难民政策的强烈不满，迫使政府收紧欢迎难民的积极政策。为此，德国政府调整策略，采取了下列措施：（1）鼓励难民返乡，在资金上给予一定的支持。到 2016 年 12 月，有 50 000 多名难民庇护申请者获得资助后离开了德国。（2）设立接纳难民的上限，每年 20 万人。此前默克尔政府一直反对为难民接纳的数量设限的政治安排，但到 10 月最终不得不接纳了为难民数量设限的主张。（3）积极参与欧盟与土耳其的难民协议谈判，并最终促使《欧盟与土耳其难民协议》的达成。依据该协议，"从 3 月 20 日起非法进入希腊的难民包括逃避战乱的叙利亚难民，将全部遣送至土耳其；对每一位遣返的难民，欧盟都将'重新安置'一名正在土耳其等待申请避难结果的叙利亚难民。这一措施将避免难民继续大量涌入希腊。为此，欧盟将向土耳其提供补偿和其他'回报'。资金补偿将在原提供 30 亿欧元的基础上追加 30 亿欧元。其他的'回报'则主要是从当年 6 月起对土耳其人在欧盟'申根区'内享受免签待遇，以及加快土耳其加入欧盟的谈判节奏。"[1]（4）强化边境管控，严管无序难民和非法移民的入境。尽管难民庇护申请的数量在德国大幅上涨，2016 年欧盟境内提出正式的难民庇护申请高达 120 万人[2]，其中在德国申请难民庇护的人数就达到 74.55 万人[3]，比 2015 年的 47.66 万人增长了

---

① 沈孝泉：《欧土难民协议背后的法德分歧》，《网易新闻》http://news. 163. com/16/0321/09/BIM1TFDS00014JB6. html，访问日期：2020 年 4 月 22 日。

② 参见欧洲统计局：《难民申请者国别统计》，http://ec. europa. eu/eurostat/web/asy-lum and-managed-migration/statistics-illustrated，访问日期：2017 年 3 月 2 日。

③ 参见 Bundesamt für Migration und Flüchtlinge：*Aktuell Zahlen zu Asyl. Dezember 2016*，S. 11。

56.42%，约为 2014 年 20.28 万人的 3.68 倍①，创下了自 1992 年以来的历史新高。但由于采取了上述有效的措施，2016 年进入欧洲地区的难民数量从 2015 年的 129 万人，断崖式地下降到 36.4 万人，其中德国接纳的难民，从 2015 年的 89 万人下降到 32.1 万人，比 2015 年减少了近三分之二。② 由此可见，管控难民入境德国的数量、化解难民潮的社会危机的目标已经实现。

四、难民潮在德国的展望

由于美国介入而导致的叙利亚内战正酣，动荡的伊拉克、阿富汗和利比亚等中东、北非地区的难民依然数以千万，其中谋求进入欧洲特别是到德国避难的国际难民依然数以百万，再加上德国在战后有长期接纳难民和欢迎难民的积极政策的传统，因此如果继续实行宽松的欢迎难民的积极政策，难民潮在德国出现的可能性依然不能完全消除。

但在目前欧洲民粹主义崛起，反移民、反穆斯林的"爱国欧洲人反对西方伊斯兰化运动"风起云涌，反欧洲一体化、反移民的欧洲极右翼政党在欧洲议会及欧洲国家的政坛上迅速崛起，欧洲各国的政治走向右倾的背景下，德国的政坛格局也在发生重大变化，特别是德国的反移民、反穆斯林的极右翼政党——选择党的崛起，迫使德国政府收紧难民政策。伴随着德国难民政策的收紧和难民入境德国规模的缩小，2016 年以来，在德国提出难民庇护申请的人数也在大幅减少，见图 1：

德国联邦移民与难民局的数据表明，2017 年在德国提出难民庇护申请的人数只有 222 683 人，与 2014 年 202 834 人的水平相当。2018 年

---

① 参见 Bundesamt für Migration und Flüchtlinge：*Asylgeschäftsstatistik für den Monat December 2016*，S. 3。

② 周珺：《2016 年经地中海进入欧洲的难民大幅减少》，《新华网》http://news. xinhua-net. com/world/2017−01/07/c_1120264349. htm，访问日期：2017 年 6 月 1 日。

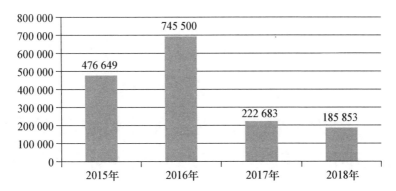

图1　2015—2018 年难民庇护申请者数量及动态变化

提出难民庇护申请的人数进一步减少到 185 853 人，与 2017 年相比，又下降了 16.5%。① 可以预料，在欧盟外部边境控制进一步加强、德国的民粹主义思潮继续高涨、德国欢迎难民的积极政策继续收紧的情况下，近期及将来很长的一段时间内，在德国发生像 2015 年的近百万难民入境德国的难民潮，将不会再次出现。

---

①　Bundesamt für Migration und Flüchtlinge：*Das Bundesamt in Zahlen 2017*，*Asyl*，*Migration und Integration*．Berlin，2018，S. 13.

18. 德国记忆文化引发匈牙利冲突文化： 难民危机与德国形象在匈牙利的变迁

梅拉尼·巴莱[*]

摘要：本文将借助阿莱达·阿斯曼的理论概念，从记忆文化的三大维度来分析 1989 年至今德国形象在匈牙利的变迁，对正好是 30 年前发生的"泛欧野餐"和奥匈边境开放的记忆构成了本文分析的对象。本文探讨的核心问题是：匈牙利政治精英对两德统一和东欧转型的历史记忆是否转化为一种政治冲突文化？

关键词：记忆文化，匈牙利，泛欧野餐，奥匈边境开放，德国形象

一、概念解释：记忆文化

"文化的记忆"（kulturelle Erinnerung）概念在下文中，基于英美

———————————

* 作者简介：自 2011 年以来，在匈牙利布达佩斯安德拉什（Andrássy）大学作为政治传播网络（netPOL）项目研究员，是匈牙利在线选举支持项目"Vokskabin"的联合创始人和协调员。2017 年 12 月在德国图宾根埃伯哈德·卡尔斯大学获得政治学博士学位，博士论文题为《匈牙利的传统社会冲突线——在后转型阶段的相关性》。目前研究重点包括在线选举支持和匈牙利的政治制度。

"文化记忆"（cultural memory）研究方案，用作表述文化与记忆
（Gedächtnis）或回忆（Erinnerung）之间关系的集合概念。* 记忆文化
（Erinnerungskultur）在此被视为历史和文化集体记忆的一部分。就记
忆主题展开的学术探讨，呈现出跨学科特点。"不同的问题和兴趣交叉、
刺激和浓缩：文化科学、自然科学和信息技术"①。心理学的发现被视
为记忆研究不可或缺的基础，其进一步发展的成果之一便是：集体记忆
（kollektives Gedächtnis），深受 1920 年代法国社会学家莫里斯·哈布瓦
赫（Maurice Halbwachs）的影响。② 哈布瓦赫在这一理论中指出了记
忆的社会制约性，他将其定义为人们在个人意识中得以实现的集体记忆
成就。③ 他被公认为记忆社会维度的发现者。④ 扬·阿斯曼（Jan Ass-
mann）采纳了哈布瓦赫的理论，认为现时主宰过去，且现时的设想由
期待、希望和目标所决定。⑤ 但扬·阿斯曼强调过去对现时所施加的影
响。他与夫人阿莱达·阿斯曼借鉴哈布瓦赫的理论，共同创立了"文化
记忆"（das kulturelle Gedächtnis）概念。⑥ 阿莱达·阿斯曼认为，对某
些历史事件的记忆，取决于群体是否将之作为"历史自我认知的重要和

---

* 德语"Gedächtnis"通常指大脑中有关过去事务和知识的储存，而"Erinnerung"更多
是指将储存在大脑的内容重新激活的过程。在中文文本中，两者常被简单化地译为"记
忆"。——译者注

① Aleida Assmann：*Erinnerungsräume. Formen und Wandlungen des kulturellen
Gedächtnisses*. München，1999，S. 16.

② 哈布瓦赫早在 1925 年发表的两部论著《论涂尔干的宗教起源情感说》（*Les origines
du sentiment religieux d'après Durkheim*）和《记忆的社会框架》（*Les cadres sociaux de la
mémoire*）中，便采纳了涂尔干的思想，将记忆（Gedächtnis）描述为一种社会现象。

③ Maurice Halbwachs：*Das kollektive Gedächtnis*. Frankfurt am Main，1985；同时参见
法语原版 Maurice Halbwachs：*La mémoire collective*. Paris，1950。

④ Jan Assmann：Das kollektive Gedächtnis zwischen Körper und Schrift. Zur
Gedächtnistheorie von Maurice Halbwachs，in：Hermann Krapoth（Hrsg.）：*Erinnerung und
Gesellschaft. Hommage à Maurice Halbwachs（1877 – 1945）. Jahrbuch für Soziologiege-
schichte*. Wiesbaden，2005，S. 65–83，hier S. 77.

⑤ Aleida und Jan Assmann：Das Gestern im Heute. Medien und soziales Gedächtnis，
in：Klaus Merten，Siegfried J. Schmidt，Siegfried Weischenberg（Hrsg.）：*Die Wirklichkeit der Me-
dien. Eine Einführung in die Kommunikationswissenschaft*. Opladen，1994，S. 114–140.

⑥ Jan Assmann：*Das kulturelle Gedächtnis：Schrift，Erinnerung und politische
Identität in frühen Hochkulturen*. München，1992，S. 88.

永久参照点"①。在新作《昔日的悠长暗影》中，她进一步发展了阿斯曼理论，将重点转向研究记忆文化与历史政策之间的关系，并由此也关注德国人的民族记忆，即集体记忆。② 集体记忆作为过去与现时在社会文化环境下的相互作用，在记忆文化中得到体现。阿斯曼认为，记忆文化涉及三大维度，一是聚焦"社会记忆"（soziales Gedächtnis），二是"媒体记忆"（mediales Gedächtnis），三是"心智记忆"（mentales Gedächtnis）。唯有三大维度都共同交互，才会产生集体记忆。③

阿莱达·阿斯曼将记忆文化分为三种"推力"（Impulse）④，与阿斯特丽德·埃尔（Astrid Erll）的三维度类似。她将第一种推力称为好奇心，通过历史书籍、展览、电影、纪念碑以及历史场所来得到满足。第二种推力在阿斯曼看来是身份确认，其中涉及唯有通过个人过往历史和个人记忆才能唤醒的个人或国家认同。第三种推力是由诫命"你应该记住"所决定的，并适用于没有自发的冲动去回忆之处。在此，重要的首先是作为一种伦理职责去承认某些历史事件。⑤

在第三种"推力"维度，我们必须从政治角度来回忆，其特点是这种回忆虽短暂，但影响长久深远。究其原因，一方面，政治家几乎难以记起两周前发生的事情；另一方面，政治记忆可以不受代际的影响而产生效应。

记忆文化的三大维度虽各有侧重，但在记忆日常活动中却互补。维度的划分往往与"纯文化"（Reinkultur）的形成有关，这种纯文化在戏剧性上演历史事件时可能有碍身份认同的维护。⑥

① Aleida Assmann: Das kulturelle Gedächtnis an der Milleniumsschwelle: Krise und Zukunft der Bildung, *Konstanzer Universitätsreden*. Konstanz, 2004, S. 5.

② Aleida Assmann: *Der lange Schatten der Vergangenheit. Erinnerungskultur und Geschichtspolitik*. Bonn, 2007.

③ A. Assmann, 2007, S. 102.

④ Aleida Assmann: Erinnerungsräume. Formen und Wandlungen des kulturellen Gedächtnisses. München, 1999, S. 25.

⑤ A. Assmann, 1999, S. 26.

⑥ A. Assmann, 1999, S. 26f.

二、历史题外之话

在分析记忆文化之前，对匈牙利冲突结构的历史遗留问题加以说明，显然是有必要的，这些问题对于当今匈牙利的政治体制、匈牙利在欧盟的地位，尤其是对德国的外交关系产生着影响，而这种关系反过来又作用于德国形象。

在匈牙利，18世纪和19世纪的政治与社会冲突讨论在很大程度上受到了对哈布斯堡君主制的反感或好感的左右。也就是说，要求建立一个独立的匈牙利的呼声源于匈牙利的民族革命。不断重新组建形成的政治团体感兴趣的是对于已深深烙入"匈牙利"灵魂的"哈布斯堡恐惧"（Habsburg-Angst）的维持和再现，以期尽可能地维持政体的稳定。当时的"哈布斯堡恐惧"首先表现在对于一个极其强大的维也纳和对于布达佩斯失控的害怕，其次是浪漫化地紧紧抓住国家主权的残余。

因此，在匈牙利形成了迄今影响着国家政体的两大主要矛盾：一方面是作为工业化结果而产生的都市人与所谓农业民粹主义者之间的经济对立，另一方面是通过民族主义化努力而引发的传统主义者与"西方化人士"（Westernizern）之间的冲突。前者早在自1920年代以来，就一直强调民族的独立。在他们的方案中，核心在于维护民族传统和价值观。西方化人士相反，重点致力于欧洲化和全球化，而没有与民族传统有牢固的联系，且视放弃与国际条约有关的主权为必要事项。在经济层面上，农业民粹主义者代表基督教的民族价值观，而都市主义者则倡导西方的自由主义价值观和城市利益。在文化层面上，贵族们为了维护自己所享有的特权而效忠于哈布斯堡王朝，与贫穷的革命人民相对立。

与西欧的政治体制不同，民主结构源于社会要求和作为对其回应的协商妥协的党派冲突，而匈牙利的民主思想在18世纪末19世纪初却反映在政治精英发起的意识形态权力博弈。政治变革仅由政治精英主导，民众必须"容忍"之。最佳状况是社会的一部分人成为制度的受益者，但无参与话语权。这一发展的结果是，一方面，启蒙和革命精神在政治精英圈不断自我更新；另一方面，自上而定的臣民意识在匈牙利社会中却不断巩固，影响国家的政治文化，并进而影响政党制度。随着对"（哈布斯堡）恐惧"的调控、监督和重塑，匈牙利社会开启了去政治化进程。一个"匿名的民族国家"随之产生。中产阶级的缺席进一步加剧了匈牙利政治的匿名化进程。通过这种方式，冲突的未来维度被预先设定，并为 1948 年及其后不断巩固的冲突体系的制度化铺平了道路。[①]

三、机构性题外之话

除了描述历史路径依赖性外，就欧尔班政府（Orbán-Regierung）对德国外交政策也产生影响的机构性框架条件加以阐述，显得同样有必要。

总的来说，匈牙利的外交政策并不存在。既无外交战略，匈牙利议会的外事委员会也没有得到应有的重视。该委员会工作首先取决于匈牙利总理的设想，他利用外交领域的问题，诸如全球难民潮来谋求其国内政治利益。由于政府在议会中占据三分之二的多数席位，以及青民盟（Fidesz）和其姊妹党基督教民主党（KDNP）自身所具有的极强的议会党团纪律，有关外交政策事务的议会辩论也从未曾出现过。此外，除维克托·欧尔班（Viktor Orbán）* 外，还有谁能够影响外交决策机制，也不甚明了。因此，匈牙利政治学家博顿·费莱迪（Botond Feledy）

---

① Melani Barlai: *Tradierte gesellschaftliche Konfliktlinien in Ungarn. Relevanz in der Posttransformationsphase*, Dissertationsschrift. Tübingen, 2018, print on demand, erreichbar auch unter: https://publikationen. uni-tuebingen. de/xmlui/handle/10900/80062.

* 匈牙利人姓名写法与我国的相同，即姓在前，名在后。本文的中文翻译采用匈牙利人惯例写法，在括号中书写匈牙利文原名时，也以姓在前，名在后。——译者注

将欧尔班政府的外交政策称作"黑匣子"①，可谓不无道理。涉及国家
安全的外交策略最近一次是在 2011 年由时任外长的贾诺斯·马尔托尼
(János Martonyi) 提出的。2014 年他以三分之二的多数票再次获选后，
将外交部更名为外交与对外贸易部。在匈牙利语中，"外贸"（külföldi
kereskedelem）一词的发音先于"外交"（Nemzetközi kapcsolatok）一
词。② 象征着外交地位从属于外贸。同时，也发生了人事变动。彼得·
西雅尔多（Péter Szijjártó）被任命为外长，他是欧尔班最忠实的门生之
一。在西雅尔多的领导下，新一届外交部的预算增加了四倍，核心任务
由欧尔班本人在 2015 年 3 月的一次向匈牙利外交官候选人和大使的讲
话中亲自提出："匈牙利外交的成功取决于匈牙利经济发展的成
功。……向东的大门已打开，现在只需要向它靠近"③。此外，外交政
策的视角由西向东转变，也因处理"西方"事务的决策权从外交部向总
理府和司法部转移而加剧。总理本人决定着有关布鲁塞尔政策的（负
面）基调，这在青民盟的欧盟大选竞争中可窥见一斑。2019 年 4 月执
政党发起了一场全国性海报宣传活动，口号为"支持维克托·欧尔班的
计划"。值得注意但同时并不足为奇的是，青民盟以欧尔班简要的七点
全方位反移民"纲要"④ 来展开宣传。自 2015 年以来，该计划一直左

① Botond Feledy：Feltárhatatlan fekete doboz? Egy hiperpragmatikus külpolitika
kockázatai〔Unauffindbare Black Box? Risiken einer hyperpragmatischen Außenpolitik〕，in：
András Jakab，László Urbán（Hrsg.）：*Hegymenet. Társadalmi és politikai kihívások
Magyarországon*〔Bergaufgang. Gesellschaftliche und politische Herausforderungen in Un-
garn〕. Budapest，2017，S. 111–129，hier S. 114.

② https://www.kormany.hu/en/ministry-of-foreign-affairs-and-trade，zuletzt abgerufen
am 25.02.2020.

③ Péter Farkas Zárug：*Nagyköveti Fejtágítás*〔*Horizonterweiterung für Botschafter*〕，
unter：https://demokrata.hu/velemeny/nagykoveti-fejtagitas-84064/，zuletzt abgerufen am
25.02.2020.

④ 这七点纲要为：移民政策应该摆脱布鲁塞尔，由民族国家自行来决定；任何国家都
没有义务来接受移民；无有效身份证件，不得进入欧洲；应取消移民签证和移民居留卡；布
鲁塞尔不应再为乔治·索罗斯（György Soros）的移民组织提供资金；任何人在欧盟都不应该因
为声称信仰基督教而受到歧视；欧盟机构领导人中应该有反移民者。详见 Fidesz EP Programm，
unter：https://fidesz.hu/hirek/orban-viktor-programot-hirdetett-a-bevandorlas-megallitasaert，
zuletzt abgerufen am 27.02.2020。

右着欧尔班政府的决策。同时，它是政府不成文的外交政策纲领，是执政党青民盟和基督教民主党同样不成文的竞选纲领的核心支柱，它的作用相当于"道德恐慌按钮"（moralischer Panikknopf）①，倡导者欧尔班本人多年来每次出席国内活动及在国外面对志同道合的其他国家领导人时都不知疲倦地坚持使用之。总体来说，匈牙利外交政策并非独立的实体。它更多是欧尔班内政的服务者，多年来极有效地被用作维护欧尔班政权的战略工具。

四、德国形象在匈牙利与有关 1989—1990 年的记忆

> 顺便提一下，我们匈牙利人对我们在柏林墙倒塌中所扮演的间接角色感到非常自豪。
>
> ——约瑟夫·安塔尔＊，1990 年②

德国在匈牙利的国家形象在体制转型之际，尤其受到了 1989 年夏天在奥匈边境发生的事件的影响，这些事件为德国重新统一铺平了道路，使匈牙利获得了德国的永恒感激之情。

匈牙利《基本法》也明确了"1989 事件"的重要性："第 2 节：议会宣布将 10 月 23 日，即 1956 年革命和争取自由斗争开始之日，以及 1989 年匈牙利共和国宣告成立之日，定为国庆日。"③

中东欧年轻的民主国家的转型是否成功，也将根据其对本国历史的

---

① 更多参见 Melani Barlai, Endre Sik：A Hungarian trademark (a "Hungarikum")：the moral panic button, in：Melani Barlai, Christina Griessler, Birte Fähnrich, Markus Rhomberg (Hrsg.)：*The Migrant Crisis：European Perspectives and National Discourses*. Berlin u. a.，2017，pp. 220–240。

＊ 约瑟夫·安塔尔（József Antall）曾在 1990 年 5 月 23 日至 1993 年 12 月 13 日出任匈牙利总理，为匈牙利民主论坛成员。——译者注

② 引自 Árpád von Klimó：*Ungarn seit 1945*. Göttingen，2006，S. 208。

③ Attila Szakolcai：*Az 1956-os forradalom és szabadságharc* ［*1956er Revolution und Freiheitskampf*］. Budapest，2001，S. 236。

评估状况来衡量。在匈牙利，对于历经 40 年苏联统治的记忆在这一过程中发挥着至关重要的作用。但仅有记忆，并不能保障体制转型的成功。关键在于如何去记忆。① 在匈牙利，可以找到各种各样的记忆形式。记忆的方式是极端的。在匈牙利，一种统一的民族国家认同的形成受到内部社会冲突的阻碍，这些冲突塑造了对于历史事件的诠释文化（Deutungskultur）。社会主义的塑造力在记忆过程中也能感受到。它不仅影响着民族的记忆文化（Erinnerungskultur），也影响着市民社会的参与。记忆的文化（Kultur des Erinnerns）主要是由国家、政党和政党政治集团塑造形成的。个人和市民社会在传统意义上对于历史反思进程影响并不大。② 考虑到历史路径的依赖性，记忆由政治精英决定也就不足为奇了。"自 1989 年转型以来，匈牙利的记忆文化一直努力为获得一种多数人认同的有效历史解释而博弈，主要围绕用其他罪行来抵消匈牙利纳粹的罪行。在此，颂扬和解脱自身民族的罪责起着重要作用。"③

为了能理解有关 1989—1990 年的记忆文化，阐释 1956 年匈牙利革命记忆的维护同样也是必要的，尤其是 1956 年起义爆发的 10 月 23 日，也是 1989 年匈牙利共和国宣布成立之日。

（一）对于 1956 年的回忆

维克托·欧尔班——当时和如今的青民盟主席及自 2010 年 4 月以来的国家总理，在 1989 年 6 月 16 日年仅 26 岁时就名声大噪。在迄今仍被视为 1956 年的英雄、遭苏联枪决的伊姆雷·纳吉（Imre Nagy）总理的隆

---

① Stefan Troebst：Budapest oder Batak? -Postkommunistische Erinnerungskulturen im östlichen Europa, in：Uwe Backes, Tytus Jaskulowski, Abel Polese (Hrsg.)：*Totalitarismus und Transformation. Defizite der Demokratiekonsolidierung in Mittel- und Osteuropa.* Göttingen，2009，S. 335-342，hier S. 335.

② St. Troebst，2009，S. 335.

③ Krisztián Ungváry：Belastete Orte der Erinnerung, in：APuZ 2009，http://www. bpb. de/apuz/31852/belastete-orte-der-erinnerung.

重葬礼上，他在 15 万民众面前发表了广受好评的悼词，大胆地要求苏军撤离。这样做的目的并不是要继续或复兴当时的起义，而是为了实现 1956 年目标的和平过渡。[①] 正是因为这场名为"青年民主主义者联盟"，简称青民盟（Fidesz-Bürgerbund）[②] 的运动，一个反共产主义的代际政党（Generationenpartei）出现了（成员最初必须在 35 岁以下）。在 1990 年的选举海报上，印着勃列日涅夫与昂纳克的深吻，旁边附有一则颇具讽刺意味的讯息："请选举！"下方是带有青民盟徽标的"对比图"，印着一对年轻靓丽夫妇的吻。[③] 在 1998 年至 2002 年执政期间，青民盟就致力于实现国家阵营的团结，并与社会主义者划界。在 2002 竞选年，该党支持在布达佩斯建造"恐怖之屋"（Haus des Terrors）[④]，尝试重新审视该国的极端主义过去。对犹太人和罗姆人的迫害没有被重点呈现，对共产主义时代也没有加以区别处理。[⑤] 在政治文化出现分歧，特别是政治精英之间"右"与"左"的鸿沟不断加深的时期，欧尔班的倡议似乎是塑造"1956 年自我形象"的一个理想的竞选和合法化工具。[⑥] 然而，它对于匈牙利人对共产主义时期的-被工具化的-历史反思的重要作用是毋庸置疑的。

---

① János Rainer：Imre Nagy. Vom Parteisoldaten zum Märtyrer des ungarischen Volksaufstands. Eine politische Biographie 1898 - 1958. Paderborn，2006.

② Fidesz 词源于拉丁语"fides"，意为忠诚、信任。

③ János Simon：Politikai stílus és kampánykommunikáció. A parlamenti pártok politikai stílusának változása [Politische Stil und Wahlkampfkommunikation. Die Veränderung des politischen Stils der Parlamentsparteien]，in：Péter Sándor，László Vass（Hrsg.）：*Magyarország politikai évkönyve 2001-röl* [*Politisches Jahrbuch Ungarns über 2001*]，Band 1. Budapest，2002，o. S.

④ 该博物馆在设计之初受到其他记忆场所的启发，例如拉脱维亚里加的职业博物馆[总干事玛丽亚·施密特（Mária Schmidt）在 2008 年 2 月与布达佩斯一名女作家对话时提及]。参阅博物馆的官方文件：Mária Schmidt（Hrsg.）：*Terror Háza* [*Haus des Terrors*]. Budapest，2003。

⑤ Andreas Schmidt-Schweizer：*Politische Geschichte Ungarns von 1985 bis 2002. Von der liberalisierten Einparteienherrschaft zur Demokratie in der Konsolidierungsphase.* München，2007，S. 362.

⑥ Vera Sophie Ahamer：Ungarn 1956. Ein historisches Ereignis als politisches Legitimationsinstrument，in：*Zeitgeschichte*，Jg. 33，2006（6），S. 115-134，hier S. 130.

　　1956 年秋事件构成了体制转型后对过去进行正式和法律审核的中心。设立了审查机构"历史委员会"，首先是调查社会主义专政最初几年的情况，处理的重点是对统治"艰难"时期的受害者的赔偿，并为其恢复名誉。[1] 1996 年，对公共服务从业人员进行了审核，但受审人员总计仅约 500 至 1 000 名。2000 年，审核范围还扩展到媒体部门人员。[2]在过渡时期，出现了许多记忆场所，由协会、政党尤其是前起义者及其亲属倡议设立。然而，尽管有关 1956 年匈牙利革命的记忆具有国际意义，但仍然是一项国家事务。[3] 青民盟作为 1998—2002 年组建匈牙利政府的政党，推行一种旨在建立认同的历史政策，成功建立起了许多具有象征意义的记忆场所，其中包括"匈牙利建国 1 000 年"庆祝活动、匈牙利王冠在议会的落成典礼，以及博物馆的建成即布达佩斯"恐怖之屋"（Terror Háza）。[4] 也是出于这层考虑，更仔细观察这个博物馆是有必要的，因为它象征着匈牙利对纳粹和苏联控制下的共产主义历史的不同处理方式与态度，同时为 2014 年落成德国占领纪念碑埋下了伏笔。

　　布达佩斯"恐怖之屋"致力于重新审视历史，并作为"共同的记忆场所"。[5] 这座位于安德拉什大街 60 号的建筑是由维克托·欧尔班领导下的民族保守派青民盟提议建成的。1944—1945 年，该大楼曾是匈牙利纳粹党，即"箭十字党"（萨拉希党，Pfeilkreuzler）的总部。1945年后，它成为匈牙利国安局的总部。2002 年 2 月 24 日议会选举前夕，

---

　　① Gabriele Baumann，Nina Müller：*Vergangenheitsbewältigung und Erinnerungskultur in den Ländern Mittelost-und Südosteuropas*，*Arbeitspapier der Konrad-Adenauer-Stiftung*. Berlin，Sankt Augustin，2006，S. 14.

　　② G. Baumann，N. Müller，2006，S. 14.

　　③ Dokumentationsprojekt der Stiftung zur Aufarbeitung der SED-Diktatur：Erinnerungs-orte an die kommunistischen Diktaturen，Auszug：Gedenkorte zur Erinnerung an die ungarische Revolution 1956，http://www. stiftung-aufarbeitung. de/downloads/pdf/2009/EO_Ungarn56. pdf，abgerufen am 20. 05. 2010.

　　④ Regina Fritz：Gespaltene Erinnerung. Museale Darstellungen des Holocaust in Ungarn，in：Ders. Carola Sachse，Edgar Wolfrum：*Nationen und ihre Selbstbilder. Postdiktatorische Gesellschaften in Europa*. Göttingen，2008，S. 129−150，hier S. 136.

　　⑤ http://www. terrorhaza. hu/muzeum/rolunk. html，abgerufen am 15. 05. 2010.

该博物馆在"中东欧历史和社会研究基金会"提出的国家倡议的支持下对外开放。① 基金会是"1956 年匈牙利革命文献资料和研究所"和"政治史研究所"的制衡力量。② 除了"恐怖之屋"，基金会还拥有两个机构："20 世纪研究所"和"21 世纪研究所"。欧尔班的前顾问玛丽亚·施密特任这三个机构的所长职务。③ "恐怖之屋"之所以引起争议，是因为大屠杀时期及与纳粹分子合作的米克洛斯·霍尔蒂（Miklós Horthy）当局的历史在博物馆中展现的空间要比原共产主义时期的小得多。此外，有许多重要人物的家人在"恐怖之屋"被作为犯罪者记录在案。④

该博物馆按时间顺序在三个楼层分别展示了 1944 年 10 月 15 日⑤后的历史事件。第一个引人注目的是放置在内部庭院中的坦克，它象征着存在于多个时代的暴力。最前面的几个展览室展示的是"箭十字党"时期。法西斯暴政时期，数十万犹太人成为受害者，而这段历史几乎未得到重视。与之相反的是"古拉格区域"（Gulag-Raum），它作为苏联地图记录了古拉格特殊营地的历史。⑥ 约有 70 万匈牙利人在战争结束后作为强制劳工被运往苏联特殊营地，其中估计有 30 万人未再返回。通过画面和声音装置，参观者自然而然地想起那隆隆作响的火车车厢，不禁感受到无助与恐惧。展览厅内，电影、图像和声音再现了 1950 年代的政治史——从"苏维埃人"（homo sovieticus）的作用到人们的日常生活、教会至后来的 1956 年革命，最后人们来到展览的亮点：地下室监狱。在地下室里，囚犯受到酷刑的各种方法细节被一一展示。这个博物馆存

---

① Gabriele Baumann, Nina Müller: *Vergangenheitsbewältigung und Erinnerungskultur in den Ländern Mittelost-und Südosteuropas*, *Arbeitspapier der Konrad-Adenauer-Stiftung*. Berlin, Sankt Augustin, 2006, S. 15.

② R. Fritz, 2008, S. 136.

③ R. Fritz, 2008, S. 136.

④ Michael Braun, Birgit Lermen, Lars Peter Schmidt, Klaus Weigelt（Hrsg.）: *Europa im Wandel-Literatur*, *Werte und europäische Identität*. Konrad-Adenauer-Stiftung. St. Augustin, 2005, S. 406.

⑤ 1944 年 10 月 15 日为匈牙利霍尔蒂上将被纳粹逮捕之日。

⑥ 出于作者本人的观察。

在的官方目的是纪念两个政权的受害者①，他们在此处被关押、受刑甚至被谋杀。

然而，被遗忘的是对纳粹萨拉希政府（Szálasi-Regierung）时期的残酷暴行。另一个备受争议的问题是展览缺乏对展品实物的描述，也未说明展品信息来源。因此，在博物馆开放后不久就不可避免地引起了争议。②

该博物馆建成后，一直被视为国家分裂的象征，反映着社会主义者与保守派及其支持者之间的冲突。③ 此外，博物馆也是欧尔班政府受害者神话叙事的实物展现之一。

同样备受争议的还有关于 1989—1990 年事件的记忆。在下文中，1989 年记忆的维护将结合阿斯曼的维度体系来加以分析，并阐述其对于匈牙利人的德国形象的影响。

（二）记忆文化的第一种推力：对于泛欧野餐的回忆

1989 年，匈牙利和奥地利两国决定在 8 月 19 日象征性地开放位于索普隆科西达（Sopronköhida）的奥匈边境通道三个小时。此事是由匈牙利民主论坛和泛欧联盟组织发起的，目的是促进共同的欧洲认同。该活动在世界范围内广为人知，尤其是因为它使数百名民主德国人通过奥地利成功进入了联邦德国。

和平演变事件后，匈牙利政府于 1989 年 9 月 9 日决定暂时中止 1969 年匈牙利与民主德国签署的边境通行协议。

时任匈牙利总理的居拉·霍恩（Gyula Horn）于 1989 年 9 月 10 日通过电视发表了政府决议，翌日该决议正式生效。此后三天，12 000 名

---

① http://www.terrorhaza.hu/muzeum/rolunk.html，abgerufen am 15.05.2010.

② R. Fritz, 2008, S.136.

③ O. A.: Die Sozialisten und 56, auf: http://nol.hu/archivum/archiv-89664 vom 05.12.2002.

民主德国公民通过奥地利来到联邦德国，至 1989 年 11 月底共计有 60 000 至 70 000 名民主德国人通过匈牙利离开了自己的国家。尽管出现了许多反对匈牙利开放边界的抗议活动，但匈牙利政府做出这一决策的勇气在国际上赢得了赞赏，并被诠释为东欧社会主义阵营解体的标志。9 月 30 日，民主德国政府决定，4 000 名寻求庇护者将乘坐火车穿越民主德国地区前往联邦德国。此后，抗议潮在民主德国接踵而至，最终柏林墙也于 1989 年 11 月 9 日倒塌。民主德国和联邦德国在分裂 40 年后重新统一。在接下来的数周和数月，东欧的共产主义政权陆续失败，这同时也意味着欧洲的再度统一。

赫尔穆特·科尔是第一位对匈牙利人表达感激之情的德国总理。1989 年 12 月，科尔在匈牙利国会发表演讲时说道："匈牙利从墙上敲下了第一块石头。"①

在第二届欧尔班政府成立之前，维护有关 1989 年 8 月索普隆（Sopron）事件的记忆一直在德匈关系中占据着核心地位。在体制转型后的数年间，匈牙利对于德国的看法非常积极。1989—1990 年事件进一步强化了联邦德国在社会主义（国家）已有的积极形象，尤其是德国在 1990 年后成为匈牙利的欧洲大西洋一体化计划的最坚定支持者。② 因此，赫尔穆特·科尔作为十分了解中东欧地区的历史学家，在 1990 年代初成为匈牙利最受欢迎的外国政治家也就不足为奇了。

在体制转型后，主导匈德关系的是某种实用主义，一方面源于相互的经济利益，另一方面源于德国的地缘战略考虑，不希望捷克和波兰成为欧盟的东部边界。③ 尽管在体制转型后，德国的政策发生了变化，但

---

① Bundesregierung: Kohl dankt den Ungarn, unter: https://www. bundesregierung. de/breg-de/aktuelles/kohl-dankt-den-ungarn-480470, zuletzt abgerufen am 01. 03. 2020.

② András Hettyei: A német külpolitika és Magyarország euroatlanti integrációja az Antall-kormány éveiben [Deutsche Außenpolitik und Ungarns euroatlantische Integration in den Jahren der Antall-Regierung], in: *Külügyi Szemle* [*Außenpolitisches Review*], 2, 2015, S. 3-25.

③ A. Hettyei, 2015, S. 2f.

积极的德国形象和匈牙利的亲欧态度未曾改变。① 1990 年令人雀跃的对西方开放的决议，是一个跨党派妥协。所有政治力量均也完全符合德国利益，支持匈牙利的欧洲大西洋一体化及其向市场经济的过渡。

不仅在 2009 年边境开放 20 周年，且也在 2019 年边境开放 30 周年庆祝了泛欧野餐。为了纪念边境开放 20 周年，艺术家米克洛斯·麦洛克 (Miklós Melocco) 创作的雕像群体举行了落成典礼，时任匈牙利总统的拉斯洛·绍约姆（László Sólyom）、匈牙利总理戈尔东·鲍伊瑙伊（Gordon Bajnai）和德国总理安格拉·默克尔参加了开幕仪式。"匈牙利人的勇气赋予了德国人飞翔的翅膀。" "这是一场小小的革命"②，默克尔在讲话中说道。

为了纪念边境开放 30 周年，组织了音乐会、多个纪念庆祝活动和研讨会。经过了长时间的不确定性之后，默克尔还是参加了在 2019 年 8 月 17 日—20 日在泛欧野餐纪念公园举行的庆祝活动。在索普隆的路德教会举行的普世礼拜仪式上，欧尔班和默克尔分别发表了讲话③，尽管语气友好，但双方都利用此机会来批评对方的难民政策。在放弃主权、团结协作抑或民族国家单打独斗和两国推卸责任方面，意识形态上的分歧再次浮出水面。

（三）记忆文化的第二种推力：示威游行活动

2010 年后，欧尔班日趋民族主义的政治路径引起了国际社会对匈

---

① Tárki：Az európai uniós csatlakozás lakossági megítélése. Kelet-középeurópai összehasonlítás［Einstellung der Bevölkerung zum EU-Beitritt, ostmitteleuropäischer Vergleich］, 1999，unter：http://www. tarki. hu/integracio/ceorg/index. html.

② 168 óra：Elmondhatjuk, hogy a világtörténelem legsikeresebb piknikje, https://168ora. hu/kulfold/elmondhatjuk-hogy-a-vilagtortenelem-legsikeresebb-piknikje-121489, zuletzt abgerufen am 01. 06. 2020.

③ Bundesregierung：Pressekonferenz von Angela Merkel und Viktor Orbán am 19. August 2019，unter：https://www. bundesregierung. de/breg-de/aktuelles/pressekonferenz-von-bundeskanzlerin-merkel-und-dem-ministerpraesidenten-der-republik-ungarn-viktor-orb% C3% A1n-1661858，zuletzt abgerufen am 03. 06. 2020.

牙利的批评。2014 年 11 月 18 日，匈牙利全国各地爆发了大规模的抗议活动，其口号是"愤怒之日"（Közfelháborodás napja）。与 2011 年反对限制新闻自由的示威活动相比，这次的抗议活动是由市民社会行动者单独发起和组织的。抗议活动的导火索是欧尔班推行的引进所谓网络税，这被视为侵犯了个人自由权。鉴于宪法法庭的一项决定，该计划后被撤回。与此同时，由美国驻布达佩斯大使馆引发的腐败丑闻案将抗议活动推向了一个新维度："匈牙利抵制政治阶层"① 成为抗议活动当天《世界报》的头条新闻，抗议活动的范围蔓延至 20 个城市。示威游行者指责青民盟政府奉行亲俄政策，损害了与欧洲内部国家和美国的外交关系。尽管组织方公开表示反对党派政治行为主义，但反对党的政客们表示支持示威活动，并呼吁民众参与集会。政治精英对于民间社会活动的机构化漠视再次得到彰显，尤其是 2011 年由前社会党总理费伦茨·久尔恰尼（Ferenc Gyurcsány）创建的左翼自由党，即民主联盟（Demokratikus Koalició，简称 DK）。

除了机构性变化外，抗议游行还以拒绝政府的历史政策为标志。2013 年，欧尔班政府决定在布达佩斯市中心建立一座刻有"德国占领时期受害者纪念碑"② 字样的纪念碑。不顾国内外抗议指责匈牙利政府企图弱化本国的二战罪责，2014 年这座纪念碑落成。纪念碑上刻着一头鹰（象征德国占领者）正从后面袭击大天使加百列（Gabriel，代表无辜的匈牙利）。在二战期间，匈牙利曾是德国的盟友，而纪念碑一方面否认了这一事实，另一方面也强化了匈牙利政府的受害者叙事。多年来，对该纪念碑的国际抗议活动从未停止过。市民社会组织甚至竖起了另一座反纪念碑（Gegendenkmal），旨在提醒人们注意匈牙利在纳粹时期的同谋者身份。

---

① Boris Kálnoky：Ungarn lehnt sich gegen die politische Klasse auf，unter：http://www. welt. de/politik/ausland/article134442631/Ungarn-lehnt-sich-gegen-die-politische-Klasse-auf. html，abgerufen am 19. November 2014.

② Krisztián Ungváry：Belastete Orte der Erinnerung, in APuZ 29‐3012009，Ungarn，S. 26‐33.

（四）记忆文化的第三种推力：政治精英

欧尔班政府的政策日渐引起国际社会的批评。尤其是在德国，自2012 年匈牙利修宪以来，对其民主问题尤为关注。对匈牙利政体的评价从民主缺陷到软独裁①和混合政权乃至上升归类为独裁政权。②

维克托·欧尔班就其"非自由国家"（illiberaler Staat）方案发表著名演讲③，强调国家和集体利益高于个人自由之后，对于其执政风格的批评声在德国也变得越来越响亮。2014 年 6 月，当第 25 届暑期大学在罗马尼亚举行之际，欧尔班首次提出了他的非自由国家概念："从这个意义上来说，我们在匈牙利建立的新国家并不是一个自由国家，而是一个非自由国家。它并不否定自由主义……但并没有使这种意识形态成为国家组织的核心要素，而是包含了一种与之不同的、独特的民族思想方式。"

德国对欧尔班政策的批评与日俱增，导致德匈关系以及欧尔班和默克尔之间关系的降温。因此，尤其自 2015 年以来，由于两国在难民政策上存在不可逾越的分歧，在欧尔班和默克尔之间出现了"笑声暂停"（Lachpause）。在难民危机中，欧尔班通过自相矛盾地类比"1989 年事件"，成功地创造了一种"边境叙事"（Grenznarrativ），并在 2015 年夏天有关移民和恐怖主义的"全民协商"（Nationale Konsultation）框架下，通过他的选民基础使其合法化。因此，他确定了一种参考标准，并自此起一直在布鲁塞尔使用，并不管 2016 年秋季难民分摊配额的全民公投因缺少必要的法定人数而失败。他的反移民政策也因为青民盟－

① 参见 2013 年 5 月德国电视一台（ARD）儿童频道有关匈牙利的报道或网站 http://europa.deutschlandfunk.de/2013/04/18/in-europa-entsteht-eine-diktatur/的报道。

② https://www.zeit.de/politik/ausland/2020－03/ungarn-viktor-orban-notstandsgesetz-ermaechtigungs gesetz-coronavirus.

③ 此讲话的德文翻译，可查阅 https://pusztaranger.wordpress.com/2014/08/01/viktor-orbans-rede-auf-der-25-freien-sommeruniversitat-inbaile-tusnad-rumanien-am-26-juli-2014/。

基督教民主党在 2019 年欧洲议会选举中表现出色，获得了 21 个席位中的 13 个①而更加合法化。自 2015 年以来，匈牙利在申根区修建外部边界，此举在欧盟难民政策方面开启了孤立主义的特殊道路，并迅速产生了模仿效应。匈牙利的孤立主义政策更是损害了德匈关系，尤其是欧尔班政策在德国被视为"我们反西方，反欧洲，反启蒙运动，反自由主义者"②，正如著名匈牙利哲学家塔玛斯·加斯帕尔·米克洛斯（Tamás Gáspár Miklós）所述。

五、匈牙利当今的德国形象

现在提出和亟待回答的问题是，匈牙利精英有关 1989 年边境开放、决定了其此后几十年的德匈关系的记忆文化对匈牙利的德国形象究竟产生了何种影响。

近年来，政府精英在纪念活动中一再强调，匈牙利与德国的关系可以描述为"爱恨交加"和"目的关系"③。在这种背景下，始终强调维护经济领域的共同利益。

当前的民调显示，精英政治也会在匈牙利民众中产生影响。例如在 2018 年，受访者认为，对比政治关系和经济关系，两国的政治关系更差，而经济关系明显较为正面。④

---

① 与 2014 年相比，这个结果意味着可以增加一个欧盟席位，且青民盟-基督教民主党的投票支持率从 51.48% 提高到了 62%。

② Tamás Gáspár Miklós: Orbáns Geschichtspolitik: neue Schulbücher, Museen und Forschungsinstitute, auf mdr. de vom 19. Juni 2019, unter https://www.mdr.de/nachrichten/osteuropa/politik/geschichte-politik-ungarn-interview-100.html,zuletzt abgerufen am 03.06.2020.

③ Maria Schmidt: Direktorin des Haus des Terrors, unter: https://ungarnheute.hu/news/historikerin-maria- schmidt-merkel-hat-aus-deutschland-eine-neue-grosse-ddr-gemacht-65901/, zuletzt abgerufen am 23.06.2020.

④ Nézöpont Institut: Deutsch-Ungarische Beziehungen, unter: https://nezopontintezet.hu/2019/01/22/tovabbra-is-pozitiv-a-magyarok-nemetorszag-kepe-2/, zuletzt abgerufen am 20.6.2020.

同一家研究所在 2019 年 9 月，即"1989 年事件"30 周年后不久，在两国重新进行了一次民意调研。此次向两国受访者提出的问题是："您对德国/匈牙利有何看法？"[①] 匈牙利人对德国人的看法要比德国人对匈牙利人的看法差很多。有 31％的匈牙利受访者对德国持有不好的看法。而在德国，这个比例为 18％。[②]

六、分析性结论

记忆文化作为促进身份认同的重要因素，在匈牙利总是被政治精英赋予一种充满紧张的维度。在此，记忆被缩减。相反，更多出现的是对立党派阵营之间的相互指责，特别是涉及诸如 1956 年、1989 年以及纳粹过去等历史事件的处理方面。政治精英的相互指责主导了记忆过程，此外，冲突文化对社会的成功适应也是显而易见的。

欧尔班政府一再宣称，要继承和维护 1956 年、1989 年的遗产。反对派阵营也对这些事件发表了类似的诉求。同时，我们在匈牙利感受到一种不记忆的文化（Kultur des Nicht-Erinnerns）。无论是匈牙利保守派还是自由派，在涉及纳粹和社会主义时期的自身责任问题时都如此。即使"记忆的前提是遗忘"[③]，有意识的遗忘仍是在党派政治和社会层面建立起一种共同的记忆文化的阻碍。

因此，可以确定的是一个国家的记忆文化既不能脱离日常政治事务，也不能脱离各自的政治制度。国家和国际事件以及政治挑战都会对

---

① Nézöpont Intézet：Deutsch-Ungarische Beziehungen 2019，unter：https://nezopon-tintezet. hu/wpcontent/uploads/2019/09/mo_no_ kapcsolatok190926_ nagy_daniel_ prezentacio. pdf，zuletzt abgerufen am 20. 6. 2020.

② N. Intézet，2019，unter：https://nezopontintezet. hu/wpcontent/uploads/2019/09/mo_no_kapcsolatok 190926_nagy_daniel_prezentacio. pdf.

③ Jan Philipp Reemtsma：Wozu Gedenkstätten? *Aus Politik und Zeitgeschichte*，25－26，2010，S. 3－9，hier S. 3.

一个国家的记忆文化产生影响，特别是正如匈牙利案例所示，如果要使自己的叙述符合各当权者利益时。历史事件出于这种考量被重新诠释，并在战略上被利用。

（杜哲　孟虹　译）

19. 关于柏林城市宫重建的辩论
（1993—2002）

李可嘉[*]

摘要： 柏林城市宫始建于 15 世纪，位于柏林的历史中心施普雷岛。它最初是霍亨索伦家族的王室宫殿，在 17—19 世纪被改建为巴洛克风格，并用作普鲁士国王和皇帝的行宫。宫殿在二战中局部遭到损毁，于 1950 年被当时的民主德国政府下令拆除，并在原址上于 1973 年至 1976 年建造了共和国宫，它既是民主德国人民代表大会办公地，也是其公共文化活动场所。两德统一后，由于石棉排放污染，该建筑被迫关闭。就是否对共和国宫进行大规模翻修，在原址建造现代化的新建筑，还是重建旧普鲁士宫殿的问题引发了辩论。这场辩论涉及公共记忆、历史留存、城市规划和建筑问题。本文结合德国当代著名哲学家尤尔根·哈贝马斯的公共领域理论来分析柏林城市宫重建的公共话语，文中的分析涉及辩论的不同阶段、辩论参与者的不同论点，以此显示德国联邦议院辩论与社会话语之间的紧密联系及单独个体在其中可施加的影响。

关键词： 柏林城市宫，二战，民主德国，共和国宫，公共领域理论

---

[*] 作者简介：汉学家和政治学家，曾在德国多所大学担任教授，包括在柏林自由大学任青年教授，目前就职于柏林工业大学。在研究和教学中，特别关注德中关系以及中国的内政与外交政策。最新的一些学术论文、论著以中国的民间社会为主题。曾在德国联邦议院担任了五年的研究助理，并参与了关于重建柏林宫殿的辩论。

引　言

关于柏林城市宫重建的辩论，是德国联邦议院重大文化辩论之一。它不仅在文化方面和保护古迹方面意义重大，而且还示范性地展现了德国民主中公众和议会辩论、专业知识与政治议愿形成的交织。我概述这场辩论的背景是柏林城市宫讨论高峰期，我正担任当时的联邦议院副议长的研究助理，因此能够从一个政治学家的视角，非常近距离地体验德国辩论和参与文化的这一伟大时刻。

在本文中，我将从尤尔根·哈贝马斯的公共领域理论视角来分析这场辩论。我的论点是，关于重建柏林城市宫的辩论是民主参与的一个实例。它展示了社会行为体，包括公民、科学家、历史古迹保护者、私营企业以及柏林市议会和市政厅、联邦议院和联邦政府围绕诠释主权与政策的贯彻执行而展开的相互竞争。最终，那些能够说服多数人的人获得了成功。至于这是不是最好的决定，我在本文中不予评断。

文章的结构如下：首先，我简要概述城市宫的发展和历史意义。然后，我将描述关于重建柏林城市宫的辩论过程。接着先是重点概述尤尔根·哈贝马斯的公共领域理论，作为辩论分析的理论框架，并随后对辩论展开分析。文章最后以一个结论收尾。

一、城市宫及其后继建筑的简史①

柏林城市宫的最早的前身是一座城堡，也就是说，它当时赋有防御

---

① 这段历史事件的概述基于柏林城市宫促进会（https://berliner-schloss. de/）和柏林历史中心工作组（重获历史城市核心工作组）网站（http://ag-historische-mitte-berlin. de/）的介绍。关于普鲁士国王的数据，我是从柏林-勃兰登堡广播电台的数据收集中摘录的（https://www. preussenchronik. de/person_jsp/key=person_ friedrich+i+von_preu%25dfen. html）。我知道，这两个互联网信息服务机构都在分别追求各自的目标，即尽可能呈现柏林历史积极的一面，以说服公众有必要重建或保持对柏林历史渊源的记忆。由于本文的重点在于政治学分析，而非对历史的精确报告，我接受可能存在的历史不准确表述。

作用。这座被称为"茨温·科恩"（Zwing Cölln）的城堡始建于 1444 年（1443 年奠基），位于现在被称为博物馆岛的柏林地区。在城堡建造之时，科恩城区（Kölln，有时也被记录为 Cölln）与施普雷河对岸的柏林城区一起，形成了柏林-科恩双城。柏林-科恩是普鲁士首都柏林的历史中心和起源地，直到 1710 年才通过合并柏林-科恩、弗里德里希斯韦德（Friedrichswerder）、多罗滕城（Dorotheenstadt）和弗里德里希城（Friedrichstadt）等城而形成。城堡由被称为"铁牙"的选帝侯弗里德里希二世（1440—1470）委托建造，构成了围绕科恩的城墙的一部分。

直到 16 世纪，人们才在此建造起一座宫殿，但不再用于防御，而是供霍亨索伦家族成员有声望地生活，也就是充当王府宫殿。在宏伟的文艺复兴风格的宫殿建成前，在选帝侯约阿希姆二世（Joachim Ⅱ）的倡议下茨温·科恩不得不大部分被拆除。宫廷建筑师是卡斯帕·泰斯（Caspar Theiss）和昆兹·布恩舒（Kunz Buntschuh）。宫殿又经历了几次根本性的改建和重建，在此期间也曾被摧毁或倒塌。

立体面结构（Kubatur），即建筑主体的外部形状，作为当前宫殿建筑的参照样本在 18 世纪初才形成。1699 年，德国最著名的巴洛克建筑师安德烈亚斯·施吕特（Andreas Schlüter）被选帝侯腓特烈三世、后来的国王腓特烈一世（1657—1713）任命为宫殿建筑师，他将文艺复兴风格的宫殿扩建为巴洛克式官邸。该建筑以意大利巴洛克风格为基准。1701 年，国王腓特烈三世入住宫殿。1706 年，约翰·尤桑德·冯·戈特（Johann Eosander von Göthe）接替安德烈亚斯·施吕特成为宫殿建筑师。施吕特因钱币塔的设计错误而被解雇，他为当今宫殿留下的遗产是所谓施吕特庭院。尤桑德在 1713 年雇主去世后也被解雇，他被指控挥霍无度。他对宫殿建设的最重要贡献是尤桑德门（Eosanderportal）*，后来在该门上还建了一个圆顶。

1716 年，在继任国王腓特烈·威廉一世（Friedrich Wilhelm Ⅰ）

---

* 尤桑德门：大门由建筑师尤桑德仿效罗马塞普蒂默斯·西弗勒斯（Septimus Severus）皇帝凯旋门而建。——译者注

的领导下，宫殿建造完成。当时负责宫殿建造的建筑师是马丁·海因里希·博梅（Martin Heinrich Böhme）——安德烈亚斯·施昌特的学生。此后，宫殿内部虽多次改造，但外立面基本未变。最后一次重大建筑方面的调整是 1850 年在尤桑德门上建造球形屋顶。该圆顶由著名建筑师弗里德里希·奥古斯特·施昌勒（Friedrich August Stüler）设计而成。

这座宫殿作为代表性的官邸，为七位普鲁士国王和三位普鲁士皇帝①及其家人服务了数世纪。它被设计成普鲁士权力的象征，直至 1918 年德国末代皇帝（威廉二世）退位。从魏玛共和国起，该宫殿不再具有任何政府职能。取而代之的是设立了宫殿博物馆，不同的档案馆和科学协会都设在那里。

即使在纳粹统治时期，这座宫殿也未用于政府目的，但经常被用作在建筑前游行的背景。1944 年，二战期间，城堡被一枚穿透尤桑德门的炸弹损坏。1945 年初，宫殿再次遭到轰炸，燃烧了数日，并另被炮火毁坏。但建筑的大部分结构性实体被保留了下来。战后，众所周知，德国和柏林被战胜国分区占领。宫殿所在区域位于东柏林一侧，因此属于民主德国。

1950 年，沃尔特·乌尔布里希特（Walter Ulbricht）领导下的民主德国政府决定，对岌岌可危的宫殿不进行修建，而是拆除。9 月 7 日，宫殿被炸毁，大楼的拆除工作却花费了半年时间。最初在宫殿的原址建造了一个阅兵场，即马克思-恩格斯广场。1961 年柏林墙建造，1970 年代初联邦德国从国际法意义上承认民主德国后，1974 年至 1976 年在原宫殿旧址上建造了名为共和国宫的钢架结构建筑。

二战前城市建筑环绕宫殿的四侧，在民主德国时期仅有北部区域的原供（王公贵族）使用的游乐花园（Lustgarten）、老博物馆（Altes Museum）和柏林大教堂完好无损。民主德国不仅拆除了宫殿，还为了

---

① 威廉一世（Wilhelm I）最初是普鲁士国王，后成为德意志帝国皇帝。

创造游行空间大大改变了周围环境。在宫殿广场的南侧，新巴洛克风格的宫廷马厩被保留了下来，但为了建造国务委员会大楼，两个商业用房部分于 1964 年被拆除，其中使用了宫殿入口 IV。这对于民主德国意义重大，因为卡尔·李卜克内西在 1918 年 11 月革命中曾在这个大门处宣告"社会主义共和国"的成立。在保存相对较好的原申克尔建筑学院所在地，建起了民主德国外交部。①

共和国宫是民主德国重大政治和文化活动的中心场所。在民间，该建筑被称为"埃里希（昂纳克）灯具店"，因为它非常奢华，使用了许多灯具来装饰。共和国宫是民主德国议会即人民议会的所在地。但人民议会很少开会，每年只有两到三次。历史上意义重大的却有一次会议：柏林墙倒塌后，第一届自由选举产生的人民议会在那里举行会议，于 1990 年 5 月 18 日批准了民主德国加入联邦德国。

建筑材料石棉早期曾颇受欢迎，用于保护建筑物免遭火灾。共和国宫的情况也如此。石棉现被认为是致癌物。石棉污染也是共和国宫在统一后被拆除的原因。据说，另一种选择，即对建筑物进行石棉清理，因成本过高并不经济。反对拆除的人猜测，希望不保留共和国宫的背后更多的是政治动机，因为重建宫殿毕竟也会产生费用。

思考应该如何处置共和国宫，同时也是关于重建城市宫辩论的肇始，相关过程将在下一部分描述。

二、关于柏林城市宫的辩论记事

讨论共持续了近 20 年，从 1990 年至 21 世纪初。正如上面提及的，讨论始于一个问题，即民主德国作为一个国家不复存在了，那么应该如何处置共和国宫。最初，该建筑因石棉污染于 1990 年 9 月被关闭。

---

① Klaus von Beyme：*Hauptstadt Berlin. Von der Hauptstadtsuche bis zur Hauptstadtfindung*. Wiesbaden：Springer，2019，S. 97.

1993 年 3 月 23 日，联邦政府和柏林决定发起一个对该场地进行设计的国际城市建筑创意竞赛。导致围绕共和国宫而展开旷日持久辩论的一个决定性事件也发生在同一年，当时宫殿重建促进会*建起了宫殿模拟。宫殿重建促进会是一个私人协会，其设定的目标是按原样重建宫殿。为了从这个意义上影响柏林公众，促进会启动了宫殿模拟装置的安装。该模拟装置由一个围绕封闭的共和国宫而搭建的脚手架组成。脚手架上披着一个防水布，覆盖整个建筑。在防水布上，印着柏林城市宫的照片，比例为 1∶1。因此，对柏林市民来说，宫殿的重建是直接有形和可以想象的。由于这个装置给路人留下深刻印象，使得关于重建宫殿的辩论愈演愈烈。

2001 年 12 月 20 日，专家委员会提议以巴洛克风格的外墙立面重建城市宫，共和国宫将被拆除，宫殿内设立配有博物馆、图书馆和活动区的"洪堡论坛"。半年后，即 2002 年 7 月 4 日，德国联邦议院以惊人的明显多数决定重建这座历史悠久的宫殿。宫殿应保留其原有的立体面结构和两个庭院。此外，巴洛克时期的外墙装饰也将被重建。这一部分的重建将由私人出资。

2003 年 11 月 13 日，联邦议院以仅两票弃权一致确认了重建宫殿的意愿。它要求联邦政府尽快执行该决定。2006 年至 2008 年，共和国宫被拆毁。拆除受石棉污染的建筑物总是特别耗时且昂贵，因为必须采取特殊措施来保护相关人员的健康和环境，以免有害的石棉纤维不被吸入或进入生态循环。2007 年 11 月 7 日，联邦议院预算委员会批准了宫殿建造的融资计划，由联邦承担的费用设限为 5.52 亿欧元，工程将于 2010 年至 2013 年完成，柏林市应支付这个项目的 5%，大部分经费由联邦承担，而促进会希望通过私人捐款来为巴洛克风格的外墙立面提供8 000 万欧元的资金。譬如私人捐赠者可以选择原宫殿外墙立面的一个特定细节，如门上方的造型鹰或外墙上的玫瑰花饰，然后为它提供资

---

* "宫殿重建促进协会"德文原文为 Förderverein zum Wiederaufbau des Schlosses，本文简称"促进会"（Förderverein）。——译者注

金，并由此使自己的名字在新建的宫殿史上永存。总体而言，该工程应花费约 6 亿欧元。然而在 2019 年，即竣工前不久，成本已上升到 6.44 亿欧元。

建筑竞赛结果于 2008 年 11 月 28 日出炉。来自维琴察（Vicenza）的意大利建筑师弗朗西斯科·斯特拉（Francesco Stella）的设计获胜。因此，一个专门侧重于重建宫殿的方案赢得了胜利。对共和国宫和民主德国历史时期的回忆并未提交。因此，希望将共和国宫与宫殿的一部分连接起来的建筑师海茵茨·格拉冯德（Heinz Grafunder）无法实施其设想，其他修复宫殿的救场方案也未能得到兼顾。① 斯特拉主要是坚持了宫殿最后一个版本的立体面结构。他为此不得不多次修改方案。尤其是尤桑德门上方的球形屋顶是否也该重建，颇有争议。如上文所述，它是后来才被添加到宫殿上的。然而，方案的最终版本还是包含了穹顶。是否该在穹顶上重建十字架，后来也成为争议点。基督教的象征到底应不应该也一起重建？同样有争议的是东面的外墙立面应该如何设计。这一侧面面向水面和在施普雷河另一侧的马克思-恩格斯广场。在这里，审美方面与用户的利益相对立。在施工开始前，这一点就已很明了：对于预期用途的空间要求，特别是作为普鲁士文化遗产基金会的非欧洲收藏品博物馆的用途，唯按原样重建宫殿才能满足。毕竟，该宫殿大部分由无顶的内院组成，这些建筑本身占据较小的空间。

2008 年 12 月 17 日，联邦议院预算委员会再次将城市宫重建问题列入讨论议程，并重申了前一年的决定，指示联邦政府应严格注意遵守成本的上限。基金会理事会②最终于 2011 年 6 月 8 日批准了建筑师斯特拉的方案，即宫殿现在应该用四个原始外墙立面中的三个来建造。

---

① Klaus von Beyme：*Hauptstadt Berlin. Von der Hauptstadtsuche bis zur Hauptstadtfindung*. Wiesbaden：Springer，2019，S. 27.

② 基金会理事会（Stiftungsrat）指的是柏林宫洪堡论坛基金会（Stiftung Humboldt Forum im Berliner Schloss）的基金会理事会，负责决定宫殿建设的事务。

次年 7 月，在老博物馆举办的一场展览展示了宫殿该如何使用的方案。这一方案取名"洪堡论坛"。展览由当时的联邦总统霍斯特·克勒宣布开幕。

由于应对欧洲金融和债务危机而采取紧缩措施，工程启动被推迟。2010 年 6 月 7 日，联邦政府决定在紧缩计划的框架下，将宫殿的开工时间从 2011 年推迟至 2014 年。此后，联邦建设部长皮特·哈姆索尔（Peter Ramsauer）还是保证在 2013 年就举行奠基仪式。

在施工开始前，即 2011 年 6 月 29 日，在宫殿广场开设了所谓信息箱（Info-Box）。在未来的宫殿广场上搭建一个临时建筑，柏林人和游客可以在这里了解宫殿重建计划。次月，在 2011 年 7 月 6 日，德国联邦议院预算委员会不得不再次讨论宫殿问题。在建筑工程开始之前，就已很清楚，项目费用因建筑业普遍涨价而上升。联邦政府现获批 5.9 亿欧元，而非原定的 5.52 亿欧元。

2012 年，在实际施工之前，成本高昂的准备工作就已开始：不仅要注意到离宫殿建筑很近的地方正在建造地铁 5 号线延长线，连接勃兰登堡门和亚历山大广场，而且工地的地基也必须加固。宫殿区域实际上是一个沼泽地带。因此，旧宫殿的地基是矗立在木桩上的。现在必须将这些木桩从地下拉出来，取而代之浇筑一个混凝土基座。奠基在 2013 年完成，宫殿于 2019 年完工，"洪堡论坛"计划于 2020 年底开放。

在深入探讨柏林宫辩论中的不同推理路径之前，我将在下一部分首先介绍我想观察辩论的理论视角。

三、公共领域的功能

在本文中，我想把关于柏林城市宫的辩论作为政治参与意义上的公共领域辩论来理解和分析。尤尔根·哈贝马斯的教授资格论文《公共领域的结构转型》被视为关于公共领域在社会中发挥参与性功能的典范之作。[①] 在此基础上，库尔特·英姆豪夫（Kurt Imhof）区分了公共领域的三种功能。[②] 第一，审议功能，这是关于问题的感知、选择和处理。公共领域具有使某些问题走出社会并成为政治关注焦点的潜力和功能。第二，政治-法律功能，这是关于政治权力的合法化——从掌权者的角度。换言之，政治决策是通过公开辩论和辩论中的意见而合法化的。第三，整合功能，其作用是让公民认同政府的政治决策。在这里，公开辩论支持了这一过程，因为公民通过参与公开辩论认同了政治决策结果。这是从公民的角度来看政治的合法化。

在下文对柏林宫辩论的分析中，我将首先描述参与的行动者，然后列举辩论中最重要的论点并加以分类。

四、关于柏林城市宫的辩论分析

（一）不同类型的行动者

关于赞成和反对及如何重建宫殿的辩论，在不同的社会团体和个人之间展开。时事评论员和专家的影响力尤其大。他们还塑造了政治家的观点，这些政治家在议会和媒体的公开辩论文稿又对社会产生了影响。虽然最初更多是保守派政治家赞成重建宫殿，但最终促使了共同愿望跨越各议会党团和不同政治立场而得到贯彻，即通过重建为未来创造一座塑造身份认同的建筑物，并与过去尤其是民主德国告别。

由于本文篇幅有限，无法在此详细介绍所有人的观点。我精练总

---

① Jürgen Habermas：*Strukturwandel der Öffentlichkeit. Untersuchungen zu einer Kategorie der bürgerlichen Gesellschaft*. Neuwied：Luchterhand，1962.

② Kurt Imhof：Theorie der Öffentlichkeit als Theorie der Moderne. Discussion Paper Forschungsbereich Öffentlichkeit und Gesellschaft（fög），Zürich，2006.

结，以凸显基本趋势。

总的来说，至少可以区分出七组对辩论有重大影响的行动者：时事评论员、古迹保护小组代表、建筑师和城市规划师、媒体、政治家、促进会和专家委员会成员。当然，这些群体也有重叠的。许多政治家也同时是时事评论家，媒体受时事评论家的影响，促进会和专家委员会中聚集着来自不同的行为者群体的人员。但这些具有影响力的团体在辩论中是可以互相区分的，如果团体中的相关人员主要承担一种角色，其他的角色则退居其次。

评论家群体中既有宫殿重建的支持者，也有反对者。现在回顾来看，却可确定支持者占主导地位。例如，支持者中的一位著名代表是保守派评论员约阿希姆·费斯特，《法兰克福汇报》的主编。1990 年，他在自己的报纸上撰写了一篇文章，列举了宫殿重建的城市规划论据。他的主要论点是，柏林重新需要一个建筑中心，且由于其历史建筑计划资料保存完好，宫殿也可以被很好地重建起来。[1] 沃尔夫·约伯斯特·西德勒是同家报社的负责人，也属于保守派评论员群体，他在 1991 年撰写了一篇关于宫殿的影响深远的文章[2]，其中强调宫殿作为柏林市第一座建筑的重要性。此外，他还反驳了完全被摧毁的建筑不能重建的观点，列举了其他在二战中也被摧毁并在之后重建的宫殿例子，如柏林夏洛滕堡宫，并指出，拆毁柏林宫殿曾是民主德国政府的一项政治决定。《时代周报》主编玛丽昂·邓恩霍夫伯爵夫人（Marion Gräfin Dönhoff）以波兰等其他国家为例，倡导重建。[3] 就使用方案问题发表了强烈评论之声的是艺术史学家贝内迪克特·萨沃伊（Benedicte Savoy）。然而，

① Joachim Fest：Denkmal der Baugeschichte und verlorene Mitte Berlins. Das Neue Berlin，Schloss oder Parkplatz. Plädoyer für den Wiederaufbau des Schlüterschen Stadtschlosses，*Frankfurter Allgemeine Zeitung* vom 30. 11. 1990.

② Wolf J. Siedler：Das Schloß lag nicht in Berlin，Berlin war das Schloß，in：W. J. Siedler (Hrsg.)：*Abschied von Preußen*，1992，2. Aufl.，S. 122–137.

③ Klaus von Beyme：*Hauptstadt Berlin. Von der Hauptstadtsuche bis zur Hauptstadtfindung*. Wiesbaden：Springer，2019，S. 105.

她最终辞去了洪堡论坛专家委员会职务，从而在某种程度上退出了辩论，原因是宫殿使用方案存在太多的矛盾。①

古迹保护小组的大多数代表都反对重建宫殿。他们普遍认为，建筑的重建与保存其历史实质内容有关。然而，由于该宫殿不仅被炸毁，而且在其位置上建造了一座完全不同的建筑，因此普鲁士城市宫殿的重建与遗迹保护的主流意见背道而驰。

建筑师群体对宫殿的辩论看法好坏参半。一些人要求，这种重建必须批判性地审视建筑历史和建造环境。汉斯·斯蒂姆曼（Hans Stimman）支持此观点。其他建筑师要求，重建工作不仅要回顾普鲁士的历史，也要回顾民主德国的历史。例如民主德国的首席建筑师布鲁诺·弗利尔（Bruno Flierl）就持有这种观点。另一组建筑师，如国际知名建筑师丹尼尔·李伯斯金（Daniel Liebeskind）和德国建筑师协会代表彼得·康拉迪（Peter Conradi），呼吁在设计中要有更大的勇气，不要一味地遵守宫殿的原始形式。尤其是宫殿的造型和用途等，如前所述，经历了数十年的变迁也发生了很大变化。从城市规划角度来看，宫殿作为内城整体结构的一部分，特别是其视觉轴线很有意思。此外，这组专家也对计划中的建筑的使用和交通管理问题感兴趣。

媒体，主要是德国的大型日报和周报，在这场辩论中也持有坚定的观点。联邦德国的主要报纸《法兰克福汇报》和《时代周报》对宫殿重建采取了同样的积极立场，他们的主编作为新闻集团的个人也持同样的立场。反对纯粹重建宫殿的媒体包括《柏林报》，该报在两德统一前一直是民主德国的重要报纸。有趣的是，《柏林报》还多次成功地委托有关方面就重建宫殿问题对柏林民众进行调研，其中大多数人都反对不提及民主德国历史而纯粹建造普鲁士宫殿的做法。

联邦、州一级政府和议会的政治家由于人数众多，对重建宫殿的态度并不太一致。最初，更多是保守派政治家表示支持重建宫殿，但在辩

---

① K. von Beyme, 2019，S. 121.

论过程中，通过重建为未来创造一座塑造身份认同的建筑，并与过去特别是民主德国告别，这一愿望最终超越议会团体占了上风。不同政治阵营的柏林城市宫重建杰出支持者包括：在联邦政府和联邦议院中，红绿联邦政府的各位文化国务部长，如米夏埃尔·瑙曼（Michael Naumann）、尤利安·尼达-吕梅林（Julia Nida-Rümelin）和克里斯蒂娜·魏斯（Christina Weiss）；联邦总理格哈德·施罗德；时任联邦议院副议长、联盟 90/绿党的文化政策发言人安杰·沃尔默（Antje Vollmer）。在柏林州一级，最初任柏林德国历史博物馆的总馆长、后于 2000—2001 年担任柏林科学局长的克里斯托夫·斯托尔茨尔（Christoph Stölzl），以及柏林市长克劳斯·沃维莱特（Klaus Wowereit）都赞成重建该建筑。他们一致同意，应该在柏林城市宫的遗址上重建一座具有公共用途的代表性建筑。但他们对重建的形式，是"忠实于原作"、现代抑或混合，却没有达成一致。

政治家中城市宫的反对者主要反对拆除共和国宫，认为由此也摧毁了一个带有民主德国历史的记忆场所。律师、德国统一后民社党（PDS）① 的首任主席格雷戈尔·吉西（Gregor Gysi），或许就是他们最杰出的代表。1990 年代后期，他甚至通过轰动一时的抗议行为，在宫殿的屋顶上挂出了一条横幅，上面写道："停止拆除（共和）宫殿！"②

还有两组人员对柏林城市宫的辩论也产生了重大影响，即促进会和国际专家委员会。宫殿重建促进协会由商人威廉·冯·博迪恩（Wilhelm von Boddien）于 1992 年创建。从 2004 年 3 月起，他在自己公司申请破产后出任促进会全职总经理。促进会主席是洪堡大学神学教授理查德·施罗德（Richard Schröder），他曾在 1990 年第一次自由选举的人民议会和德国联邦议院中短暂担任社民党议员。促进会因

---

① 民社党是原民主德国执政党统一社会党（SED）于 1989 年 12 月改组之后的政党，也是现左翼党的前身。

② Klaus von Beyme：*Hauptstadt Berlin. Von der Hauptstadtsuche bis zur Hauptstadtfindung*. Wiesbaden：Springer，2019，S. 112.

多种原因而对宫殿的辩论具有重要意义。一方面，上文所述的模拟宫殿设想源自促进会，并在 1993 年由促进会付诸实施，资金来自私人捐款；另一方面，促进会承诺从私人捐款中拿出 1.17 亿欧元用于重建，更确切地说是用于重建外墙面和栏杆人形（Ballustradenfigur）。①这一承诺和壮观的宫殿模拟无疑是影响公众舆论及政治决策者重建宫殿的决定性因素。

国际专家委员会是 1999 年由当时的建设和运输部长弗朗茨·明特弗林（Franz Müntefering）提议成立的。它负责为建造宫殿广场的建筑实施、融资和使用方案提出建议。② 2000 年 10 月 31 日，"柏林历史中心"国际专家委员会成立。它由 10 名政治代表（联邦政府和联邦议院）以及 16 名专家（负责市政建筑的人员、企业顾问、历史学家、国家保护者、建筑政策专家、建筑师和建筑理论家、建设部和普鲁士文化遗产基金会以及房地产开发公司代表）组成。③ 联邦议院议长沃尔夫冈·蒂尔塞（Wolfgang Thierse）担任主席。2002 年，该委员会最终建议以公私合营的方式重建宫殿原立体面结构，以获得资金。为了充分利用宫殿，曾建议将各种非欧洲博物馆的藏品从达勒姆外围区带到柏林中心——以"洪堡论坛"的名义。④

这些是宫殿辩论的主要行动者群体。政治吸收了来自社会的观点，且也反过来影响了公众。以威廉·冯·博迪恩为核心的促进会作为社会行动者在其中发挥了核心作用，因为它不仅通过模拟宫殿影响了柏林人和媒体的辩论，还通过其雄心勃勃的筹款计划确定了融资结构方向，并

---

① 目前捐赠情况据促进会网站显示为：7 500 名捐赠者已经为外墙面共计捐赠了 103 亿欧元。要完成宫殿外墙的所有装饰，还缺 200 万欧元。另有 2 250 名捐赠者已经为栏杆人形提供了资金。但要完成所有计划中的外墙面装修，还差 1 200 万欧元。参见：https://berliner-schloss. de/spenden-system/spendenstand/，访问日期：2020 年 10 月 7 日。

② https://berliner-schloss. de/die-schlossdebatte/aufgabenstellung-der-kommission/，访问日期：2020 年 10 月 7 日。

③ https://berliner-schloss. de/die-schlossdebatte/die-kommissionsentscheidung-2002/，访问日期：2020 年 10 月 7 日。

④ Klaus von Beyme：*Hauptstadt Berlin. Von der Hauptstadtsuche bis zur Hauptstadt-findung*. Wiesbaden：Springer, S. 112f.

为项目的可行性建立了信心。

然而，辩论不仅受其行动者影响，且也主要受辩论中提出的各种论点的左右。这是下一节的内容。

（二）五个推理路径和论点

围绕城市宫讨论的诸多论点，可以归纳为五个推理路径：纪念文化、历史遗迹保护、城市建设、建筑和城市宫的使用问题。

第一个推理路径是纪念文化，这一专题涉及如何处理有负面历史发展阶段的证据问题。普鲁士宫让人联想到军国主义和殖民主义，共和国宫让人想起民主德国的统一社会党的统治。是否应该耗时且花费巨额与这些历史阶段联系起来？如何在建筑方面实施对历史的批判性处理？

第二个推理路径是保护历史遗迹。这个领域的专家思考的是重建的方法。首先考虑的一个问题是，已被摧毁的文化遗迹再建，究竟是否属于古迹保护范围。它通常涉及保护、至少是局部仍留存的文化遗迹的维护。其次，重建可以或必须如何忠实于原作？如上所述，在柏林此地有多座建筑：一座城堡，一座多次彻底重建的宫殿，以及一座现代化的共和国宫。在这一领域首先也涉及一个问题，即什么是值得保护的。

第三个论证视角来自城市建设。在此，城市建筑中心的恢复是人们关注的焦点。城市宫作为一个中心点，和谐地嵌入了城市的视觉轴线，而共和国宫的建筑却忽略了旧视觉轴线，且与之成直角。这座宫殿必须在正确地点和正确方向建造，并弥补柏林中心的美学空白。

第四个路径涉及建筑。在这场辩论中，建筑方面的观点极其不同。有一些建筑师着迷于按原计划重建宫殿。另一些建筑师则要求将共和国宫纳入宫廷建构。还有一些人认为不需要重建，要求建造一座当代建筑，甚至可以在原宫殿广场上建造一座摩天大楼。还有人认为，传统和现代建筑的结合似乎是唯一明智的解决方案。

　　用途构成了第五个论点。一些人认为，公共资金必然会派生公共用途。讨论的焦点涉及：将非欧洲藏品合并到中央博物馆，原主要由两个改建的巨大庭院组成的立体面结构中是否有足够的空间？是否应该有一种文化甚至行政机构或主权用途，是否应该在那里接待国宾，或者是否应该成为吸引游客的景点？

　　几乎所有主题领域都有一系列赞成和反对的论点。赞成重建的理由是，诸如柏林将成为一个可以让人回想起卓越的普鲁士国王和皇帝的旅游胜地。在城市规划方面，通过恢复宫殿原有的建筑中心，有利于恢复宫殿的历史视觉轴线。在建筑上，重建在一定程度上被视为一种积极的挑战，可以借鉴早期宫殿美学。还有人认为，与建造特别是外墙相关的行业，可以创造新的就业机会和培训岗位，让罕见的工艺传统得到延续。从使用角度来看，无论是旅游还是文化目的等都有很大潜力。古迹保护显然很难找到支持宫殿重建的理由，因为在这个领域普遍存在一种流行观点，即重建不值得保护。然而，也有一些古迹保护者认为，重建也可以被列为历史古迹。对于许多辩论参与者来说，最核心且令人信服的设想是，在柏林中心建造一座宏伟、高质量和有代表性的建筑将有一种塑造身份认同的效果。这是统一数年后似乎必要和有用的特征。

　　反对者认为，这样的普鲁士时代的城堡重建是落后的。另一些人认为，建造它所花费的数百万费用更该用于社会事业。部分建筑师认为，现在应该有自己的现代建筑风格，而不是复制旧的。另一些建筑师，如上所述，指出原始的立面体结构与计划用途之间的不相称性。从历史古迹保护角度来看，有人认为柏林市中心不应"迪斯尼乐园化"，重建实际上不属于历史古迹保护范围，目前尚不清楚现有计划是否足够用于完成重建，以及最后一点是，在原址上原有太多不同的宫殿而无法确定一个模式。还有人提出质疑，认为共和国宫（至少在拆除前）是否也应该作为值得保存的历史见证而得到保护。从使用角度来看，一些辩论参与者担心该项目会有商业化风险，特别是如果该项目的一部分由私人出资资助。一些人还认为，由于上述与普鲁士军国主义和殖民主义的负面关联性，该建筑不适合用作国宾接待处。①

辩论进程最终表明，重建宫殿的论点说服了大多数人，使得宫殿的建造顺利推进。*

结　语

上述对辩论过程、行动者和路径、论点的陈述，很适合说明公共领域在德国政体中的三大功能。

公开辩论意味着不同团体和论点可以相互权衡，最终以明确的多数意见获得贯彻。② 这显示了公共领域的审议功能。

由于辩论广泛进行，有许多不同的行为者群体参与，且经过了很长一段时间，所以在政治上得到落实的结果现在被民众广泛接受。此外，它还通过加强政治决策和行动的合法性来履行公共领域的政治-法律功能。

最后，这场辩论也说明了宣传的整合功能，因为也听到了反对者的声音。这对于最初并不想支持这个宫殿项目的德国联邦议院的政治家来说更是如此。他们通过辩论融入决策过程，并部分地被支持者的论点说服。

我的结论是：这场公开辩论的特点是，各种社会和政治行为者团体相互影响。最终，这个过程导致实施一个大型的、昂贵的、最初非常有

---

① 正反两方面论点的综合汇编也可查看促进会官网：https://berliner-schloss. de/die-schlossdebatte/，访问日期：2020 年 10 月 7 日。

* 柏林城市宫及"洪堡论坛"于 2021 年 7 月 20 日下午正式对公众开放建筑内部。——译者注

② 促进会网站记录了许多关于宫殿重建的民意调研，参见 https://berliner-schloss. de/die-schlossdebatte/meinungsumfragen-zum-schloss/，访问日期：2020 年 10 月 7 日。

争议的项目，同时加强了该项目在普通民众中的接受度。作为德国民主的一部分，这一过程让人信服。就现已建成的柏林城市宫在美学和功能上是否也具有说服力，我留给未来的参观者来判断。

（李萌娣　张子荷　孟虹　译）

20. 德国联邦议院对于历史记忆和政治教育的影响[①]

孟　虹[*]

摘要：鉴于战后联邦德国实行议会内阁制，联邦议院作为国家五大宪政机构中最高和最为重要的机构，不仅通过特设的管理委员会直接参与对负责全德政治教育工作的联邦政治教育中心的监督把控，围绕倡导民主与法治，反对极右翼主义、历史修正主义和反犹主义，而由联邦议院出台的法律法规，也为战后联邦德国政治教育工作与时俱进地推进提供了重要保障。两德统一后联邦议院迁至柏林，修缮一新的国会大厦作为历史记忆场所承担起德国民主政治活动的核心基地作用，同时也成为德国政治教育的实践基地。联邦议院通过议会建筑和艺术作品以及定期组织纪念日活动，面向议员和国内外来访者承担起政治教育的主体作用。本文重点结合阿斯曼夫妇的文化记忆理论和德国政治教育的政治

---

①　本文为国家社科基金重点项目"德国联邦议会与'记忆文化'建构研究（1990—2015）"（16ASS003）的阶段性研究成果。

＊　作者简介：曾在浙江大学、洪堡大学、柏林自由大学和柏林工业大学任教和在德国联邦议院担任科研员。目前任职于中国人民大学外国语学院德语系 & 德国研究中心，兼任中国德国史研究会常务理事、中国欧洲学会德国研究分会理事和中国人民大学欧洲研究中心及清华大学中欧研究中心客座研究员等职。研究重点包括中德关系，德国社会与文化发展及欧洲一体化等，现主持国家社科基金重点项目"德国联邦议会与'记忆文化'建构研究（1990—2015）"。

性、历史性和本土性特征，探讨战后联邦议院对于德国历史反思和政治教育发展所产生的多元化影响。

关键词：联邦议院，国会大厦，历史记忆，政治教育，纪念日

历史记忆作为社会行动者根据现实需要对历史进行的追忆、反思与重构，不仅是个体探寻自身归属、强化身份认同和形成理想信念的重要源泉，同时也是国家塑造公民的集体意识，增强公民的国家认同、政治认知，组织社会动员，促进民族政治成熟的一大重要手段。历史通过被记忆而存在。依据阿斯曼的文化记忆理论，记忆既可以通过人际交流口头相传，也可以凭借超越时空的文化记忆载体来延存、拓展、补充或改化，甚至遗忘。记忆通常从外部和被外力输入，并通过对内在关联点的激活而被唤醒。如何建立一个处于支配性强势地位的机制，无疑决定了记忆内容的选择、重构及其最终呈现方式与目的。对于任何一个国家和社会而言，如何在已有的史料基础上选择、描述与建构探索其背后所隐藏的社会和个人"情境"及其复杂结构，通过不同方式来挖掘"新"内容，构建起"当代情境"中对于历史情境现代化延续或变化导向，夯实维护社会与国家可持续性发展的历史根基和内涵，意义重大。①

战后德国被四大战胜国占领，并于 1949 年再度分化，形成了两个不同制度的国家。虽然国内对于西方议会制度的研究最早起步于 19 世纪末"洋务运动"和 20 世纪初。② 一战后，巴黎和会不利消息传来，引发五四运动的爆发，促进了"德先生"和"赛先生"被"请进来"以及大批莘莘学子"走出去"。在这股"西学东渐"的新浪潮中，《魏玛宪法》作为德国第一共和国宪法被翻译成中文介绍到国内。③ 然而，二战

---

① 钟哲：《多学科共同聚焦记忆文化研究》，载中国社会科学网-《中国社会科学报》，2019 年 12 月 3 日。

② 如刘锡鸿：《英轺私记》，长沙：湖南人民出版社，1981 年，第 208—209 页；张德彝：《欧美环游记》（再述奇），长沙：湖南人民出版社，1981 年；钱德培、李凤苞：《欧游随笔、使德日记》，长沙：岳麓书社，2016 年。

③ 《魏玛宪法》，张君劢译，北京：商务印书馆，2020 年。

爆发后中德于 1941 年断交，战后两国均遭受分裂。冷战的出现，受意识形态差异的影响，有关德国议会制的研究在 1972 年新中国与联邦德国建交后，尤其是中国持续推进改革开放政策和在国际化大背景下，才开始重新得到重视。目前，随着全国人民代表大会与德国联邦议院交流的增多，国内研究德国议会的论文、论著也在逐渐增加，既有从政治制度、代议制、议会史等宏观视角展开的研究①，也有就议会选举、议会组织机制、议会的监督与立法功能及议会与政党关系等在中观和微观层面展开的分析。② 战后联邦德国引进议会内阁制，赋予联邦议院在国家五大宪政机构中最高和最为重要的地位，其中议会对政府工作行使监督职责，决定了联邦议院对于隶属德国内政部主管的联邦政治教育中心具有监督与调控作用，但这点虽然在国内涉及德国政治教育方面的论著中有所提及，却迄今尚无专文研究。③ 两德统一后联邦议院迁至柏林，基于国会大厦本身作为记忆场所的特殊性和民主政治作为现代德国政治教育的一大核心内容，联邦议院除了立法、表达民意、选举政府首脑和参与选举国家总统及监督政府工作的职能外，还增添了一大新功能，即自身转化为德国政治教育的实践场所和主体。然而，迄今国内外对此也均无专文系统探讨。本文主要聚焦四大方面：一是归纳阐述联邦议院在现行德国民主政体和社会发展进程中的作用，二是具体分析联邦议院对于

---

① 甘超英：《德国议会》，北京：华夏出版社，2002 年；蒋劲松：《德国代议制》，三卷，北京：中国社会科学出版社，2009 年；徐育苗主编：《中外代议制度比较》，北京：商务印书馆，2006；程舒伟：《议会政治与近代中国》，北京：商务印书馆，2006 年；贾红梅：《德国联邦议院的监督措施》，《人大工作通讯》1997 年第 13 期，第 36–38 页；宋惠昌：《德国议会民主政治的权力制约机制》，《中共中央党校学报》1998 年第 3 期，第 48–56 页；杨菁：《从等级制到代议制——德国议会制度的演变》，《德国研究》2003 年第 1 期，第 68–72＋80 页；程迈：《德国联邦议院党团法律制度研究》，《德国研究》2014 年第 4 期，第 4–19 页。

② 《王晨与德国联邦议院副议长弗里德里希举行视频会见》，全国人大网 2020 年 9 月 17 日；《栗战书会见德国联邦议院副议长时表示 加强在"一带一路"框架下的务实合作 为两国人民带来更大福祉》，《人民周刊》2019 年第 8 期，第 11 页；《中国全国人大参加各国议会联盟活动的难忘片断》，《中国人大》2011 年第 19 期，第 47–51 页；《德国联邦议院议长在柏林会见中国全国人大代表团》，中国政府网 2009 年 2 月 12 日。

③ 傅安洲、阮一帆、彭涛：《德国政治教育研究》，北京：人民出版社，2010 年；阮一帆：《德国联邦政治教育中心发展历史研究》，北京：人民出版社，2016 年。

国家政治教育和历史记忆重构的影响，三是联邦议院迁都柏林后如何结合历史记忆场所功能来推进历史反思与发挥政治教育的实践基地和主体作用，四是联邦议院符号性建筑与艺术作品的独特政治教育功能，以期了解在新时期德国民选产生和代表民意的联邦议院是如何以史为鉴地发挥多元化作用，促进国家政治教育工作和保障国家可持续性稳健和平发展的。

一、联邦议院在德国民主政体和社会发展进程中的作用

现代议会制作为国家政权组织与实施的一种基本形式，自资本主义产生以来便开始成为现代西方国家权力结构的核心基础。它以议会为国家政治活动的中心、政府由议会中的多数党或政党联盟组成且须对议会负责为特点，以"主权在民"和"三权分立"原则为理论基础，强调国家政治权力源于人民权力的转让，但后者保留对其的所有权和终极控制权；民选产生的代表组成的机构能够行使共同体的政治权力；国家权力的使用以社会共同体的同意为基础。① 目前，世界各国议会制形式多样，不尽相同，其中议会内阁制不仅拥有选举功能和立法职能，还肩负着监督政府工作和表达民意等职责。

在德意志民族的历史长河中，议会制早在中世纪就已出现。《黄金诏书》不仅确定了国王选举方式，还规定了公民可享有的基本权利；为了有效治理国家，国王设立御前议会（Hoftag），后更名为帝国议会（Reichstag），实施相对民主化的决策机制，这点在 16 世纪马丁·路德因倡导宗教改革而多次应邀前往帝国议会辩论中可窥见一斑。然而，现代意义上的议会制的实施，在德国要比英国和法国起步更晚。近代以

---

① 丛日云、郑红：《论代议制民主思想的起源》，《世界历史》2005 年第 2 期，第 74-83 页。

降，内外冲突不断交杂合力作用，导致德国社会衰弱和国体频繁更替：三十年战争后昔日强大的"德意志民族神圣罗马帝国"沦为了"迟到的民族国家"；19世纪初德意志第一帝国在拿破仑铁蹄的凌辱下更是被迫解体，维也纳会议后帝制并未能得到恢复，而是被松散的邦联制取代。在1848年欧洲大革命期间，现代民主议会制在德国初尝未果。最后，以政治民族主义取代先前的文化民族主义努力，国家"统一之梦"在俾斯麦的"铁血政策"和"小德意志方案"下才得以实现，君主立宪制开始在德意志大地初步得到发展，其中尤以1894年柏林施普雷畔气势恢宏的国会大厦的落成为标志。

在19世纪末20世纪上半叶，德国的政体与治理理念依然动荡多变。威廉二世上台后不久，俾斯麦的"大陆政策"便被"世界政策"取代。为了"争夺阳光下的地盘"，年轻的国王不惜假借奥地利王储遇害事件掀起大战，最后却导致了德国在第二次工业革命时期所取得的辉煌成就及逐步重建的强烈的民族自豪感被摧毁。在1918年"十一月革命"浪潮下，民主共和制取代了原有传统的帝制。在新的魏玛共和国时期，形成了国家政权与公民基本权利的对称、基本权利与基本义务的对称，以及议会制下防范代议机构专政的一系列机制，堪称世界首创。① 但一战后一系列内外矛盾重叠所产生的危机，难以为新型共和国的长治久安提供良好的保障：政府在14年间便先后更替逾十次。1920年代末世界金融危机的爆发，连同此前德国因《凡尔赛和约》被迫割地、裁军、赔款所带来的种种重压与窘境，给予了披着民主外衣的希特勒可乘之机。在1933年1月顺利篡权后，纳粹政府便假借"国会纵火案"出台《授权法》，阉割魏玛宪法，摒弃议会民主制和联邦制，极权统治逐步登峰造极。最终，为了重建"大日耳曼帝国"和"扩大生存空间"，不惜再次挑起世界大战，大批德意志民众在纳粹"一体化"政策的教育下被奴役为独裁暴行的"盲目追随者"和"帮凶"，不仅出现了"焚书"事件，

---

① 蒋劲松：《德国代议制》，第一卷，北京：中国社会科学出版社，2009年，第2页。

还出现了对政治异己分子、犹太人和残疾人员等"社会异类"的大规模迫害和用毒气"焚人"的惨案。1945 年，德国再度被打败、占领、分化、清算，以及由外向内地施行"去纳粹化"、"去军事化"、"去工业化"、"民主化"和"再教育"。

在这一背景下，战后联邦德国创建时该采用何种政体、如何拨乱反正，以有效助力民众探寻民主与自立发展之路，振兴国民志气，习得民主能力和恢复民族信心，成为制宪委员会制定《基本法》时考虑的核心。新政体创建时借鉴英国，以"议会内阁制"取代原"总统二元制"，赋予联邦议院核心地位：政府首脑依据《基本法》第 63 条由联邦议院选举产生，需对议会负责和接受议会监督，而联邦总统作为"虚位总统"由联邦议员和同等数量的联邦州代表组成的联邦大会选举产生，无权干涉政府工作；规定非直选产生的联邦参议院仅在联邦层面代表州利益和参与相关立法。在议会内部，联邦议员作为人民代表，实行自下而上的民主集中制，以议会党团为组织单位、以专业委员会为工作平台、以议会大会为辩论和决策的核心场所来行使自己的职责，通过不断改革赢得多样化的手段来监督政府工作；公民则可通过本选区的联邦议员或议会申诉委员会，就政府决策造成对个人基本权利的侵犯提出质疑和申诉。[1]

1949 年联邦德国创建时百废待兴，政府所在地通过联邦议院大会表决以 200：179 的微弱优势被确定在莱茵河畔的波恩，而非昔日的柏林或 1848 年召开第一次全德议会大会的美因茨畔法兰克福。[2] 在嗣后

---

① 孟虹：《从联邦议员的权利和职责看德国联邦议院的政治作用和文化特点》，载刘立群、连玉如主编《德国·欧盟·世界》，北京：社会科学文献出版社，2009 年，第 120-137 页；孟虹：《论德国联邦议会与政党的关系》，中国统一战线理论研究会政党理论北京研究基地主编《变革世界中的政党政治——中国统一战线理论研究会政党理论北京研究基地论文集》第五辑，北京：华文出版社，2012 年，第 284-293 页。

② Wissenschaftliche Dienste des Deutschen Bundestags: Parlamentarische Höhepunkte 1949 bis 1989, WD 1-3000/042/12, 08.05.2012. 当时波恩被选为联邦政府所在地，原因在于其作为古罗马小城和普鲁士军事保护城的历史性、地处德国母亲河"莱茵河"畔的地域性，以及二战期间未被英美飞机轰炸而保留下来的众多建筑可改造作为政府机构办公楼的实用性，而社民党推荐的法兰克福在二战后期因遭到空袭而受损严重。

的半个世纪中，议会民主制的实施在不断改革中得以推进：一方面，通过引进"5%门槛""两票制"选举原则，以减少议会内政党数量和提高民主决策效率，同时通过 1966—1969 年议会制"大改革"，尤其通过增设议会科学服务部（WD）和为议员及议会党团配备专业研究员，促进联邦议院作为"工作议会"质量和效率的提升①；另一方面，鉴于议会议题日趋多元化和及时性，就议员的权利加以改革，增强了议会大会讨论功能，同时为了提升议员工作的透明性，近年来还要求其在议会个人网页公开副业收入，以增进民众对于国家政体的了解和参与民主政治的热情，促进社会凝聚力和稳定性的提升。由此，也使得德国政治文化从战后初期的传统"君臣型"逐渐转变为民主"参与型"。1968 年"学生运动"进一步推动了自下而上的历史反思。1970 年代的新社会运动也促进了大众化教育和公民政治教育得到重视，并产生了旨在促进环保与绿色和平运动的"绿党"。1985 年二战结束 40 周年之际，联邦总统理查德·冯·魏茨泽克在联邦议院发表演讲，将 5 月 8 日德国战败日宣告为德意志人民摆脱纳粹独裁统治的"解放之日"，由此掀开了联邦德国历史反思的新篇章。1990 年两德通过自下而上、由东向西和以民主德国加入联邦德国的方式实现国家的和平统一，凸显了议会民主制在战后联邦德国曲折发展进程中所发挥的有效作用得到了认同。

作为"政党议会"，联邦议院的政党结构变化也反映了社会不同思潮和观念及诉求的整合与变化。随着选举制的改革，1950 年底至 1980 年代初进入联邦议院的政党从最初的 8 个减少至"两个半"：联盟党（CDU/CSU）和社民党（SPD）及自民党（FDP）。1983 年新增绿党。1989 年 11 月柏林墙倒塌后，按照科尔总理在联邦议院宣读的《十点建议》，两德逐步从货币联盟和经济联盟向社会和政治联盟转变。在这一背景下，联邦议院也成为两德政治与社会融合的"前沿阵地"：1990 年 9 月 28 日，原民主德国首个民选产生的第 10 届人民议会在开启工作半

---

① Deutscher Bundestaag: *Der Deutsche Bundestag im Reichsgebäude*, *Geschichte und Funktion*, *Architektur und Kunst*. Berlin, S. 64—92.

年后决定选派 144 名议员加入联邦议院，并于同年 10 月 4 日两德统一后的第二天召开首次全德议会大会。① 随着同年 12 月 2 日新一届联邦议院选举，议会内政党从原"两大两小"又增添了由原民主德国统一社民党（SED）改组更名的民社党（PDS）。②

两德统一以来，随着《马斯特里赫特条约》《里斯本条约》的先后出台和欧洲一体化的推进，诸多成员国国家权限让渡给欧盟，德国作为东西欧和新老欧盟成员国的桥梁作用得到凸显，崛起的德国也逐步发展成为全球和平新秩序的重要"建构大国"，肩负的责任增大，涉及的国内外事务也不断增多，对于联邦议员的民主决策和创新能力也提出了巨大挑战。同时，两德统一后社会融合与经济发展遇到的一系列瓶颈问题，尤其是 2008 年欧债危机的爆发，以及 2015 年难民危机的出现，给德国社会巨大冲击，致使极右翼民粹主义势力再度抬头。2013 年新成立的"德国选择党"在 2017 年联邦大选中以 12.6％的支持率跻身联邦议院，并成为议会中第三大党和最大反对党，使得议会政治碎片化加剧，民主决策日趋复杂。改革议会制，包括选举制也不断被提到议事日程。

二、联邦议院对于政治教育工作立法
与历史记忆重构的影响

政治教育作为公民社会化政治教育的一种，在不同国家随着历史演变与社会发展需要的不同，既可以是一种以人民动员为导向的政治教育，旨在开启民心和政治能力，促进国家经济的稳健发展和社会团结，

---

① 原联邦议院成员人数为 519 名。Deutscher Bundestag：Vor 30 Jahren：Volkskammer entsendet 144 Abgeordnete in den Bundestag, https://www.bundestag.de/dokumente/textarchiv/2020/kw39-kalenderblatt-volkskammer-790456，abgerufen am 20.10.2019.

② 2005 年民社党与从社民党左翼成员组成的"劳动与社会公平选举抉择党"（WASG）合并成为"左翼党"（Die Linke）。

也可以是一种旨在强化民族（国家）意识和文化认同的民族（国家）主义的政治教育，或者是一反前两种权威导向型，采用一种自由导向型政治教育，即以民主政治为导向，重点强调民主政治文化和政治参与意识及能力的培育。在不同的国家，或者在同一个国家的不同时期，政治教育的本质、功能与内容和方式均可能存在差异。在德国历史上，这三种政治教育模式均曾出现。① 同时，政治教育具有强烈的意识形态功能，并含有历史维度。通过开发历史记忆资源，推动有利于社会发展的历史记忆的唤醒与再建构，并对一个社会或社会群体成员有目的、有计划、有组织地用一定的思想理念、政治观点、道德规范来施加影响，使其形成符合一定社会要求的思想品德和价值观念体系，并自行指导和规范个人行为，从而促进个人、社会、国家、世界的稳健和平发展。

联邦德国创建后，有别于魏玛共和国时期基于国家和民族的"国民教化"（Staatsbürgerliche Erziehung），也为了区别纳粹时期国家至上论的"政治教化"（politische Erziehung），其政治教育更加重视著名教育改革家威廉·冯·洪堡所倡导的"教育"（Bildung）内涵，将政治教育视为通过传授必要的知识和方法的重要手段，促使受教育者的综合素质与能力的提升，激发其批评精神，使其成为一个具有独立人格的公民。鉴于惨痛的纳粹历史教训，政治教育也尤其强调"政治性"（politisch），核心在于让公民适应和促进议会民主制的建立与民主政治文化的发展。②

依据联邦制，联邦德国教育和文化主权隶属地方政府管理。但出于历史原因，联邦德国创建后政治教育依然受到美、英"再教育"计划的影响，因此首先面临的是政治教育主权和归属问题。1950 年 6 月 1 日，联邦议院针对联邦内政部国务秘书汉斯·瑞特·冯·莱克斯（Hans

---

① A. M. Thomas：Adult Education for Social Action，in：Colin J. Titmus：*Lifelong Education for Adults*. Oxford：Pergamon Press，1989，pp. 113-116，esp. 114.

② Marcelo Caruso，Stefan Johann Schatz：Politisch und bildend? Entstehung und Institutionalisierung politischer Bildung in Deutschland，in：*APuZ*，13-14，2018，S. 4-11.

Ritter von Lex）提交的有关"宪法保护"法案，就新时期政治教育工作展开了讨论。在莱克斯看来，要保障新出台的基本法的稳健实施，政治教育如同"警务"（polizeilich）和"刑事"（strafrechtlich）手段一样不可或缺，呼吁国家大力投资"培养公民尤其是青少年对于国家民主宪法的尊重"①。在同年联邦内政部的预算中，对于政治教育工作投入250 000马克，用于"阐述有关民主制度及其运行规则功能，以促进民主思想的传播"②。同年，联邦层面负责地方文教协调工作的各州文化部长联席会（KMK）也做出决定，将政治教育纳入中小学范畴，指出其核心在于开启民心和稳定社会发展。③ 翌年6月13日，联邦议院就政治教育的主权和行政归属问题组织大会讨论，一方面提醒政府需将政治教育主权从占领国手中"夺回"，并继承德意志教育传统来重建民主政治教育体系，另一方面就联邦政治教育机构的设置展开了广泛讨论。④ 早在联邦德国创建伊始，阿登纳政府就出台了一揽子计划，拟延续魏玛共和国传统，将联邦政治教育机构设立在总理府，而不让战后美方在法兰克福资助设立的公共事务促进研究所（法兰克福研究院，IzFöA）来负责。鉴于纳粹政府对于政治教育的滥用，有人提议让联邦政府新闻信息处来负责此项工作，但遭到了联邦议院多数议员的否决。⑤ 1952年11月25日，联邦政府协同联邦议院正式宣布延续德意志第二帝国和魏玛共和国传统，恢复建立负责全国政治教育工作的"联邦乡土服务中心"（BZH），目标不仅包括在德国民众中"传播与巩固民主和欧洲思想"，启发民众形成独立的政治观念和政治决策能力，而且还重在探讨德国

① Entwurf eines Gesetzes über die Zusammenarbeit des Bundes und der Länder in Angelegenheiten des Verfassungsschutzes, Bundestag-Drucksache Nr. 924. 1. WP und der Bundeskanzler BK 740/50, 09. Mai 1950；Plenarprotokoll der 65. Sitzung des Bundestags vom 01. 06. 1950，S. 2387-2388，hier S. 2387.

② Bundeshaushaltsplan 1950, Einzelplan VI, Kapitel 2, Titel 24, S. 35.

③ Wolfgang Sander: Politik in der Schule. Kleine Geschichte der politischen Bildung in Deutschland. Marburg, 2013, S. 15, 转引自 Caruso, Schatz, 2018, S. 4。

④ Deutscher Bundestag: Plenarprotokoll der 151. Sitzung, 13. 06. 1951, S. 5992-6024, hier S. 6007.

⑤ Deutscher Bundestag，13. 06. 1951, S. 6007.

"最近的历史"尤其是纳粹史，以避免历史悲剧的重演。[①] 1963 年，该机构更名为联邦政治教育中心（bpb）。随着时间的推移，政治教育工作在联邦德国中小学、青少年教育机构、成人教育机构和国防军中逐渐得到重视，在全国范围内形成了以联邦政治教育中心为核心、以各大中小学校为主体、以各级政治教育机构和政党基金会及民间机构为辅助、以各类教育实践基地为依托，并在联邦层面以联邦内政部、联邦家庭与青少年部、联邦科教部、联邦国防部以及两德统一前专门负责两德事务的联邦部门等相关部委为主导，借助媒体的强大舆论导向作用，建立起了一个覆盖社会不同群体的全民政治教育体系。

鉴于议会内阁制，联邦议院对于公民政治教育工作的影响除了通过促进自身决策的民主化与透明化、激发公民关注民主政治、培养民主意识和参与热情外，重点通过设立专门机构、出台法律法规和施行监督等三大手段，来对全国政治教育的发展在政治上严格把关。

1949 年 9 月第一届联邦议院形成后，按照《基本法》规定，在新政府组建后对应各政府部门设立了相应的专业委员会，以直接行使监督作用。联邦政治教育中心作为全德核心政治教育工作机构，创建后归联邦内政部下设的"家乡服务部"（Heimatdienst）主管，虽然享有独立性和要求跨党派性，但在专业上通过一个由 10～12 人组成的科学咨询委员会把关，在政治上又由联邦议院特设的一个最初由 15 名、两德统一后由 22 名议员组成的管理委员会（Kuratorium）把控，通过定期举行会议，研究中心发展规划和项目重点，审核中心主任提交的年度预算、工作规划和进度报告，并对中心工作所体现的政治立场和政治教育效果进行监督。[②] 迄今，先后有五人出任联邦政治教育中心主任职务，

---

① „Politische Bildung ist unverzichtbar ", Interview mit dem Präsidenten der Bundeszentrale für politische Bildung（bpb）Thomas Krüger, 27.08.2012, https://www. bundestag. de/dokumente/textarchiv/2012/40304854 _ kw35 _ interview _ krueger/209154, abgerufen am 30.10.2019; Benjamin Stahl: Politische Bildung für alle, in: *Das Parlament* vom 12.11.2012.

② Vgl. Kuratorium der Bundeszentrale für politische Bildung, https://www. bundestag. de/webarchiv/Ausschuesse/ausschuesse18/a04/kuratorium, abgerufen am 20.11.2019.

既有无党派历史学家保罗·弗兰肯（Paul Franken，1952—1969 年），也有社民党人士富兰克林·舒尔泰斯（Franklin Schultheiß，1976—1992 年）和托马斯·克鲁格（Thomas Krüger，自 2000 年以来），以及基民盟成员汉斯·斯特肯（Hans Stercken，1969—1976 年）和君特·赖歇特（Günter Reichert，1992—2000 年）。① 中心通过定期举办讲座、组织会议和研修班，发行资讯杂志（Information）、专业性周报《议会》(Das Parlament)② 及其副刊《政治与当代史》（AZuP）以及系列论著和专著，资助公认的政治教育机构，设立机构网页和提供政治、经济、国际、历史、社会等方面资讯，并通过为中小学、成年教育和继续教育机构提供政治教学教材及为媒体记者等组办培训班等，来积极推进联邦德国的政治教育工作。1990 年代末随着联邦议院迁至柏林，《议会》周报的编辑工作开始由联邦议院直接接管负责。

在立法方面，分有直接和间接两大类。前者主要关乎民主法治和公民参与政治教育权利的保障，诸如 1967 年出台《教育休假法》③；后者重点反映在深化历史认知和确定历史政策走向方面，其中既涉及对于历史罪行的定性和罪责追究，也涉及避免极右翼思潮再起而带来危害的相关法律法规。

战后联邦德国虽然自认是纳粹德国的合法继承体，但大多数德国人同时也将自己视为纳粹独裁统治的牺牲品、战争后期英美空袭或从东欧遭驱逐返回德国变得无家可归的"受害者"。在 1950 年代初，因战后联邦德国重建缺乏足够的专业人员和管理人员，联邦议院先后两次准许阿登纳政府对原纳粹官员施行大赦令，并为战后从东欧国家遭驱逐而返回

---

① 其中 1973—2000 年曾增加双元副主席，详见 Direktoren und Präsidenten der Bundeszentrale für Heimatdienst/Bundeszentrale für politische Bildung：http://www.bpb.de/geschichte/zeitgeschichte/geschichte-der-bpb/36448/direktoren-und-praesidenten，10.07.2011。

② Gerd Langguth：Schreiben für die Demokratie. JUBILÄUM. Die Zeitung „Das Parlament"ist ein Unikum. Sie schließt eine Lücke der Medien im Politikbetrieb, in：Das Parlament, Nr. 35—37/2012, S. 1.

③ Vgl. Bericht der Bundesregierung über den Bildungsurlaub, Bundestag-Drucksache V/2345，01.12.1967.

德国的人员重新融入社会出台有关国籍和财政补助的法律。同时，为了重新融入西方民主社会，联邦议院先后同意联邦德国加入欧洲煤钢共同体和北约与重新武装，与四大战争国签署条约恢复主权，并同意联邦政府与以色列签订《卢森堡协议》，承诺向以色列和犹太人支付赔偿，并同意政府与西方战胜国签署《伦敦债务协定》，协调支付战前遗留的债务问题和战后新生债务问题等。[1] 然而，战后经济的腾飞，1950 年代末联邦德国境内再度出现反犹现象。随着"乌尔姆审判"和法兰克福"奥斯威辛审判"所揭示的罪行的彰显，也基于德裔美国学者汉娜·阿伦特（Hannah Arendt）在以色列旁听"艾斯曼审判"后提出的"平庸之恶"论，联邦议院于 1965—1979 年先后四次举行议会大辩论，同意延迟乃至彻底取消对于纳粹罪行原定 20 年追诉时效的限制，决定终身追责。[2] 随着美国电视连续剧《大屠杀》的上映，针对历史修正主义思潮的出现，联邦议院在 1970 年代末和 1980 年代先后对《基本法》第 5 条公民"言语自由权"做出严格界定和限制，并对《刑法》和《行政犯罪法》做出修正，规定"今后任何否认或轻视纳粹统治下的灭绝种族行为的人，或制造、持有或进口带有纳粹标志的物品以进行传播或公开使用的人，也应受到起诉""允许没收右翼极端主义著作"，强调"否认第三帝国屠犹历史，就是对每个受害者的侮辱"。[3] 1994 年 6 月，联邦议院再次修订《刑法》第 86、86a、130 和 131 条，加重定罪程度，决定

---

① Schriftlicher Bericht des Ausschusses für das Besatzungsstatut und auswärtige Angelegenheiten（7. Ausschuß），Bundestag-Drucksache Nr. 3900，27. 11. 1952；Entwurf eines Gesetzes über das Abkommen vom 10. September 1952 zwischen der Bundesrepublik Deutschland und dem Staate Israel，Bundestag-Drucksache Nr. 4141，Bundeskanzler 5－53100－3008/52，28. 02. 1953；Entwurf eines Gesetzes zur Ausführung des Abkommens über deutsche Auslandsschulden vom 27. Februar 1953，Bundestag-Drucksache Nr. 4478，17. 06. 1953.

② Historische Debatten（4）：Verjährung von NS-Verbrechen，https://www. bundestag. de/dokumente/textarchiv/ns-verbrechen-199958，abgerufen am 20. 10. 2019.

③ Entwurf eines Einundzwanzigsten Strafrechtsänderungsgesetzes（21. StrÄndG），Bundestag-Drucksache 9/2090，10. 11. 1982；Bundestag-Drucksache 10/891，18. 01. 1984；Beschlußempfehlung und Bericht des Rechtsausschusses（6. Ausschuß），Bundestag/Drucksache 10/3242，24. 04. 1985.

对在公开场合宣传、不承认或淡化纳粹屠犹罪的行为定性为"严重刑事犯罪行为"，准许对于相关行为者最高处以五年有期徒刑或予以罚款，同时决定对美化纳粹或为纳粹辩解、损害大屠杀受害者尊严的人员最高可处以三年有期徒刑或予以罚款。① 联邦议院对于纳粹罪责的认知与作为，从最初的宽容与再接纳，至后期不加掩饰地决定公开追责，甚至将否认大屠杀言行确定为犯罪行为，反映出其历史反思视角不断拓宽，认识日渐深化，凭借立法来防范历史悲剧重蹈的手段不断规范化，从而对于国家政治教育中的历史观也产生了积极导向作用。

在具体监管方面，针对政治教育的宗旨、内涵与手段，联邦议院通过大会辩论和书面问责讨论，尤其是议会内反对党议员和议会党团通过频频向联邦政府提出质疑，或通过提出申请建议（Antrag）来要求调查政治教育工作问题，推动了联邦政府对政治教育工作定期展开评估和做出调整，使其符合宪法要求和服务于时代发展。

对于从战败国和高度独裁专制政权转变为民主政体的联邦德国，无论是公民还是政府均面临诸多挑战，政治教育工作随着内外政的发展和历史反思的影响也处于不断调整过程中。在阿登纳执政的 14 年间，德国尚处于现代民主发展初期，鉴于阿登纳的独特政治权威和议会内执政党与反对党的不对称性，"议会民主"很大程度上被"总理民主"取代。② 这一时期，围绕"合作教育"抑或"精神教育"，强调"公民参与"抑或"公民义务"和"公共意志"及"国家至上观"，成为联邦议院政治教育工作讨论的主题。1966 年社会学家西奥多·阿多诺（Theodor W. Adorno）发表题为《奥斯威辛之后的教育》电台演讲，指出"奥斯威辛之后，写诗是野蛮的""教育的第一目标就是不再出现第

---

① Entwurf eines … Strafrechtsänderungsgesetzes —§§ 86，86a，130，131 StGB（… StrÄndG），Drucksache 12/7960，15. 06. 1994.

② Peter Borowsky: Das Ende der „Ära Adenauer", in: *Zeiten des Wandels*, *Informationen zur politischen Bildung*（Heft 258），https://www. bpb. de/izpb/10093/das-ende-der-aera-adenauer，abgerufen am 29. 10. 2019.

二个奥斯威辛"①，对于政治教育工作的指向也带来巨大冲击。1968 年
11 月 15 日，联邦议院基于社民党和自民党议会党团向政府提出的大质
询组织议会大辩论，重点针对反犹主义现象的复燃和对极权主义与纳粹
主义的反思。② 在 1968 年"学生运动"和法兰克福学派社会批判理论
的共同影响下，联邦德国政治教育的指导思想开始转向围绕"解放"
与"理性"而展开，要求启发养育一种精神、文化和社会思潮，禁止
暴行的再度发生，其中以 1976 年《博特斯巴赫共识》的出台为标志
性成果。该共识确定将"禁止灌输"、"确保多元化"和"保证分析能
力"作为政治教育的三大基本原则，并将政治教育的宗旨拓展为四大
方面：开启民心，拓展公民的知识面和信息量，增强公民的政治认同
感；紧跟时代发展需要，诠释相关知识，了解世界和国内政治的新动
态，促进公民独立观点的形成；通过参与和实践，培养和增加公民的
民主意识，促进公民积极参与德国的政治生活；通过倡导"争辩文
化"来促进公民的宽容、多元观的培养，推进国家政治文化的建设。③
伴随政治学、历史学、教育学、法学、经济学和社会学等跨学科的合力
影响，德国的政治教育也更加重视通过不同的教育手段来对不同年龄和
不同社会阶层的公民施加影响，让其了解、适应社会发展和政治社会化
过程及其两者关系，从而努力发展成为一个人格完善、能够在道德上决

---

① Theodor Adorno: *Erziehung zur Mu ndigkeit*, Vorträge und Gespräche mit Hellmuth
Becker 1959 - 1969. Frankfurt am Main: Gerd Kadelbach, 1970, S. 92 - 109.

② Politische Bildung, Große Anfrage der Fraktion FDP, Bundestag-Drucksache V/2356,
06. 12. 1967; Politische Bildung, Große Anfrage der Fraktionen der CDU/CSU, SPD-Drucksa-
che V/2380, 12. 12. 1967; Plenarprotokoll der 196. Sitzung des Deutschen Bundestags am
15. 11. 1968, S. 10557 - 10586; Walter Jacobsen: Gedanken zur Bundestagsdebatte über poli-
tische Bildung am 5. November 1968, in: *APuZ*, B4/69, S. 27.

③ Bericht der Bundesregierung zu Stand und Perspektiven der politischen Bildung in der
Bundesrepublik Deutschland, Drucksache 12/1773, 10. 12. 1991; Marcelo Caruso, Stefan Jo-
hann Schatz: Politisch und bildend? Entstehung und Institutionalisierung politischer Bildung in
Deutschland, in: *APuZ*, 13 - 14/2018, S. 4 - 11, hier S. 9; Bundes-und Landeszentralen für
politische Bildung, Wissenschaftliche Dienste des Deutschen Bundestags, Dokumentation WD
8 - 3000-006/16, 15. 02. 2016.

定自我并适当参与公共事务和政治事务的积极的、宽容的和具有批判能力的公民。①

两德统一后，德国政治教育的范畴进一步拓展，在原国内民主教育、历史教育和欧洲一体化基础上增添了全球化视角，以原联邦德国为主转向兼顾原民主德国五大新联邦州的转型和对于民主德国时期发展的反思，并面向未来和平发展推进记忆文化的建构。面对新时期的挑战，2013 年社民党议会党团对新时期联邦政治教育工作进展提出问询，指出政治教育必须促进民主法治国家积极保障公民权利，"应当且必须促使和激励公民在活生生的民主意义上对社会提出自己的要求，并努力促成这些要求的实现"②。与此同时，新跻身联邦议院的选择党也转向关注联邦政治教育中心的工作，对于其于 2015 年起资助的"纠正——社会研究"提出质疑③；联邦议院其他议会党团也更加关注联邦政治教育中心的出版物和网页内容的政治中立性、全面性，诸如在新出版和发行的有关极右翼主义的论著或视频中对于极右翼和极左翼不加区别问题，遭到左翼党议会党团的批评和被要求撤回重新修改。④

三、联邦议院作为历史记忆场所与民主教育实践基地

法国历史学家诺拉在 1970 年代提出记忆场所理论，汇集出版七卷本论著《法兰西记忆场所》。在他看来，记忆场所可以是一个场地，也可以

---

① Caruso, Schatz, 2018, S. 9; Fritz Reheis: *Politische Bildung. Eine kritische Einführung*. Wiesbaden, 2014, S. 18; Joachim Detjen: *Politische Bildung. Geschichte und Gegenwart in Deutschland*. München, 2007, S. 3f.

② Zur Lage der politischen Bildung in der Bundesrepublik Deutschlang, Bundestag-Drucksache 17/12428, 21.02.2013; Bundestag-Drucksache 17/12252, 30.01.2013.

③ Förderung von Correctiv durch die Bundeszentrale für politische Bildung, Bundestag-Drucksache 19/18582; 30.04.2020; Bundestag-Drucksache 19/18582, 17.04.2020.

④ Extremismus-Video der Bundeszentrale für politische Bildung, Bundestag-Drucksache 17/11807, 05.12.2012.

是一个历史事件或是一个人物，由此相关的发展不仅涉及一定的时代背景，还与一定的地域性有关。记忆场所理论的提出，使得人们对于集体记忆和集体认同的视角更多地转向其发源地及其背后的个人及相关历史演变与影响。1990 年，德国学者阿斯曼夫妇结合诺拉的记忆场所理论，将建筑、博物馆、电影、电视等文化媒介视为历史记忆的重要载体。2001年，法国历史学家艾蒂安·弗朗索瓦与德国历史学家哈根·舒尔茨合编出版三卷本《德国记忆场所》，将国会（Reichstag）纳入其中。① 按照其观点，国会大厦作为民主共和国的重要政治场所，富有记忆传承的重要功能。

在波恩共和国时代，由于战后德国城市建筑被毁严重，新创建的联邦议院和联邦参议院一起挤在原波恩教育学院的联邦大楼（Bundeshaus），并因为联邦政府未放弃统一德国和柏林作为国家首都的意愿，长期未同意在波恩规划建造相应的政府大楼。1980 年代中期，绿党进入联邦议院后提出扩建提案，才开始考虑新建议会大会厅。② 而柏林施普雷畔的国会大厦作为历史见证者，本身经历了多重历史冲击，是德意志民族文化记忆的重要载体：从俾斯麦和威廉二世时期的强大德国，到一战败北后魏玛共和国在国会大厦西阳台呼唤而出，经历 14 年的民主颠簸，1933 年希特勒上台后又将议会民主制彻底摒弃；二战末期苏联红军将鲜艳的红旗插上国会大厦，标志了二战的结束；冷战时期，柏林也被一分为二，国会大厦与东柏林一河之隔。为了彰显国家统一的意愿，联邦议院曾在 1955—1965 年不定期地在原国会大厦召开全体大会，每五年一次的联邦总统选举也安排于此。但 1971 年《四国柏林协议》的签署，迫使国会大厦"去政治化"，联邦德国的官方议会活动和联邦大会限在波恩进行，原国会大厦仅被用作"德国议会史"展览地；1989 年

---

① Etienne François, Hagen Schulze（Hrsg.）：Deutsche Erinnerungsorte, Band 2. München：C. H. Beck, 2001, S. 138-158.

② Umbau des Plenarsaales des Deutschen Bundestages und weitere Bauplanungen im Bereich der Bundestagsgebäude, Bunestag-Drucksache 10/5391, 24. 04. 1986.

"柏林墙"被推倒后，两德于翌年 10 月 3 日成功实现国家的和平统一，隆重的庆祝活动在国会大厦前举行。1991 年 6 月 20 日，全德议会根据《基本法》规定，就统一后的国家首都和联邦议院所在地进行了长达 12 小时的大会辩论和公开表决，最后以 338 票对 320 票的微弱多数赞同将柏林重新打造成为新首都的蓝图。① 在这一背景下，克里斯托·克劳德和简·克劳德夫妇（Christo and Jeanne Claude）包裹国会大厦的宏愿经议会大会辩论，以 292 票对 223 票获得通过。② 2005 年夏二战结束 50 周年之际，国会大厦被超过 10 万平方米的白色丙烯面料以及 1.5 万米深蓝绳索包裹长达两周。通过此艺术行为，将承载着德意志民族重要历史篇章的国会大厦艺术性地"消失"和转化为巨大几何雕像，两周后又重新解绑，象征性地赋予了该建筑重新起步的新机遇。③ 嗣后，通过国际竞标获胜的英国建筑师诺尔曼·福斯特（Foster）通过重新设计国会大厦内部结构，创造性地将民众融入议会建筑和议会生活中。

波恩共和国时代由于议会大楼空间的限制，联邦议院参与国家政治教育工作主要通过"议会开放日"和"国际议会奖学金"（IPS）项目等来推进。随着统一后国会大厦的修缮和扩建，鉴于国会大厦本身的历史性和作为文化记忆载体对于集体记忆和集体认知的影响，1999 年联邦议院开启在施普雷畔议会工作后，尤其重视民主观、和平观、法治观和社会观的传播，引进了一系列措施来促进历史反思与公民的民主教育。

首先，强调议会工作的透明性和民意代表作用，建立起向国内外民众开放议会的机制。其中，在改建后的国会大厦，不仅设立联邦政府和

---

① Bundesstaatslösung für eine Aufgabenteilung zwischen der Hauptstadt Berlin, dem Parlaments-und Regierungssitz Bonn und den neuen Bundesländern (Bonn-Antrag)，Bundestag-Drucksache 12/814，19. 06. 1991；Vollendung der Einheit Deutschlands，Bundestag-Drucksache 12/815，19. 06. 1991.

② Verhüllter Reichstag-Projekt für Berlin，Drucksache 12/6767，03. 02. 1994；Deutscher Bundestag: Stenographischer Bericht der 211. Sitzung，25. 02. 1994，S. 18275−18288.

③ Wissenschaftliche Dienste des Deutschen Bundestags: Aktueller Begriff. Die Verhüllung des Reichstagsgebäudes durch das Künstlerehepaar Christo und Jeanne-Claude，Nr. 27/15，16. 11. 2015.

联邦参议院代表席，彰显三大宪政机构的互相合作与监督关系，同时在大会厅后面设立观众席和记者席，让民众可亲临议会大会，体验代议制民主的具体实施方式，以便更好地通过自己的选举权来决定联邦层面的政治代表。

其次，不仅联邦议员被授予义务和权限，定期邀请选区公民前来联邦议院参观，联邦议院自身也设立参观服务部，为公民提供有关民主制度与议会工作、议会大厦建筑特点及艺术作品的讲解服务。对于联邦议院而言，作为人民代表机构，机构的使用权更改归属人民本身。因此，近年来联邦议院不仅周期性地举办"开放日"，还按照不同年龄群体安排特定的参观学习活动，其中包括设立"儿童日"（Kindertag），邀请4～14岁的小孩与中小学生前往参观，或为7～8年级学生安排2小时的"发现联邦议院"活动，为9～10年级学生定制3小时的"你的议会——在联邦议院的一个上午"教育研讨课。鉴于《基本法》规定18岁以上的德国公民享有选举权和被选举权，联邦议院尤其针对年轻选民组织民主政治教育活动，诸如通过对17～20岁的各地选民提供为期四天的"年轻人与议会"（JuP）活动，让参加者扮演议员或联邦总理来体验议会的运作程序，激发其对于民主政治的兴趣。随着媒体作用的不断扩大，近年来联邦议院还增设了为16～20岁年轻人举办为期一周的"青年媒体工作坊"，围绕诸如"无国界一代——欧洲为我们开启了什么机遇？"展开学习，并宣讲媒体权利和伦理以及对于阴谋论和假新闻的防范，培养年轻人批判性审视媒体信息、形成自己独立观点的媒体能力。为迎合电子化网络的发展，联邦议院设立了符合儿童与青少年兴趣的智讯网"参与介入——mitmischen. de"，或为儿童特设了解释联邦议院圆顶功能的网站 www. kuppelkucker. de。①

超越国界地培养民主人才，也是联邦议院的一项重要新任务。近年来，联邦议院为了促进与各国议会的合作，在1986年启动的原德美交

---

① Besuch und Führungen，https://www. bundestag. de/besuche/fuehrung，abgerufen 29. 10. 2019.

流项目基础上不断拓展"国际议会奖学金"项目，与柏林三所高校合作，每年为来自中欧、东欧和北欧，法国，以色列，北美和南美，中亚和东南亚，新西兰和阿拉伯区域国家等 50 个国家的近 120 名年轻大学毕业生提供为期五个月的议会实习和培训项目。其中三个月参加人员在联邦议员办公室实习，两个月分别在柏林洪堡大学、柏林自由大学和柏林工业大学学习有关民主、多元化社会与记忆文化等专业理论，以促进"在多元化社会中民主价值观和宽容性的培养，加深文化多元性理解和促进世界和平共处"。①

最后，定期举行纪念日活动构成了联邦议院反思历史的重要契机。按照阿斯曼文化记忆理论，重要的历史纪念日通过立法成为国家纪念日，周期性地举行纪念活动，相关记忆可被不断重新唤起，并随着历史认知的变化和社会发展的需要，通过变换内在主题而得到新的诠释。在波恩时代，联邦议院定期举行的纪念日活动包括反思 1945 年 5 月 8 日德国战败和 6 月 18 日民主德国民众起义被苏联坦克镇压等。1996 年，为了纪念纳粹时期惨遭屠杀的犹太人，在时任联邦总统的赫尔佐克的倡议下，联邦议院决定将 1 月 27 日奥斯威辛集中营解放日确定为"纳粹受害者纪念日"，使得议会纪念日增添了更浓厚的历史责任感。此后，每年 1 月底联邦议院举行纪念活动，五大宪政机构负责人和历史亲历者、见证者及其后代代表或相关国家元首应邀参加和发表演讲。与此同时，联邦议院也利用这个特殊的纪念日，邀请国内外年轻人就历史问题和议会民主制进行跨界交流。2004 年，联邦议院还做出决定，将每年的 6 月 20 日联合国"世界难民日"拓展为"逃亡和驱逐受害者纪念日"，每年在德国历史博物馆举行纪念活动，以展现来自 190 个国家的民众共同生活一堂的联邦德国"和解与重新起步以及促进共

---

① 2011 年参加该项目的人员来自 28 个国家，近年来不断拓展，详见 IPS hat sich als wahres Erfolgsprogramm etabliert, in: *Das Parlament* vom 14. Februar 2011；Internationales Parlaments-Stipendium（IPS），https://www. bundestag. de/ips _ global, abgerufen am 30. 10. 2019。

同建设与凝聚社会的意愿和力量"。①

从统计数据来看，1997—2017 年，联邦议院共计邀请了来自 12 个国家的 33 名历史亲历者和见证者及其后代、国家政府首脑、历史学家前来参加为时一小时的"纳粹受害者纪念日"纪念活动和发表主旨讲话，其中包括以色列总理等。此外，四任联邦议院议长莉塔·苏斯慕特（Rita Süssmuth，1988—1998 年）、沃尔夫冈·蒂尔塞（Wolfgang Thierse，1998—2005 年）、诺贝特·拉默特（Norbert Lammert，2005—2017 年）和沃尔夫冈·朔伊布勒（Wolfgang Schäuble，2017 年以来）先后亲自主持纪念活动和致辞，四任联邦总统赫尔佐克、科勒、高克和施泰因迈尔在联邦议院的纪念活动上做主旨发言，表明了联邦政府对于大屠杀的官方立场和"永不再有奥斯威辛"的决心。从纪念主题来看，呈现出不断变化与拓展趋势：既有官方与个人、历史亲历者及其后代的多元叙事，其中涉及遭受纳粹迫害的不仅有犹太人，还有被视为"劣等人"的吉卜赛人和斯拉夫人、强制劳工、同性恋者、政治犯和病人及残疾人以及纳粹入侵苏联后对当时的战俘及公民的暴行等；2009 年，纳粹时期的抵抗分子和保护受纳粹迫害的人员也成为该纪念日活动的主要叙述者。② 1990 年代末联邦议院迁至柏林后，国会大厦也成为每年 11 月"国民哀悼日"（Volkstrauertag）纪念活动的主会场，重点纪念战争死难者及暴力统治的受害者，尤其是一战和二战的死难者及纳粹统治的受害者，并反思战争。联邦国防军士兵代表和参与世界大战的相关国家的领导人应邀参加，其中不仅有以色列驻德大使（2014 年）、丹麦总理（2016 年）和爱沙尼亚总理（2017 年），还有法国总统马克龙（2018 年）和英国王位继承人查尔斯（2020 年）等，携手合作和"永不再

① Gedenken an Opfer von Flucht und Vertreibung. Inneres/Antwort-23.02.2015（hib 090/2015），https://www.bundestag.de/webarchiv/Presse/hib/2015_02/362432-362432，abgerufen am 30.10.2019.

② Die Gastredner der Holocaust-Gedenktage seit 1996，https://www.bundestag.de/gedenkstunden，abgerufen am 20.02.2021；Claudia Heine：Gastreden，in：Das Parlament，Nr. 5-6/01.02.2021.

战"，克服因战争和暴力造成人民间的分裂，加强欧洲合作和推进"更多的欧洲自主"（马克龙），呼吁欧洲国家保持"朋友"、"伙伴"和"联盟"关系（查尔斯），成为这一活动的主旋律。① 迁都柏林后联邦议院设立的独立电台，通过将相关活动进行实况转播，使交际记忆与文化记忆同步使用、历史记忆被多层面激活，并结合现时政治与社会发展得到延伸。

四、联邦议院符号性建筑与艺术作品的教育功能

艺术对于德国公民教育的重要性，在拿破仑战争后的 19 世纪便得到了德国官方的重视。普鲁士国王弗里德里希大帝先后在柏林市中心建立博物馆，尤其波德博物馆（Bode Museum）的开设，为公民的艺术教育提供了重要推力，柏林博物馆岛也成为日后柏林三大（指博物馆岛、波茨坦无忧宫和柏林现代住宅群）入选联合国教科文组织世界文化遗产目录之一。二战后联邦议院设在波恩，初期的工作重点在于改善民生和建构民主体系与推动国家经济和社会发展，议会大厦本身及其内部装置与艺术性尚未被提到艺术日程，但有关国家标志的国徽老鹰的设计已赢得重视。在嗣后的发展历程中，议会大厦前逐渐增设了艺术装置。在联邦议院迁至柏林后，建筑物与艺术作品的文化记忆功能得到进一步重视。用艺术展现记忆和留住记忆，促进现代人反思，成为新时期政治教育的一大新媒介。这点首先反映在国会大厦作为建筑艺术与关于圆顶修缮而举行的公开招标和反复审核方面，艺术性、功能性、现代性、科技先进性成为重要衡量标准。同时，在设立服务于国家历史教育的纪念

① Lisa Brüßler: Ein neues Kapitel für Europa, in: *Das Parlament*, Nr. 48 vom 26. 11. 2018; Prinz Charles: Wir werden immer Freunde, Partner und Verbündete sein, 15. 11. 2020, https://www. bundestag. de/dokumente/textarchiv/2020/kw46-volkstrauertag-801120; Emmanuel Macron: Wir brauchen mehr europäische Souveränität, https://www. bundestag. de/dokumente/textarchiv/2018/kw46-volkstrauertag-577158，18. 11. 2018.

碑、博物馆、历史建筑的规划方面，诸如在勃兰登堡旁设立"欧洲犹太人大屠杀纪念碑"、在菩提树下大街重建柏林"城市宫"，在其一侧设立"两德统一纪念碑"，或是否该在柏林设立反思德国入侵苏联和波兰而给当地民众造成巨大创伤的纪念碑等，联邦议院也通过议会大会组织各议会党团代表陈述意见和展开辩论来共同决策。①

通过形象化的文化记忆载体来呈现民主的意义、历史的惨剧、公民和议员的责任以及宽容和合作的理念，首先也反映在议会建筑设计和艺术装置方面。其中，国会大厦一侧新建的保罗–吕布大厦（Paul-Löbe-Haus）的建筑风格与原国会大厦的古典主义风格相异，轻薄的外墙反映出议会政治决策所强调的"透明性"。建筑体与新总理府遥遥相对，大厦内各专业委员会定期举行专业会议，折射出议会与政府既是一种合作、互相依附关系，但又是互相制约的关系；在"建筑中的艺术"（Kunst am Bau）项目下，111 名国内外著名艺术家的作品在联邦议院各大楼展出。② 在原国会大厦，一方面保留了威廉时期安置的"为德国人民"（Dem Deutschen Volk）字语，另一方面在庭院内新增了德国艺术家汉斯·哈克（Hans Haacke）用霓虹灯制作的地面艺术装置"为百姓服务"（Der Bevölkerung）。通过让来自德国各地的议员携带当地的泥土，在联邦议院共同培育出一个新型的现代德国，由此也提醒人们在德意志大地上生活的公民不仅仅是原"种族血缘论"所凸显的德意志人，且还有众多来自世界各地的移民，包括战后因重建需要而引进的"客籍劳工"及其后代。

国会大厦修缮完成后，首先成为东西德融合的一大象征。在这里，东西德民选产生的议员携手共处，商议、决策国家大事与出台或修订法律。同时，它也成为全德艺术家尤其包括东部德国艺术家展现艺术作品的重要场所。在此展出或收藏的 4 000 多幅艺术作品不仅有传统纸上或

① 孟虹：《历史反思与德国国会大厦的记忆传承功能》，中国社会科学网–《中国社会科学报》，2018 年 6 月 27 日。

② Kunst am Bau：https://www.bundestag.de/besuche/kunst/bau.

布上绘画和雕塑，还有现代装置艺术和灯光艺术，诸如将议员的观点呈现在重要通道的荧光柱上或大厅地面；既有现实艺术作品，也有抽象艺术作品，如国会大厦西门入口侧面悬挂的由格哈特·里希特（Gerhard Richter）创作的高 70 米的德国国旗三色黑、红、黄彩色玻璃艺术装置或不远处楼拐角的乔治·巴塞利茨（Georg Baselitz）的人物倒置抽象像；此外，不仅有早期著名德国艺术家的作品，包括昔日被纳粹打入冷宫的"颓废艺术"作品，更有艺术新人的杰作。①

同时，来自英、美、俄、法和德国艺术家的近百幅艺术作品，回顾、展现和提醒着人们如何反思"民选"产生的人民代表在纳粹时期使德国走上了一条独裁不归路的悲剧。历史中的一幕幕画面在国会大厦中随处可见。战争与和平，是人类发展史上两大互相博弈的字语和现象。在修缮一新的国会大厦中，昔日枪林弹雨留下的痕迹也被有意保留了下来，尤其是苏联红军攻入国会大厦时在墙上留下的涂鸦字语，反映出面对即将被推翻的纳粹极权政体和长达六年战争临近结束的欣喜；在"纵火案"的地下通道对面，放置着由法国艺术家克里斯蒂安·博尔坦斯基（Christian Boltanski）创作的艺术装置作品"议员档案盒"，重点反映1919—1999 年民选产生的、包括希特勒和纳粹宣传部长戈贝尔在内的4 870 名国会议员的不同命运，其中不管任职长短，背景如何，"一视同仁"，但遭受纳粹迫害的被贴上了深棕色小标签，被杀害的附加黑色标签并标明了死亡日期，纳粹上台后未再民选的时期则用一个盒子来代表那段民主空缺所带来的"黑暗岁月"。② 在议会大会厅对面的游说厅（Lobbyraum），卡塔利娜·西维丁（Katharina Sieverding）的艺术装置和绘画作品主要针对纳粹时期发生的悲剧。在三个支架上，展出了纳粹初期全体议员、议会制被摒弃后遭迫害的社民党和共产党议员以及后期遭杀害的议员的三大名册本，而墙上的巨幅画像以"国会纵火案"为背

---

① Deutscher Bundestag：2002，S. 190 – 319；https://www. bundestag. de/besuche/kunst/bau.

② Deutscher Bundestag, 2002, S. 263-266.

景，取名《毁灭与再生》，提醒着每位议员应挺直腰板和根据良知与良心来依法行使自己的权力。① 在议会祈祷室中，天主教、新教和犹太教等议员共享一个空间。在这里，安置的不是耶稣画像，而是艺术家贡特尔·约克（Gunther Uecker）的七幅大型装置作品，反映人从出生至死亡的七个不同阶段，提醒着议员们在沉思和反思过程中直面生活历程的多变与"宽容"的重要性。②

围绕议会文化和德国历史，联邦议院不仅在全德组织巡回展、每年的"统一日"在主办地举办活动，同时还设立了五个不同类型的展览：在议会内部，如在国会大厦地下一层、原"国会纵火案"发生的地下通道旁布置了一个展示德国议会制简史的展览；在国会大厦雅克布·凯撒大楼外部展示《基本法》授予公民的一系列基本权利；在议会新大楼玛丽-伊丽莎白-吕德斯大楼底层功能厅区域新设议会画廊，定期更换展览主题，并展示昔日的柏林墙；在每年盛夏的夜晚，国会大厦施普雷畔一侧的外墙还被用于举行反映联邦议院迁至柏林前后重要民主决定时刻的灯光秀；在市中心宪兵广场上的德意志教堂中，还增设了反映议会文化史的常设性展览。通过不同类型的展览，民众得以从时间维度了解德国议会文化发展和公民权利的变迁史，也可通过以点为线的个展，对于特定问题加以深入探讨，并对种族、人性等问题进行反思。

结　语

总体来看，联邦德国创建以来，与魏玛共和国和纳粹时期不同，议会内阁制发挥了积极作用。政府相对稳定，在过去的逾70年间，联邦议院先后选出负责国家"大政方针"的联邦总理8位，其中联盟党5位、社民党3位；联盟党的阿登纳、科尔和默克尔连任三届，执政时间

---

① Deutscher Bundestag, 2002，S. 278-281.
② Deutscher Bundestag, 2002，S. 272-276.

均超过 14 年；政府通常由"一大一小"政党组成，在 1966—1969 年和"默克尔时期"的 2005—2009 年、2013—2018 年及 2019—2021 年组成四次大联合政府。同时，议会内形成一种民主"新双元制"，即执政党联合政府负责提议出台法律和政策，反对党行使监督功能并对政府决策提出修订方案，这一结构也促进了民主政治的实施与展现。

1990 年两德和平统一以来，德国在外交上开始从原来的"克制主义"转向"积极有为"，努力扭转"经济上的巨人、政治上的侏儒"形象，积极参与全球化新秩序建构，并拓展对外安全理念内涵，既强调"永不再战"，也强调"永不再有奥斯威辛集中营"，经联邦议院讨论同意后才准许联邦政府授权派兵参与联合国和北约维和行为。在内政方面，为了适应全球化发展的挑战，政府推出《2010 年改革纲要》，大规模推进劳工市场、社会福利和教育领域的改革。虽然在过去的十年间，德国先后经受了"欧债危机""乌克兰危机""难民危机""德美危机"，2017 年 9 月联邦大选后还出现了内部"组阁危机"，境内极右翼势力通过"帝国公民运动"、"认同运动"和"爱国欧洲人反对西方伊斯兰化运动"再度抬头，同时极右翼政党选择党跻身联邦议院。但显然，议会内民主规则和处处可见的艺术作品作为文化记忆载体，在时刻提醒着人们在兼顾各方利益和表述各方诉求的同时，牢记历史使命，努力以史为鉴地促进国家的稳健发展，助力国家作为"经济强国"努力修复与提升负责任的"文明国家"形象。

鉴于德国的特殊历史，联邦议院对于公民的政治教育重在展现民主决策的不同主体特征、内容重点的多样性和决策过程的变化性，并通过纪念日活动和一系列参观学习项目，来引导公民了解议会民主制和法治国家特性，推进历史反思。20 世纪末迁都柏林后，柏林国会大厦及联邦议院其他大楼转化为历史教育和民主实践的重要场所。无论是进入联邦议院担任人民代表的议员，还是前往议会大厦参观的民众，无不感受到民主协商、群策群力和依法秉公办事、为民谋福宗旨的重要性。随着高新技术和电子信息化的不断发展，气候变化和能源转型带来的新要求，现代社会正处于一个瞬息万变、资讯多样化和传播增速的时代，每个身在其中的公民均面临巨大挑战。联邦议院面对这一发展，积极发挥政治教育主体作用，采用多样化手段和媒介，引导和辅佐民众培育与时俱进所需的能力、勇气、智慧、知识与责任，由此也回归和拓展了自身作为人民代表机构的功能与作用。

21. 从"再教育"到"奥斯威辛之后的教育":战后德国纳粹历史教育的失范与重构①

孙文沛　阮一帆*

摘要: 纳粹历史教育在战后德国纳粹历史反思和民主化转型过程中发挥了基础性作用。战后初期直至 1960 年代的德国纳粹历史教育经历了一次失范与重构,主要表现为教育流派、逻辑起点与叙事范式的转变。占领时期美国政府依照杜威等学者对纳粹主义根源的诊断,在西占区发起"再教育"运动以克服德国的专制传统,以实用主义的教育方式揭露纳粹罪行和德国人民的集体罪责。联邦德国建立后,文化教育学的复归彻底改变了 1950 年代纳粹历史教育的逻辑和范式,教育界在"美好过去"的自我设定下对纳粹历史采取沉默与逃避的态度,最终导致 1959 年反犹浪潮的爆发。1966 年阿多诺发表《奥斯威辛之后的教育》报告,指明了纳粹历史教育对德国社会的重要性,将

---

① 本文是国家社科基金一般项目"战后德国政治教育发展变革的动力机制及其启示价值研究"(16BKS113)及 2017 年湖北省教育厅哲学社会科学研究重大项目"当代德国二战史观教育发展机制及其借鉴研究"(17ZD046)的阶段性成果,曾在《教育学报》2019 年第 2 期发表。

* 作者简介:孙文沛,中国地质大学(武汉)马克思主义学院副教授,历史学博士,研究方向为德国政治历史教育;阮一帆,中国地质大学(武汉)马克思主义学院教授、副院长,研究方向为德国政治历史教育。

"大屠杀"设定为纳粹历史教育的核心内容，批判放弃思考和判断的纳粹"追随者"，从而引领纳粹历史教育率先转向批判教育学范式并走上正轨。

关键词：德国，历史教育，纳粹，阿多诺，批判教育学

> 历史是教育与灾难的竞赛。
>
> ——英国作家赫伯特·威尔斯

纳粹历史是德国总体史中极为特殊的一段历史，对纳粹历史的处理也意味着对德意志民族最黑暗面——纳粹主义、反犹主义、种族屠杀的处理。对战后德国精英来说，如何向未曾经历过纳粹时代的新生代德国人解释纳粹历史将成为一种道德与理性的博弈：若要维系德国文明在人类世界的道德水准，则必须将纳粹历史边缘化或将其视为一个"插曲"，对纳粹罪行保持沉默或淡化处理，这无疑蕴藏了军国主义、极权主义卷土重来的巨大风险；若要杜绝暴政和战争重演，则必须将纳粹历史中心化并将其视为普鲁士时代以来"德意志特殊道路"的必然结果，对纳粹罪行进行深刻揭露和批判，这等同于向世界承认德国人引以为傲的作为"近代西方文化中心"的祖国最终发展为全人类的公敌。因此，在这种复杂情绪的支配下，对战后德国政府和人民而言，纳粹历史教育永远不会是一个轻松的话题。

一、纳粹历史教育的开端："再教育"运动

二战结束后，伴随着西方盟国对德国西占区的民主化改造，一次大胆而宏伟的社会改革实验——"再教育"运动（Re-education）全面展开。通过行政强制执行的方式对整个国家进行教育改造以实现道德和精神的净化，这在世界近现代史上尚属首次。盟国希望通过教育实现德国社会和西式民主的融合，运动因此覆盖了整个西占区的教育和文化体

系。"再教育"在各个层面都面临如何处理纳粹历史的问题,因此也成为战后德国纳粹历史教育的开端。

最早提出对德国人进行"再教育"的是英国政府[①],而在"再教育"实施过程中居主导地位的则是美国政府。后者通过教育方式处理德国法西斯问题的理论依据来自美国教育家约翰·杜威(John Dewey)。杜威本人虽未参与战后德国"再教育"的策划和实施,但他关于德国唯心主义的讲座以及民主教育原理课程为"再教育"提供了思路和方案。早在 1915 年,杜威就于北卡罗来纳大学讲授德国唯心主义哲学对德国政治和文化生活的影响,讲稿《德国哲学与政治》(*German Philosophy and Politics*)结集出版。鉴于二战的巨大破坏,讲稿于 1942 年再版,新增文章《希特勒民族社会主义的世界观》("The One-World of Hitler's National Socialism")。杜威在该文中延续和证实了此前对德国哲学与德国政治文化关系的判断,并试图用德国古典哲学来解释纳粹主义。他认为,康德、费希特和黑格尔的绝对价值取向哲学以及在此基础上建立专制国家和元首国家的哲学合法性,正是纳粹主义的根源。德国唯心主义渗透并塑造了德国社会关于事物本质以及先验的若干原则,这些原则通过中学、大学和政府渠道向公众传播,构成了德国民族国家威权主义和等级结构的基础,这决定了德国不可能内生出民主文化。[②] 除了对纳粹主义成因的历史分析,杜威还在 1916 年出版的《民主主义与教育》(*Democracy and Education*)中,建议用民主替代德国的等级和专制制度,并为这种民主的设计和转型提供了建议。他认为,民主不仅是一种政治制度,它首先是一种集体生活和交流经验的方式。德国需要一个开放灵活的民主政体,它的决策应该在实践中反复检验,并在统治者和被统治者之间的沟通中进行纠正。教育是培育和践行民主的重要途

---

① 1943—1944 年英国政府和学界围绕战后德国"再教育"的方式进行了广泛讨论,并在 1944 年 7 月形成了"再教育"的基本蓝图。参见张沛:《凤凰涅槃,德国西占区民主化改造研究》,上海:上海人民出版社,2007 年,第 206—209 页。

② John Dewey:*Deutsche Philosophie und deutsche Politik*. Berlin:Philo Verlag,2000,S. 148−158.

径，教育的价值不在于实现某种理想主义的教育目标，而在于它是集体生活方案的一部分，集体生活的民主原则必须通过教育在思想交流和公开讨论中得到重申与发展。[①] 杜威的民主教育思想以及他从德意志民族和国家的特殊性出发进行的社会心理学、文化人类学研究，为战后德国"再教育"运动提供了合法化框架。

杜威的构想得到了美国知识界的认同。美国政府在二战期间召集了一批心理学家和精神病学家组建"战后规划联合委员会"（Joint Committee on Post-War Planning），专门负责为战后德国改造提供咨询。1944 年 6 月，委员会发布《关于战后德国的会议报告》并指出，德国特殊的政治和文化环境造就了德国人的国民性格——自我弱化、服从权威和缺乏宽容（ich-schwach, autoritätshörig und intolerant）。对德国社会中威权主义和偏执狂等病态心理的诊断表明，德国人注定会把人与人之间的关系放进统治与被统治、征服与被征服的范畴。受家庭教育的影响，这种有害的倾向在德国人的童年时期就已经固化，并且代代流传。报告建议，彻底改造德国人的国民性格，把培养民主素养作为战后德国改造的重要工作，如此才能确保持久的和平："我们必须这样看待德国人：他们数代人积累形成的生活方式现在走进了死胡同，因为这种生活方式在过去被愚昧和幼稚地交给领导人来决定。我们必须意识到，并且帮助他们意识到，我们口中的民主是一个有效的系统。与德国人的生活方式和传统观念不同，它是凝聚了成熟经验的产物，并且提供了一种优良的角色设定。我们必须促进德国人发展出平等讨论、彼此包容、公平合作的民主精神。这并不意味着我们将把自己特定的生活方式强加给德国人，这意味着我们将帮助德国人建立对持久世界和平至关重要的态度。"[②] 战后德国民主化改造的关键在于：一方面推动德国人主观态

---

① 约翰·杜威：《民主主义与教育》，王承绪译，北京：人民教育出版社，2001 年，第 97 页。

② Helmuth Mosberg: *Reeducation: Umerziehung und Lizenzpresse im Nachkriegsdeutschland*. München, 1991, S. 181.

度和社会行为的改变，鼓励讨论、构建伙伴关系、推动相互尊重；另一方面推动反对等级和专制的教育，在年轻人中培育民主思想。该报告成为美国政府评估和改造战后德国的理论依据。

杜威和"战后规划联合委员会"分别从哲学和心理学层面证实了德国专制传统正是纳粹主义兴起的根源，"专制传统"因此成为"再教育"运动针对和克服的重要对象。同盟国领导人在波茨坦会议上达成一致："对德国的教育必须实行监督，以彻底消灭纳粹和军国主义的理论，并使民主思想的顺利发展成为可能"①。为了达到快速"克服专制传统"的目的，"再教育"运动践行了杜威的实用主义教育思想——把教育的本质看作"经验的改造或重新组织"，对德国人关于纳粹的经验进行疾风骤雨般的运动式改造。战后德国纳粹历史教育客观上是从简单粗暴的纳粹教师大清洗和强制参观集中营开始的。1945年6月战争刚结束，盟国即在教育领域进行广泛的"非纳粹化"改造，暂时关闭所有教育机构和学校，对原有教师进行清洗。英占区逮捕或解雇了11 567名教师，美占区解雇了2/3的教师，法占区解雇了3/4的教师。② 德国教育由此经历了一次中断与重启。与此同时，盟国对贝尔森和达豪集中营的惨状进行展览，强迫德国人参观集中营，搬运和掩埋遇难者尸体，并拍成电影在西占区放映以揭露纳粹罪行。由于纳粹宣传机构的蒙蔽，德国大部分民众在战争期间对集中营内幕并不知情，只听说集中营是"通过光荣的劳动改造懒惰人群"的场所。这种残酷而骇人的现场教育，开启了德国民众反思纳粹历史和民族罪责的第一步。

盟国虽然帮助培训了大批认同民主兼具学术能力的教师，废弃了所有纳粹时代的教科书，但对于如何向学生讲授纳粹历史仍然非常谨慎，

---

① ［苏］萨纳柯耶夫、崔布列夫斯基编：《德黑兰、雅尔塔、波茨坦会议文件集》，北京：三联书店，1978年，第509页。

② 张沛：《凤凰涅槃，德国西占区民主化改造研究》，上海：上海人民出版社，2007年，第211页。

这导致占领时期的学校历史教育处境尴尬。大部分学校禁止开设历史课程，少数允许开设的学校，其内容也被严格限定在 1933 年之前的历史。但纳粹历史课堂教学的缺失并不能掩盖盟国在该问题上的努力。1947 年 2 月，美占区设立"教科书和课程中心"以研究和编辑出版适用教材。下文记录了该中心主导编写并于 1950 年出版的两本历史教科书中关于纳粹历史的叙述：

（案例一）集中营亲历者的描述："痛苦的夜行军：我应该告诉你，我是如何经历二战的终结……我和成千上万人一起被关押在一个营地……达豪是一座集中营……我和大约两百人一起夜行军……双腿沉重如铅，眼前金星乱舞。前进，前进，就是不能躺下……你看到倒在路边沟里那个人右太阳穴上的枪伤了吗？他不能加入我们了，一名警卫击倒了他……我的右胸怎么有一股难以名状的刺痛？臀部也很疼。天啊，我跌倒了……痛苦……棒打，脚踢。起来，起来！我爬起来，踉跄前行……"①

（案例二）主题讨论：（1）今天，纳粹主义通常被看作希特勒干的坏事及其导致的灾难。但纳粹主义的根源其实更深。你应从哪里寻找？（参见弗里德里希·梅内克：《德国的浩劫》，1946 年版；托马斯·曼：《德国和德国人》，1947 年版。）（2）希特勒"夺取政权"（Machtergreifung）是可以避免的，这一观点是否正确？抵制希特勒夺权的力量来自哪里？②

案例一通过展示痛苦的战争记忆来揭露纳粹的罪行，案例二引导学生反思德国专制传统乃至德国人民未能阻止希特勒"夺权"的集体罪责。1950 年版历史教科书较好地贯彻了杜威等学者对纳粹主义起源的诊断及其民主教育对策。尽管随后被束之高阁，但它表明"再教

---

① Ida Maria Bauer：*Der Mensch im Wandel der Zeiten：Geschichtsbuch für die deutsche Schule*. Westermann：Braunschweig，1950，S. 216.

② Otto Meinrich Müller：*Deutsche Geschichte in Kurzfassung*. Frankfurt am Main：Hirschgraben，1950，S. 243.

育" 运动后期的纳粹历史教育已经找到了正确的方向：展示纳粹统治给德国和他国人民带来的苦难，将希特勒上台归咎于德国专制传统和人民的软弱，从而推动学生反思集体罪责并对美英式的西方民主产生认同。

二、1950 年代纳粹历史教育的失范

"再教育" 运动成功的关键在于，西方盟国指导德国人重建的新教育系统及其成员是否尽职并合作。这就要求盟国和德国教育界在纳粹主义起源的诊断上达成共识。遗憾的是，占领者与被占领者之间的互不信任和文化隔阂使这种共识在占领时期并未达成。美国引入综合中学模式（促进儿童的民主）和推动德国大学快速民主化的努力，从一开始就受到德国民众和教育界的抵制与批判。在德国保守势力与基督教会的坚持下，保留了 "三轨制" 中学与宗教学校。大学主管与学者勾结包庇前纳粹分子，大学生当中一直存在右翼和种族主义的观念。① 1949 年 9 月联邦德国建立后，盟国在德国教育领域的作用逐步弱化，其对纳粹主义成因的解释和 "再教育" 运动的措施受到联邦德国教育界的普遍质疑与抵制。占领时期确立的纳粹历史教育内容和方向，也在 1950 年代被全盘否定和抛弃。

1950 年代执掌联邦德国教育事业的代表人物有爱德华·斯普朗格（Eduard Spranger）、威廉·福利特纳（Wilhelm Flitner）、特奥多·李特（Theodor Litt）等人，他们的经历大多相似：在魏玛共和国时期接受过高等教育，1945 年后进入联邦德国高校工作，在 "非纳粹化" 运动中没有被剥夺教职。虽然对纳粹历史的评价各有不同，但他们共同继承和发展了 19 世纪末威廉·狄尔泰（Wilhelm Dilthey）创立并在魏玛

---

① ［英］玛丽·弗尔布鲁克：《德国史 1918—2008》，卿文辉译，上海：上海人民出版社，2011 年，第 131 页。

共和国时期主导了德国教育的"文化教育学"① （Geisteswissenschaftli-che Pädagogik，又称"精神科学教育学"），开创了二战后德国教育理论与实践的新起点。

魏玛共和国时期的文化教育学认为，必须以"民族共同体"理念为指导开展国民教育，才能实现教育（Bildung）的目标。斯普朗格就提倡，"我们需要的是与德意志民族和国家捆绑在一起的个体精神和全面教育"②。文化教育学既具有德国唯心主义哲学的阶级局限性，又表现出鲜明的民族沙文主义倾向，在一定程度上迎合了纳粹统治的需要。这帮助斯普朗格等人安然度过了纳粹时代。文化教育学家们在 50 年代重获话语权后，延续了魏玛共和国时期对杜威教育思想的批判和排斥，反对基于经验的实用主义教育观，漠视教育的社会性，反对思想多元化，将杜威的实用主义等同于功利主义。1956 年，福利特纳在一份德国教育改革报告中批判杜威及其继承者的实用主义教育思想，认为美国主张的教育自由是为了服务于社会适应，即制造顺从。在他看来，自由民主本身既不是教育的手段，也不是教育的目的。相反，价值是教育攸关的事情，并强调权威的必要性。因此，德国教育家的若干思考才是德国教育改革中不同于杜威的更好选择。③

文化教育学的复归彻底改变了 50 年代纳粹历史教育的逻辑和范式。杜威和美国社会心理学家批判地审视近代德国历史中个人与社会的关系，认为这种关系最终走向扭曲并导致了法西斯主义，因此"再教育"运动要批判这种关系从而改善德国社会。文化教育学则认为，个人与社会密不可分，个人与社会在历史演变中达成了和谐。50 年代的德国政治精英和教育家倾向于这样自圆其说：战后成长起来的第一代德国人继

---

① "文化教育学"主张人类历史是一种文化的历史、教育过程是一种历史文化过程，采用理解与解释的方法进行教育。

② 赵康：《民族认同和外来思想的碰撞——20 世纪初至二战前德国对杜威教育思想的吸收》，《教育学报》2016 年第 1 期，第 118 页。

③ 彭正梅：《德国教育学概观——从启蒙运动到当代》，北京：北京大学出版社，2011 年，第 140 页。

承了 1933 年之前德国的民主和人道主义传统，他们的民主素养值得肯定。将 1933 年之前的德国传统作为当下的教育内容，这种教育计划的基石就是 "德国的过去很美好" 和 "纳粹主义是德国历史中的插曲和已被克服的灾难"[1] 的自我设定。联邦政府的历史政策是 "将纳粹时代视为一种不幸"，并将其从德国历史的连续性中移除。文化教育学传统在道德层面并未受到损害，它与纳粹时代的教育并无关联，因此可以作为战后德国教育理论与实践 "重启" 的理论基础。教育构建工作的核心不是反思纳粹时代的集体罪责，而是寻求对自身学科的积极认同。

联邦德国教育机构严格按照官方的设定处理纳粹历史，对纳粹罪行的两种主要倾向是 "保持沉默"（Beschweigen）和 "重新解释"（Umdeutung）。[2] 联邦德国成立后最初 10 年，纳粹罪行未被列入任何学校课程。教育界关于历史课程构建的辩论也一直进行：一种方案将历史课程设计为不带政治属性的历史文化学或历史人类学课程，纳粹主义不计入课程内容；另一种方案将历史课程定位为公民政治教育，纳粹主义被视为德国发展失败的一个案例（失败的原因归咎于希特勒及其下属滥用权力），同样不计入课程内容。历史课程希望学生了解并回归 1933 年之前德国历史中的自由民主和人道主义传统。通过传统的回归，为下一代人重建民主提供一个标准的参照系。这种参照系不仅划清了界限，将纳粹历史从德国总体史中抛离出去，而且促使学生积极地看待德国的历史。直到 50 年代末，学校和家庭都很少讨论纳粹罪行，这与公众的集体沉默是一致的。

50 年代的两本历史教科书印证了德国教育界对待纳粹历史的沉默与逃避心态：

（案例一）全书仅用两句话来描述 "犹太人大屠杀"："波兰被占领后，波兰人民特别是犹太人开始了一段艰难的岁月。党卫军特

---

① Jürgen Oelkers: *Pädagogische Reform und Wandel der Erziehungswissenschaft*, in: Führ/Furck 1998, S. 220.

② Wolfgang Meseth: *Aus der Geschichte lernen*. Frankfurt am Main, 2005, S. 92.

别行动队开始有计划地消灭其上层社会，将东部地区德意志化：集中营、驱逐、处决。"①

（案例二）德军在苏德战场战败是因为："希特勒要对失败负责。不仅在斯大林格勒，在此之前和之后，他都犯下了重大的军事指挥错误。但最重要的是，他在新征服的东部地区的不合理统治最终导致人民强烈的反抗。当波罗的海人、乌克兰人以及许多讨厌布尔什维主义的俄罗斯人想加入战斗时，希特勒拒绝了他们。他既没有计划废除苏联制定的秩序，也不打算实行慷慨的解放政策。"②

案例一对"大屠杀"的描述极尽简洁，案例二则把德国战败完全归咎于希特勒的错误指挥。逃避式的纳粹历史教育直接导致学生对灭绝犹太人、迫害平民等重要问题知之甚少，其恶果在 1959 年全面爆发。1959 年 12 月 24 日圣诞前夜，科隆市纳粹受害者纪念碑和犹太教堂被人用油漆涂写"这次想起了德国最耻辱的岁月 1933—1945""犹太人滚出去"等标语，教堂入口和大门被涂上纳粹卐字标志。科隆犹太教堂亵渎案仿佛打开了反犹浪潮的闸门，整个联邦德国包括西柏林都出现了反犹涂鸦和破坏活动，局势一发不可收拾。据统计，1959 年 12 月 25 日到 1960 年 2 月 18 日，联邦德国全境发生了 618 次反犹事件。③ 大规模反犹事件令国际舆论一片哗然，联邦德国政府刻意营造的与犹太人世界的亲善形象毁于一旦。值得注意的是，反犹浪潮中的肇事者多是 20 岁左右的青年。这意味着，纳粹时代出生、50 年代成长起来的战后第一代德国人对纳粹罪行的无知和麻木是惊人的。1959 年反犹浪潮事实上标志着联邦德国 50 年代逃避式纳粹历史教育的彻底失败，同时也是一

① H. Deißler：*Grundzüge der Geschichte*，*Band 4*，*Vom Wiener Kongress bis zur Gegenwart*. Frankfurt am Main：Moritz Diesterweg，Verlag 1954，S. 134.

② Pinnow Hermann：*Kletts geschichtliches Unterrichtswerk für die Mittelklassen*，*Band 4*，*Um Volksstaat und Völkergemeinschaft*. Stuttgart：Klett Verlag，1956，S. 186.

③ Bundesregierung（Hrsg.）：*Die antisemitischen und nazistischen Vorfälle*. *Weißbuch und Erklärung der Bundesregierung*. Bonn，1960，S. 2.

个历史教育失败导致社会动乱的典型案例。至此，以"美好过去"为逻辑起点的文化教育学既无法解释反犹主义和"奥斯威辛"，又无力应对1959 年危机，纳粹历史教育陷入全面失范的困境。

三、纳粹历史教育的转折：《奥斯威辛之后的教育》报告

　　法兰克福学派著名代表人物、社会批判理论集大成者西奥多·阿多诺在关键时刻引领了德国纳粹历史教育的转折。阿多诺在 1949 年结束流亡回到德国后，一直积极关注德国社会对纳粹历史尤其是犹太人大屠杀的反思状况。1959 年反犹浪潮爆发前，阿多诺颇具预见性地发表题为《处理过去意味着什么》的报告，第一次提出"联邦德国仍然存在法西斯主义"的观点。1963 年至 1965 年，法兰克福刑事法庭对 20 名党卫军罪犯展开著名的"奥斯威辛审判"（Auschwitz Prozess），这是德国人第一次对纳粹罪行进行自我揭发和审判，两万多人先后旁听。在审判期间，阿多诺在法兰克福大学"形而上学"哲学课堂上表示，"我们过去经历过的那些事情，没有亲身经历过的人在今天依然感受得到。曾经导致了奥斯威辛的那个世界，到今天并没有多大改善。"① 在德国社会集体反思纳粹罪行的背景和语境下，1966 年 4 月 18 日阿多诺在黑森州广播电台发表了他最负盛名的电台报告——《奥斯威辛之后的教育》（Erziehung nach Auschwitz）。

　　报告的开场振聋发聩："教育的第一任务是阻止奥斯威辛的重演"。这是一个"命令式范畴"，不必也无须论证。奥斯威辛作为人类"终极之恶"，意味着西方文明已经倒退回野蛮状态。更加无助的是，"如果文

① Theodor Adorno：*Metaphysik，Begriff und Probleme*（1965）. Frankfurt am Main：Rolf Tiedemann，1998，S. 162.

明原则本身已植入了野蛮的话，那么对此加以反抗就是没有什么希望的"①。野蛮在二战后继续存在，原子弹的发明与种族灭绝一样，成为"人口爆炸"的历史宿命。

在悲观的开场后，阿多诺指认了联邦德国社会的"野蛮属性"——"今天的基本社会结构以及它的那些始作俑者的社会成员，与 25 年前都是同样的"②。唯一的挽救之道是通过教育改造人的主观心理。在客观环境难以改变的情况下，"阻止这一灾难重演的种种尝试必然被挤压到了主观方面"。必须向人们揭露导致奥斯威辛的那种机制，唤起人们对那种机制的普遍意识，因为，"对抗奥斯威辛定律的唯一真实的力量就是'自律'（Autonomie），如果允许我用康德的术语来表达的话；也就是反思（Reflexion）、自决（Selbstbestimmung）、不参与（Nicht-Mit-machen）的力量"③。这样的结果是，"教育的全部意义将只是导向批判性地自我反思"④。因为很多暴戾的性格形成于儿童早期，所以"奥斯威辛之后的教育"肩负双重任务："一是儿童教育，特别是早期儿童教育；二是普遍的启蒙，它创建出一种精神的、文化的和社会的氛围，以阻止奥斯威辛的灾难重演。"⑤

在明确"奥斯威辛之后的教育"方向和任务之后，阿多诺从社会学和心理学角度对导致奥斯威辛灾难的德国大众文化进行了剖析及抨击，甚至某些德国人引以为傲的优秀特质也被彻底颠覆，批判之犀利前所未见：

（1）"责任"（Bindung）：德国人坚守的"责任"，"要么成为一条信念的渠道——人们以此证明自己是可靠的市民，要么制造恶毒的仇恨，在心理上对他们被号召去做的事产生对立"。这些人意味着"他律"（Heteronomie），使自己依赖于某些命令。二战后的德国，凡是心理学

---

① 阿多诺：《奥斯维辛之后的教育》，孙文沛译，《现代哲学》2015 年第 6 期，第 61 页。
② 同上。
③ 同上书，第 63 页。
④ 同上书，第 62 页。
⑤ 同上。

称为 "超我" 或 "良知" 的东西,在 "责任" 的名义下都被外在的、无约束的、可替换的权威取代了。同纳粹时代一样,自愿承担 "责任" 的人,都被置于持久不断的紧急状态令的行为方式中。因此,对 "责任" 的鼓吹是不祥之兆,教育应当培育与之抗衡的力量——"自律"。

(2) "刚毅"(Härte):德国传统教育宣扬 "刚毅",认为男子汉气概就在于最大限度的忍耐力,希特勒也曾号召德国青年 "如克虏伯的钢铁一样刚毅"。这种 "刚毅" 观根本就是在漠视痛苦,最初漠视自身的痛苦,然后漠视他人的痛苦。"刚毅" 长久以来成了 "受虐狂" 和 "肆虐狂" 的掩饰,德国人惯于把忍受的痛苦转移发泄到弱者身上。因此,教育应当倡导人不压制恐惧和痛苦,那么伪装 "刚毅" 导致的毁灭性后果就会消失。

(3) "集体"(Kollektive):奥斯威辛集中展现了统治者以 "集体" 为幌子对大众的操纵,以及大众在 "集体" 中的迷失。盲目服从集体的人,已经磨灭了独立自主的本质。以集体的名义犯下的罪行,让每个成员都逃脱了负罪感。联邦德国社会依然强调个人对国家、集体的义务、责任和忠诚,各行业中集体利益至上的思想仍然存在,大众并未从 "集体" 中清醒过来。因此,阻止奥斯威辛重演的关键在于,抵制一切集体的盲目霸权,通过对集体化问题的曝光来强化对它的反抗。

(4) "物化"(Verdinglichung):"物化的意识"(verdinglichte Bewußtsein)首先是一种生硬的机械论,它对自己遮蔽了一切 "形成过程"(Geworden-Sein),把 "就这样存在"(was so ist)的东西设定为绝对的。其次,现代技术(Technik)作为文化工业的帮凶大大加深了人的 "物化"。因为过度神化和沉迷于技术,德国工程师设计出一个复杂精确的运输系统,以最高的效率把全欧洲的犹太人运往奥斯威辛,却丝毫不考虑他们会在奥斯威辛迎接什么命运。技术作为人类延长的手被拜物教化了,而技术的目的——过一种有尊严的生活——被屏蔽并从人们的意识中切除了。因此,制止 "物化" 蔓延应该从儿童开始,教育应该帮助儿童树立对"爱"的正确认识，指导他们与他人交往以取代对技术和物质的迷恋。

（5）"冷漠"（Kälte）：现代资本主义社会中复杂的利益关系导致人与人之间的冷漠大大加深。奥斯威辛的灾难说明，"冷漠"已经成为人类学的基本特征，人们从心底里对与所有其他人相关的事漠不关心。冷漠的人也是"爱无能"的人，他们从心底否认爱的可能，"今天我们每个人无一例外都太少感受到被爱，因为每个人都太少能够去爱"①。冷漠导致暴政下的沉默，造就了数量庞大的强权"追随者"（Mitläufer），他们选择沉默以免祸从口出。冷漠并没有因为战争结束而减少，消解冷漠需要人们互相传递"温暖"（Wärme）和"爱"（Liebe）。不能指望那些经历过"野蛮"的父母传递温暖，他们只会把冷漠传递给下一代。因此，唯一的途径是通过教育帮助人们认识到自身意识中的冷漠，以及变得冷漠的原因。

阿多诺在报告结束时呼吁，"所有政治课程的中心任务都应该是阻止奥斯威辛的重演"。政治课程必须教给人"社会博弈的游戏"，从而推动人真正参与并成为政治生活的主体。

四、1960 年代和 1970 年代纳粹历史教育的重构

1959 年反犹浪潮让纳粹历史成为联邦德国舆论的焦点，教育的启蒙和调解功能也迅速成为学术界的热门话题。国内外舆论普遍将反犹浪潮归咎于战后成长起来的德国青年没有接受足够的纳粹历史教育。1960年 2 月，文化部长联席会议决定，要在历史课程中重点讲授纳粹主义，而且要同民主和价值教育相结合。随后，全国范围内开展了关于 20 世纪政治、历史基础知识的教师培训，核心内容是纳粹历史。60 年代前

---

① 阿多诺：《奥斯维辛之后的教育》，孙文沛译，《现代哲学》2015 年第 6 期，第 67 页。

期，纳粹历史已被官方确定为公民教育的重要主题，在联邦德国教育体系中的地位实现跃升。教育政策的积极转变为纳粹历史教育理论与实践的革新提供了宽松的环境。在此背景下，1966 年《奥斯威辛之后的教育》报告指出"奥斯威辛"可能重演，将"奥斯威辛"归因于德国社会的"野蛮"而非纳粹政权的罪恶，起到了振聋发聩的作用。它推动纳粹历史教育率先抛弃文化教育学，转向批判教育学（Kritische Erziehungswissenschaft）的范式。

联邦德国的批判教育学流派①是在法兰克福学派哲学思想和政治主张的基础上建立的。法兰克福学派认为，批判是人类解放的必要条件，解放是批判和启蒙的最终目的。批判教育学派遵循这一指引，主张揭露和批判教育领域中的意识形态蒙蔽——社会压迫与不平等、物化与异化等，并分析其社会原因，最终将学生"从外来的强制性与自己对他人的依赖性中解放出来"②。反犹浪潮和"奥斯威辛审判"的时代背景决定了批判教育学必将首先运用于 60 年代纳粹历史教育的重构，以克服长期以来纳粹历史领域的"蒙蔽"并阻止"奥斯威辛重演"。这项工作的起点即为《奥斯威辛之后的教育》报告。一方面，报告指明了纳粹历史教育对德国社会的重要性。阿多诺在报告中揭露和批判的那些人格及其危害，为纳粹主义在个体身上的呈现提供了生动的解释，也意味着从新的视角对联邦德国社会道德状况进行了一场评估。因为"大众文化与奥斯威辛"这种因果关系的存在，现实中的爆炸性事件，如 1959 年反犹浪潮，不仅暗含了"奥斯威辛重演"的不祥之兆，而且迫使联邦政府将纳粹历史教育提升为国家战略层面的国民教育活动。另一方面，报告开创了一种全新的纳粹历史教育范式：将奥斯威辛设定为"终极之恶"，将"大屠杀"设定为纳粹历史教育的核心内容，批判放弃思考和判断的

---

① 1968 年学生运动后，克劳斯·莫伦豪尔（Klaus Mollenhauer）等人反省运动对社会与学校权威的批判，建构以《教育与解放》文本为代表的批判教育学论述，从而创立德国的批判教育学流派。

② 李其龙：《联邦德国的批判的教育学流派》，《外国教育资料》1994 年第 3 期，第5 页。

纳粹"追随者"，摒弃对"民族共同体"和"权威"、"责任"、"刚毅"、"集体"等传统信条的宣扬，推动学生对纳粹历史的批判性反思。

《奥斯威辛之后的教育》报告引发联邦德国教育界在 60 年代末展开"反独裁教育"（Antiautoritäte Erziehung）和"反种族主义教育"（Antirassistische Erziehung）大讨论，报告文本至今被德国教育界奉为圭臬。在阿多诺的指引和 1968 年学生运动的冲击下，德国教育界在 60 年代末就纳粹历史教育范式达成共识：不再肯定和回归传统，以批判的态度和方法处理纳粹历史，以纳粹历史教育为媒介推动全社会重建道德和价值共识，最终实现个人的全面解放。这种范式转变把纳粹历史教育从 50 年代的错误导向中解放出来，获得了新的视野：在文化教育学中，奥斯威辛是一个难以解释的痛点和障碍物，它的存在甚至对文化教育学的合法性构成了挑战；而在批判教育学中，奥斯威辛是一个完美的起点和参照物，它的存在本身就构成了批判教育学的合法性基础。

经历了 60 年代末大刀阔斧的改革后，遵循批判教育学范式的纳粹历史教学在 70 年代初的历史教科书中呈现出以下三个特征：

第一，纳粹统治叙述全景化。

1972 年版教科书中"纳粹统治下的德国"一章共计 35 页（同主题在 1954 年版教科书中仅 3 页），以"政治自由的终结"、"为军事服务的经济"、"党即国家"、"集中营"和"对教会的控制与迫害"为标题对纳粹统治进行了全景化叙述，重点揭露和批判纳粹党的欺骗性宣传及对人民的禁锢。

> （案例一）1930 年 8 月希特勒在柏林体育馆的一场煽动性演说得到人们欢呼回应。"希特勒对犹太人和马克思主义者的攻击有证据吗？他才不在乎证据！他知道，面前的人群已饱受饥饿的折磨，他们根本不想思考和判断，他们只想被领导。"①

---

① Rolf Lasius：*Geschichte*，Band 3，*Das Zeitalter der Weltmächte und Weltkriege*. Weinheim：Beltz Verlag，1972，S. 104.

（案例二）"党即国家"：希特勒通过提供充足的就业岗位、廉价的娱乐设施和假日旅行骗取了工人的支持，自上而下高度一致的宣传让人们丧失了独立思考和行动的能力。戈培尔在 1933 年 3 月表示，"人民应该开始统一思考，统一行动，满腔热忱接受政府的调遣"。①

第二，纳粹"对青年的操控"主题化。

1971 年版和 1972 年版教科书都新设一节讲述纳粹对青少年的拉拢和操控。通过讲述学生的父辈（纳粹时代的中学生）经历过的历史，培养学生面对极权思想时保持警惕和自我抵制的能力。

（案例一）纳粹当局威逼利诱一名 15 岁的贫困中学生彼特，以免除学费的方式诱惑其加入"希特勒青年团"。希特勒青年团必须成为唯一的青年组织，除此之外的所有青年团体都被解散。"每个德国男孩和德国女孩——像彼特和他的朋友一样——都融入了数以百万计的褐衫队伍。"②

（案例二）"谁拉拢了青年，谁就掌控未来"：统一的制服、长时间起立和鼓掌、蛊惑人心的音乐、煽动对希特勒的个人崇拜等，通过消灭个性迫使青年集体卷入。很多孩子乐于加入"希特勒青年团"，因为"他们在集体活动中感到满足，能像大人那样发布命令"。那么，"为什么所有独裁国家都会首先尝试拉拢青年"?③

第三，"大屠杀"议题核心化。

1971 年版和 1972 年版教科书陈述"大屠杀"的篇幅分别是 6 页和 7 页（同主题在 50 年代教科书中篇幅为 0），完整地再现了从歧视到屠杀犹太人的全过程。犹太人遇难者被定位为德国人民的"邻居和同胞"、

---

① Rolf Lasius: *Geschichte*, Band 3, *Das Zeitalter der Weltmächte und Weltkriege*. Weinheim: Beltz Verlag, 1972, S. 122.

② Heinrich Kronen: *Unsere Welt*, *Geschichtswerk für Realschulen*. Ratingen: A. Henn Verlag, 1971, S. 128–131.

③ R. Lasius, 1972, S. 127.

战争中的弱者和无辜受害者，犹太人受害的过程也是德国人无动于衷甚至助纣为虐的过程，大屠杀因此被定性为纳粹历史中最悲惨的一幕和最需要反思的核心议题。

（案例一）"德国的许多犹太人作为科学家、艺术家和医生，作为企业家和律师，都获得了巨大的成就。在第一次世界大战期间，犹太同胞和其他所有人一样，在前线作为士兵勇敢战斗。"①

（案例二）"希特勒和他的助手希姆莱、卡尔滕布鲁纳、艾希曼、胡斯谋杀了 600 万犹太人，成千上万的德国人是这一罪行的共犯。"②

结　语

战后德国纳粹历史教育在经历了教育流派、逻辑起点和叙事范式的系统转变后才走上正轨（如下表所示），而穿插其中的"再教育"和《奥斯威辛之后的教育》事实上代表了战后德国纳粹历史教育所处的两种截然不同的背景和语境。

时间	教育流派	逻辑起点	叙事范式
1945—1949	实用主义教育学	"专制传统"	揭露
50 年代—60 年代中叶	文化教育学	"美好过去"	逃避
60 年代末—70 年代	批判教育学	"终极之恶"	批判

"再教育"运动是同盟国以战胜者的姿态居高临下地对德国人民实施的惩戒和改造，杜威等美国学者对纳粹主义起源的诊断和民主教育对策具备一定的科学性和可行性。然而，在军事上全面失败的德国精英和

---

① Rolf Lasius：*Geschichte，Band 3，Das Zeitalter der Weltmächte und Weltkriege.* Weinheim：Beltz Verlag，1972，S. 131.

② R. Lasius，1972，S. 135.

民众不仅不承认德国文化中的弊端，反而试图把美国树立为一个简单粗暴的"他者"形象来凸显德国文化的优越。这种情绪不仅抵消了"再教育"运动的成效，而且蔓延到整个 50 年代。联邦德国政府和精英在 50 年代用一种独特的方式对抗盟国对德国的社会心理诊断，将自己与纳粹主义区分开来，盟国的诊断也没有进入联邦德国自我描述的语义。他们自称联邦德国地区的战后重建继承了 1933 年之前的历史传统，因此联邦德国也得以在文化上合法化。将纳粹历史从德国总体史中抛离出去成为一种国家战略，这决定了教育机构不会在纳粹历史上投入精力。然而，奥斯威辛的阴影和法兰克福学派的深刻批判都在不断削弱"美好过去"这一设定的合法性，1959 年反犹浪潮更证明了这种自欺欺人策略的彻底失败。

60 年代，随着德国公众对社会批判理论的接受程度日益升高，教育作为促进以价值为基础的社会融合的工具，开始被赋予推动个人和集体解放的重要意义。与此同时，法兰克福学派的社会批判理论对战后德国的社会心理学解释在很多方面与同盟国对德国的问题诊断相一致。德国民众此前长期对"再教育"运动中由外部力量强制执行的"简单粗暴的"教育政策持怀疑态度，而这时来自德国内部最具声望的思想家群体的批判，加上"奥斯威辛审判"的震撼，促使他们不得不开始新的反思。在这一背景下，阿多诺《走向成熟的教育》报告在 1966 年恰如其时的出现，及时地融合了教育的新价值和民族的新反思。在传统教育无力应对 1959 年危机的背景下，阿多诺帮助德国教育界找到了面对和处理奥斯威辛的办法——将奥斯威辛设定为"终极之恶"，推进正视纳粹罪行、促进人的解放的"奥斯威辛之后的教育"。从"美好过去"到"终极之恶"，从"回归传统"到"人的解放"，正是这种语义和范式的转变为联邦德国纳粹历史教育的成功奠定了基础。

22. 民间外交中的中德文化交流

吕宏伟[*]

摘要：中国人民对外友好协会成立于 1954 年，是新中国从事民间外交历史最悠久、影响力最大的全国性人民团体之一。经过创新开拓，同时依托中国各地方和国际友好城市网络，中国的民间外交已形成生动局面。讲好中国故事、促进文化交流、沟通中外民心是友协的重要使命。近年来，为促进中德友好交流，友协已联合各界举办了多场精彩活动。

关键词：中国人民对外友好协会，民间外交，公共外交，中德交流，友好城市

中国人民对外友好协会成立于 1954 年，由十个全国性的社会团体联合发起创建，最初称中国人民对外文化协会，1966 年改称中国人民对外文化友好协会，1969 年起改用现名。它是新中国从事民间外交历史最悠久、影响力最大的全国性人民团体之一，在各省和较大的市都设

* 作者简介：1970 年出生于北京。1993 年毕业于首都师范大学外语学院，同年进入中国人民对外友好协会工作；1996—1997 年赴德国慕尼黑进修；1999—2002 年中国人民大学法学院在职研究生；2009—2011 年驻德国使馆一等秘书；2013 年至今任中国人民对外友好协会欧亚部副主任。

有分支机构。经过不懈开拓创新，同时依托中国各地方和国际友好城市网络，中国的民间外交已形成生动局面。

随着经济和社会快速发展，中国国际地位不断提高，国外对中国的兴趣日益浓厚。当前，中国崛起成为全球第二大经济体，世界格局正在发生复杂、深刻的变化。讲好中国故事，向世界介绍一个真实、全面、生动的中国，促进中外民相亲、心相通，已成为友协的重要使命。本文就近年来友协直接完成的几个对德文化项目做一回顾和介绍。

一、共享知识与未来

青少年构成一个国家的未来，而青少年眼中的未来世界，更是一幅基于过去、现实和未来人类社会的重要蓝图。为此，近年来友协将工作重点聚焦于推动中德青少年交流。2016 年 3 月，"2016 中德青少年交流年"大学生设计与策划大赛正式启动。本次大赛由中国人民对外友好协会与戴姆勒大中华区投资有限公司共同主办，中国传媒大学艺术设计研究中心（ADRC）策划执行。

此次大赛也是"2016 中德青少年交流年"系列活动中的首发项目。习近平担任国家主席后于 2014 年 3 月首次出访德国，提出了加强中德青少年交流的倡议。同年 10 月，李克强总理与默克尔总理在"第三轮中德政府磋商"中共同确定 2016 年为"中德青少年交流年"。这是自"德中同行""中国文化年""中德语言年"后又一次重要的双边大型活动，旨在为两国青少年播种下对未来的美好梦想和合作基础。

为此，大赛以"共享"为主题，参赛类别有平面设计、交互设计和设计项目策划案（产品设计开发、公益创意项目）三大类。大赛面向中国大陆、港澳台地区及海外华人的在校本科生、专科生、研究生和成人教育院校、高等教育自学考试学生、在高等院校正式注册的进修生。共收到来自中国大陆及台湾地区、德国和意大利等地 400 余所高校学生的 2 000 多幅设计与策划作品。据不完全统计，本次大赛在百度的搜索量已超过 360 万次，征集作品数量在设计界已破大多数赛事首届征稿件数记录。大赛评出了各奖项，其中金奖获得者于 2018 年 8 月赴德交流一周，前往著名的埃森红点设计博物馆、魏玛包豪斯设计学院和斯图加特戴姆勒总部等参观学习。

二、以车代步，探索世界

德国在第二次工业革命时期起，汽车行业在经济和社会发展及对外交流方面就发挥了积极的引领作用。为此，自 2016 年起，友协与宝马中国积极开启战略合作。在此框架下，"未来出行青年实践营"应运而生。实践营课题设置每年都有各自的针对性。

2016 年，实践营以北京三里屯为项目背景，聚焦北京三里屯地区这一交通和环境面临持续增长压力的超大城市中心区。

2017 年，实践营在创新性、实践性和国际化方面进一步提升，聚焦以杭州"未来科技城"为代表的"创新新城"，在目前中国社会经济环境下更具现实意义。此外，作为世界城地组织亚太区"一带一路地方合作委员会"的首个项目，本届活动吸纳了 11 名来自"一带一路"沿线国家的国际青年参与。中外青年在学习、交流中灵感碰撞，相互借鉴，以更加开放和国际化的方式探讨城市未来出行的解决方案。

2018 年 8 月 21 日至 26 日，"2018 BMW 未来出行青年实践营"在深圳举办。本届实践营活动邀请了来自加州伯克利大学、香港中文大学、同济大学、东南大学、西南交通大学以及上海、广州、深圳城市交通研究院的青年才俊，以深圳南山科技园为蓝本，共同研究"城市迭代"中出现的交通挑战，提出可持续的未来出行解决方案。在实地探访的基础上，实践营还为营员们提供了涉及"粤港澳大湾区规划""大数据与未来出行"等领域的专业讲座。2018 年选取的深圳南山科技园是深圳经济发展的重要引擎，诞生了华为、腾讯、大疆等一批世界级科技企业，是改革开放 40 周年成果展示的重要窗口。

三年来，近百位来自中国、德国、丹麦、英国、奥地利、瑞士、新加坡、马来西亚、乌兹别克斯坦的交通、规划、建筑精英参与活动。在北京、杭州和深圳，各国青年才俊就未来出行中涉及的道路规划、空间设计、技术创新等问题集思广益。就企业社会责任而言，宝马集团在青年教育和交通领域为中国社会做出了自己的贡献。"未来出行青年实践营"活动取得良好的社会反响，受到各地方政府欢迎。

2019 年，友协与宝马中国和澎湃新闻在上海共同举办以"城市边界"为题的"卓越城市讲堂"，探讨区域一体化、国土空间规划、智慧城市等问题。

与此同时，友协结合"一带一路"倡议，协同德中友好协会联合会（ADCG）、德中交流协会（GDCV）、中国之旅（China Tour），自 2017 起联合举办"新丝路"中德老爷车拉力赛活动。2017 年 11 月 1 日，收车仪式在北京汽车博物馆举行。

来自德国的参与者表示，重走古丝绸之路，不仅让欧洲人深入了解了"一带一路"沿线国家的风土人情，也进一步促进了中欧人民的相互了解和友谊。为纪念北京与科隆结为友好城市 30 周年，车队特意选择由科隆发车。科隆市市长何珂（Henriette Reker）亲自担任本次拉力赛名誉监护人并出席发车仪式。

参加拉力赛的老爷车共 15 辆，由奔驰、保时捷、捷豹、雪铁龙、大众、宝马等品牌组成，车手来自德国、奥地利和瑞士。9 月 14 日车队从德国科隆市出发，历经 50 多天，行程近 15 000 公里，于 11 月 1 日抵达北京。中国国际广播电台国际在线对活动进行了直播，使得更多的中德民众了解到以车代步探寻历史古迹的新景象、新体会和新感受。

三、足球传友谊

中国是乒乓之乡，而德国的足球享有盛名。以球为媒介和工具，来传输友谊之情与和平之意，在新时期显得尤为重要。为此，由中国人民对外友好协会和德国曼海姆-莱茵内卡德中友协共同携手，发起"中德 U16 青少年足球友谊赛"这一独一无二的大型机制化跨文化足球交流活动，旨在推动中德青少年之间的广泛接触，凭借独特的友谊之球，打造中德青少年的动态交流平台。德方担任组委会成员的为德中友好协会联合会副主席和曼海姆-莱茵内卡德中友协主席菲利克斯·库尔茨（Felix Kurz）、曼海姆市前任副市长诺伯特·艾格尔（Norbert Egger）、中国国家队前教练克劳斯·施拉普纳（Klaus Schlappner）。

2012 年以来，双方已成功举办六届友谊赛。据不完全统计，共有来自中德 20 余城市和地区的超过千名中德青少年参与到本项目中。第一届比赛于 2012 年在德国举办，共邀请 2 支中国青少年足球队和 4 支德国青少年足球队进行比赛，比赛得到中国足协和德国足协的大力支持。第二届比赛于 2013 年在江苏省镇江市举办。第三届中德青少年足球比赛于 2015 年 8 月 21 日—22 日在德国曼海姆市举行，该赛得到了巴符州德中友协的支持，共邀请来自沈阳、河南、青岛和镇江的 4 支中国青少年足球队与 6 支来自德国巴符州、黑森州和莱法州的青少年足球队参加比赛，其中沈阳市回民中学足球队和河南建业少林足球队为全国友协邀请，青岛和镇江作为曼海姆市友好城市，由德方邀请。中国驻德国大使史明德、德国莱法州州长玛露·德莱尔（Malu Dreyer）、黑森州州长弗尔克·布菲耶（Volker Bouffier）、巴符州州长温弗里德·克雷奇曼（Winfried Kretschmann）担任本届足球赛的名誉监护人。

2016 年时值"中德青少年交流年"之际，第四届中德青少年足球比赛于 2016 年 8 月 18 日—24 日在沈阳和青岛举办。友协宋敬武副会长，中国著名足球教练李应发，德方组委会主席、赛事发起人库尔茨，赛事监护人和中国国家足球队首位外籍教练施拉普纳，以及德国乌尔姆斯市副市长克兰茨等出席决赛并为获奖队颁奖。德国瓦尔道夫青少年足球队和库尔普法茨青少年足球队与辽宁宏运足球俱乐部青少年队、沈阳城市足球俱乐部青少年队、沈阳市回民中学足球队及青岛 66 中学足球队进行了激烈角逐。最终，辽宁宏运足球俱乐部青少年队获得冠军。在沈阳比赛结束后，两支德国青少年足球队还赴青岛进行了友谊赛。借此次赛事之机，丰富多彩的中德青少年交流活动在沈阳举行，包括中德青少年共同包饺子、参观华晨宝马铁西工厂、沈阳城市规划馆、沈阳哥德杯世界足球公园、沈阳"足球之都"博物馆、在歌德书店与市民进行民俗文化互动、走进盛京大剧院享受沈阳交响乐团的音乐盛宴、体验沈阳中学生校园生活等活动。沈阳市市长还授予施拉普纳"荣誉市民"称号。

第五届中德青少年足球比赛于 2017 年举行。本届比赛名誉监护人为中国驻德大使史明德、中国国家足球队首位外籍教练施拉普纳和拜仁慕尼黑俱乐部门将史塔克。本届比赛共有来自沈阳、青岛、厦门、吉林延边的 4 支 U16 中国队同 6 支德国青少年足球队同台竞技，比赛在曼海姆和沃尔姆斯举办。7 月 2 日进行决赛，当天晚间还举行了中德青年大联欢，曼海姆市长组织了盛大的欢迎宴会。

第六届中德青少年足球比赛于 2018 年 8 月 2 日—13 日在山东省青岛市成功举办。来自德国的曼海姆瓦尔德霍夫队和瓦尔道夫队同青岛一中、青岛实验高中、义乌绣湖中学及沈阳回民中学的足球队同场竞技。最终，德国瓦尔道夫队、曼海姆瓦尔德霍夫队和青岛实验高中队分获冠亚季军。爵士乐友好之夜活动更是拉近了球员们的场下距离，增进了相互间的友谊和认知。

四、以历史伟人为推动力

在促进中德交流与合作中，历史伟人发挥着重要的推动作用。为纪念卡尔·马克思诞辰 200 周年，由中国人民对外友好协会、德国莱法州文化遗产保护与研究总局和德中友好协会联合会共同主办的"遇见中国——纪念马克思诞辰 200 周年系列中国文化展"于 2018 年 6 月 1 日在德国特里尔市古罗马遗址展厅拉开帷幕。

此次系列中国文化展为期 4 个月，由友协联合江西、北京、山东、青海、四川成都、云南保山、浙江绍兴等 7 省市有关单位共同推出，旨在让更多的德国民众认识中国、让展览成为国外友人了解中国的窗口、让历史伟人成为两国民众沟通感情、联通友谊的桥梁和拓展中德文明交流互鉴、促进两国地方友好往来的纽带。展览精选了来自中国不同地区、不同民族各具特色的摄影绘画、手工艺品、历史典籍和文艺表演，让参观者从中感受到中国文化的丰富魅力，了解中国社会发生的巨变，触摸中国新时代发展的脉搏，从而爱上中国，开启一场"说走就走的中国之行"。

文化是人类所共有的财富，文化的影响力可以超越时空、跨越国界，因交流而丰富，因交融而多彩。不同的文化，造就各异的杰出英才，中德两国文化多元璀璨，彼此可以相互借鉴，取长补短。不同民族、不同历史背景的人们通过文化沟通，来促进世界的可持续性和平发展，让城市有历史的积淀，让每个国家成为和平进程中的捍卫者和推动者。由此，中国人民对外友好协会的民间外交也肩负着重要的时代职责，任重而道远。

23. 记忆文化对于中国对国际环境的
认知及中德关系的影响

孙恪勤 [*]

摘要： 中国对国际环境的认知，直接影响到中国对德国的政策，影响到中德关系。这种认知的影响，可以分为几个阶段。第一阶段：1949年中华人民共和国建立后对国际环境的认知是，冷战爆发，国际上形成美苏对立的两大集团；世界处于战争与革命时代。第二阶段：随着中苏关系分裂，中国对国际环境的认知到 1960 年代出现变化，毛泽东主席先后提出"两个中间地带理论"和"三个世界理论"，联邦德国被纳入"第二中间地带"和"第二世界"范畴，成为中国要争取的对象。第三阶段：1980 年代中期，随着大国关系的缓和，世界大战打不起来，"和平与发展是时代主题"成为中国对国际环境变化的新认知。第四阶段：1990 年代初，国际环境发生重大变化。中国抓住全球化新机遇，中德关系进入全面快速发展新阶段。

关键词： 中德关系，记忆文化，冷战，两个中间地带理论，三个世

---

* 作者简介：中国现代国际关系研究院研究员，博士，中国欧洲学会德国研究分会副会长。兼任山西大学国际关系学院常务副院长，北京国际关系学院、中央民族大学特聘教授。出版学术著作 8 部，发表学术论文和专文数十篇，独立、主持和参加完成各类咨询报告 180 余篇（部），参与国家社会科学基金项目、社会科学基金重大项目、社会科学基金基地项目。

界理论

一、历史记忆，发展的逻辑

中国对国际环境的认知，直接影响到中国对德国的政策，影响到中德关系，这种认知的影响，可以分为几个阶段。

第一阶段：20 世纪 50 年代。1949 年 10 月中华人民共和国建立，新中国对国际环境的认知是：冷战爆发，国际上形成美苏对立的两大集团；世界处于战争与革命时代。为此，中国领导人制定了"一边倒"外交战略与政策，坚决站在苏联为首的社会主义阵营一边。

这种对国际环境的认知和外交战略的选择，决定了中国政府与民主德国政府建交并发展关系。双方关系随后经历了一条亲密、疏远、对立、缓和重新友好的历程。与此同时，中国与联邦德国的关系则经历了从敌对走向缓和的发展。

第二阶段：60 年代到 70 年代末。随着中苏关系分裂，中国对国际环境的认知在 60 年代出现变化。毛泽东主席先后提出"两个中间地带理论"和"三个世界理论"，联邦德国被纳入"第二中间地带"和"第二世界"范畴，成为中国要争取的对象。

中国外交战略转型为"一条线、一大片"，中国与西方国家关系得到大幅度改善，加之联邦德国勃兰特政府推行"新东方政策"和放弃"哈尔斯坦主义"，中国与联邦德国于 1972 年 10 月 11 日建交，揭开中德关系新的篇章。

此后，中德在战略、经济等方面的合作发展快速。

第三阶段：70 年代末到 80 年代末。这一时期中国召开十一届三中全会；对外缓和与各大国的关系；外部环境得到很大改善。在此背景下，世界大战打不起来，"和平与发展是时代主题"成为中国对国际环境变化的新认知。为此，中国调整了对外战略，制定了改革开放政策，发展成为第一要务。

这一转变意味着中德在经济、科技、文化领域的合作具有更现实、急迫、强大的推动力，两国关系得到快速发展。

第四阶段：80 年代末以来。80 年代末 90 年代初，苏东剧变、冷战结束，中国面临重大变化的国际环境，但中国坚持对外开放政策，抓住全球化新机遇，稳妥处理了德国统一等重大事件，推动中德关系进入全面快速发展新阶段。

这一阶段，除了经济合作继续发挥推进器、压舱石的作用外，双方高层交往、科技文化交流也都有了长足进步，支持欧洲一体化进程、加强国际层面合作成为新的发展动力。

二、百年大变局与中德关系

2008 年之后，国际环境发生新的变化，与美欧相继陷入金融和主权债务危机形成鲜明对比，新兴经济体快速发展，特别是 2010 年中国成为世界第二大经济体，极大改变了国际力量对比。非西方文明的跃升与东西方竞争加剧、大国关系重组、国际格局与国际秩序变更、科学技术快速发展、世界秩序的大调整，构成了百变大变局的宏伟图景。

百年大变局对中德关系必然产生重大影响。

首先，从国际格局变化来看，东西方力量变化的确引起包括德国在内的西方国家担忧，非西方国家崛起对德国归属的西方国家集团利益构成了挑战，"捍卫西方"立场必然成为影响中德关系的重要因素。同时，大国关系又非常复杂，欧美矛盾、欧俄冲突，中国崛起又使德国不得不面临"大国竞争"现实，推动欧洲一体化，加强欧洲战略自主又需要与中国开展多方合作。因此，国际格局变革对中德关系有着双重影响，一方面战略和制度竞争在强化，另一方面也含有继续加强合作的众多因素。

其次，从世界秩序变革来看，中德都是塑造新秩序的积极参与者，在多边主义、自由贸易、环境、资源、气候、反恐、核不扩散等众多领域都有相似立场，有诸多合作空间，同时也存在发达国家与发展中国家、西方集团与非西方国家利益及模式、秩序之争。

再次，在社会体制和文化多样性方面，德国是西方价值观坚强的捍卫者，不会认同中国的发展道路与模式，这方面中德之间的博弈和冲突已经存在很长时间了，未来制度性竞争无疑会有所强化且长期存在。好在双方在平衡彼此利益与价值观方面积累了很多经验，今后也会注意管控这些分歧。

最后，中德在经济和科技领域的合作面一直占主导地位，但随着中国经济转型升级和科技竞争力增强，中德在这一领域的竞争面与合作面都在增加，两国在这一领域的竞合关系将延续较长时间。

三、历史经验总结与中德关系发展趋势

过去 40 多年的历程表明，中德关系具有多重性，既有制度、经济、科技竞争的一面，也有经济科技合作、文化交流、全球治理合作的一面，两国关系在发展进程中有矛盾、有摩擦，也有波折，但总体上进展快速，成就突出。

在大变局背景下，中德国际地位都在上升。与此同时，双方竞争面与合作面也处于双上升状态。在此历史关键时刻，双方要认真思考和处理好以下几个问题：

第一，如何看待世界变化。德国应客观认知国际环境的重大变化，认知到非西方国家群体性崛起不可阻挡；要思考清楚是西方与非西方共治，开拓人类命运共同体，还是坚持西方主导？前者无疑代表历史发展趋势。

第二，如何看待中国发展。中国崛起无疑是当前国际格局变革中最

重大的因素，如何正确评估中国发展道路，评估中国强大对世界的意义，对中德未来是坚持合作为主还是竞争为主具有重要意义。

第三，能否在变化中保持积极立场。历史表明，中德之间共同利益大于分歧，这为推进中德关系奠定了很好的基础。在大变化的国际环境下，中德合作的基础和条件都有了一些变化，要厘清这些变化的原因和利弊，定位好双边关系，以积极立场处理两国未来关系。

第四，处理好两国间的竞争与合作。在竞争面与合作面双上升背景下，管控好分歧，主动寻求新的合作点就至关重要，包括处理好价值观与利益之间的关系，处理好科技与产业的合作和竞争，处理好涉华敏感问题，等等。

德国是中国非常重视的战略力量，对德政策不仅事关两国关系的稳定，而且对发展中欧关系、保持全球治理合作、稳定国际局势都有重要意义。为此，2019年习近平主席两次访欧，李克强总理、王岐山副主席都积极开展对德国高层的工作，彰显了中国继续推动中欧、中德关系的政策指向。

今后，两国要珍惜历史经验：保持高层交流，确保从战略高度指导两国关系；大力挖掘合作潜力，扩展利益共同点；承认矛盾，有效管控分歧，这样就能保障中德务实合作在百年大变局背景下行稳致远。

24. "一带一路"倡议背景下的中德人文交流现状、挑战及展望

于 芳[*]

摘要：自"一带一路"倡议提出以来，中德人文交流活动不断拓展和深化，2017年建立了高级别人文交流对话机制，在教育、媒体、青少年、足球、文化等领域取得累累硕果。同时我们也看到，中德两国在对外人文交流政策的理念和实践模式上存在差异，在人文交流的各个领域也都存在着非均质性的特点，"请进来"多于"走出去"，德国上下对中国、对"一带一路"倡议的认知多元，对中国语言和文化的兴趣并没有随着"一带一路"合作的展开而大幅增强。此外，中德人文交流还面临国际地缘政治形势、欧洲民粹主义泛滥的影响和全球公共卫生危机的挑战。未来中德人文交流可能会开辟信息技术辅助下的新天地，而德国人对中国的固有认知也将随着中德在应对疫情中的相互支持与合作有所改观。为此，我们应当进一步加强中德人文交流人才的培养。

* 作者简介：1998.09—2002.07就读于北京外国语大学德语学院，获文学学士学位；2002.09—2005.07就读于北京外国语大学德语学院，获文学硕士学位；2009.09—2013.07就读于中国人民大学国际关系学院，获法学硕士学位；2008.09—2014.06就读于北京外国语大学德语学院，获文学博士学位。现在北京外国语大学德语学院教授国情课、中德关系课程。研究方向为德国的国际角色与外交政策、中德关系与中德人文交流、外语专业内容依托式教学模式。

关键词：一带一路，中德合作，人文交流，新冠肺炎疫情

2013 年 9 月 7 日，习近平在哈萨克斯坦纳扎尔巴耶夫大学首次提出建设"丝绸之路经济带"。10 月 3 日，习近平在印度尼西亚国会发表演讲时倡议建设"海上丝绸之路"，指出加强民心相通是建设"一带一路"的一项重要任务。10 月 25 日，习近平在周边外交工作座谈会讲话中采用了"人文交流"的提法。虽然此后学界还在继续谈"人文外交"或"文化外交"，官方已基本全部采用"对外人文交流"的提法。[1] 从内容上看，中外人文交流主要包括人员交流、思想交流和文化交流。中共中央办公厅、国务院办公厅印发关于中外人文交流工作的专门文件《关于加强和改进中外人文交流工作的若干意见》，文件中指出，中外人文交流是党和国家对外工作的重要组成部分，是夯实中外关系社会民意基础、提高我国对外开放水平的重要途径。中外人文交流事业蓬勃发展，为我国对外开放事业的推进做出了重要贡献，有力推动了全球范围内的人文交流与文明互鉴。

中德人文交流是中外人文交流的重要一环，对中欧人文交流具有引领作用。2014 年习近平主席访德期间，在与德国总理默克尔会谈时提出应加强中德人文交流，得到了德方的积极响应。此后，双方均表示将积极支持和推动机制的建立，为两国民间交往开辟更多渠道，为交流领域的不断拓宽、合作内容的日益深入提供有力的支持和保障。短短几年过去，中德人文交流已经和中德经贸合作、政治互信一道成为中德关系的三大支柱。[2] 2017 年中德两国在建交 45 周年之际建立了中德高级别人文交流对话机制，发表了《中华人民共和国政府和德意志联邦共和国政府关于建立中德高级别人文交流对话机制的联合声明》，并见证签署了文化领域的五

---

① 俞沂暄：《人文交流与新时代中国对外关系发展——兼与文化外交的比较分析》，《外交评论》（外交学院学报）2019 年第 5 期，第 34-53+5 页，尤其第 36 页。

② 中德高级别人文交流对话机制相关情况介绍，见中华人民共和国教育部官网 2017 年 5 月 16 日，http://www.moe.gov.cn/jyb_xwfb/xw_fbh/moe_2069/xwfbh_2017n/xwfb_070516/170516_sfcl/201705/t20170516_304763.html，访问日期：2020 年 3 月 24 日。

个合作协议，决定加强两国在教育、媒体、青少年、足球、文化五大领域的交流。两国 50 多家重要的文化艺术机构开展深度合作，举办上百项文化活动。[①] 中德人文交流活动由此不断拓展和深化，理念也逐渐从政府主导转向多元主体，用对话和沟通代替单向的宣传和输出，重视文化交流的内推力。

一、近年来中德人文交流的发展现状

根据上述人文交流的理念描述，这一部分将主要从人员交流、文化交流和思想交流三个方面来考察"一带一路"倡议提出以来中德人文交流的发展现状。

（一）人员交流

1. 两国领导人之间的交流

从 2014 年至 2019 年这六年间，德国总理默克尔六次访问中国，2016 年德国总统施泰因迈尔也到访中国；中国国家主席习近平两次出访德国，国务院总理李克强四次出访德国。每次访问，都进一步加强了中德之间的政治互信，两国间建立了越来越多的高级别对话机制，中德战略伙伴关系升级为全方位战略伙伴关系，并共同发表了《中德合作行动纲要》，签订了多份政府间合作协议和有分量的商业合同。同时，除了外交层面的交流之外，两国领导人的交流也富有人文气息，进一步拉近了人际距离，增进了领导人之间的理解和信任。中德总理互访频繁，每次互动都被媒体定义为"老友记"。默克尔在 2014 年访华期间访问了

---

① 《刘延东主持中德高级别人文交流对话机制首次会议》，《中国政府网》2017 年 5 月 24 日，http://www.gov.cn/guowuyuan/2017-05/24/content_5196552.htm，访问日期：2020 年 3 月 24 日。

四川省成都市,在成都神仙树农贸市场亲自选购食材学做四川名菜宫保鸡丁,并对川菜表现出极大的兴趣。[①] 翌年默克尔访华时前往李克强总理的家乡安徽参观;2016 年默克尔访华时与李克强总理在中国四大园林之首的颐和园散步交流,领略园林中的文物古建和山水风光;2018年默克尔又走访了充满活力的中国城市深圳,这里既是改革开放的前沿,也是中国人工智能发展的高地;2019 年默克尔参观武汉长江大桥时留下了标准的"游客照",一时间成为中国网民热议的话题。德国总统高克于 2016 年访华期间,先后到访了北京、上海、西安三座城市,分别参观了颐和园、故宫、兵马俑等中国文化地标,看到了中国古都的现今风貌。中国领导人出访德国时,看望足球少年,到访过有"世界桥城"之称的汉堡,参观过"皇家瓷器厂",在深入了解德国人文景观的同时也积极拓宽中德合作的未来空间。无论是"舌尖上的中国",还是享誉世界的名胜古迹,都体现了浓浓的人文情怀。领导人之间的交流不局限于外交话题,他们之间的相互了解和认知有助于促进中德民间交往与互信。

2. 留学生交流

在进入 21 世纪第一个 10 年以后,无论是中国赴德留学生人数还是德国来华留学生人数都有了大幅度增长。中国留学生将德国视作十大留学目的国之一,中国留德学生人数呈现持续增长趋势,从 2014 年到2018 年增长了 61.8%,一度占在德国的国际学生群体的最大比例(13%)。但同期德国来华留学生人数变化不大,始终在 8 000 人上下徘徊。自从"一带一路"倡议提出以来,各国来华留学生总人数不断增加,仅 2017 年,"一带一路"国家来华留学人数比上年增长 15.7%,但是德国留学生人数并未呈现出这一趋势。对德国学生而言,中国作为留学目的地远不如美国、英国、奥地利、瑞士、比利时等国富有吸引力。

---

① 《默克尔访问成都学做地道川菜 大赞宫保鸡丁》,《环球网》2014 年 7 月 6 日,https://world.huanqiu.com/article/9CaKrnJFbzn,访问日期:2020 年 3 月 24 日。

留学生人数（单位：万人）

德国来华留学生人数 ----- 中国在德留学生人数

数据来源：德国联邦统计局网站、中国教育部网站、德意志学术交流中心网站。（图表自制）

3. 大众交流

德国赴中国旅游人数逐年增加，在过去 10 年中增幅平稳，在欧洲国家中来华旅游人数仅次于俄罗斯，始终排在英国、法国、意大利之前。

德国游客数量（单位：万人次）

数据来源：国家统计局发布的《中国统计年鉴 2019》。① （图表自制）

对中国游客而言，德国是非常受欢迎的旅游目的地。2018 年欧洲旅游十大热门目的地国家中，德国排名第四。② 同时，2018 年，中国在德国最重要的游客来源国中排名第 12 位，占国外游客的 3%③，且是德

① 国家统计局：《中国统计年鉴 2019》，http://www.stats.gov.cn/tjsj/ndsj/2019/indexch.htm，访问日期：2020 年 3 月 25 日。

② 《中国游客赴欧洲旅游大数据报告（2018）》，《环球网》2019 年 2 月 28 日，https://baijiahao.baidu.com/s? id＝1626676445495764621&wfr＝spider&for＝pc，访问日期：2020 年 3 月 26 日。

③ Deutsche Zentrale für Tourismus e. V.：Zahlen，Daten，Fakten 2018，https://www.germany.travel/media/pdf/dzt_marktforschung/DZT_ZahlenFlyer_Mai2019_DE_WEB.pdf，访问日期：2020 年 3 月 26 日。

国在亚洲最重要的游客来源国。

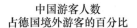

中国游客人数
占德国境外游客的百分比

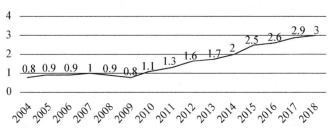

数据来源：德国国家旅游局网站，https://www.germany.travel/de/trade/marktfors-chung/marktforschung.html。（截止日期 2020 年 3 月 25 日，图表自制）

（二）文化交流

文化交流中的"文化"涵盖的范围广，包括文艺、教育、体育、旅游、媒体等，因此本文中考察的中德文化交流涉及多方面的交流活动，包括但不限于：

媒体建设：2014 年 1 月 22 日，为使德国网民及时了解中国情况，人民网德文版正式上线；《人民文学》杂志德语版 *Leuchtspur*（《光迹》）2018 年起在德出版发行。

影视交流：2014 年在第 64 届柏林国际电影节颁奖典礼上，中国影片《白日焰火》《推拿》共获得三个奖项。在第三届德国中国电影节上，《芳华》《时间去哪儿了》《暴裂无声》《引爆者》《村戏》等 11 部中国优秀影片在法兰克福和杜塞尔多夫上映。上海国际电影节期间有 40 多部电影参加。除了电影以外，还有历时两年走访德国 10 余个大小城镇、调研中德 60 余家企业机构拍摄完成的五集系列纪录片《中德制造》。

艺术交流：京剧《浮士德》亮相威斯巴登国际五月艺术节；"德国8——德国艺术在中国"展览是迄今为止战后德国艺术在国际上最全面的一次展览；中国交响乐团赴德举办庆祝中德建交 45 周年音乐会；中央芭蕾舞团与德国汉堡芭蕾舞团开展深度合作，共同创排剧目；中德青少年音乐交流季系列音乐会；西藏自治区日喀则民族艺术团在巴特洪堡市举行德国藏历新年歌舞演出；等等。

语言传播：中国有 125 所高校开设了德语专业，德语学习者人数突破 10 万；德国有 10 个联邦州制定了中文教学大纲，3 万人学习中文。[①]2014 年至今，在德国又建立了 5 所孔子学院。目前，德国一共有 19 所孔子学院。为了激发语言学习者的兴趣，增加他们对中国文化的了解，孔子学院除了提供汉语课和汉语教师培训之外，还组织各种语言类学习活动，如"汉语桥""中国文化日/周"等，部分孔子学院还编写教材、向中小学校提供咨询等。歌德学院除了提供德语课程、组织德语考试外，也组织摄影展、电影展、音乐会、纪录片讨论、诗歌朗读与讨论等国际文化交流活动，其中电影展所占比重较大。

文化展览："孔子故乡·中国山东"孔子文化图片展在德国杜塞尔多夫孔子学院隆重举行，推动山东省和德国加深了解合作的尼山书屋揭牌成立；"东西汇流——十三至十七世纪的海上丝绸之路"展览在德国汉堡国际海事博物馆举行；故宫博物院与柏林国家博物馆合作举办"明清肖像画"展；"熊猫与世界——中国大熊猫保护文化艺术成就展"在德国柏林举办；应德国柏林国家博物馆之邀，由上海博物馆和德国柏林国家博物馆合作举办的"中国和埃及：世界的摇篮"在柏林新博物馆举办；名为"伟大胜利 历史贡献"的纪念中国人民抗日战争暨世界反法西斯战争胜利 70 周年主题图片展在柏林中国文化中心举办，该图片展由国务院新闻办公室和中国驻德国大使馆联合主办，柏林中国文化中心承办；由中国国务院新闻办公室和中国驻法兰克福总领馆共同主办的"感知中国——中国西部文化行"德国站活动在法兰克福欧洲之角会议中心举行，开幕式活动期间在斯图加特展映介绍西藏当代变迁的纪录片《第三极》，还在法兰克福举办"多彩西部"图片唐卡展。

---

① 武亚平：《2018 年中德关系大事记》，《德国研究》2019 年第 1 期，第 169-185 页，尤其第 172 页。

图书译介与版权贸易： 在过去几年中影响较大的著作及相关活动有瑞士译者林小发（Eva Luedi Kong）的德文全译本《西游记》获得莱比锡书展奖的翻译类大奖；纪念中德建交 45 周年的访谈录《忆海拾英》出版发行；科幻作家刘慈欣代表作《三体》德文版出版；德国前总理赫尔穆特·科尔博士所著《忧心欧洲：我的呼吁》中译本出版等。中国从德国引进版权数大大超过向德国输出版权数。2018 年中国引进德国版权数为 881，其中图书版权 844 项，在引进版权总数中排名第四，位列美国、英国、法国之后。中国向德国输出版权数为507，图书版权 435 项，仅次于向美国、英国输出版权数。从德国引进版权数在 2018 年有所回落，向德国输出版权数经过 2016 年的回落以后继续增长。

其他活动： 中国教育部与德国足协将重点在足球教师培训和青少年足球运动员选拔体系方面展开合作。经过几年的潜心发展，德国足球已经慢慢影响到中国足球的方方面面，无论是青训还是职业联赛，越来越多的德国元素开始在中国显现；来自中国成都大熊猫繁育研究基地的两只大熊猫"梦梦"和"娇庆"乘坐汉莎航空公司的专机抵达柏林，参与中德为期 15 年的大熊猫科研保护国际合作项目，受到德国人的热情欢迎，柏林勃兰登堡电视台破天荒地为大熊猫的到来进行现场直播，人们给熊猫起了德语名字"Träumchen"（小梦想）和"Schätzchen"（小宝贝），把"柏林"（Berlin）戏称"熊林"（Bärlin）；北京市旅游发展委员会在德国科隆大教堂广场举办了以"魅力北京"为主题的北京旅游公众日活动；德国巴斯夫公司每年在中国科技馆为中国小朋友举办"巴斯夫小小化学家"活动。

（三）思想交流

思想交流是原思想外交的继承和拓展，指国家之间在意识形态和价值观领域的跨国互动，目的在于与海外交流本国意识形态和核心价值观，或者捍卫本国意识形态安全和价值观独立。① 在中外交流中，西方当前掌握了国际话语权，常常试图将西方价值标准强加于人，让人们接受西方的文明观念。中国的国际话语权较弱，在国际交流中如果使用西方话语，难免被套入西方框架，无法完全描述和解释中国的情况。如果用中国话语体系，西方国家又无法理解具有中国特色的词汇和表达，容易误解中国的意图。在这种交流困境下，中德之间的思想交流愈发具有释疑增信的价值。

特别值得一提的是 2014 年 10 月 8 日，《习近平谈治国理政》多语种版在法兰克福国际书展上举行首发式，意在向国际社会介绍中国的治国理念和执政方略，回应国际社会对当代中国问题的关切。德国前总理施罗德非常赞赏此书，称习近平主席是一位富有远见卓识的改革家，此书为德国人了解中国领导人的想法和政治目标提供了可能。他表示，互相理解对方的想法和举措是国际政治交往的基本前提。② 德国前总理施密特在为此书撰写的书评中强调指出："中国已经成功实现了传统和现代的和谐共生……中国领导人对西方的了解强于西方国家领导人对中国的了解……习近平主席的新书正投放市场……全世界就可以更好地了解中国的发展，特别是中国内政和外交政策。"③

德国政治学家、记者兼作家沃尔夫拉姆·阿道夫（Wolfram Adolphi）是一位知名中国专家。他在评论此书时说道："如果你问我对这本书什么内容感兴趣，一方面，是对关于中国特色社会主义的文章，特别是关于延续毛泽东思想的文章感兴趣，因为这篇文章涵盖从马克思到列宁和毛泽东再到现代中国发展再到中国特色社会主义的发展。另一方面，我对

---

① 赵可金：《人文外交：全球化时代的新外交形态》，《外交评论》（外交学院学报）2011 年第 6 期，第 73—89 页，尤其第 86 页。

② 《〈习近平谈治国理政〉在德国首发，施罗德：习近平是远见卓识的改革家》，《观察者》2014 年 10 月 9 日，https://www.guancha.cn/politics/2014_10_09_274169.shtml，访问日期：2020 年 3 月 27 日。

③ Xi Jinping: China regieren-Rezension von Helmut Schmidt, in: Botschaft der Volksrepublik China in der Bundesrepublik Deutschland, 04.12.2014, http://www.china-botschaft.de/det/zgyw/t1216421.htm, letzter Zugriff am 26.03.2020.

与社会计划有关的所有事情,对直到 2049 年的社会计划发展都感兴趣。这对于我们德国人来说也非常有趣,因为还没有人富有勇气向未来这么长一段时间进行展望,预测社会发展,并引导社会各界朝这个方向去发展。"① 在阿道夫之外,德国很多研究政治学、国际政治的学者都对此书表示出极大的兴趣,希望通过阅读此书进一步了解中国政治和未来发展理念。

《习近平谈治国理政》德文版不仅引起了德国政界、学界的关注,也吸引了不少普通读者,引发了他们的思考。在全球最大的网络零售商亚马逊网站,该书当前的读者动态评分为四星好评。一位给出五星好评的、较为年长的读者留言说,这本书是习近平系列发言文集,并非真正意义上对一个主题撰写而成的书,而且语言比较有共产主义话语风格,阅读下来不是易事;但如果静下心来从头读到尾,将会收获一个完全不同于德国媒体用"谎言"塑造出的中国形象,将会了解中国现在正在发生的事情,了解中国的雄心计划和自我认知。而这位读者自诩为"曾经的反共产主义者",在读完此书后深受震撼,开始学习中文,并对中国及中国领导人满怀尊敬,认为习近平主席比美国总统特朗普更低调、更有礼貌。② 可见,中国的思想文化不仅仅是中国的精神财富,更关涉中德两国共同关心的问题,应当且能够保持开放的态度加强交流,促进相互理解、相互尊重。

2018 年中国庆祝改革开放 40 周年之际,前民主德国统一社会党总书记和国务委员会主席埃贡·克伦茨的著作《我看中国新时代》中文版出版发行,让国人看到中国人民的老朋友克伦茨先生是如何以独特视角

① China-Experte Wolfram Adolphi: Xi Jinping ist ein außergewöhnlicher Politiker, in: *Beijing Rundschau* vom 17. 10. 2017, http://german. beijingreview. com. cn/China/201710/t20171017_800107121. html, letzter Zugriff am 26. 03. 2020.

② Xi Jinping: China Regieren, Amazon, https://www. amazon. de/Xi-Jinping-China-regieren/dp/7119090607/ref=sr_1_2? __mk_de_DE=%C3%85M%C3%85%C5%BD%C3%95%C3%91&keywords=china+regieren&qid=1585307435&sr=8-2, letzter Zugriff am 26. 03. 2020.

向外界介绍中国发展进步，并对中国的政治稳定和未来发展抱有坚定信心。该书在中国图书电商网站上获得了积极评价，例如在当当网上，该书有近 200 条评论，动态评分为五星；在京东网站上，该书有 100 多条评论，平均好评率为 94％，不少读者表示该书提供了一个了解中国的独特视角。2019 年 4 月 22 日，旅德近三十年的中国问题专家张彧所著的《机会与挑战：中德关系 5.0》一书在德国正式发布，书中邀请中德两国来自人工智能、汽车、金融、环境、媒体、设计、城市规划、文学、艺术等领域的 24 位专家分别阐述了自己的观点，通过这本用德语撰写的书向当地民众展现一个全面、客观、真实的中国，期望德国的各界人士能够越来越了解"一带一路"倡议，并且积极地参与其中。①

著名历史学家汤因比曾用器物、制度和观念来划分文化的不同层面。在这几个层面的文化交流中，器物层面最容易实现，观念层面涉及文化的核心价值观，在异质文化间最难以实现。上述中德之间的人文与思想交流，不仅成功地传播了思想和理念，更赢得了两国人民对对方、对自己的进一步认知和反思，既是中德思想交流史上的又一成就，也是中德人文交流克服意识形态、价值观念差异，超越偏见和误解的一次成功实践。

此外，中国驻德使领馆或组织"开放日"活动邀请德国民众参观，或参加德国主要电台的政治类访谈节目、现场接受访谈阐述中方立场，或接受纸媒采访、发表著名文章，或在官网上《德国人怎样看中国》栏目中通过荐书、评论等方式与德国人互动。此外，中德智库、高校还举办了一系列学术交流活动，主题涉及中德共同关注的人权、法治国家、中德对话、区域治理、全球治理、可持续发展、创新、中德科技创新合作、"一带一路"、国际安全等，通过深入的交流碰撞出思想的火花。

---

① 《中德关系 5.0 用正能量应对挑战》，《国际在线》2019 年 4 月 22 日，https://baijia-hao.baidu.com/s? id=1631477323618558195&wfr=spider&for=pc，访问日期：2020 年 3 月 27 日。

二、"一带一路"背景下中德人文交流的内在挑战

随着中国与一带一路沿线国家的合作不断展开,人文交流也得到了极大促进,有更多的留学生来到中国学习汉语、接受本科生教育和研究生教育,音乐、戏剧、舞蹈、文学等各种形式的文化交流增强了各国人民对中国的兴趣以及对"一带一路"的认识和兴趣。可以说,"一带一路"合作推动了中国与沿线国家的人文交流,而人文交流反过来又促进了人们的相互了解和理解,增强了信任。德国位于"一带一路"西部端点,中国有 50 多个城市都先后开通了自己的中欧班列,中国各大城市发往欧洲的货运火车 80% 的终点站都是德国的重要港口城市杜伊斯堡。按照前述逻辑,中德之间的人文交流也应当受益于更紧密的"一带一路"合作,而中德人文交流也应当改善中德民众的相互认知,增加彼此了解的兴趣和相互之间的好感度。不过,如果我们观察中德人文交流现状,却无法得出这样的结论。中德人文交流在诸多方面存在着明显的薄弱之处:

第一,中德人文交流的理念和实践模式存在较大差异。

中德高级别人文交流对话机制的官方中德文表达各有侧重,暗藏了中德人文交流理念和实践模式的差别。如果将其德文表达 Der hochrangige deutsch-chinesische Dialog für den gesellschaftlich-kulturellen Austausch 直译为中文,是"中德高级别社会与文化交流",与中文的机制名称并不完全一致。

中国的对外人文交流服务于长期的、宏伟的国家战略目标,"以促进中外民心相通和文明互鉴为宗旨"。人文交流是"走出去"和"请进来"同时进行的双向进程,受到政府的指导和推动,也遵循文化交往自身的规律,商业往来、人口迁徙、文化交流都是人文交流的强大动力,既包含官方活动,也包含民间活动,具有官民并举的特点。已经建立的

中外人文交流机制基本涵盖了教育、科技、文化、卫生、体育、媒体、旅游、妇女、青年、地方合作、智库等领域，中外人文交流是一个内涵更加广泛的外交形式。[①] 中国提倡的对外"人文交流"政策理念强调人和文化的重要性，信奉"惟以心相交，方成其久远"，有其传统文化的思想渊源和哲学传统。人文交流可以理解为不同国家、不同文明背景下的人民之间——为了增进相互理解和友谊——所进行的由中国政府主导、公民参与的跨文化交往。中国的对外"人文交流"重视国家层面的战略引领和政府的顶层设计作用，在具体执行方面，鼓励和调动企业部门、学术机构、新闻媒体、民间社团以及其他社会力量积极参与，利用各类具体合作项目带动人文交流的深入开展。[②]

德国的对外文化教育政策作为对外政策的第三根支柱，旨在通过对外文化教育交流为稳定的对外关系奠定基础，在国与国关系遭遇危机时以相互理解托底，并能联结各国民众实现可持续发展的国际关系。德国的"人文交流"政策理念强调文化与教育交流，奉行"社会间的对外政策"，致力于国际艺术和科学的自由、批判性交流、言论自由，保护作为文化身份标志的文化产品。[③] 根据德国外交部的定义，德国十分重视"公民社会"间的"对话"。德国人语境中的"公民社会"是私人与国家之间的一个社会中间层，按照联邦经济合作和发展部的定义，这一概念首先由意大利理论家安东尼奥·葛兰西（Antonio Gramsci）提出，用来描述所有影响"常识和民意"的非政府组织的整体，现指一国公民的全面参与——包括参加协会、各种形式的倡议、社会运动等所有不以营

---

① 张骥、丁媛媛：《中国民间外交、地方外交与人文交流 70 年——人民的外交》，《国际展望》2019 年第 5 期，第 54—72＋154—155 页，尤其第 67 页。

② 刘永涛：《人文交流：概念、视野和运行机制》，载邢丽菊、张骥主编：《中外人文交流与新型国际关系建构》，北京：世界知识出版社，2019 年，第 35—52 页。

③ Auswärtiges Amt：*Auswärtige Kultur-und Bildungspolitik：Basis für starke internationale Beziehungen*，16.01.2020，https：//www. auswaertiges-amt. de/de/aussenpolitik/themen/kulturdialog/akbp/212802，letzter Zugriff am 25.03.2020.

利为目的且不依赖于政党政治利益的活动。① 理解德国的"公民社会"有三个维度：第一，作为公民理想的生活方式，由法国贵族亚丽克西斯·德·托克维尔（Alexis de Tocqueville）在 19 世纪初提出，强调志愿组织（协会、俱乐部）共同解决问题的重要性；第二，民主中良好和公正共存的榜样，在话语中形成观点并交换对立立场一直是该概念的核心组成部分，也即非暴力的互动，有争议的问题或计划应在有关各方互相尊重和妥协的前提下非暴力地讨论，并认为这才是一个社会的"文明"特征，公民社会是一种政治文化的表现形式，其特征是非暴力、宽容和妥协的意愿；第三，志愿者组成的社会组织，包括非政府组织、非营利组织，涉及以共同利益为导向的商品或服务，通过参加讨论来影响公众舆论。②

德国如此重视"公民社会"，将其视作政治、经济之外的第三部门，与德国推崇的西方民主价值观紧密相连，也和德国走向民主、"走向西方"的漫长道路有关。为了稳固和发展来之不易的民主，德国必须实现经济、社会和政治权力资源的广泛多样化，通过强有力的公民社会来避免资源集中③，发展民主政治文化，促进民主化，认为公民社会是实现民主政治的必要条件，甚至充分条件。④ 即便是在今天，政治、经济、公民社会的通力合作是德国战胜右翼极端主义的利器。⑤ 长期以来，德

---

① Bundesministerium für wirtschaftliche Zusammenarbeit und Entwicklung，https：//www. bmz. de/de/service/glossar/Z/zivilgesellschaft. html，letzter Zugriff am 25. 03. 2020.

② Bundeszentrale für politische Bildung：Die verschiedenen Dimensionen der Zivilgesell-schaft，31. 05. 2012，https：//www. bpb. de/politik/grundfragen/deutsche-verhaeltnisse-eine-sozialkunde/138713/dimensionen，letzter Zugriff am 28. 03. 2020.

③ Bundeszentrale für politische Bildung：Deutschlands schwieriger Weg zur Demokratie，31. 05. 2012，https：//www. bpb. de/politik/grundfragen/deutsche-verhaeltnisse-eine-sozialkunde /138699/deutschlands-weg-zur-demokratie? p=all，letzter Zugriff am 28. 03. 2020.

④ 王绍光：《"公民社会"是新自由主义编造的粗糙神话》，《人民网》2013 年 8 月 8 日，http：//theory. people. com. cn/n/2013/0808/c40531-22488604. html，访问日期：2020 年 3 月 28 日。

⑤ Bundeszentrale für politische Bildung：Zivilgesellschaft，https：//www. bpb. de/poli-tik/extremismus/rechtsextremismus/41629/zivilgesellschaft，letzter Zugriff am 28. 03. 2020.

国绝大多数公民一直认为《基本法》规定的民主制度是最好的政府形式。[1] 德国上下在这一问题上的固化认知以及德国对外政策的价值导向对德国的对外人文交往实践模式产生了深刻影响——联邦政府只提供对外文教政策的战略框架，具体实施则由文化中介机构、伙伴机构来完成。其中联邦政府最重要的伙伴包括歌德学院、德国学术交流中心、德国对外关系研究所、德国国外学校教育中心、亚历山大·冯·洪堡基金会等，德国各大政治基金会、联邦文化基金会、马克斯·韦伯基金会以及众多私人基金会、企业基金会和公民社会组织都是德国外交部实施对外文化教育政策的伙伴。这些文化中介机构和伙伴机构不直接隶属于德国政府，部分地接受联邦政府的资金资助，在具体项目设计和展开活动时仅将对外文教政策作为方针和导向，采取自治和自我组织的原则，保持较高的独立性。在文化项目执行中强调与其他国家的主要是社会组织的交流对话，在与非西方民主制国家的文化交流中更是将其之间的对话视作促进对方（西方）民主化的重要途径，而罔顾对方可能跟德国在历史发展经历、社会发展程度、国情、民族性、文化交往模式等诸多方面存在的差异，并以己方模式为标准负面评价他国的人文交流实践模式，例如对中国重视顶层设计、政府统筹的模式既不理解也不认同，对中国官方组织的人文交流活动积极性不高。

中德两国在人文交流对话上的理念差异、实践模式差异导致的负面认知无益于两国人文交流的深入开展，也无益于改善德国人对中国文化、中国发展、"一带一路"倡议的认知。

第二，在人员交流中，中德领导人互访频繁，相互认知较为积极，合作意愿较强，这是两国人文交流的一大优势。但在民众交流中，无论是留学生还是游客，都呈现出另一番景象。

---

① Manfred G. Schmidt：Einstellungen zur Demokratie，in：*Deutsche Verhältnisse. Eine Sozialkunde*，https://www. bpb. de/politik/grundfragen/deutsche-verhaeltnisse-eine-sozialkunde/138703/einstellungen-zur-demokratie，letzter Zugriff am 28. 03. 2020.

在留学生交流中，到德国留学的中国人数是德国来华留学生人数的约 4 倍，这里当然有中德两国人口基数差别巨大的原因。但从留学生人数的发展曲线来看，从 2014 年到 2018 年，赴德留学的中国学生数量从 2.8 万增长到 3.69 万，增幅达 32%，但同期来华的德国留学生人数起伏不大，始终保持在 8 000 人左右。可以说，"一带一路"合作和人文交流活动吸引了更多的中国学生前往德国深造，但是并没能增加更多德国学生求学中国的兴趣。德国学术交流中心的一份留学研究报告显示，留学中国的德国学生学习目标多为汉语学习，较少是为了在某一个学科进行专业学习。因此，有一种可能的情形是，孔子学院满足了德国学生在本土学习汉语的需求，间接"抑制"了德国学生前往中国求学的意愿。当然，决定是否留学中国取决于很多因素，如学生的学习目标、职业目标、奖学金申请难易等。不过这一现象与林航等学者的实证研究结果基本一致，即"在发达国家，新建一所孔子学院将使来华留学生数量减少 0.4%；而在发展中国家，新建一所孔子学院反而会使来华留学生的数量增加 2.6%"①。

从双向旅游交流来看，自从"一带一路"倡议提出以后，中国赴德游客人数几乎增长了 50%，而德国来华旅游人数增长幅度仅为 3.4%。这些数字表明，中国人对赴德文化旅游体验的兴趣大大增加，而德国来华文化旅游体验的兴趣仅略有增加。人们在选择旅游目的地时，主要是根据对某一国国家文化形象的认知和寻求对方文化的新鲜感。因此，包括孔子学院组织的活动在内的大量人文交流活动有助于逐渐提升德国人对中国的旅游兴趣。这一点也与林航等学者在关于孔子学院是否促进海外来华旅游的实证研究结果基本一致，即新建一所孔子学院对海外来华休闲（文化）旅游的作用并不显著。但从长远来看，孔子学院的建立显著促进了海外来华文化旅游——整体来说，在海外新建一所孔子学院将

① 林航、谢志忠、郑瑞云：《孔子学院是否促进了海外学生来华留学——基于 40 个国家 2004—2014 年面板数据的实证检验》，《国际商务》（对外经济贸易大学学报）2016 年第 5 期，第 52-65 页，尤其第 62 页。

有助于所在国来华文化（休闲）旅游的人数提高 0.4%～0.5%。①

在中德人员交流中，领导人互访频繁，但民众在留学、旅游两个领域的交流都体现出中国人对德国的兴趣远超德国人对中国的兴趣。孔子学院如果长期深耕下去，在吸引游客方面将会比在吸引留学生方面更有优势。在 2016 年的华为国家形象认知调研报告中，有 33% 的受访者有兴趣前往中国旅游，其中 60 岁以上和 18～39 岁年龄组感兴趣的比例最高；从受教育程度来看，受教育程度高的德国人对中国有较大旅游兴趣的比例也最高。

因此，在增强普通民众的交流问题上，孔子学院也许可以和旅游业合作，孔子学院通过旅游汉语等相关课程、活动的举办，激发德国人体验中国的兴趣；旅游部门可以提供有不同针对性的文化体验产品，改善德国人对中国的认知。

第三，中德文化交流中存在不均衡的特点。

以版权贸易为例，2014—2018 年中德之间版权引进数字如下表所示。对比这两张表，可以看到，中德版权贸易主要是图书版权贸易，中国从德国引进版权远远多于向德国输出版权的数量。尽管"请进来"始终多于"走出去"，但 2016 年以后中国向德国输出版权数量不断增加，成绩斐然。另外，我们不能忽略，无论是从德国引进还是向德国输出，表中都还有诸多"0"，这意味着中德之间还有较大的合作潜力。

2014—2018 年中国从德国引进版权一览表

年份	总数	图书	录音制品	录像制品	电子出版物	软件	电影	电视节目	其他
2018	881	844	9	15	2	4	2	5	0
2017	951	933	2	11	3	0	0	2	0
2016	895	888	2	1	3	1	0	0	0

---

① 林航、谢志忠、阮李德：《孔子学院促进了海外来华文化旅游吗？——基于 2004—2014 年 32 个国家面板数据的实证研究》，《兰州财经大学学报》2016 年第 5 期，第 71-79 页，尤其第 77 页。

续表

年份	总数	图书	录音制品	录像制品	电子出版物	软件	电影	电视节目	其他
2015	815	783	9	1	15	6	0	1	0
2014	841	807	18	0	7	6	0	2	1

数据来源：《中国统计年鉴 2015》、《中国统计年鉴 2016》、《中国统计年鉴 2017》、《中国统计年鉴 2018》和《中国统计年鉴 2019》。（表格自制）

2014—2018 年中国向德国输出版权一览表

年份	总数	图书	录音制品	录像制品	电子出版物	软件	电影	电视节目	其他
2018	507	435	29	0	2	0	0	41	0
2017	498	421	0	0	26	0	0	50	1
2016	346	262	0	0	30	0	0	54	0
2015	467	380	0	0	27	0	0	60	0
2014	408	304	0	0	46	0	0	58	0

数据来源：《中国统计年鉴 2015》、《中国统计年鉴 2016》、《中国统计年鉴 2017》、《中国统计年鉴 2018》和《中国统计年鉴 2019》。（表格自制）

在文化产品的译介上，中国作为一个传统的文明古国，拥有浩如烟海的文化资源，当前中国文化产品对德传播的数量和质量还没有充分利用中国丰富的文化资源，没有完全触及德国不同目标群体，从而向他们呈现中国文化的多样和谐、中国社会的亲和力与活力。

2017 年中德关于建立高级别人文交流对话机制，旨在为政府高层官员和人文交流合作机构（如基金会、文化和教育交流机构、科研机构以及其他相关组织）搭建战略对话平台，讨论如何改善中德人文交流与合作，推动两国在教育、文化、社会、语言、媒体、体育、青少年等领域的交流与合作，以及民间社会组织各级层面的活动。[①] 这一框架下的中德人文交流活动多种多样，从内容和方式来看主要聚焦于语言教学、文化体验、文艺展示、大型展览、教育合作、旅游合作、专题论坛、学者对话、媒体互访、足球合作等，中方的积极性更高，中国政府出面统

---

① 《联合声明》，2017 年 5 月 24 日，《中德人文交流网》https://sino-german-dialogue.tongji.edu.cn/lhsm/list.htm，访问日期：2020 年 3 月 28 日。

筹的交流项目数量较多，活动级别也相对较高，受众主要为德国政商界、学术界人士，中方注重传播中国的传统文化，对今日中国政治、经济、文化各方面的呈现和讲述不足。而德方文化中介机构、基金会、大学和科研机构组织的文化交流与学术对话较多，友好学校、友好城市等组织的青少年交流活动较多，在华德国企业也定期组织文化体验活动，让更多中国人对其品牌产生认同，不同执行机构并不寻求塑造一个统一的德国形象，而是力求在活动中打造德国形象的某一个闪光点，通过数量众多的文化中介机构开展的多样活动，汇集出一个自由民主、科技发达、适合投资、富有创新精神、产品质量优良、善于应对国际危机的德国形象。

自"一带一路"倡议提出以来，中国对德国的看法更为积极，兴趣和信任度更高，对德方组织的人文交流活动多比较认可。但是德方对中方统筹的文化交流活动仍部分地存有疑虑，特别明显地体现在对孔子学院的态度上。直到现在，德国媒体仍时不时对孔子学院提出批评，汉堡大学、波恩大学、杜塞尔多夫大学的孔子学院合作遇到挫折，资金来源和教学内容是被批评的焦点，认为中方政府的资助会左右汉语教学材料的价值观导向。[①] 尽管官方和非官方的人文交流活动数量众多，但德国民众对中国的认知仍旧不甚理想，只有约四分之一的德国人对中国有积极认知，政界、经济界的决策者对中国的认知比普通民众更为积极，年轻人对中国的认知比年长者更为积极，到过中国、了解中国的德国人对中国的认知比没到过中国、不了解中国的人更为积极。[②] 同时，德国人对于"一带一路"倡议的认知也呈现出多元的特点。德国总理默克尔多次访华，积极支持中德扩大合作；德国商界从务实合作中获益匪浅，但

---

① Hinnerk Feldwisch-Drentrup：Erste deutsche Unis überdenken umstrittene Konfuzius-Institute，22.12.2019，https：//www. tagesspiegel. de/wissen/eine-art-ideen-waesche-erste-deutsche-unis-ueberdenken-umstrittene-konfuzius-institute/25360796. html，letzter Zugriff am，19.03.2020.

② Huawei：Deutschland und China Wahrnehmung und Realität. Die Huawei-Studie 2016，http：//www. huawei-studie. de/，letzter Zugriff am 19.03.2020.

随着中德在高科技等领域的竞争加剧,德国担心自己的技术优势被超越,合作的意愿有所动摇;德国外交部、议会等机构强调西方价值观,认为"中国模式"带来制度性挑战,担心中国会走上"霸权之路";德国大企业热衷于参与,小企业也跃跃欲试。但到目前为止,只有为数不多的德国企业采取了具体措施,参与中国的"一带一路"倡议活动。汉堡、杜伊斯堡、不来梅等港口城市积极响应。德国媒体的态度一开始"疏离旁观",2017 年开始两极分化,肯定和疑惧并存。

三、中德人文交流的外部挑战

中德人文交流除了自身固有的结构性挑战以外,也受到外部环境的推动或者削弱。国际关系与地缘政治态势的变化对"一带一路"人文交流的开展和推进产生重要影响。近年来中国实力增长引发了西方的疑惧,德国智库认为中美贸易战背后的中美竞争是零和博弈,中美竞争和冲突将会影响国际战略讨论以及政治、经济、军事的发展,未来对许多国际政治问题的审视都需要在中美竞争的框架下进行。2020 年 2 月召开的第 56 届慕尼黑安全会议的核心词"西方缺失",表明西方国家对自己的价值观和战略方向感到不确定。美国对中国的污名化做法,以及西方媒体对"一带一路"倡议的扭曲报道,会贬低西方民众心中的中国形象。德国在重新寻回"西方世界"身份的过程中,将中国定义为竞争对手还是合作伙伴,将直接影响中德"一带一路"人文交流的效果。在政府层面,德国意识到中国作为新兴大国在当今国际社会多边博弈中享有举足轻重的地位。德国工商界一方面放弃不了与中国相互依赖的业务伙伴关系,另一方面对中国企业的竞争力日益加强和双方不对称的对外商经营限制大为头疼。德国联邦工业联合会在 2019 年 1 月发布了《对于中国的基本方针》,一开场就对中德关系的性质做了一个全新、意味深远的定义:合作伙伴和体制竞争对手。在此背景下德国经济部出台了

《国家产业战略 2030》，意在通过支持欧洲旗舰企业，与中国在全球市场上抗衡。德国外长马斯等政客就涉港问题的言论和做法罔顾中方反对，给中德关系造成负面影响。加上德国媒体的渲染，再度引发了德国人对华负面认知。

同时，西方世界也面临反自由主义崛起和民族主义回归的威胁。近年来，德国政党格局受到民粹主义政党的极大冲击，政党碎片化日益严重，政府行动力被削弱。民粹主义者严重排外、封闭、不宽容、容易受到操纵，造成了国家间正常人文交流的障碍，不利于民众间的友好互动和合作。① 例如，德国选择党议员尽管多次在联邦议院演讲中表示欣赏中国的发展，但在涉及中国在德投资、在欧投资的问题上，仍旧希望通过法律将中国投资者拒之门外，以此来"保护德国本土企业"。而在2020 年 2 月中国抗击新冠肺炎疫情之际，部分德国人嘲讽和歧视在德华人戴口罩，甚至因此发生肢体冲突。一方面他们认为戴口罩不自由，只有病患才需要戴口罩；另一方面是因为德国 1985 年通过了《蒙面禁令》，禁止示威游行者戴口罩，以便识别恐怖分子、极端主义者。他们并没有中国"非典"的经历，也没有兴趣去了解中国乃至亚洲国家在"非典"中吸取了什么教训，在公共卫生领域做出了哪些改善，也并没有认真了解中国疫情的发展阶段，只凭借欧洲先进的医疗体系和固有观念，便得出了民众不应佩戴口罩的结论。而他们对于中国医疗体系、抗疫措施的低估，也浪费了中国付出巨大代价给其他国家赢得的防疫窗口期，德国总理也因接触了感染新冠肺炎病毒的医生而被居家隔离。当他们自己因抗击疫情需要抢购口罩、消毒用品和生活用品而不得时，不禁又把矛头指向了当地华人，宣泄种族歧视和仇外情绪。德国第一大新闻周刊《明镜》周刊 2020 年 2 月 1 日出版的一期封面配图是一个年轻中国人身着红色防雨衣，佩戴防护口罩，使用苹果手机，图片四周是象征中国的红框，配以"全球化""病毒""中国制造"这些字眼，

---

① 邢丽菊：《人文交流与人类命运共同体建设》，2019 年 12 月 18 日，http://www.ciis. org. cn/gyzz/2019-12/18/content_ 41001928. htm，访问日期：2020 年 3 月 16 日。

阁顾中国人民全力抗击新冠肺炎病毒的努力，给这一突发性公共卫生危机贴上"中国制造"的标签，无疑是在中德两国人民的友谊中间建造起一堵冰冷的高墙，既是对中国民众和医护人员的侮辱，也极大地误导了德国读者和媒体。[①]

当前，新冠肺炎疫情在全球多点暴发，快速扩散蔓延，德国也开始管控边界、限制出入境，并宣布停飞中德之间的航班。英国、日本、德国都有专家预测疫情可能会持续几年。这样一来，无论是互访、留学、出差、旅游还是其他人文交流活动都将受到极大的限制，如何另辟蹊径开启人文交流的新阵地，值得我们思考。

四、中德人文交流的未来展望

"一带一路"倡议提出以来，中德人文交流取得丰硕成果。尽管有挑战、有危机，但也蕴含着调整、改善的机遇。

第一，加强对对方国情的了解，在危机中的交流更暖人心。在全球公共卫生危机面前，德国向中国伸出援手，初期提供了大量医用物资。而在德国疫情严重后，习近平主席向德国致慰问电，与默克尔总理通电话表示关心与支持。复旦大学附属华山医院感染科主任张文宏对德国2020年春季的疫情防控成果做出了高度评价，其确诊患者死亡率仅为0.2%，几乎是全球最低，称德国是"模范生"。[②] 疫情期间，嘲笑他国疫情的声音始终在各国存在，中国专业人员理性分析他国政策得失，有利于汲取别国在防控、诊断、检测、救治等方面的经验，加强国际防疫合作。

第二，中国在公共卫生领域树立可靠的、负责任的大国形象，改变

---

① 《新冠病毒是"中国制造"？德国〈明镜〉周刊这次有点过分了》，《今日中国》2020年2月3日。

② 《张文宏说德国是抗疫模范生，这声音值得倾听》，《中国青年报》2020年3月16日。

外界对中国医疗卫生水平的看法。公众眼中的中国形象具有主观性，且在一定时期内较为稳定，难以改变。不过，在公众尚未形成固化认知的领域树立起新的形象，比改变已经固化的形象要更为有效，需要的时间更短，效果更佳。在此次疫情中，中德不仅相互关心和支持，还将合作拓展至针对新冠肺炎病毒疫苗研发上。总部位于德国美因茨的生物技术公司 BioNTech 正在与中国合作伙伴上海复星医药一起研发针对新冠肺炎病毒的 mRNA 疫苗，并于 2020 年 4 月底开始首次临床试验。[①] 这一举动不仅有利于疫情的控制，更是以关切代替嘲讽、以合作代替对抗，为建构人类命运共同体、共同应对全球挑战做出了典范。中国抗击新冠肺炎疫情、保护民众生命健康的得力措施、派出医疗队携带物资援助欧洲疫情严重国家的做法，都将刷新世人对中国的看法。

第三，应对疫情应当开发人文交流的新渠道和新形式。在疫情的冲击下，中德人文交流在时间、空间上都受到极大限制。此时，保持人文交流持续进行应充分利用现代信息技术提供的便利，例如通过视频会议的形式召开学术研讨会、德语教师培训等。疫情面前人心都是相通的，文化和旅游业可以考虑开发更多贴近当下关于中德抗疫的文学作品、虚拟实景的文化体验产品，开放更多的在线学习和探索资源，为德国人打开一扇新的了解真实中国的窗户。

第四，在未来的中德人文交流中不回避价值观交流。"人文"自古以来是包括价值观内容的，价值观是文化的核心。除了大量输出和对外展示中国文字、中国书法、中国绘画、中国戏剧、中国武术、中国厨艺、中国肥皂剧、中国熊猫等软性内容外，也应当关注善治、法治、和平、人权、自由、公正、民间社会等世界人民普遍关注的硬议题。[②] 要做到这一点，需要我们有相关的、过硬的文化产品，同时也需要不断培

---

① 《中德合作研发新冠疫苗，4 月底首次临床试验！》，《环球网》2020 年 3 月 18 日，https://world.huanqiu.com/article/9CaKrnKpYEJ，访问日期：2020 年 3 月 28 日。

② 庄礼伟：《中国式"人文交流"能否有效实现"民心相通"？》，《东南亚研究》2017 年第 6 期，第 67—84＋154—155 页，尤其第 75 页。

养了解中国核心价值观、懂人文交流的相关中德人才。这样我们才能在后续的"一带一路"合作中,讲好中国故事,赢得德国人的好感和信任。

第五,在"一带一路"合作中,除了修建基础设施以外,中国还应当通过提供公共产品和服务来赢得外界的好感和信任。德国人十分看重国际组织、社会组织的作用。中国可以通过在国际机构或社会组织中任职、组织活动、发起动议等方式来扩大国际影响力,加强议程设置能力,通过长期努力争取积极认同,为新时期的中国发展创造良好的国际舆论条件。

在我们这个国与国既合作又竞争的时代,中德人文交流会继续增进两国之间的良性互动,促进两国自身的文化发展,同时也超越传统权力政治理念的考量,经由人文交流活动而创造的跨国性公共产品(譬如分享的知识、共同的语言、集体的认同等),必将给国家、地区乃至全球社会带来福祉。

25. 中国抗战类博物馆
与反战记忆文化的建构

崔文龙[*]

摘要： 中国人民抗日战争是世界反法西斯战争的一个重要组成部分，中国人民付出巨大民族牺牲，维护了民族独立和领土完整。纪念中国人民抗日战争，不仅是中国记忆文化的重要组成部分，也是全球反思二战记忆文化的重要组成部分。中国抗战类博物馆是构建记忆文化的重要场所，对于记忆文化的传承、研究、展示发挥了重要作用。

关键词： 抗日战争，记忆文化，抗战类博物馆，世界反法西斯战争

中国人民抗日战争是 1930—1940 年代在中国共产党主张建立的抗日民族统一战线旗帜下，以国共合作为基础，全国各族人民包括港澳台同胞、海外侨胞共同进行的抵抗日本帝国主义侵略的正义战争。中国人民抗日战争是近代以来中国反对外敌入侵第一次取得完全胜利的民族解放战争。中国人民抗日战争的伟大胜利，为中华民族由近代以来陷入深重危机走向伟大复兴确立了历史转折点。

中国人民抗日战争是世界反法西斯战争的重要组成部分。中国人民

---

* 作者简介：教育部高等学校社会科学发展研究中心副研究员，中国人民抗日战争纪念馆编研部副研究馆员，研究重点为中德文化关系、红色文化等。

率先举起了反法西斯战争的正义旗帜。中国全民族抗战，开辟了世界反法西斯战争的东方主战场。中国积极倡导和有力推动了世界反法西斯统一战线的形成。中国人民抗日战争的胜利，在全世界人民面前树立了以弱胜强的光辉范例。中国人民抗日战争为争取世界和平的伟大事业，做出了彪炳史册的历史贡献。

一、抗战类博物馆是抗战纪念活动的重要场所

纪念性历史博物馆是博物馆的一种主要类型。《辞海》对"纪念馆"的解释是："纪念重大历史事件或具有卓越贡献的历史人物（包括杰出的政治活动家、科学家、文学家、艺术家和英雄人物等）的文化教育事业机构，以事件发生的地点和人物出生、居住或工作的地方为馆址，保存和恢复历史原状，或附设陈列室，以说明历史事件发生经过和历史人物活动状况。"[1] 战争类纪念博物馆是人们记忆、传承历史记忆的场所。建立战争类博物馆，不但可以彰显对受伤害者的象征性公正，调解并治愈战争创伤，而且可以唤起民众国家建设的热情，同时能够防微杜渐、警戒后人。[2]

抗战类博物馆是国家纪念抗日战争历史的重要场所。每逢重要的抗战节日，在博物馆举办默哀、献花等庄重的纪念仪式，参观抗战类主题展览，能整合人们的内心秩序，使人们能以一种认真、重视的态度去审视历史事件。通过参观展览，观众能被拉回到曾经的历史时空，真实地、客观地感受当年战争的氛围。睹物思人，触景生情，一件用品、一页家书都能让人们体会到被纪念者的精神面貌，感受到英雄烈士人性的光辉；

---

① 夏征农、陈至立等：《辞海》（第六版彩图本），上海：上海辞书出版社，2009年，第1032页。

② 杜辉：《后战争时代的博物馆、记忆与空间——以中英两座博物馆为例》，《东南文化》2015年第5期，第100-106页。

一份报道、一句证词都能让人们感受到战争暴行的残酷，认识到战争发动者的罪责。在二战博物馆，参观展览可以引发人们内心的思考和感悟，观众可以和历史人物、事件产生共鸣，在心灵受到触动的同时接受教育。

在抗战纪念的重大节日，党和国家领导人出席活动、发表讲话，则会更进一步地增强国家认同，提高民族凝聚力。2014 年 2 月 27 日，第十二届全国人民代表大会常务委员会第七次会议通过决议，决定将 9 月 3 日确定为中国人民抗日战争胜利纪念日，将 12 月 13 日设立为南京大屠杀死难者国家公祭日。① 这"两日"的设立适应了广大民众缅怀抗日先烈的需求，凸显了党和国家对抗日战争历史的重视。2014 年 9 月 3 日，在我国第一个"抗战胜利纪念日"到来之际，习近平等党和国家领导人来到中国人民抗日战争纪念馆，与首都各界代表一起，向抗战烈士敬献花篮，并参观"伟大贡献——中国与世界反法西斯战争"专题展览。2014 年 12 月 13 日上午，中共中央、全国人大常委会、国务院、全国政协、中央军委在南京隆重举行南京大屠杀死难者国家公祭仪式。中共中央总书记、国家主席、中央军委主席习近平出席并发表重要讲话。在讲话中，习近平强调，只有人人都珍惜和平、维护和平，只有人人都记取战争的惨痛教训，和平才是有希望的。

抗战类博物馆是普通民众在重要节日追思先烈、记忆历史的重要场所。那些经历过抗战、为国家独立和民族解放而战斗过的老战士，也大都离开了人世。为纪念先烈们为今天的美好生活做出的牺牲和贡献，中国人民抗日战争纪念馆从 2009 年开始，与侵华日军南京大屠杀遇难同胞纪念馆、"九·一八"历史博物馆、东北烈士纪念馆、上海淞沪抗战纪念馆等四家爱国主义教育基地共同承办清明节主题教育活动，推出了向英烈免费提供献花服务、网上献花祭奠、诗歌朗诵会、民族精神大讲堂专场、放映抗战题材电影、签名售书等系列活动，得到了社会各界的积极响应。

---

① 任仲平：《让历史照亮人类的明天——写在中国人民抗日战争暨世界反法西斯战争胜利纪念日》，《人民日报》2014 年 9 月 3 日。

抗战类博物馆是国家举办抗战纪念活动的重要场所，是个人缅怀先烈的精神家园。在抗战类博物馆，抗战的历史集中得以展示，抗战的记忆通过文物、照片、资料等载体得以建构和巩固。进入抗战类博物馆，出席抗战纪念仪式、参观抗战类展览，是对抗战历史的回顾和尊重，同时也是构建抗战记忆文化的有效行动。

二、"抗战精神"是建构抗战记忆文化的灵魂和主线

从历史中吸取教训，警示未来，是人类回顾历史的重要作用。而对于在历史事件中形成的精神加以提炼和升华，则会赋予历史灵魂和主线。2014 年 9 月 3 日，中国国家主席习近平在纪念中国人民抗日战争暨世界反法西斯战争胜利 69 周年座谈会上提出了"抗战精神"，指出："在中国人民抗日战争的壮阔进程中，形成了伟大的抗战精神，中国人民向世界展示了天下兴亡、匹夫有责的爱国情怀，视死如归、宁死不屈的民族气节，不畏强暴、血战到底的英雄气概，百折不挠、坚忍不拔的必胜信念。伟大的抗战精神，是中国人民弥足珍贵的精神财富，永远是激励中国人民克服一切艰难险阻、为实现中华民族伟大复兴而奋斗的强大精神动力。"[1]

2015 年 9 月 2 日，习近平主席在颁发"中国人民抗日战争胜利 70 周年"纪念章仪式上的讲话中对于抗战精神又进一步给予了阐释[2]：

> 伟大的抗战精神，永远是激励中国人民克服一切艰难险阻、为实现中华民族伟大复兴而奋斗的强大精神动力。
>
> ——在抗战英雄身上，充分展现了天下兴亡、匹夫有责的爱国

---

① 《习近平：在纪念中国人民抗日战争暨世界反法西斯战争胜利 69 周年座谈会上的讲话》，《人民日报》2014 年 9 月 3 日。

② 《习近平：在纪念中国人民抗日战争暨世界反法西斯战争胜利 70 周年大会上的讲话》，《人民日报》2015 年 9 月 3 日。

情怀。以身许国、精忠报国是抗战英雄最鲜明的品质。面对民族生死存亡，全体同胞以"誓死不当亡国奴"的民族自尊，挺身而出，共赴国难。在中国共产党倡导建立的抗日民族统一战线旗帜下，海内外中华儿女以强烈的家国情怀，空前团结起来，争先投入保家卫国的伟大斗争之中，形成了人民战争的汪洋大海，谱写下惊天地、泣鬼神的爱国主义篇章。

——在抗战英雄身上，充分展现了视死如归、宁死不屈的民族气节。"时穷节乃见，一一垂丹青。"日本军国主义侵略者极其残暴，以惨绝人寰的手段对待中国人民，企图以屠杀和死亡让中国人民屈服。面对侵略者的屠刀，中国人民用血肉之躯筑起新的长城，人人抱定必死之心。成千上万的英雄们，在侵略者的炮火中奋勇前进，在侵略者的屠刀下英勇就义，彰显出中华民族威武不能屈的浩然正气。

——在抗战英雄身上，充分展现了不畏强暴、血战到底的英雄气概。毛泽东同志说过，我们中华民族有同自己的敌人血战到底的气概，有在自力更生的基础上光复旧物的决心，有自立于世界民族之林的能力。近代以后，面对强敌的一次次入侵，中华民族没有屈服，而是不断集结起队伍，前仆后继，顽强抗争，誓与侵略者血战到底，奏响了无数气壮山河的英雄凯歌。

——在抗战英雄身上，充分展现了百折不挠、坚忍不拔的必胜信念。信念如炬，九死未悔。从日本军国主义侵略者的铁蹄踏进中国大地之时起，中国人民就开展了抗击侵略者的伟大斗争，无论条件多么艰苦，无论战争多么残酷，无论牺牲多么巨大，中国人民从来都没有动摇光复河山的决心。中国人民抱定了抗战到底的信念，坚持抗战，持久抗战，终于打败了凶恶的侵略者、赢得了战争的最后胜利，创造了人类战争史上的一个奇迹。

"抗战精神"的提出和深入阐释，是对中国人民抗日战争历史的升华，为抗战记忆文化的建构提供了灵魂和主线。中国人民之所以能够在积贫积弱的条件下，坚持抗战 14 年之久，撑起世界反法西斯战争的东方主战场，并最终取得抗日战争的完全胜利，归根到底在于有强大民族精神的支撑。习近平主席在全面回顾中国人民抗日战争历史的基础上，归结提炼出"抗战精神"，反映了中华民族对于抗日战争历史的态度。

三、抗战类博物馆在弘扬抗战精神中的作用

抗战类博物馆是中国人民抗日战争历史的承载者、传播者，更是"抗战精神"具体的弘扬者。"抗战精神"是寓于一件件具体的抗战史实中的，博物馆所要做的是尊重历史的客观性，让资料和档案说话，让文物"活起来"，通过文物、照片、资料及其背后的故事更具体地支撑抗战时期所形成的伟大民族精神，让观众通过展览切实地增强民族自信心和凝聚力。博物馆要提升自身的研究能力，深入挖掘文物资料，征集历史事件的典型照片和视频资料，提升展览的总体水平。只有做到对抗战历史、资料和文物的熟稔，才能提炼出高水平的展览主题，进而结合展览主题对展览的结构和形式进行设计，做到让"抗战精神"得到具体的阐释。①

抗战精神的内涵不但需要通过具体的文物史料挖掘出来，更需要通过参与和推进社会教育弘扬出去。在国际博物馆协会 2007 年对博物馆的定义中，把教育作为博物馆的第一目的。② 美国颇具影响力的学者归纳到，"若典藏品是博物馆的心脏，教育则是博物馆的灵魂"③。"不忘历史，警示未来"是二战类博物馆建立的重要宗旨，所以它们更应重视在社会教育、社会服务方面的职能和责任，积极探求各种方式吸引公众

① 黄雪寅：《博物馆展览大纲的设计与解读》，《首都博物馆论丛》2008 年第 1 期，第 273-281 页。
② 国际博物馆协会网站：http://icom.museum/definition.html。
③ 郑奕：《博物馆教育活动研究》，博士学位论文，复旦大学，2012 年，第 43 页。

参观博物馆，努力与学校和社会机构进行各种形式的合作交流。

中国人民抗日战争纪念馆在普及抗战历史、弘扬抗战精神方面做出了有益尝试。一是推出了"民族精神大讲堂"系列讲座活动，以"解读和分析抗战热点问题，普及和鉴赏抗战文物知识，传承和弘扬中华民族精神，打造博物馆界的精品课堂"为宗旨，力图向社会各界开启一扇介绍中国抗日战争史、中日关系史、抗战文物知识的方便之门。二是联合卢沟桥地方办事处推出"中小学生社会大课堂活动"。该活动是面向全市中小学生的教育活动，以"永恒的记忆——看一次抗战展览，观一场抗战电影，唱一首抗战歌曲，摸一次抗战武器，写一段参观寄语"为主题，学生通过参观抗战馆、学唱抗战歌曲、触摸抗战武器、观看配乐演讲和电影、寻找宛平城历史弹痕、探寻卢沟桥石狮子渊源等活动，在活动中增长知识、受到教育。三是推出了"扬正气 铸军魂——抗战英烈故事进军营"主题活动。此项活动以部队官兵为普及对象，以讲述抗战时期的英烈感人故事为主线，采用配乐演讲、歌曲、舞台讲解等形式，用艺术手法突出表现抗战英烈的崇高气节和奋勇杀敌的精神，宣传抗战期间爱国将士保家卫国、浴血奋战、不怕牺牲的民族精神。

抗战类博物馆承载着抗战时期积累的"物"的精华，以及通过物质、文化和科技现象折射出来的人类的价值观，它也反映着当代人类社会的观念、精神和知识。抗战类博物馆通过举办展览、发行出版物、举办讲座、向抗战烈士献花等形式来传播抗战历史，弘扬抗战精神，与社会公众共同分享抗战的历史和价值观念。记忆文化的建构需要历史和现实相结合，抗战类博物馆在这种记忆文化的建构中，起着阐释抗战历史，弘扬抗战精神，凝聚民族力量的"媒介"作用。

附录：首批 80 处国家级抗战纪念设施、遗址名录

2014 年为隆重纪念中国人民抗日战争暨世界反法西斯战争胜利 69

周年，经党中央、国务院批准，国务院发出通知，公布第一批 80 处国家级抗战纪念设施、遗址名录。名录按行政区划序列排序如下：

北京市：中国人民抗日战争纪念馆，宛平城、卢沟桥，平北抗日烈士纪念园；

天津市：在日殉难烈士·劳工纪念馆，盘山烈士陵园；

河北省：华北军区烈士陵园，苏蒙联军烈士陵园，潘家峪惨案纪念馆，清苑冉庄地道战遗址，狼牙山五勇士跳崖处，晋冀鲁豫烈士陵园；

山西省：平型关大捷遗址，百团大战纪念馆（碑），八路军总部王家峪旧址和纪念馆，忻口战役遗址，左权将军殉难处；

内蒙古自治区：大青山抗日游击根据地旧址，世界反法西斯战争海拉尔纪念园，诺门罕战役遗址陈列馆；

辽宁省："九·一八"历史博物馆，中国（沈阳）审判日本战犯法庭旧址陈列馆，阜新万人坑死难矿工纪念馆，抚顺战犯管理所旧址陈列馆，东北抗联史实陈列馆；

吉林省：伪满皇宫博物院暨东北沦陷史陈列馆，杨靖宇烈士陵园；

黑龙江省：东北烈士纪念馆，侵华日军第七三一部队罪证陈列馆，孙吴日本侵华罪证陈列馆，侵华日军东宁要塞遗址，"八女投江"殉难地；

上海市：上海监狱陈列馆，上海淞沪抗战纪念馆；

江苏省：侵华日军南京大屠杀遇难同胞纪念馆，南京抗日航空烈士纪念馆，中国战区侵华日军投降签字仪式旧址，拉贝故居，抗日山烈士陵园，刘老庄八十二烈士陵园，新四军纪念馆；

浙江省：大韩民国临时政府杭州旧址纪念馆，侵华日军细菌战衢州展览馆，台湾义勇队纪念馆暨台湾义勇队成立旧址；

安徽省：大通万人坑教育馆，新四军军部旧址纪念馆；

江西省：庐山抗战纪念馆，抗日阵亡将士陵园；

山东省：胶东革命烈士陵园，地雷战纪念馆，马石山烈士陵园，华东革命烈士陵园，费县烈士陵园，台儿庄大战纪念馆，铁道游击队纪念园，滕州市烈士陵园；

河南省：彭雪枫纪念馆，吉鸿昌将军纪念馆；

湖北省：武汉市中山舰博物馆，张自忠将军纪念馆；

湖南省：常德会战阵亡将士纪念公墓，厂窖惨案遇难同胞纪念碑和纪念馆，衡阳抗战纪念城，南岳忠烈祠，中国人民抗日战争胜利芷江受降旧址和纪念馆，飞虎队纪念馆；

广东省：十九路军淞沪抗日阵亡将士陵园，东江纵队纪念馆；

广西壮族自治区：昆仑关战役旧址；

海南省：琼崖红军云龙改编旧址；

重庆市：八路军重庆办事处旧址，重庆大轰炸惨案遗址，库里申科烈士墓园；

四川省：赵一曼纪念馆；

贵州省：二十四道拐抗战公路；

云南省：腾冲国殇墓园、腾冲滇西抗战纪念馆，龙陵抗日战争纪念馆；

陕西省：西安事变纪念馆，延安革命纪念馆，瓦窑堡革命旧址，洛川会议纪念馆。

图书在版编目(CIP)数据

遗忘与记忆：多国视野下的历史反思与德国记忆文
化建构 / 孟虹主编. -- 北京：中国人民大学出版社，
2022.1
　　ISBN 978-7-300-30355-0

　　Ⅰ. ①遗… Ⅱ. ①孟… Ⅲ. ①德国-历史-近现代-
文集 Ⅳ. ①K516.4-53

中国版本图书馆 CIP 数据核字（2022）第 036623 号

遗忘与记忆：多国视野下的历史反思与德国记忆文化建构
孟　虹　主编
Yiwang yu Jiyi：Duoguo Shiyexia de Lishi Fansi yu Deguo Jiyi Wenhua Jiangou

出版发行	中国人民大学出版社				
社　　址	北京中关村大街 31 号		**邮政编码**	100080	
电　　话	010－62511242（总编室）		010－62511770（质管部）		
	010－82501766（邮购部）		010－62514148（门市部）		
	010－62515195（发行公司）		010－62515275（盗版举报）		
网　　址	http://www.crup.com.cn				
经　　销	新华书店				
印　　刷	北京昌联印刷有限公司				
规　　格	160 mm×230 mm　16 开本		**版　　次**	2022 年 1 月第 1 版	
印　　张	25 插页 3		**印　　次**	2022 年 1 月第 1 次印刷	
字　　数	341 000		**定　　价**	78.00 元